16세기 유럽 프로테스탄트 종교개혁

국립중앙도서관 출판예정도서목록(CIP)

16세기 유럽 프로테스탄트 종교개혁 / 지은이: 조용석. --
서울 : 동연, 2017
    p. ;   cm

참고문헌과 색인수록
수상: 제12회 한국기독교학회 소망학술상
ISBN 978-89-6447-388-7 93200 : ₩18000

종교 개혁[宗敎改革]
교회사(역사)[敎會史]

236.904-KDC6
270.6-DDC23   CIP2017031029

16세기 유럽 프로테스탄트 종교개혁

2017년 11월 20일 초판 1쇄 인쇄
2017년 11월 24일 초판 1쇄 발행

지은이 | 조용석
펴낸이 | 김영호
편 집 | 박연숙 디자인 | 황경실 관 리 | 이영주
펴낸곳 | 도서출판 동연
등 록 | 제1-1383호(1992. 6. 12)
주 소 | 서울시 마포구 월드컵로 163-3
전 화 | (02)335-2630
전 송 | (02)335-2640
이메일 | yh4321@gmail.com

ISBN 978-89-6447-388-7 93200

한국기독교학회 제12회 소망학술상 수상 저서

16세기 유럽 프로테스탄트 종교개혁

조용석 지음

동연

책 머 리 에

유럽 프로테스탄트 종교개혁의 역사와 신학의 세계 안에 깊이 안주하고 있는 동안, 개혁자들의 외쳤던 신앙의 언어를 단순하게 문자적 의미로 파악하는 것이 아니라, 그 표현 속에 잠재되어 있는 시대적 의미를 읽어내는 나만의 고유한 통찰력이 생긴 것 같다. 아마도 나의 신앙적 체험이 이를 위하여 중요한 역할을 했을 것이다. 특히 '섭리', '하나님의 절대주권', '예정 혹은 선택'과 같은 단어들이 내 머리와 가슴 속에 깊이 새겨졌다. 이 단어들은 거의 모든 칼빈주의자들이 자주 사용하는 단어들이다.

16세기 당시 칼빈주의자들이 왕성하게 활동했던 대표적인 세 나라만 소개한다면, 스위스, 네덜란드, 스코트랜드가 될 수 있을 것 같다. 지금과는 달리 16세기 스위스는 험준한 산악지형으로 인하여, 매우 궁핍한 삶을 살 수밖에 없었던 곳이고, 네덜란드는 국가명이 의미하는 것처럼 땅이 바다보다 낮은 곳이다. 또한 스코트랜드는 잉글랜드의 지배에 지속적으로 저항하던 역사를 가지고 있다. 위그노라고 불렸던 프랑스 칼빈주의자들은 프랑스 내에서 끝내 자리를 잡지 못하고 추방당했다. 아마도 칼빈주의는 약소민족에게 적합한 신학적 담론이 아니었는지, 아마도 우리 한국 프로테스탄트 교회도 이와 유사한 경험을 가지고 있다고 생각한다.

'섭리', '하나님의 절대주권', '예정 혹은 선택'과 같은 표현들은 시련과 고난을 극복하는 무한한 신앙의 에너지의 저장 공간이라고 확신하고 싶다. 물론 '주의'(-ism)는 듣기 좋은 말은 아니다. 그럼에도 불구하고 과감하게 말하고 싶다. '섭리', '하나님의 절대주권', '예정 혹은 선택'은 시련과 고난 없이 이해될 수 없다고.

이와 관련하여 우리에게 칼빈주의 5대 강령 혹은 도르트 신조 (1618-1619)라고 알려진 TULIP 교리[1]의 전투적인 어감에 대해서도 재고의 필요성이 존재할 수 있다고 말하고 싶다. 추측하건대 네덜란드 인들이 스페인 가톨릭 합스부르크 왕조의 통치로부터 벗어나기 위해서 약 80년 동안 모든 힘을 다해 싸웠던 독립전쟁(1568-1648)이 본 신앙고백의 진정성을 올바로 이해할 수 있는 역사적 단서를 제공할 수 있다고 생각한다. 나는 본 신앙고백과 관련하여 매우 특이한 사실을 발견했다. 그것은 TULIP 교리가 보여주는 네덜란드 칼빈주의자들의 신학적 배타성과 당시 사상의 자유와 종교적 관용의 문화를 마음껏 만끽했던 네덜란드의 수도 암스테르담의 모습이 어떠한 사전지식이 없는 이들에게는 외관상 전혀 어울리지 않는, 매우 모순된 과거의 현실로서 이해될 수 있다는 점이다.

나는 이렇게 생각한다. 아마도 본 신앙고백은 네덜란드 독립전쟁 기간 동안 축적된 네덜란드인들의 자유를 향한 염원을 간절하게 표현하고 있지는 않을지… 매우 역설적이다. 어쩌면 여기에 진정한 기독교 복음의 다이나믹스가 꿈틀거리고 있을 것이다. 누가 보면 아마도 논리적 비약이 심하다고 핀잔을 주겠지만, 나는 신앙적 통찰만이 논리적 비약의 형식을 통하여 표현된 역설의 진리를 목격할 수 있다고 믿기 때문에, 전혀 개의치 않는다.

---

1 인간의 전적 타락(Total depravity), 무조건적 선택(Unconditional election), 제한된 속죄(Limited atonement), 불가항력적 은혜(Irresistible grace), 성도의 견인 (Perseverance of the saints)

이 책은 지금까지 유럽 프로테스탄트 종교개혁의 역사와 신학을 공부하면서 획득했던 이와 같은 나의 역설적인 신앙적 체험을 학문적 체계화의 과정을 통하여 지면 위에 새롭게 재탄생시킨 글모음집이다. 이를 위하여 할 수 있는 한 나의 모든 역사적-신학적 상상력을 동원했으며, 엄밀한 원문 연구를 시도했다. 이 책에서 나는 종교개혁 시기 '복음의 진보'의 사건을 기술했다고 믿는다. 일반 역사학자의 눈으로 볼 때, 16세기 프로테스탄트 종교개혁은 중세유럽의 봉건제도를 붕괴시켰던 결정적인 역사적 진보의 계기일 수 있겠지만, 나에게는 '복음의 진보'로서 해석되기 때문이다.

나는 주장한다. 프로테스탄트 종교개혁이 없었다면, 유럽 문명은 이슬람 문명, 더 나아가 아시아 문명을 추월할 수 없었다고. 물론 나는 유럽 중심주의를 열망하는 아시아인은 결코 아니다. 또한 오리엔탈리즘에 물든 아시아인도 아니다. 하지만 16세기 이후 지금까지 유럽 문명이 이슬람, 아시아 문명을 압도했다는 사실은 절대로 부정하지 못하겠다. 대부분 나와 같은 견해일 듯싶다.

결론적으로 프로테스탄트 종교개혁의 다이나믹스와 근대 유럽 문명의 태동 사이의 밀접한 상호관계에 주목하고 싶다. 또한 이와 같은 문명사적 전환의 다이나믹스를 신앙고백적 차원에서 '복음의 진보'라고 과감하게 표현하고 싶다. 이는 정치적 의미의 좌, 우 개념을 초월한다. 유럽 중심주의 혹은 오리엔탈리즘의 뭇매를 맞는 일도 될 수 없다. 왜냐하면 이는 신, 구약성서가 증언하는 기독교 복음의 다이나믹스가 어떻게 낙후된 문명의 새로운 탈바꿈을 가능하게 했는가에 대한 초역사적인 역사적-신학적 증언이기 때문이다.

차 례

머 리 글

    필자의 전문 연구 분야는 유럽 기독교 역사 중에서 16세기 유럽 프로테스탄트 종교개혁의 역사와 신학이다. 필자는 프로테스탄트 종교개혁이 타락한 로마-가톨릭교회의 개혁과 더불어 도시시민계급 성장과 합스부르크 왕조의 독점적 통치체제의 붕괴를 역설적으로 촉진시켰던 매우 중요한 역사적 사건이었다고 생각한다. 이와 같은 필자의 16세기 유럽 종교개혁에 대한 인식은 신학연구에 몰두했던 오랜 기간 동안 자연스럽게 형성된 것으로서, "종교개혁에 대한 포괄적 질문"이라고 명명된 제1부에서 필자는 16세기 유럽 프로테스탄트 종교개혁 운동이 소위 중세 제국 이념의 해체를 위하여 결정적으로 기여했다는 사실을 강조하고 있다.

    이 논제를 올바로 이해하기 위하여, 16세기 종교개혁 시기에 대한 명확한 시대적 구분이 우선적으로 필요하다고 생각한다. 왜냐하면 이것은 종교개혁 운동을 올바로 이해할 수 있기 위한 중요한 역사적 전제가 되기 때문이다. 실제적인 중세시대의 종언이 1648년 신성로마 제국의 사실상 해체를 의미했던 베스트팔렌 조약을 통하여 이루어졌다는 사실을 진지하게 고려하여 볼 때, 16세기 종교개혁 시기를 중세 말기와 근대 초기가 교차, 일치되는 시기로서 규정하는 것이 보다 더 합리적인 견해라고 생각한다. 종교개혁 시기를 중세와 근대 시기를 구분하는 결정적인 잣대로 이해했던 기존의 통념은 극복되어야 할 필요가 있다. 왜냐하면 이 견해는 전체적인 역사적 안목을 결여하고 있기 때문이다.

이와 같은 시대적 구분은 종교개혁 운동이 중세 말기 봉건적인 사회구조의 해체를 촉진시킬 수 있었던 핵심적 단초를 가지고 있었다는 사실을 함의할 수 있다. 물론 루터와 칼빈과 같은 주류 종교개혁자들은 정치적인 구호, 예를 들자면, '봉건체제를 붕괴시키자'와 같은 구호를 외치지 않았다. 오히려 그들은 재세례파가 주도했던 급진적 종교개혁 운동 및 토마스 뮌처가 주도했던 농민전쟁을 반대했다. 그들은 성서에 근거한 순수한 기독교 교리의 보존과 이에 따른 사회개혁을 강조했을 뿐이었다. 그러나 이와 같은 주류 종교개혁자들의 신학적 의도 및 정치적 입장과는 무관하게, 그들이 생을 마감한 이후, 유럽 대륙은 종교전쟁의 소용돌이 속으로 빠져 들어갔다. 종교개혁 운동이 일어난 모든 곳에서, 종교전쟁이라는 미명 아래, 가톨릭 이념으로 무장된 황제 및 제후 세력, 즉 봉건 세력과 프로테스탄트 제후 및 도시시민계급 중심으로 결집된 프로테스탄트 세력은 명운을 걸고 서로 대결했다. 독일의 쉬말칼덴전쟁, 프랑스의 위그노전쟁, 네덜란드독립전쟁 등이 있지만, 필자는 1618년부터 1648년까지 4차에 걸쳐 지속되면서, 전체 유럽 지역을 전쟁터로 만들어 버렸던 30년 전쟁을 주목하고 싶다. 1618년 체코의 프로테스탄트 세력이 일으킨 소위 "보헤미아 반란"을 통하여 30년 전쟁이 본격적으로 시작되었다. 이를 통하여 체코 프로테스탄트 세력은 당시 신성로마제국 황제 페르디난트 2세에게 강력하게 저항했다.

여기서 체코의 종교개혁자 얀 후스(Jan Hus, 1369-1415)를 기억하지 않을 수 없다. 그는 종교개혁 이전의 종교개혁자로서 불리던 체코의 민족적 영웅이었으며, 15세기 초반 체코의 종교개혁 운동을 주도했다. 바로 이곳, 16세기 유럽 종교개혁 운동의 전야를 밝혔던 체코에서, 16세기 종교개혁 운동을 최종적으로 매듭지었던 30년전쟁이 1618년에 보헤미아 반란을 통하여 점화되었던 것이다. 아마도 후스가 없었다면 루터가 1517년 10월 31일 면죄부 비판 95개조를 비텐베르크 성문 앞에 게시하며 본격적으로 시작된 16세기 종교개혁 운동은 일어나지 못했을 것이다. 뿐만 아니라 30년 전쟁, 더 나아가 1648년 베스트팔렌 조약 또한 1618년 보헤미아 반란이 없었다면 불가능했을 것이다.

어떻게 보면 20세기에 들어와서도 체코는 동유럽 사회주의 체제의 붕괴를 위하여 선구자적인 역할을 감당했으며, 독일은 체코의 뒤를 이어, 결정적인 역사적 역할을 수행했다고 볼 수 있지 않을까 상상해 보고 싶다. 1968년 프라하의 봄은 소련의 무력진압으로 인하여 실패했지만, 1989년 동독시민들은 개혁, 개방정책을 강력하게 추진하고 있었던 소련의 암묵적 동의하에 베를린 장벽을 극적으로 붕괴시켰기 때문이다. 유럽의 중세, 근현대사에 있어서, 프라하는 혁명과 자유를 상징하고 있는 중요한 문화적 코드로서, 여기서 우리는 깊이 있는 역사적-신학적 통찰력을 발휘할 수 있는 지점을 발견할 수 있다.

보헤미아 반란을 통하여 촉발된 30년전쟁은 1648년 베스트팔렌 조약 체결을 통하여 종결되었다. 1648년 베스트팔렌조약 체결을 통하여 결과적으로 합스부르크가의 신성로마제국 독점적 지배가 종식되었으며, 각 민족국가의 독립적 주권이 보장되었다. 1806년에 신성로마제국은 공식적으로 해체되었지만, 대부분의 역사가들은 1648년 베스트팔렌조약과 관련하여, 이를 "신성로마제국에 대한 실질적 사망 선고"라고 평가하고 있다. 비유하자면, 즉 그때부터 신성로마제국은 유럽 대륙 안에서 어떠한 정치적 영향력도 행사할 수 없는 식물인간 상태에 도달했다고 과감하게 평가하고 싶다.

이상 간략하게 소개한 내용에 근거하여, 필자는 16세기 유럽 프로테스탄트 종교개혁의 역사를 다음과 같이 세 가지 키워드로 과감하게 정리해 보고 싶다. 종교개혁-종교전쟁-신성로마제국의 해체.

16세기 유럽 프로테스탄트 종교개혁에 대한 다양하면서도 자세한 그리고 매우 객관적인 역사적 고찰과 아울러, 이와 관련된 당시 유럽인들의 결정적인 종교적 심성의 변화를 가능하게 했던 유럽 프로테스탄트 종교개혁 신학에 대한 엄밀한 교리사적 고찰은 필자의 가장 핵심적인 연구 주제로서, 본서는 이에 대한 일종의 심층적 연구 결과물이다.

제1부에서는 루터의 종교개혁 운동에 대한 시대사적-정치적-신학적 평가를 기존 접근방식과는 달리 매우 파격적인 방식으로 시도하고 있다. 제2부는 루터의 종교개혁 운동에 대한 역사적-신학적 접근을 시도하고 있으며, 동시에 동독 사회주의 체제 내에서 루터의 종교개혁의 유산이 어떻게 수용, 해석되었는가에 대하여 소개하고 있다. 제3부는 츠빙글리의 스위스 종교개혁 운동에 대하여, 제4부는 스위스가 아니라 프랑스에서 전개된 칼빈의 종교개혁 운동에 대하여 소개

하고 있다. 여기서 필자는 프랑스 왕실 여성들에 의하여 칼빈의 종교 개혁 운동이 프랑스에서 어떻게 전개되었는가에 대한 연구를 시도했으며, 또한 칼빈의 성찬론 연구를 통하여 그가 어떻게 루터와 츠빙글리의 성찬론을 창조적으로 통합했는가에 대하여 주목했다. 마지막으로 제5부는 현대 에큐메니칼 운동이 바로 16세기 프로테스탄트 종교개혁 운동의 신학적 유산이라는 사실을 과감하게 논증하고자 시도했다.

이와 같이 본서에는 프로테스탄트 종교개혁 운동에 대한 다양한 방식의 역사적-신학적-정치사적 접근을 시도하는 글들이 실려 있다. 그래서 필자는 본서의 제목을 "16세기 유럽 프로테스탄트 종교개혁(에 대한 심층적 탐구)"로 명명하였던 바, 본서를 통하여 16세기 유럽 프로테스탄트 종교개혁의 역사와 신학에 대한 보다 더 심층적이면서도 창조적인 연구가 활성화되기를 진심으로 기원한다.

제1부

16세기 유럽 프로테스탄트 종교개혁에 대한 포괄적 질문

제 1 장

16세기 유럽 프로테스탄트 종교개혁
― 중세 제국 이념의 종언과 근대적 사유의 시작을 위한 신학적 토대

I. 글을 시작하며

이 글은 16세기 유럽 프로테스탄트 종교개혁에 대한 구속사적인 신학적 해석, 즉 역사신학적 접근이 아니라, 이에 관한 비종교적 해석, 즉 정치사 및 사상사적 고찰과 분석을 기본적인 역사학적 관점을 견지하면서 시도하고자 한다. 부연하자면 루터와 칼빈의 종교개혁 운동을 중심적으로 소개하되, 후자보다 전자를 좀 더 부각시키면서, 16세기 유럽 프로테스탄트 종교개혁에 대한 정치사적-사상사적(혹은 교회사적-교리사적) 의미를 발굴하고자 한다. 이를 위하여 문헌학적 비교고찰보다, 공시적-통시적 관점을 동시적으로 유지하되, 종교개혁이 유럽 근대 사회 형성을 위하여 공헌했던 부분만을 다음과 같이 두 가지 관점 속에서 집중적으로 소개, 논증할 것이다.

1) 정치사적 관점: 중세 제국 이념의 붕괴와 민족국가 태동을 실제적
으로 촉진했던 종교개혁 운동

2) 사상사적 관점: 중세적 사유의 비신화화를 통한 근대적 인간상 정
립을 위하여 신학적으로 공헌했던 종교개혁 신학

이상 두 가지 관점을 통하여 논증되는 핵심 내용은 기본적인 역사
적, 신학적 상식에 근거, 중세 천 년의 역사에 대한 비판적 인식 및 서
구 근대화 과정에 대한 긍정적 인식과 결부된 16세기 유럽 프로테스
탄트 종교개혁에 대한 필자의 현재적 재해석이다. 여기서 종교개혁은
결코 서구 근대 사회의 시작으로서 정의되지 않는다. 오히려 중세 말
기 중세적 정치-종교적 이념의 해체를 가속화시켰던 일종의 사회적
흐름으로 규정한다.[1] 왜냐하면 실제적인 중세 시기의 종언은 합스부
르크(Habsburg)가의 신성로마제국 독점적 지배의 종식과 중세 제국 이
념(Mittelalterliche Reichsidee)의 실질적 포기 및 각 민족국가의 독립적
주권보장을 천명했던 1648년 베스트팔렌 조약(Westfälscher Friede)이
기 때문이다. 따라서 16세기 종교개혁 시기를 중세와 근대를 구분하
는 결정적인 기준으로 제시했던 기존의 통념보다 중세 말기와 근대
초기가 교차, 일치되는 시기(die innere Einheit des späten Mittelalters und der
frühen Neuzeit)[2]로 규정하는 것이 좀 더 합리적인 견해라고 생각한다.

본 연구의 전개를 위한 기본적인 역사적-신학적 전제로서, 16세

---

1 오버만(Heiko A. Oberman)에 의하면 16세기 르네상스 인문주의 운동 및 종교개혁
운동을 통한 당시 유럽사회의 변화는 미미한 것이었으며, 오히려 교회와 국가 그리고
사회질서와 관련된 유럽사회의 총체적 변화는 18세기에 이르러 본격적으로 이루어졌
다. Heiko Augustinus Oberman, *Die Reformation. Von Wittenberg nach Genf*
(Göttingen:Vandenhoeck&Ruprecht), 1987, p. 17.

2 Ibid., 17.

기 유럽 프로테스탄트 종교개혁의 핵심적 특징을 로마제국의 고대 교회, 중세 시대 서방 로마-가톨릭교회 및 비잔틴 제국의 동방정교회와 대립적으로 병렬, 단순화시켜 다음과 같이 제시하고 싶다.

로마제국 말기에 진입하면서, 효율적 위기관리를 통한 제국영토의 보존을 위하여 콘스탄티누스 대제(Constantinus I, 306-337)는 기독교를 로마제국의 통치이념과 결부시켰다. 아마 기독교가 제시하는 '보편주의적 신앙관'이 로마제국의 이념적 지향과 일치될 수 있을 것이라는 암묵적 판단이 작용했을 것이다. 물론 구속사적 관점에서 파악한다면, 이는 기독교 복음의 승리이다. 이후 기독교와 결합된 로마제국의 보편제국의 이념은 신성로마제국(Heiliges Römisches Reich)을 비롯한 로마 교황청, 서유럽 국가들 및 비잔틴 제국의 중세 제국 이념으로 계승되었다. 그러나 신성로마제국을 비롯한 서유럽 지역 내에서 파급된 종교개혁 운동은 국가교회 체제와 밀접하게 결합된 중세 제국 이념의 종언을 촉진시켰다.

II. 1세대 종교개혁 운동
— 루터(Martin Luther, 1483-1546)와 츠빙글리(Ulrich Zwingli, 1484-1531)를 중심으로

1. 역사적-신학적 전제

유럽 프로테스탄트 종교개혁 운동에 대한 엄밀한 역사적-신학적 평가를 하고자 한다면, 우선적으로 이에 대한 시·공간적 제한조건을

제시할 필요가 있다. 왜냐하면 당시 종교개혁 운동은 서유럽 지역 신성로마제국 영토 내에서 파급된 소위 서방 로마-가톨릭교회의 개혁 운동 혹은 신생 교파 운동이기 때문이다. 다시 말하면, 루터의 종교개혁 운동은 신성로마제국의 로마-가톨릭교회 내부에서 발발한 개혁운동으로서, 16세기 신성로마제국의 교회와 신학의 철저한 갱신을 지향했던 역사적 사건이다. 이와 관련하여 안셀름(Anselm von Canterbury, 1033-1109)과 아퀴나스(Thomas von Aquin, 1225-1274)의 신학을 통하여 추측하건대, 서방 로마-가톨릭교회가 전통을 중요시하면서도, 이성적인 신학적 논증의 가능성을 대폭적으로 수용했다는 사실은 중세 로마-가톨릭교회가 종교개혁 운동의 활로를 이미 예비하고 있었음을 함의할 수도 있다. 반면에 전통에 대한 신념적 확신만을 매우 핵심적인 신학적 사안으로서 간주했던 동방정교회의 경우, 교리적 차원의 교회개혁 운동의 여지는 이미 차단되어 버렸다고 판단된다. 특히 서방 로마-가톨릭교회의 경우, 안셀름의 법률적인 하나님의 구속사 이해와 아퀴나스의 철학적인 신 존재 증명은 오히려 16세기 개혁자들에게 교회개혁을 향한 신학적 동기부여의 역할을 역설적으로 수행했다. 왜냐하면 그들은 중세 로마-가톨릭교회의 전유물인 법률적-철학적인 신학 용어를 기본적으로 숙지한 이후, 이로부터의 창조적 극복을 시도했기 때문이다. 이는 다음과 같은 이율배반적 논리로 표현될 수 있다:

루터의 종교개혁 운동은 법률적-철학적 언어를 자유롭게 구사하면서, 동시에 기독교 신앙에 대한 법률적-철학적 구속에 철저하게 저항하고, 하나님의 은총과 인간의 신앙을 통한 칭의를 주장하며, 본질적인 신앙의 회복을 지향했다. 이후 그의 대적자였던 스위스 개혁자 츠빙글리와 2세대 개혁자 칼빈 또한 이와 같은 루터의 근본적인 신학적 통찰을 기본적으로 수용, 고유한 방식으로 계승했다.

2. 정치사적 평가: 중세 제국 이념 종언의 시작

뿐만 아니라 16세기 유럽 종교개혁 운동을 중세 서유럽의 통치 구조의 변화를 가속화시킨 역사적 사건으로 해석하는 일종의 정치사적 평가 또한 가능하다. 왜냐하면 신성로마제국의 중세 제국 이념의 붕괴를 결정적으로 야기한 역사적 사건이라고 규정할 수 있기 때문이다. 이를 규명하기 위하여 우선적으로 신성로마제국 황제와 로마 교황청이 추구했던 중세 제국 이념 및 상호갈등의 역사에 대한 대략적 이해가 요구된다.

신성로마제국은 게르만족이 이전 서로마제국 지역에 건설했던 동프랑크 왕국의 후예로서, 스스로 서로마제국의 후예라고 자처하며, 고대 로마제국의 Pax Romana의 실현을 지향했던 로마교황청과 명분상 대립했다. 왜냐하면 로마교황청은 종교개혁 시기 위서로 판명된 "콘스탄티누스의 기증문서"(Constitutum domini Constantini imperatoris)에 근거하여, 과거 콘스탄티누스 대제가 로마교황청에게 서로마제국의 지역의 통치권한을 이양했다고 주장하며, 신성로마제국의 황제를 정치적으로 압박했기 때문이다. 그러나 실제적으로 지역통치를 가능하게 할 수 있는 군사적 수단이 부재했기 때문에, 신성로마제국 왕에게 대관식을 통하여 황제의 지위를 보장하며, 로마교황청의 친위대로 활용하고자 했다. 당시 신성로마제국의 황제와 교황은 16세기 개혁자들처럼 근본적이면서도 격렬하게 신학적으로 대립하지 않았다. 역대 신성로마제국의 황제들은 로마-가톨릭교회의 종교적 이념에는 원칙적으로 동의했기 때문이다. 그들은 오직 교황에게 더 이상 세속 정치에는 관여하지 말 것을 촉구했을 뿐이다. 그럼에도 불구하고 영적인 세계의 유일한 수장인 교황이 직접 주관하는 황제대관식에 대하여 매우 중요한 의미를 부여하면서, 서유럽 지역의 유일한 통치자로서 인정받기를 시도했다.

하지만 15-16세기 신성로마제국의 황제로 재위했던 합스부르크가 출신 막시밀리안 I세(Maximilian I, 1459-1519)가 스페인 왕실과의 정략결혼을 통하여 스페인 왕국 또한 흡수통합했을 때, 황제와 교황의 관계는 결정적으로 역전되기 시작했다. 왜냐하면 이 과정을 통하여 합스부르크가 출신 황제들은 스페인 왕국과 신성로마제국을 통치하는 서유럽 최대의 강대국으로 등장하기 시작하면서, 공식적으로 로마교황의 황제대관을 거부한 채, 스스로 신성로마제국의 유일한 통치자라는 사실을 선언했기 때문이다. 그의 후계자 카를 5세(Karl V, 1500-1558) 또한 이와 같은 그의 정치적 입장을 계승하여, 과거 콘스탄티누스 대제처럼 교황의 존재를 무시한 채, 통일적인 제국교회정책을 수립하고자 했다. 물론 이는 막시밀리안 I세 이전 신성로마제국 황제로서 재위했던 카를 4세(1368-1422)의 금인칙서(Goldene Bulle)에 분명히 명시되어 있다. 그럼에도 불구하고 신성로마제국의 합스부르크가 황제는 로마교황청의 종교적 이념을 포기하지 않았다. 왜냐하면 황제에게 있어서 수도원을 비롯한 서유럽 지역 내의 통일적인 로마-가톨릭교회의 조직은 효율적인 제국의 통치를 위한 중요한 연결망을 제공해 주었기 때문이다.

이와 같이 신성로마제국의 영토가 최대한 확장되고, 반교황주의적 정서가 절정에 달했을 때, 1517년 루터의 종교개혁 운동은 시작되었다. 카를 5세가 로마교황청으로부터의 정치적 독립을 지향했다면, 루터의 종교개혁 운동은 칭의론을 전면에 부각시키며, 이에 근거하여 로마-가톨릭교회의 악습, 특히 교황제도에 대한 격렬한 비판을 시도했다. 요약하자면, 당시 최소한 양자 간의 공통분모, 즉 반교황주의적 정서는 분명히 존재했다고 볼 수 있지만, 정치적 측면에 있어서 양자는 철저하게 상이한 노선을 추구했다. 부연하자면, 루터가 시도했던 반교황주의적 종교개혁 운동이 신성로마제국의 통치기반인 통일적 가톨릭교회 조직을 균열시킬 수 있는 위험성을 안고 있었기 때문에, 1521년 개최된 보름스 제국의회(Reichtag zu Worms)는 루터의 파문을 결의했을 것이다.

루터의 종교개혁 운동을 배후에서 지원했던 프로테스탄트 제후들의 경우, 로마교황과 대립하며, 스스로 제왕적 통치체제를 구축하고자 했던 카를 5세를 정치적으로 견제, 위협하고자 했다. 점증하는 황제의 권력은 점차적으로 제후들의 이익을 감소시키는 방향으로 행사될 것이라고 예측했기 때문이다. 물론 그들이 품었던 순수한 신앙적 이상은 결코 폄하될 수 없다. 그럼에도 불구하고, 당시 정치적 역학관계는 분명히 고려되어야 한다. 제후들에게 있어서 로마교황은 실질적인 압제자의 역할을 수행하지 않지만, 오히려 로마교황청의 종교적 이념을 앞세운 황제와의 일방적 역학관계가 제후들의 통치 권력의 축소를 가져올 수 있기 때문이다.

따라서 프로테스탄트 제후들은 루터의 반교황주의 종교개혁 운동이 로마 교황청의 종교적 이념 아래 황제가 임의적으로 통제하는 통일적인 가톨릭교회 조직의 해체 및 황제 권력의 약화를 가능하게 할 것이라고 판단하고, 신성로마제국의 제왕적 통치체제에 대한 저항운동으로 수용했을 가능성이 농후하다. 따라서 반교황주의 신학운동으로 시작되었던 독일 지역의 종교 분쟁이 이후 신성로마제국의 황제를 지속적으로 배출했던 반합스부르크가 정치 투쟁으로 발전하면서, 신성로마제국이 이념적으로 지향했던 중세 제국 이념은 붕괴되기 시작했다. 이와 관련하여 루터와 동시대인이었으며, 그와 적대적 관계를 유지했던 츠빙글리의 종교개혁 운동 또한 루터와 더불어 동시에 고찰될 필요가 있다. 왜냐하면 그의 스위스(Schweiz) 취리히(Zürich) 종교개혁 운동의 시작은 당시 중세 시기 보편제국 이념의 실현을 위하여 무력으로 충돌했던 교황과 황제, 제후 그리고 프랑스 왕국의 군사력을 제공했던 용병제도(Reisläufer)에 대한 비판으로부터 시작되었기 때문이다.3

1291년 스위스는 신성로마제국으로부터 독립을 부분적으로 쟁취하게 되며, 이후 1499년 합스부르크가와의 슈바벤전쟁(Schwabenkrieg)을 통하여 완전한 독립적 주권을 획득했다. 결과적으로 스위스는 신성로마제국의 영토 안에 존재하면서도, 동시에 엄연한 독립국으로 존재하게 되었다. 동시에 스위스는 지정학적 특성상, 게르만 민족이 중심이 된 신성로마제국의 위협적 경쟁 상대였던 프랑스와 인접해 있었기 때문에, 항상 양측의 완충지대의 역할을 수행했다. 당시 스위스는 열악한 경제구조로 인하여, 수많은 빈농 출신 청년들이 프랑스, 신성로마제국, 로마교황청을 비롯한 중세 서유럽 각국의 용병으로 참전하면

---

3 Karl Barth, *Die Theologie Zwinglis. Vorlesung Göttingen Wintersemester 1922/23*, hrsg. von Matthias Freudenberg, in: Karl Barth, Gesamtausgabe, Abt. II, (Zürich: TVZ, 2004), 125.

서, 중세시대 각 열강들이 나름대로 추구했던 중세 보편제국의 이념의 실현을 위한 전쟁을 실리적으로 수행했다. 다시 말하면, 프랑스 또한 독일 및 오스트리아가 장악했던 신성로마제국의 패권을 쟁취하기 위하여, 즉 신성로마제국의 종주권을 확보하기 위하여 무수한 이탈리아 원정을 감행했으며, 이를 위하여 용병은 중요한 군사적 수단을 제공했던 것이다.

이와 관련하여 다시금 생각해야 할 부분은 츠빙글리의 용병제도 비판이 반교황주의 운동으로 전환되었다는 사실이다. 용병 동원은 중세 제국 이념을 추구했던 로마교황청을 비롯한 신성로마제국의 합스부르크가 및 프랑스 왕조의 전쟁 수행 전략이었음에도 불구하고, 황제 권력에 대한 비판이 아니라, 루터의 종교개혁 운동보다 좀 더 급진적인 반교황주의 종교개혁 운동, 더 나아가 스위스 지역 내의 로마-가톨릭교회의 해체를 요구하게 되었다는 것이다. 츠빙글리에 있어서 자신의 종교개혁 프로그램을 수용하지 않는 스위스 가톨릭 칸톤(Kanton)은 용병제도를 지속적으로 허용하는 지역으로 간주되었다. 그렇다면, 1530- 31년 스위스의 가톨릭 칸톤과 개신교 칸톤이 접전했던 제1, 2차 카펠전투(Kappelerkrieg)는 명목상 종교전쟁일 뿐, 실제적으로는 용병제도과 관련된 가톨릭 칸톤과 개신교 칸톤의 내전이었음을 충분히 추측할 수 있다. 아울러 이는 중세 제국 이념 및 용병 동원 이면에 통일적인 로마-가톨릭교회 조직이 중요한 이념적-물적 토대를 제공하는 기관으로 존재했다는 사실을 암시할 수 있다.

여기서 한 가지 분명하게 전제해야 할 점은 알프스 이북 지역은 알프스 이남 이탈리아를 향한 침략야욕을 가지고 있었다는 사실이다. 왜냐하면, 알프스 이남 로마 교황청 위수지역을 점령한다는 것은, 서

유럽지역의 전체적 통치를 위한 중요한 명분을 제공해 주었기 때문이다. 즉 교황 임명 권한을 쟁취하는 것, 그것은 로마-가톨릭교회와 밀접하게 결합되어 있던 중세 시기 통치 구조를 감안한다면, 중요한 이념적 명분을 획득할 수 있었음을 암시할 수 있다. 그렇다면, 프랑스 아비뇽의 교황청 유수는 프랑스가 이탈리아 점령 대신 교황청의 이주를 시도한 것이라고 생각해 볼 수 있다. 아울러 이탈리아 지역에서 빈번하게 발발했던 프랑스, 신성로마제국, 로마 교황청 사이의 국지전 또한 이해가 가능하다. 이를 위하여 막강한 스위스 및 남부 독일의 용병부대는 매우 중요한 역할을 담당했다. 그렇다면, 츠빙글리의 용병제도 비판 및 철폐의 시도는 결과적으로 비극적 전쟁의 체험을 지속적으로 강요했던 중세 제국 이념에 대한 강한 거부의 표시라고 해석될 수도 있을 것이다.

III. 2세대 종교개혁 운동
― 칼빈(Johannes Calvin, 1509-1564)을 중심으로

1. 역사적-신학적 전제

이와 같이 본래적 의도와는 달리 신성로마제국의 세계 제국의 이념을 균열시켰던 선구자적인 루터와 츠빙글리의 종교개혁 운동 이후 등장한 2세대 개혁자 프랑스인 칼빈은 1세대 선배 개혁자들의 신학적 유산을 비판적-효율적으로 계승·활용하면서, 동시에 신성로마제국의 종교개혁 운동의 이념을 탈게르만화-국제화시켰다. 스위스 프랑스인 망명자 칼빈의 종교개혁 활동 및 그의 신학은 이전 신성로마제국 영토 안에 국한되었던 종교개혁 운동의 이념의 국제화를 위하여 결정적으로 기여했던 것이다.

우선적으로 전제해야 할 역사적 사실은 루터와 츠빙글리 그리고 칼빈이 활동했던 시대는 중세 말기에 해당하는 시기로서, 이 시기에는 콘스탄티누스 대제의 기독교 공인 이후 합법화된 국가와 교회의 밀접한 공조관계, 즉 국가교회의 테두리 안에서 모든 사회적 사안이 처리되었다는 점이다. 루터의 경우, 제후의 통치체제에 대하여 비판적으로 인식함에도 불구하고 제후의 권력을 최대한 존중하는 국가교회 체제를 선호했다. 이는 그의 두 왕국론에서 충분히 명시되고 있다. 츠빙글리 또한 루터와 입장은 상이했지만, 예언자적-애국주의적 의도를 지니고 의회를 교회화시키고자 하는 또 다른 국가교회의 이상을 추구했다.[4]

반면에 칼빈의 경우, 그는 교회와 의회와의 공조관계를 굳건히 유지하고자 하면서도, 동시에 의회의 간섭으로 해방된 교회의 자율적인 결정권을 옹호하고 있다는 점에 있어서 1세대 개혁자와는 확연하게 구분된다. 대표적인 예를 제시한다면, 교회청(Konsistorium)의 설립을

---

4 츠빙글리가 *Fidei ratio*(신앙의 해명, 1530)에서 국가를 예언자직과 동일시하며, 국가의 역할을 긍정적으로 인식하고 있다는 점은 이 사실을 증명한다. "In ecclesia Christi eque necessarius est magistratus atque prophetia, utcumque illa sit prior. Nam sicut homo non potest constare nisi ex anima et corpore, quantumvis corpus sit humilior pars atqueabiectior, sic et ecclesia sine magistratu constare non potest, utcunque magistratus res crassiores et a spiritu alieniores curet ac disponat"(그리스도의 교회 안에서 국가는 예언자직과 동일하게 필수불가결하다. 이는 인간의 육체가 중요하지 않다고 하더라도 인간이 영혼과 육체로 구성된 것과 동일하다. 국가권력이 교회와 하나님의 영과 친화적이지 않으며, 교회를 돌보거나 관리하지 않더라도 국가권력 없이 교회는 존재할 수 없다), *Fidei expositio*, Z VI/V, p. 115.

통한 독자적인 목회사역의 강화는 의회의 간섭으로부터 독립하고자 했던 그의 신념과 의지를 암시한다. 또한 그가 제1차 제네바 사역 시기(1536-1538) 동안 베른(Bern)교회의 성찬예식 획일화 의도에 반발, 독자적인 성찬예식을 시행하면서, 이로 인하여 베른의회의 교회정치적 통제 아래 있었던 제네바 의회와 충돌을 일으켜, 스트라스부르(Straßburg)로 추방된 사건은 그의 교회론적 이상을 충분히 암시할 수 있다.

2. 정치사적 평가: 중세 제국 이념의 종언의 촉진

칼빈의 목회사역과 종교개혁 신학은 그의 선배 개혁자 루터와 츠빙글리의 종교개혁 운동에 대한 전이해 없이 충분히 이해될 수 없다. 왜냐하면 그의 신학적 입장은 루터와 츠빙글리 신학의 비판적-창조적 종합으로서 당시 피력되었기 때문이다.[5] 마찬가지로 서유럽 대륙에 미친 루터와 츠빙글리 종교개혁 운동의 정치적 파장에 대한 기본적인 연구는 칼빈의 종교개혁 운동의 정치적 영향력의 범위와 강도를 이해하기 위한 중요한 역사적 전제가 될 수 있다. 이와 동일한 방식으로 본 연구는 중세 서유럽 통치 구조의 변화의 촉진시켰던 칼빈주의의 정치적 영향력에 대한 현재적 해석을 시도해 보고자 한다.

또한 칼빈이 줄곧 강조했던 과감한 내면적 신앙의 저항은 교회의 자유, 신앙의 자유를 향한 그의 염원을 그대로 드러낸다. 아마 피난민

---

5 Matthias Freudenberg, *Karl Barth und die reformierte Theologie. Die Auseinandersetzung mit Calvin, Zwingli und den reformierten Bekenntnisschriften während seiner Göttinger Lehrtätigkeit* (Neukirchen -Vluyn: Nerkirchener Verlag, 1997), 207.

신분으로 제네바에서 체류했던 그는 자신의 조국 프랑스에서 신앙의 자유를 획득하지 못한 채, 박해받아야만 했던 그의 신앙의 형제(위그노교도, Hugenotten)[6]를 염두하면서, 그의 신학적 구상을 피력했을 것이다. 통치자에게 기본적으로 순종해야 하지만, 그럼에도 불구하고 하나님께 자유롭게 예배드릴 수 있는 자유가 박탈될 때에는 철저한 양심의 저항을 촉구했던 그의 호소[7]는 이후 서구 민주주의 즉 공화제 확립을 위한 결정적인 정치적 동기를 부여했다. 즉 종교적 자유가 정치적 자유로 해석되면서, 소위 일종의 칼빈주의의 세속화과정이 진행되었다고 해석할 수 있을 것이다.

더 나아가 독일 30년전쟁(1618-1648)과 1648년 베스트팔렌조약

---

6 스위스 제네바에 망명했던 프랑스 칼빈주의자들은 당시 스위스 연방을 지칭했던 Eidgenossen(연방, 동지)라는 명칭을 사용하면서, 자신들의 사회적-정체성을 규정했을 수 있다. 따라서 프랑스 국내에 남아있던 칼빈주의자들도 이 명칭을 사용하면서, 프랑스 안에서 고립된 자신들의 사회적 상황을 은연중에 피력했을 것이다. Eberhard Gresch, *Die Hugenotten. Geschichte, Glaube und Wirkung* (Leipzig: Evangelische Verlaganstalt, 2005), p. 29.

7 『기독교 강요』최종판(1559)은 칼빈의 '양심과 신앙의 내면적 저항'의 의미에 근거하여 저항권 이론을 다음과 같이 전개한다. "conscientuae non quasi Legis necessitate coactae, Legi obsequantur: sed Legis ipsius iugo liberae, voluntati Dei ultro obedient"(양심이 필수적으로 강요된 율법을 준수하는 것이 아니라, 율법의 굴레로부터 해방된 양심이 자발적으로 하나님의 뜻에 순종해야 한다), OS 4, 283; "Nam siqui nunc sint populares magistratus ad moderandum Regum libidinem constituti⋯adeo illos ferocienti Regum licentiae pro officio intercedere non veto, ut si Regibus impotenter grassantibus et humili plebeculae insultantibus conniveant, eorum dissimulationem nefaria perdifia non carere affirmem: quia populi libertatem, cuius se Dei ordinatione tutores positos norunt, fraudulenter produnt."(만일 지금 왕들의 욕망을 제어할 목적으로 임명된 백성의 관리들이 있다면⋯.그들이 왕들의 횡포에 대하여 자신의 직책에 부합하게 항거하는 것을 금지하지 않는다. 오히려 그들이 폭군들의 통치에 대해 무관심한다면, 나는 그들의 위선을 매우 극악한 배신행위라고 선언할 것이다. 그들은 하나님의 명령에 의하여 백성의 자유를 보호하는 자로서 임명되었다는 사실을 알고 있으면서도, 그 자유를 보호하지 못하는 부정직한 사람이기 때문이다.) OS 5, p. 501.

또한 신성로마제국 내에서 칼빈주의의 정치적 영향력이 확장된 역사적 사건이라고 과감한 평가를 감행해 볼 수도 있다. 왜냐하면 칼빈의 사후, 칼빈주의자들의 신앙의 자유를 향한 열망이 독일 30년전쟁의 원인을 제공했으며, 이는 반합스부르크가 항쟁을 결정적으로 유도했기 때문이다. 영국의 청교도 전쟁, 프랑스의 위그노 전쟁은 결과적으로 실패했지만, 신성로마제국의 경우, 반합스부르크가 동맹군의 형태로 주변국의 지원을 받아, 칼빈주의자들의 신앙의 자유를 향한 투쟁은 성공했다고 평가해 볼 수 있다.

4차에 걸쳐 진행된 30년전쟁의 시작은 보헤미아가 팔츠(Pfalz)주 선제후 프리드리히 5세(Friedrich V, 1596-1632)를 왕으로 선출, 로마-가톨릭교회의 종교적 이념을 고수하며, 영토 확장 정책을 포기하지 않았던 당시 신성로마제국 합스부르크가 페르디난트 2세(Ferdinand II, 1578-1637) 황제에게 대항하면서 시작되었다. 보헤미아가 과거 종교개혁자 후스가 활동했던 지역이며, 팔츠주는 1563년 칼빈의 신학적 영향을 받았던 당시 선제후 프리드리히 3세(Friedrich III, 1515-1576)의 지시 아래 독일 개혁교회 최초 신앙고백인 하이델베르크교리문답(Heidelberger Katechismus)이 작성되었던 곳이었음을 감안한다면, 첫 번째 전쟁의 성격을 충분히 가늠할 수 있다. 물론 이후 종교 분쟁은 반합스부르크가 정치투쟁으로 변질해 갔다. 종교전쟁의 성격을 지니게 되면서 발발했던 30년 전쟁의 원인을 다시금 생각해 볼 때, 칼빈주의의 정치적 영향력을 결코 간과할 수 없다. 전체적으로 조망해 본다면, 교회의 자유, 신앙의 자유를 확보하고자 의회와의 격렬한 투쟁을 과감하게 시도하며, 철저한 내면적 저항을 촉구했던 칼빈의 호소가 반합스부르크가 획일적 통치 구조의 붕괴를 선언했던 1648년 베스트팔렌 조약 체결로 귀결된 것이라는 다소 비약적인 결론 또한 도출해 볼 수 있다. 왜냐하면 칼빈주의의 내면적 저항적 요소가 이후 독일 30년전쟁을 유발한 중요한 종교적 동기였음은 부정할 수 없는 역사적 사실이기 때문이다. 여기서 분명히 전제해야 할 사항은 칼빈에게 있어서 저항의 개념은 정치적 항쟁이 아니라, 하나님을 향한 참된 예배를 방해하는 폭군에 대한 신앙적 투쟁으로 이해되고 있다는 점이다.

이와 관련하여 1555년 아우크스부르크 평화협정(Augusburger Religionsfrieden)의 내용에 대해 대략적으로 파악하는 것은 독일 30년 전쟁 발발 원인을 근본적으로 이해하기 위한 중요한 역사적 전제가 된다. 1555년 신성로마제국 황제 카를 5세(Karl V)의 주재 아래 체결된 아우크스부르크 평화협정은 영주의 종교가 영지의 공식적-합법적 종교가 된다(eius regio, cuius religio)는 사실을 명시하면서, 프로테스탄트 제후들과 합스부르크가 황제 사이의 분쟁을 종식시켰다. 이후 프로테스탄트 제후들은 황제가 제국의회와 제국교회(로마가톨릭교회)를 통제하는 것처럼, 자신의 영지 내의 영방의회와 루터교회를 동일한 방식으로 통제하기 시작했다. 왜냐하면 루터의 종교개혁 운동 또한 국가교회의 제도적 한계를 벗어날 수 없었기 때문이었다. 루터교회와는 달리 국가권력과의 관계와 관련하여 좀 더 진보적인 입장을 표명했던 개혁교회(칼빈주의를 수용하는 교회)는 합법적 교파로서 인정을 받지 못했다. 이 사실은 1555년 아우크스부르크 평화협정이 명시했던 핵심적 사안인 "eius regio, cuius religio" 정책이 실제적으로 효력을 지니지 못했음을 의미한다. 이 문제와 관련된 억눌린 종교적 정서의 폭발이 1618년 독일 30년 전쟁으로 비화된 후, 1648년 베스트팔렌 조약체결을 통하여 개혁교회는 신성로마제국 영토 안에서 합법적인 국가교회의 일부로서 인정받게 되었다. 이는 "eius regio, cuius religio" 정책에도 불구하고, 실제적으로 루터교회만을 인정했던 1555년 아우크스부르크 평화협정의 한계가 극복된 것이라고 할 수 있을 것이다. 여기서 주목해야 할 부분은 신성로마제국이 중세 제국 이념의 실현을 위하여 더 이상의 영토 확장 정책을 수행하지 않을 것임을 선언하고 있는 베스트팔렌 조약의 핵심적 내용이다.[8] 이상의 내용을 정리하자면,

> 1648년 베스트팔렌 조약체결을 통한 중세제국 이념의 포기와 제후들의 독립적인 정치적 권한에 대한 합법적 보장은 칼빈주의를 수용했던 개혁교회가 공식적인 국가교회로서 인정받을 수 있게 했으며, 결과적으로 신성로마제국의 해체 및 서유럽 지역의 각 민족국가의 독립을 촉진시켰다.

---

8 신성로마제국 합스부르크가 왕조의 중세 제국 이념의 포기는 베스트팔렌 조약 제1조 서두에 명시된(신성로마제국 황제와의 모든 국가적 분쟁이 종식된) "보편적이고 영속적인 기독교적 평화정착"(Pax sit christiana, universalis et perpetua)이라는 표현 속에서 분명하게 선언되고 있다. 1조의 내용은 다음과 같다. "Pax sit christiana, universalis et perpetua veraque et sincera amicitia inter sacram maiestatem Caesaream et sacram maiestatem Christianissimam nec non inter omnes et singulos foederatos et adhaerentes dictae maiestatis Caesareae, domum Austriacam eorumque haeredes et successores, praecipue vero electores, principes et status Imperii, ex una et omnes et singulos foederatos dictae maiestatis Christianissimae eorumque haeredes ac successores, inprimis serenissimam reginam regnumque Sueciae ac respective electores, principes statusque Imperii ex altera parte, eaque ita sincere serioque servetur et colatur, ut utraque pars alterius utilitatem, honorem ac commodum promoveat omnique ex parte et universi Romani Imperii cum regno Galliae et vicissim regni Galliae cum Romano Imperio fida vicinitas et secura studiorum pacis atque amicitiae cultura revirescant et reflorescant." 1648년 베스트팔렌 조약 (Westfälscher Friede) 라틴어 원문:
http://www. pax-westphalica.de/ipmipo/index.html (접속일자: 2012.4.10.).

3. 중세 제국 이념(Mittelalterliche Reichsidee)과 국가교회 (Staatskirchentum)

중세 제국 이념은 과거 로마제국의 콘스탄티누스 황제의 기독교 공인 이후 설립된 국가교회 체제를 기반으로 형성된 것으로서, 기독교와 정치체제의 긴밀한 결합을 근거한 신정정치적 통치 구조를 구축했다. 따라서 국가교회를 부정하는 것은, 암묵적으로 중세 제국 이념의 종교적 기반에 대한 거부를 우회적으로 함의할 수 있다. 물론 중세 제국 이념의 종언을 촉진시켰던 1,2세대 유럽 프로테스탄트 종교개혁 운동이 국가교회 체제 안에서 발생했다는 역사적 사실은 결코 부정될 수 없다. 이미 필자는 1세대 개혁자 루터, 츠빙글리의 반교황주의 종교개혁 운동이 국가교회 체제 안에서 진행되었던 반면에 2세대 개혁자 칼빈의 종교개혁 운동은 국가교회 체제로부터의 반(半)이탈적 성격을 지니고 있었음을 이미 언급한 바 있다. 그렇다면, 종교개혁 시기는 유럽의 국가교회 체제가 비국가교회 체제로 이행되는 과도기적인 역사적 과정이라고 신중하게 규정해 볼 수 있을 것이다. 이와 같이 과도기적 과정 속에서 진행된 국가교회적 종교개혁 운동은 16-17세기 잉글랜드의 청교도9 및 프랑스의 위그노 전쟁10 그리고 신대륙 아

---

9 헨리 8세(Henry VIII, 1491-1547)의 이혼이 계기가 되어 시작된 잉글랜드 왕실의 종교개혁 운동이 중세 제국 이념이 필수적으로 수반했던 국가교회 체제를 그대로 수용했다는 사실은 잉글랜드 또한 일종의 변형된 민족주의적 중세 제국 이념을 지향했음을 함의할 수 있다. 이에 대한 잉글랜드 칼빈주의자인 청교도들의 투쟁, 즉 잉글랜드의 국왕이 교회의 수장이 되어 감독을 임명하는 교회제도에 대한 격렬한 거부는, 다소 과장된 표현일 수 있지만, 좀 더 포괄적인 의미를 내포한 잉글랜드적인 중세 제국 이념에 대한 거부라고 규정할 수 있다. 이후 그들은 신대륙 아메리카 이주라는 탈출구를 모색하게 되면서, 국가교회 체제로부터의 해방의 길을 발견했다.

10 프랑스에서 극심한 박해를 받았던 위그노(Hugenotten) 교도의 투쟁 또한 로마-가톨

메리카 대륙으로의 이주 이후, 감리교회 및 침례교회와 결합된 비국
가교회적 형태의 신앙운동(복음주의 운동)으로 계승된다.

IV. 종교개혁 신학
— 근대적 사유의 시작을 위한 신학적 토대

1. 유명론의 신학적 급진화

16세기 종교개혁 신학을 올바로 이해하고자 한다면, 중세 말기 사
상계를 지배했던 실재론과 유명론 논쟁을 간과해서는 안 된다.[11] 보
편자보다 개체를 강조했던 유명론(universalia post rem, via moderna)은 아
리스토텔레스 철학이 이슬람 문화권으로부터 유입된 이후, 이에 근거
하여 신학적 사유를 전개했던 실재론적 스콜라주의의 전통에 반발,
근대적 사유로의 길을 예비했던 종교개혁 신학의 철학적 전단계로 볼
수 있다. 따라서 유명론 자체가 지니고 있는 진보적 측면에도 불구하
고, 유명론은 실재론의 철학적 근거인 아리스토텔레스 철학의 개념적

릭교회만을 유일한 국가교회로서 인정하는 프랑스 왕실의 일방적 종교정책에 대한 거
부를 의미한다. 지방분권 체제가 아니라 중앙집권 체제를 통하여 전 영토를 통치했던
프랑스 왕실의 경우, 신성로마제국의 프로테스탄트 제후들과 같은 위협적 존재가 국
내에 출현한다는 건, 결코 용납할 수 있는 사안이 아니었다. 추측하건대, 통일적인 로
마-가톨릭교회 조직이 프랑스 왕실의 효율적 통치의 실현을 위하여 우회적으로 제공
했던 중앙집권체제가 매우 중요한 의미를 부여했을 것이다. 그렇다면, 위그노 교도의
아메리카 및 네덜란드, 스위스 이주는 그들의 국가교회 체제와 결합된 중세 제국 이념
에 대한 거부의사를 분명하게 피력한 것이나 다름이 없다.

11 Heiko Augustinus Oberman, *Die Reformation. Von Wittenberg nach Genf*, pp.
29-31.

잔재를 포기하지 못했다. 즉 아리스토텔레스 철학의 개념적 근거 위에서 보편자보다 개체를 강조하는 방식으로 그들의 신학적-철학적 논증을 전개해갔던 것이다. 여기서 아리스토텔레스 철학에 근거한 실재론은 플라톤주의에 근거한 극단적 실재론(universalia ante rem, via antiqua)과는 다르다는 사실을 유념해야 한다. 아리스토텔레스적 실재론은 개체 안에 존재하는 보편자의 존재를 긍정했던 일종의 온건한 실재론(universalia in re, via antiqua)으로서, 개체의 존재 이전에 실재하는 보편자를 강조했던 플라톤주의적 실재론과 사상적으로 대립했다. 이는 프란시스코 수도회와 도마니칸 수도회의 신학적 대립을 통하여 충분히 증명될 수 있다. 중세기 전반을 플라톤주의적 실재론과 아리스토텔레스적 실재론의 사상적 대립이 주도했다면, 중세 말기는 아리스토텔레스 철학을 다소 진보적으로 해석했던 유명론이 온건한 아리스토텔레스적 온건한 실재론과 논쟁을 시도하며 이의 해체를 시도했던 시기라고 나름대로 규정해 볼 수 있다. 중세 말기 유명론의 유행은 신학 혹은 형이상학이라는 이론적 도구 없이 최대한 추상적 사변을 억제한 채, 현실세계를 파악할 수 있는 자유로운 사유공간을 잠정적으로 제공했다.[12]

이와 관련하여 유명론의 전통으로부터 발전적으로 파생된 종교개혁 신학, 특히 루터의 신학에 대해 심층적으로 더 고찰해 본다면, 이는 유명론이 추구했던 보편자와 개체의 분리(계시와 이성의 분리)를 신학적 차원에서 더욱 더 급진화시킨 것이라고 해석될 수 있다. 왜냐하면 루터는 유명론이 내재하고 있던 아리스토텔레스적 철학의 잔재에 대

---

12 Heiko Augustinus Oberman, *Werden und Wertung der Reformation. Vom Wegestreit zum Glaubenskampf* (Tübingen: J.C.B. Mohr, 1977), p. 55.

한 전적인 포기를 선언하며, 중세 후기 스콜라주의로부터의 완전한 결별을 감행했기 때문이다. 그럼에도 불구하고 루터의 신학적 체계 안에서 유명론의 잔재가 완전히 제거되었다고 볼 수는 없다. 그가 주장한 철학과 신학의 명백한 분리는 중세인의 정신세계를 지배했던 아리스토텔레스적인 세계상에 대한 거부를 의미하는 것일 뿐, 그의 신학적 사유는 유명론적 사유의 핵심적 내용(potentia dei ordinata에 대한 potentia dei absoluta의 절대적 우위)을 전적으로 수용하고 있기 때문이다.13 여기서 다소 비약적일 수 있지만, 종교개혁 신학과 근대의 철학적 사유와의 상관관계를 대략적으로 이해할 수 있도록, 루터가 신학적으로 수용했던 중세 말기 유명론 전통과 관련하여 근대 이후 인간 이성의 물자체 인식의 절대적 불가능성을 주장했던 철학자 칸트의 입장을 다음과 같이 창조적으로 재해석해 볼 수도 있을 것이다.

1) 루터의 신학: 아리스토텔레스 철학의 잔재가 부분적으로 제거된 중세말기 유명론의 신학적 급진화
2) 칸트의 철학: 아리스토텔레스 철학의 잔재가 완전하게 제거된 근대적 유명론의 철학적 정립

---

13 Karl Heinz zur Mühlen, *Reformatorische Vernunftkritik und neuzeitliches Denken: Dargestellt am Werk M. Luthers und Fr. Gogartens* (Tübingen: Mohr Siebeck, 1980), p. 296: 오버만(Oberman) 또한 루터는 옥캄과 비엘의 유명론을 거부했지만, 자신의 신학적 사유를 via moderna의 지평 속에서 전개했다고 평가한다. eiko Augustinus Oberman, Zwei Reformationen: Luther und Calvin. Alte und Neue Welt (Berlin: Siedler Verlag, 2003), p. 49.

2. 성례전주의의 신화적 표상의 제거

중세 시기를 지배했던 아리스토텔레스 철학은 로마-가톨릭교회의 성례전적 사유와 결합하면서, 실제적인 정서적 영향력을 발휘했다. 여기서 성례전적 사유는 아우구스티누스의 사효론과 성직자 계급주의가 결합된 미신적-마술적 신앙의 산물로서, 중세 시기 종교적 멘탈리티를 구성했던 중요한 요소로서 작용했으며, 이를 통하여 철학적인 실재론적 사유를 종교적으로 실현했던 일종의 이데올로기적 기제였다.[14] 보다 심층적 이해를 위하여 이를 순차적으로 다음과 같이 설명해 보고자 한다.

1) 고대 교회 도나투스(Danatus von Karthago, 315-355) 논쟁 속에서 교회 분열의 위기를 직감했던 아우구스티누스는 통일된 교회 조직을 보존하고자, 교회제도의 객관성, 즉 사효론(ex opere operato, 事效論)을 강조하며, 성직자의 순수한 신앙을 주장하면서, 독자적 교회 조직을 건설하고자 했던 도나투스파의 의지를 근본적으로 분쇄시켰다. 이후 로마-가톨릭교회는 성례전을 가시적인 하나님의 말씀(visible verbum)이라고 규정했던 그의 규정에 따라 교회 조직, 그 자체를 초월적 실재의 현실화라고 판단하고, 이 안에서 시행되는 모든 제도를 성례전화시켰다. 따라서 성례전화된 교회 조직 및 모든 활동은 하나님 은총이 이미 내재되어 있는 것으로 간주되었다.

2) 성례전화된 모든 종교적 제도를 활성화시킬 수 있는 실질적 권

---

14 Jacques Le Goff, *La Civiliasation de l'Occedent médiéval*, 유희수 옮김, 『서양중세문명』(서울: 문학과 지성사, 1992), 396-402.

한이 평신도와 구별된 성직자에게 귀속되면서, 로마-가톨릭교회의 전통적인 사효론은 성직자의 신분 및 서열에 의존하는 일종의 권위적 체제로 변질되었다. 이와 같이 성례전 활동을 성직자 중심의 종교적 권위가 압도하면서, 성례전 제도는 당시 민간신앙과 결합되어 미신화-마술화되었다. 즉 성례전을 집행하는 성직자의 순수한 신앙을 강조했던 도나투스파의 인효론(ex oepre operantis, 人效論)이 성직자 계급주의와 결합된 인효론으로 변질된 것이다. 또한 통일된 교회 조직을 보존하고자 했던 아우구스티누스의 사효론 또한 성직자 계급주의와 기형적으로 결합되어 본래적 의미를 상실하게 되었다.

3) 로마-가톨릭교회가 공식적으로 표방하는 7성사(세례, 견진, 성찬, 고해, 혼배, 신품, 종부성사)는 초월적 실재가 현실세계를 지배하고 있다는 종교적 이념을 성례전적으로 표현한 것으로서, 민간신앙과 습합되어 있었던 중세 유럽인들의 정신세계의 실체를 우회적으로 암시한다.

4) 루터의 종교개혁 운동의 핵심적 동기는 로마-가톨릭교회의 성직자 계급주의와 결합된 고해성사에 대한 비판이었으며, 이를 통하여 참된 고해(confessio)는 서열화된 성직자 계급의 중재 없이 하나님과 인간의 직접적 만남을 통하여 실현될 수 있음을 강조하고자 했다.

결과적으로 판단한다면, 세례와 성찬만을 교회의 고유한 성례전으로서 인정하는 루터를 비롯한 모든 개혁자들은 다른 다섯 가지 성례전이 내포하고 있는 기독교적 누미노제(Numinose)의 체험을 거부한 것이 아니라, 오히려 성직자 계급주의와 결합된 성례전적 사유의 미신적-마술적 요소를 비판한 것이다. 그렇다면, 그들이 시도했던 중세 시기 성례전주의의 신화적 표상의 제거가 역설적으로 근대적인 합리적 세계관 형성에 기여했다는 신중한 역사적 평가를 충분히 시도해 볼 수 있다.

3. 죄인으로서의 자기인식: 사유하는 주체로서의 근대적 인간 상을 향하여

루터와 칼빈을 비롯한 종교개혁자들의 신학적 인식의 대표적 특징은 '죄인으로서의 자기인식'으로서, 루터의 경우 이는 로마-가톨릭교회의 면벌부 판매에 대한 비판을 통하여 명확하게 드러나며, 칼빈의 경우, 하나님의 절대주권에 대한 강한 신앙적-신학적 확신을 통하여 충분히 제시되고 있다. 이들의 이와 같은 신학적 사고는 중세 시기 존재론적 사유의 실존론적 사유로의 전환, 혹은 신화적 창조론으로부터의 구원론적 사유로의 전환이라고 규정해 볼 수 있다.[15] 중세 스콜라 신학은 고대 교회가 신플라톤주의에 입각하여 시도했던 신화적 창조론을 아리스토텔레스주의의 도용을 통하여 철학적으로 좀 더 세련된 방식으로 표현했던 일종의 존재론적 사유의 일종이기 때문이다. 그러나 동방정교회의 경우, 서방 로마-가톨릭교회와는 달리 신플라톤주의와 결합된 고대 교회의 신학적 전통만을 계승할 뿐, 서방 로마-가톨릭교회처럼 아리스토텔레스의 철학을 전혀 수용하지 않았다. 따라서 전자는 하나님의 거룩한 성품을 닮아가는 인간의 신화(神化)가

---

15 조용석, "츠빙글리와 칼빈의 실천적 삼단논법 연구. -칼빈의 실천적 삼단논법에 대한 영향사적 고찰", 「한국교회사학회지」 제30집 (2011), 35. .

인간의 궁극적인 구원의 목표라고 간주한다. 신플라톤주의의 용어를 차용하자면, 궁극적 일자와 결합되는 인간의 인식과정을 인간의 신화라고 신학적 재해석을 시도한 것이나 다름이 없다. 서방 로마-가톨릭교회의 경우, 아리스토텔레스 철학의 체계와 유사하여 논리적-인과율적으로 하나님을 우주적-존재론적으로 증명하는 작업에 몰두하면서, 이에 근거하여 인간의 구원에 관한 해법을 인과율적인 법률적 논리에 의거하여 발견하고자 시도했다.[16]

서방 로마-가톨릭교회의 전통에 대한 반발로서 발생했던 16세기 종교개혁 운동의 신학, 특히 루터의 신학사상은 성직자의 권위에 의거하여 인과율적-법률적으로 부과되는 죄인으로서의 자기규정을 거부하고, 새로운 죄인식의 지평을 제공했다. 이는 성직자의 개입이 배제된 채 선언되는 오직 하나님에 의한 죄인으로서의 인간 규정, 더 나아가 법률적 절차가 생략된 채 인간의 양심 속에서 천명되는 하나님의 무죄선언으로서, 성례전화된 교회제도가 아니라, 인간의 내면 그 자체만을 집중적으로 성찰할 수 있도록 신학적 시각을 혁신적으로 전향시켰다.[17] 이와 같은 그의 신학적 시도는 칭의론으로 집약된다. 여기서 그는 하나님의 은총 그리고 순수한 내면의 신앙에 근거한 구원

---

16 Ernst Benz, *Beschreibung des Christentums: eine historische Phänomenologie*, 이성덕 옮김, 『기독교 역사와의 대화』(서울: 한들출판사, 2007), 126-127.

17 루터의 칭의론이 가장 분명하게 드러난 그의 대표작, 『그리스도인의 자유』(1520)는 다음과 같이 로마-가톨릭교회의 종교적 권위에 의하여 강요되는 선행을 거부하며, 이로부터 해방된 인간 내면의 고유한 신앙만을 집중적으로 강조한다. "Non enim liberi sumus per fidem Christi an operibus, sed ab opinionibus operum, idest a stulta praesumptione iustificationis per opera quaesitae"(그리스도에 대한 우리의 신앙은 행위로부터 우리를 해방시키는 것이 아니라 선행에 대한 그릇된 견해, 곧 의로움이 행위에 의해 획득된다는 어리석은 가정으로부터 해방시키는 것이다), *WA* 7, p. 70.

의 확신(Heilsgewissheit)을 강조했다. 츠어 뮐렌(Zur Mühlen)에 의하면, 루터가 강조했던 구원의 확신은 데카르트(René Descartes, 1596-1650)가 그의 핵심 테제인 "cogito, ergo sum"(나는 생각한다. 따라서 나는 존재 한다)을 통하여 강조했던 인식론적 확실성(Selbstgewissheit, 자기확신)과 무관하지 않으며, 더 나아가 그의 칭의론은 근대적 사유가 추구했던 인식론적 주관주의(Subjektismus)의 사상적 모태가 되었다.[18]

2세대 개혁자 칼빈 또한 그의 선배 개혁자 루터의 이와 같은 구원론 적인 인간학적 인식의 전환을 전적으로 수용했다. 그의 『기독교 강요』 최종판(1559년) 서두에 제시된 "하나님 인식과 인간의 인식"(Cognitio Dei et cognitio hominis)[19]이라는 모토는 그에게 있어서 모든 신학적 사고의 출발점으로서, 본 인식 없이는 결코 어떠한 신학적 인식도 불가능하 다. 본 인식의 내용은 죄인으로서의 자기인식은 하나님 인식을 필수 적으로 수반한다는 것으로서, 이는 종교개혁 신학이 표방하는 구원론 적 인식으로의 전환에 대한 전이해 없이 올바로 이해될 수 없다.

이와 같은 칼빈의 신학적 입장을 이미 루터의 신학과 비교, 고찰했 던 프랑스 철학자 데카르트(René Descartes)의 핵심 테제와 새로운 관점 속에서 비교, 고찰해보는 것은 다소 비약적인 접근일 수 있지만, 매우

---

18 Karl Heinz zur Mühlen, *Reformatorische Vernunftkritik und neuzeitliches Denken*, 296.

19 이와 관련된 칼빈의 대표적 문장을 소개한다면, "Proinde unusquisque sui agnitione non tantum instigatur ad quaerendum Deum, sed etiam reperiendem quasi manu ducitur. Rursum hominem in puram sui notitiam nunquam pervenire constat nosi prius Dei faciem sit contemplatus, atque ex illius intuitu ad se ipsum inspiciendum descendat"(자신을 인식하는 인간은 하 나님을 추구할 뿐만 아니라, 직접 그를 발견하게 된다. 또한 인간은 하나님의 얼굴을 목격하지 못한다면 그리고 자신 스스로 돌아보지 않는 한, 자신을 진실하게 인식할 수 없다), OS III, 32.

흥미로운 작업일 수 있다. 그는 17세기 칼빈주의가 중요한 정치적-사상적 영향력을 발휘했던 네덜란드에 기거하면서, 자유로운 연구활동을 통하여 근대철학을 태동시켰던 철학자로서, 그의 핵심 테제인 "cogito, ergo sum"은 단순히 근대적 의미의 인식론적 확실성과 주관주의를 함의하고 있는 것이 아니라, 중세기 신화적인 수학적-과학적 사유를 비신화화(Entmythologisierung)시켰던 그의 학문적 방법론의 근본원칙을 의미하고 있기 때문이다. 그의 학문적 방법론적 근본원칙인 "cogito, ergo sum"의 신학적 함의는 다음과 같다.

> "cogito, ergo sum"은 자연세계를 통치하는 중세적인 하나님 섭리의 신화적 표상을 제거하면서, 동시에 신화적 공포로부터 해방된 자유로운 과학탐구의 가능성을 제시했던, 연장(延長, res extensa)된 물질세계에 대한 자기 확신의 표명이다.

17세기 데카르트의 "cogito, ergo sum"의 선언 이전, 16세기 칼빈은 이미 "하나님 인식과 인간의 인식"이라는 테제를 통하여 중세 시기 스콜라주의의 아리스토텔레스적인 실재론적 사유의 거부하며, 신화적인 신학적 사유의 비신화화를 추구했다. 정리하자면, 칼빈이 "하나님 인식과 인간의 인식"이라는 테제를 통하여 인간 이해에 대한 신화론적 접근을 봉쇄하고자 했다면, 데카르트는 "cogito, ergo sum"를 통하여 물질세계의 신화론적 표상을 제거하고자 시도했다고 과감한 평가를 시도해 볼 수 있다. 더 나아가 칼빈을 통하여 이루어진 중세적인 신학적 사유의 비신화화는 근대 시기 수학적-과학적 사유의 비신화화의 과제와 결합, 사유하는 인식주체로서의 인간의 능동적 활동이 강조되면서, 유럽 정신-과학문명이 발전할 수 있는 인식론적 토대를 구축했다고 평가해 볼 수 있을 것이다. 뿐만 아니라 이는 18세기 계몽주의 철학이 추구했던 사유하는 주체로서의 이성적 인간상의 형성을 위한 학문적 주변여건 또한 제공했을 가능성이 높다. 결론적으로 고찰해 볼 때, 양자는 대상만 상이할 뿐, 공통적으로 비신화화의 과제를 추구했다고 판단할 수 있다. 이를 다음과 같이 다소 비약적으로 규정해 보고자 한다.

1) 칼빈: 구원론적-인간학적 인식으로의 전환을 통한 중세기 신학적 사유의 비신화화
2) 데카르트: 사유하는 인식주체에 의한 중세 시기 신화적인 수학적 -과학적 사유의 비신화화

V. 중세적 사유와 종교개혁 신학의 컨텍스트적 상관성

여기서 우리는 다소 도발적인 질문을 제기해 볼 수 있다. 왜 아리스토텔레스 철학을 수용하여 전개되었던 중세 시기 스콜라주의의 온건한 실재론이 중세 사상계를 지배했는가 혹은 더 나아가 어떻게 아리스토텔레스 철학이 중세 사회질서의 유지를 위하여 기여할 수 있었는가라고 우리는 매우 근본적인 문제제기를 던져 볼 수 있는 것이다. 이미 논문 전반부에서 논증했던 것처럼, 서유럽 중세 시기는 고대 로마제국의 보편제국 이념과 기독교의 보편주의적 신앙관이 중세 세계제국 이념의 실현을 위하여 상호결합되었던 시대였기 때문에, 이를

위하여 보편자의 존재가 모든 개체를 일관된 방식으로 장악하고 있다는 사실을 증명하는 아리스토텔레스적 세계관이 중요한 역할을 수행했을 것이라고 추측해 볼 수 있다. 교황과 황제가 각자 민족의 경계를 초월한 자신의 보편제국의 이념을 정착, 실현시키기 위한 기독교적 정치이념을 생산해야만 했다면, 온건한 실재론은 매우 적합한 이념적 정당성을 제공할 수 있었던 철학적 도구였을 수 있다. 이와는 달리 보편자와 개체의 분리, 즉 이성적 논증을 통하여 비합리적 종교적 권위를 위한 논증을 거부했던(이성과 계시의 분리) 유명론의 경우, 중세 제국 이념이 조금씩 붕괴되어가던 중세말기 정치적 현실을 반영하고 있다고 추측해 볼 수도 있다.

하지만 루터의 대적자 츠빙글리의 경우, IV장에서 언급하지 않았지만, 대다수 개혁자들과는 달리 유명론을 수용하지 않았고 중세 시기 스콜라주의의 온건한 실재론 전통을 계승했다.[20] 그럼에도 불구하고 그에게 있어서 종교개혁적 전향은 온건한 실재론을 거부하는 유명론적 경향의 수용이 아니라, 급진적 실재론에 대한 신학적 확신으로서 인식되었다. 급진적 실재론은 플라톤주의와의 관련성 속에서 이해될 수 있는 철학적 개념으로서, 모든 개체 안에 내재하는 보편자, 혹은 모든 개체들을 장악하는 보편자의 개념이 아니라, 개체는 보편자를 그림자처럼 반영할 뿐, 결코 개체와 보편자와 동일시될 수 없다는 견해를 피력한다. 따라서 급진적 실재론은 유명론처럼 온건한 실재론이 내포하는 보편자의 지배 개념을 거부하는 일종의 대항 담론으로서 자기역할을 수행할 수 있다. 결과적으로 유명론과 급진적 실재론은 내

---

20 Gottfried Wilhelm Locher, Huldrych Zwingli in neuer Sicht. Zehn Beiträge zur Theologie der Zürcher Reformation, (Zürich: Zwingli Verlag, 1969), 205-206.

용과 형식은 상이하지만, 공통적으로 온건한 실재론의 비판 및 해체를 추구했다는 점에 있어서, 의미상 유사성은 충분히 긍정될 수 있을 것이다. 물론 양자의 중시하는 부분은 상이하다. 예를 들어, 츠빙글리의 경우, 로마-가톨릭교회의 이념이 부추기는 불합리한 스위스 연방의 용병제도 및 기타 사회제도는 궁극적인 하나님의 말씀에 비추어 비판, 개혁되어야 한다. 이와 같이 자신의 신학적 사유를 전체적인 사회구조와 관련하여 전개하는 방식은 중세도시의 조합공동체적 이상(die genossenschaftlichen Ideale des städtischen Denkens)을 계승하는 것이라고 판단할 수 있다. 이는 중세 시기 유행했던 실재론적 사유가 함의하는 사회적 의미로서, 츠빙글리의 신학방법론이 중세적 사유방식 및 시대상과 밀접한 연관이 있음을 의미상 내포한다.[21] 반면에 루터의 경우, 사회적 비판보다는 주로 한 인간의 참된 내면의 신앙을 강조하며, 로마-가톨릭교회의 구원론을 비판했다는 사실은 그들이 각자 고유한 방식대로 수용, 발전시켰던 급진적 실재론과 유명론의 상이한 현실적 측면을 은연중에 암시할 수 있을 것이다.

뿐만 아니라 종교개혁 신학의 핵심적인 논쟁적 주제였던 성찬론 또한 중세 말기 및 종교개혁 시기 시대상을 반영하는 중요한 텍스트일 수 있다. 개혁자들은 공통적으로 사제의 축성을 통하여 빵과 포도주가 그리스도의 몸으로 변화된다는 화체설(Transsubstationslehre)을 비판했다. 그들은 원칙적으로 화체설을 빵과 포도주를 향한 경배, 즉 피조물을 경배하는 신성모독적인 교리로서 파악했기 때문이다. 그들의 화체설 비판을 새롭게 재해석한다면, 이는 중세 시기 유행했던 미

---

21 Bernd Moeller, *Geschichte des Christentums in Grundzügen* (Göttingen: Vandenhoeck & Ruprecht, 1987, 242.

신화-마술화된 실재론적 사유에 대한 합리적 비판으로서, 최종적으로 인간이 하나님이 되어버린 로마-가톨릭교회의 신성모독적인 교황제도에 대한 전적인 거부를 암시했다고 추측해 볼 수 있다. 왜냐하면 로마-가톨릭교회의 미사 개념과 아울러 성례전적 사유에 대한 전적인 거부로서 간주되었던 개혁자들의 화체설 비판은 그들의 교황제도 비판 중 가장 강도 높은 비판적 사안으로 이해되었기 때문이다. 당시 화체설 비판이 로마-가톨릭교회의 신학적 근거를 근본적으로 해체시키는 행위로서 간주되었음을 감안한다면, 화체설이 내포하고 있는 교회정치적 의미에 관한 심도있는 고찰은 매우 유익할 것이다. 왜냐하면 명분상 예수 그리스도가 교회의 머리이지만, 실제적인 인간의 모습으로 현현한 하나님의 대리자인 교황의 교회수장으로서의 신적 지위를 정당화하기 위하여, 우회적으로 직접적인 그리스도 몸으로 변용되는 빵과 포도주는 인간이 필수적으로 요구되었을 수 있기 때문이다. 즉 화체설이 강조하고자 했던 그리스도의 몸의 실제적 시식이 하나님의 모습으로 치장한 인간 교황을 향한 숭배라는 역설적 결과를 잉태할 수 있음을 당시 개혁자들은 비판적으로 인식했던 것이다.

아울러 개신교회 진영 내부에서의 성찬론 논쟁 또한 유심히 살펴볼 필요가 있다. 츠빙글리와 칼빈은 비록 루터가 화체설을 거부했지만, 그가 주장했던 공재설(Konsubstationslehre)을 중세 시기 미신화-마술화된 신학적 사유로부터 벗어나지 못한 비합리적 성찬론이라고 비판했다. 빵과 포도주가 직접적으로 그리스도의 몸으로 변화되지는 않지만, 빵과 포도주 주위에 실제적으로 임재하신 그리스도의 몸을 성찬식을 통하여 시식한다고 주장했던 루터의 입장은 중세 시기 로마-가톨릭교회의 화체설이 의미상 내포하는 미신적인 민간신앙의 형태[22]를 완전히 극복한 것이 아니었기 때문이다. 그러나 공재설은 프로테스탄트 제후들의 정치적 후원을 받았던 루터의 신앙적-신학적 실존을 함의하고 있는 교리적 개념이기도 하다. 왜냐하면 빵과 포도주 주위에 임재하는 그리스도 몸의 현존과 실제적 시식을 강조했던 공재설은 황제 혹은 교황과는 결코 비교될 수 없지만, 영방교회의 감독으로서 제후령 내에서 절대적 권력을 행사했던 제후의 지위를 결코 무시할 수 없었음을 암묵적으로 암시할 수 있기 때문이다.

반면에 급진적 실재론의 견지에서 성찬론을 전개했던 츠빙글리의 경우, 빵과 포도주는 그리스도의 몸의 그림자일 뿐, 결코 그리스도의 몸이 될 수 없다. 오히려 그리스도를 향한 신앙고백을 가능케하는 그의 몸의 상징으로서 자기역할을 수행한다. 따라서 그리스도의 영적인 현존 속에서, 그리스도 몸의 상징인 빵과 포도주를 시식하며, 교회공동체의 일원이라는 사실을 항상 고백해야만 하는 의무가 각 구성원들에게 주어질 뿐이다. 이와 같이 근대화-합리화된 성찬론으로서 이해될 수 있는 그의 상징설이 근대적 사유의 길을 예비했던 중세 말기 유명론이 아니라, 플라톤적이며 고전적인 급진적 실재론에 근거하고 있다는 사실은 매우 역설적이다. 이와 관련하여 교황, 황제, 제후들의 정치적 압력 없이 취리히 의회의 민주적 의사결정 구조를 활용하여 종교개혁 운동을 전개했던 츠빙글리의 합리적 면모가 부각될 필요가 있다. 그에게 있어서, 루터의 경우처럼, 황제 혹은 가톨릭 제후와 같은 연방 내부의 적대자들은 존재하지 않았다. 오히려 용병수출을 정당화시키며, 스위스 연방의 열악한 경제구조를 지탱시켰던 로마-가톨릭

---

22 Heinrich Holze, *Die abendländische Kirche im hohen Mittelalter (12./13. Jahrhundert)*. Kirchengeschichte in Einzeldarstellungen Band I/12, (Leipzig, Evangelische Verlagsanstalt, 2003), p. 286.

교회의 종교적 이념만이 존재했을 뿐이다. 이는 루터보다 더 강력하게 교황제도를 비판했던 츠빙글리의 신학적 입장을 이해할 수 있게 하는 컨텍스트적 근거일 수 있다.

이와 같은 츠빙글리의 입장을 수용하면서도, 단순한 그리스도 몸의 상징으로서 이해했던 그의 성찬론을 비판하고, 동시에 루터의 실제적인 그리스도의 몸의 임재를 성령의 역사로서 재해석하면서, 영적인 시식을 주장했던 칼빈은 신화적 표상을 제거한 합리적 해석과 종교적 사유가 추구해야 할 신비주의적 해석을 역설적으로 적절하게 결합시키고 있다.[23] 그에게 있어서 성령의 역사를 통하여 성찬식에 임재하는 그리스도의 몸은 결코 미신적-마술적 현존이 아니다. 오히려 영혼의 유일한 양식인 그리스도의 몸은 그리스도인의 신앙의 강화를 위하여 영적으로 시식되어야만 하는 신앙의 실체일 뿐이다. 이와 같은 칼빈의 합리적이면서도 신비적인 성찬론은 신비적 접근이 봉쇄된 츠빙글리 성찬론의 한계를 감지했던 수많은 개혁교회의 교인들에게 있어서, 새로운 대안으로서 수용되었을 것이다. 구체적으로 예를 들자면, 칼빈주의는 합리적 생활태도를 견지하며 경제활동을 해야만 했던 상인계급의 절대적 지지를 받으며 영향력을 확대했다. 특히 해안가에 인접하여 지형적 특성상 해상무역을 통한 식민지 개척과 상공업의 눈부신 발전을 이룩했던 네덜란드의 경우, 종교개혁 운동 초기에 수용되었던 루터주의와는 비교할 수 없을 정도로 칼빈주의가 막강한

---

23 칼빈의 『기독교 강요』 최종판(1559)는 다음과 같이 언급한다. "Dicimus Christum tam externo symbolum quam Spiritu suo ad nos descendere, ut vere substantia carnis suae et sanguinis sui animas nostras vivificet"(우리는 그리스도께서 그의 육신과 피의 본질로 우리의 영혼을 살리시고자 외형적인 상징과 영을 통하여 우리에게 내려오신다고 말한다), OS V, p. 375.

정치적-종교적 영향력을 발휘했다. 따라서 네덜란드의 독립을 향한 반합스부르크가 항쟁이 유럽 칼빈주의 발전의 역사[24]라고 간주된다고 하더라도, 이는 결코 과장된 역사적 평가라고 볼 수 없다.

VI. 글을 정리하며

이 글은 우선적으로 16세기 유럽 프로테스탄트 종교개혁 운동을 몰락한 서로마제국을 계승하고자 시도했던 로마-가톨릭교회와 신성 로마제국 내부에서 발생한 교회개혁운동이라고 전제하고, 이에 근거, 중세 제국 이념의 붕괴를 촉진시키며, 동시에 근대적 사유의 시작을 신학적으로 예비했다는 사실을 공시적-통시적으로 논증했다.

물론 16세기 개혁자들이 다가오는 근대 사회를 예측하며 종교개혁 운동을 수행했다고 결코 평가할 수 없다. 오히려 그들은 중세 이전 고대 교회의 신학적 전통으로 소급하며, 로마-가톨릭교회의 개혁을 추진했을 뿐이다.[25] 루터의 경우, 그가 수도사 출신이었다는 사실을 감안한다면, 그의 개혁노선은 10세기 후반 클뤼니(Cluny)수도원 개혁 운동과 유사한 의도를 지니고 전개된 교회개혁운동이었다고 다소 과 감한 평가를 할 수도 있다. 츠빙글리 또한 오히려 via antiqua(옛 길,

---

24 칼빈의 사후, 그의 후계자 테오도르 베자(Théodore de Bèze, 1519-1605)를 통하여 계승된 칼빈주의는 네덜란드에서 정통주의적 형태로 발전하게 되면서, 교파주의적 배타성을 강화한다. 이와 같은 교리사적 판단은 당시 네덜란드의 치열했던 반합스부르크가 독립전쟁과 관련하여 이해할 필요가 있다. 가톨릭 이념을 앞세운 합스부르크가 통치에 대한 강한 반감과 칼빈주의의 배타적 절대성의 강화는 결코 상호무관할 수 없기 때문이다.

25 Luise Schorn-Schütte, *Die Reformation, Vorgeschichte-Verlauf-Wirkung* (München: Beck, 1996), p. 106.

실재론)을 추종하며, via moderna(근대의 길, 유명론)의 사상적 흐름을 배격하기까지 했다. 칼빈 또한 오를레앙(Orlean) 및 부르지(Bourge) 대학 법학부에서 접했던 원문 연구 중심의 인문주의적 법학 연구방식26과 유사했던 프랑스 로마-가톨릭교회의 개혁적인 성서인문주의 운동(der französische bibelhumanistische Reformkatholizismus)의 영향이 그로 하여금 가톨릭적 세계관으로부터의 이탈을 결정적으로 유도했다고 판단된다.27 전체적으로 조망하여 볼 때, 세 명의 주류 개혁자들은 그리스-로마의 고전적인 인간중심적 문화에 매료되었던 알프스 이남의 르네상스 운동과는 달리, 기독교 고전 연구에 집중하며 당시 로마-가톨릭교회의 악습을 폐기하고자 했던 알프스 이북의 기독교 르네상스 인문주의 운동의 문화적 세례를 받았던 가톨릭 소장파 신학자들이었다.

이와 관련하여, 로마-가톨릭교회 뿐만 아니라 주류 개혁자들에

---

26 당시 법학부 주교재는 528년부터 534년 사이 동로마 황제 유스티아누스 1세(Justinianus I, 482-565)에 의하여 편찬된 "로마법 대전"(Corpus Iuris Civilis)이었는데, 오를레앙 대학 법학부에서는 피에르 드 레투아르(Pierre de l'Etoile)가 본 법전에 대한 중세시대 법학자의 해석을 중심으로 변증법적 방식의 연구방식을 주장했다. 이와는 달리 부르지 대학의 안드레아스 알키아토(Andreas Alciato) 당시 인문주의 운동의 영향을 받아 본 법전의 원문독해와 연구를 주장했다. 칼빈의 부르지 대학으로서의 학적변경은 아마 새로운 법학연구풍토를 경험하기 위한 것이었을 것이다. 성서인문주의 운동 또한 원문연구를 추구하고 있다는 점에 있어서, 칼빈이 습득했던 인문주의적 법률연구방식과 동일하다.

27 Peter Opitz, *Leben und Werk Johannes* Calvins, (Göttingen: Vandenhoeck & Ruprecht, 2009), p. 20.; 그럼에도 불구하고, 칼빈이 중세적 사유의 전통으로부터 완전히 이탈되었다고 볼 수는 없다. 이와 관련하여 부스마(Bouwsma)는 칼빈의 지적-신학적 사유의 형태가 대립된 두 가지 시대적 인간상을 내포하고 있다고 주장한다. 토마스 아퀴나스에 의하여 대표적인 중세 스콜라주의 전통을 계승하고 있으면서도, 동시에 옥캄의 유명론을 수용했던 인문주의적 수사학자로서의 모습을 지니고 있기 때문이다. 그러나 칼빈은 이와 같이 상반된 시대적 인간상 혹은 시대적 이념을 통합시키고자 노력했다. William J. Bouwsma, *John Calvin: A Sixteenth Century Portrait*, 이양호, 박종숙 옮김, 『칼빈』(서울: 도서출판 나단, 1991), pp. 539-547.

의하여 이단으로 간주되어 박해받았던 재세례파의 신학적 이상 또한 참고할 필요가 있다. 재세례파는 콘스탄티누스 대제의 기독교 공인 이후 지속된 중세 천 년의 교회의 역사는 국가권력과 결탁한 교회 성직자 계급의 타락의 역사라고 규정한 후, 국가체제와 교회의 명백한 분리를 과감하게 주장했다. 이 점에서 있어서 주류 개혁자들은 로마-가톨릭교회의 개혁(reformatio)을, 재세례파는 콘스탄티누스 대제의 기독교 공인 이전 시대로의 복귀(회복, restitutio)를 지향했다고 단언할 수 있다.

재세례파를 포함한 주류 개혁자들이 공통적으로 미래를 향한 진보가 아니라 과거의 이상으로의 소급을 지향했다는 점을 감안한다면, 주류개혁자들이 전통적으로 죄악시되었던 이자 및 대출사업에 대한 성서적 제한조건을 제시하면서 상대적으로 긍정했던 사실은 도래하는 자본주의 체제에 대한 이론적 정당화라기보다, 세속적인 삶의 영역 또한 하나님의 통치의 영역으로 흡수하고자 했던 신학적 시도라고 평가하는 것이 바람직할 것이다. 물론 16세기는 지리상의 발견 및 과학의 발전으로 인하여 자본주의적 상업활동 및 생산양식이 보편적으로 정착되는 과정 속에 있었음은 어느 누구도 부정할 수 없다. 여기서 필자는 일종의 보편적인 경제적 생산양식으로서의 자본주의 경제체제의 확립은 이를 저해하는 봉건적 정치구조의 발전적 해체 없이 실현될 수 없다는 사실을 최대한 고려하여, 다음과 같은 사실적 역사해석을 시도해 보고 싶다.

봉건주의와 자본주의의 이행기 동안 유럽 대륙 안에서 점진적으로 확산, 보편화되었던 자본주의 경제양식은 특성상 잔존하는 봉건적 정치구조 내에서 결코 발전할 수 없었기 때문에, 봉건적 정치구조의 해체는 당시의 시대적 과제였다. 바로 이 시기 역사적 진보의 이념과는 무관하게 고대 교회의 신학적 전통으로 소급, 로마-가톨릭교회의 종교적 악습을극복하고자 노력했던 16세기 개혁자들의 노력이 역설적으로 로마-가톨릭교회의 종교적 이념과 결합된 봉건주의 정치구조의 해체를 야기, 촉진시켰다.[28]

---

28 이와 동일하게 종교개혁 신학 또한 근대적 사유의 시작을 의도적으로 준비한 것이 아니라, 로마-가톨릭교회의 성례전주의 및 성직자 계급주의에 대한 신학적 비판이 결과적으로 근대적 사유의 시작을 위한 신학적 토대가 되었다고 평가하는 것이 바람직하다고 생각한다.

제2부

루터의 종교개혁에 대한
역사적-신학적 탐구

제 2 장

루터소송사건(Causa Lutheri)과 프로테스탄트 종교개혁
― 카를 5세(Karl V)의 종교정책(1521-1530)

I. 글을 시작하며

이 글은 16세기 루터의 프로테스탄트 종교개혁 운동에 대한 작센(Sachsen)주 선제후 프리드리히 3세(Friedrich III, 1463-1525)와 신성로마제국 황제 카를 5세의 정치적 대응을 소개하면서, 소위 루터소송사건(Causa Lutheri)이라고 비화된 그의 초기 종교개혁 운동을 당시 시대적 상황 속에서 고찰하며, 이의 성공을 가능할 수 있게 했던 중요한 정치적 요인을 분석하고자 한다. 이를 위하여 로마-가톨릭교회의 개혁을 교리적 차원에서 모색했던 루터의 본래적인 신학적 의도와는 달리, 어떻게 루터의 프로테스탄트 종교개혁 운동이 역설적으로 신성로마제국 합스부르크 왕조(Habsburg) 독점적 통치체제의 붕괴를 위하여 기여할 수 있었는가에 관한 구체적인 역사적 논증을 시도하고자 한다. 동시에 본 연구는 신성로마제국의 복잡한 정치적 구조로 인하여 이와 같은 역설적인 역사적 상황이 연출될 수 있었다고 전제한 후, 루터의 프로테스탄트 종교개혁 운동이 성공할 수 있었던 당시 시대적 여건에 대하여 고찰하고자 한다.

이의 시발점은 신성로마제국의 권력구조 개편과 루터의 이단심문을 위하여 1521년 1월 27일 소집된 보름스 제국의회(Reichstag zu Worms)로서, 이와 관련하여 독일에서 활동했던 룩셈부르크 출신 로마-가톨릭 교회 교회사학자임에도 불구하고, 프로테스탄트 종교개혁 운동에 대하여 호의적인 시각을 가지고 연구했던 로츠(Joseph Lortz, 1887-1975)는 매우 흥미로운 해석을 제시하고 있다. 그는 보름스 제국의회(Reichstag zu Worms)에서 카를 5세(Karl V, 1500-1558)가 루터를 이단으로 규정하고, 그의 제국추방을 결의했던 보름스 칙령(Wormser Edikt)을 발표하지 않았다면, 오히려 루터의 프로테스탄트 종교개혁 운동은 성공하지 못했을 것이라고 주장한다.[1] 이는 보름스 칙령이 역설적으로 반(反)합스부르크 프로테스탄트 세력형성을 위한 중요한 역사적 계기를 제공할 수 있었다는 사실을 의미할 수 있다. 부연하자면, 보름스 칙령의 공표 이후 루터의 개인적인 의사와는 무관하게 그를 지지하는 제후들을 중심으로 형성된 소위 프로테스탄트 세력이 합스부르크 왕조를 중심으로 결집된 가톨릭 봉건세력과 정치적으로 대결할 수밖에 없게 되었던 상황을 전제한다. 따라서 필자는 1521년 보름스 제국의회를 중심으로 1530년 개최된 아우크스부르크 제국의회(Reichstag zu Augsburg)까지 견지했던 루터소송사건(Causa Lutheri)에 대한 카를 5세의 대응을 집

---

1 Joseph Lortz, *Die Reformation in Deutschland* (Freiburg: Herder, 1962), 10.

중적으로 고찰, 분석하며, 루터의 프로테스탄트 종교개혁 운동의 초기 국면의 성공적 전개와 관련된 당시 정치적 상황을 파악하고자 한다.

II. 작센주 선제후 프리드리히 3세와 루터소송사건
(Causa Lutheri)

이 글의 핵심적 과제, 루터의 프로테스탄트 종교개혁 운동이 성공할 수 있었던 역사적 상황에 대한 연구를 위하여, 합스부르크 왕조를 견제하고자 했던 교황 레오 10세(Leo X, 1475-1521) 그리고 신성로마제국 황제 카를 5세 및 그의 조부 막시밀리안 1세(Maximilian I, 1493- 1519)과 그들과 정치적 동반자 혹은 경쟁자의 관계를 형성하며 루터소송사건(Causa Lutheri)의 원만한 해결을 위하여 노력했던 작센주 선제후 프리드리히 3세와의 정치적 이해관계를 주목할 필요가 있다. 막시밀리안 1세의 정략결혼 정책을 통한 제국 영토의 확장 과정 및 카를 5세의 황제 선출 과정에 대한 이해는 이 글의 주제에 포괄적으로 접근할 수 있는 기본적인 단서를 제공할 수 있다고 생각한다.

막시밀리안 1세는 부르고뉴(Burgund) 공국의 공주 마리아(Maria, 1457-1482)와 결혼한 후, 그녀가 먼저 생을 마감하면서, 부르고뉴 공국을 신성로마제국 영토에 귀속시켰다. 이후 막시밀리안 1세는 자신의 장남 필립(Philipp I, 1478-1506) 미남공(美男公)을 스페인 왕녀인 후아나(Juana la Loca, 1479-1555)와 결혼시켰고, 장녀 마가렛트(Margarete von Österreich, 1480-1530)를 스페인 황태자인 후안(Johann von Aragón und Kastilien, 1478-1497)과 결혼시켰다. 그러나 필립 미남공이 28살에 즉사하게 되면서, 그의 장남인 스페인의 카로스 1세(Carlos I)가 모친 후아나의 섭정 아래 즉위했다. 이후 그는 신성로마제국 카를 5세로 즉위하면서, 스페인과 독일 및 오스트리아를 거점으로 한 신성로마제국을 공동으로 통치하게 되었다. 카를 5세의 황제 선출 과정을 간략하게 소개하면 다음과 같다. 이 과정을 통하여 카를 5세, 황제 레오 10세, 프리드리히 3세 사이의 상호간 상이한 정치적 이해관계가 형성되었다.

　1519년 1월 21일 막시밀리안 1세가 서거 이후, 1519년 6월 28일에 실시된 황제 선거에 출마했던 카로스 1세는 아우크스부르크의 후거(Fuggers) 집안의 도움을 받아, 선제후들을 매수하면서, 당시 유력한 황제 후보였던 프랑스의 프랑소와 1세(François I, 1494-1547)를 제압하고 만장일치로서 당선되면서, 카를 5세로 즉위했다. 추측하건대 황제 선출의 권한을 소유했던 당시 7명의 독일 선제후들은 프랑스의 왕 프랑소와 1세가 아니라, 부친 쪽으로 독일 민족의 피를 이어받은 카를 5세를 신성로마제국의 황제로 선출해야 한다고 판단했을 것이다. 7명의 독일 선제후들은 다음과 같다: 마인츠(Mainz), 트리어(Trier), 쾰른(Köln)의 대주교, 팔츠(Kurpfalz) 백작, 작센(Sachsen) 공작, 브란덴부르크(Brandenburg) 변경백, 보헤미아(Böhmen) 국왕.

　그러나 합스부르크 왕조의 세력 확장을 경계했던 교황 레오 10세는 스페인 왕국까지 통치했던 합스부르크 왕조가 신성로마제국의 황제가 되는 것을 원치 않았기 때문에, 합스부르크 왕조를 견제하는 차원에서 작센주 선제후 프리드리히 3세를 유력한 황제 후보로서 판단하고 그를 지지했다. 왜냐하면 막시밀리안 I세의 성공적인 정략결혼 정책을 통하여 광대한 영토를 확보하게 된 신성로마제국은 이탈리아 남부지역을 정복하고자 시도하면서, 로마 교황청에 위협적인 세력으로 다가갔기 때문이다. 이와 같이 프리드리히 3세를 지지했던 교황 레오 10세의 의도와는 달리, 그는 황제 선거 출마를 포기하고, 오히려 카를 5세가 황제로 즉위할 수 있도록, 선제후 회의에서 여론을 주도하면서, 신성로마제국 내에서 정치적 영향력만을 확대하고자 시도했다.

이와 같은 프리드리히 3세의 행동은 그가 선제후지위를 획득한 이후, 카를 5세의 선친이었던 막시밀리안 1세가 황제 선거에서 선출될 수 있도록 적극적으로 지지했던 사실을 상기한다면, 그의 일관된 정치적 입장으로서 최소한 이해될 수 있다. 막시밀리안 1세는 이에 부응하여 프리드리히 3세를 자신의 정치적 후계자로 양성하고자, 그를 신성로마제국의 고위원수직(Erzmarschall)으로 임명하면서, 장녀 마가렛트와 프리드리히 3세의 혼담을 진행시켰다. 그러나 막시밀리안 1세는 자신의 정략결혼 정책, 즉 스페인 왕실과의 교차 결혼을 통하여 스페인 영토의 흡수통합을 의도적으로 추구하게 되면서, 마가렛트와 프리드리히 3세의 혼담을 중지시키고, 이미 언급했던 것처럼, 그녀를 스페인의 왕자 후안과 결혼시켰다. 이와 관련하여 프리드리히 3세의 후계자였던 조카 요한 프리드리히 1세(Johann Friedrich I, 1503-1554) 또한 카를 5세의 여동생 카타리나(Katharina von Kastilien, 1507-1578)와의 혼담이 성사되지 못했다는 사실을 염두할 필요가 있다. 왜냐하면, 이는 신성로마제국의 황제 카를 5세와 프리드리히 3세 및 그의 조카 요한 프리드리히 1세의 종교적, 정치적 대립의 주변적 원인으로 추측될 수 있기 때문이다. 더 나아가 프리드리히 3세가 속한 베틴(Wettin) 가문과 신성로마제국의 황제를 배출했던 합르부르크 가문 사이의 갈등의 핵심적 원인으로 소급되어 간주되기도 하였다.[2]

---

2 Ingetraut Ludolphy, *Friedrich der Weise, Kurfürst von Sachsen 1463-1525*

이상의 사실을 전제한다면, 프리드리히 3세가 독실한 가톨릭 신앙인이었음에도 불구하고,[3] 제왕적 권력자로서 등극하고자 했던 카를 5세를 정치적으로 견제하기 위하여, 루터의 후견인으로 자처했던 그의 의도를 이해할 수 있는 단서를 확보할 수 있을 것이다.[4] 동시에 그는 합스부르크 왕조의 신성로마제국 지배를 반대하는 교황이 강력하게 지지했던 유력한 황제 후보자였기 때문에, 이 관계를 이용하여 루터의 즉각적인 로마 소환을 저지하며, 신성로마제국 법률에 명시된 공정한 소송절차에 따라 루터에 대한 재판이 진행될 수 있도록 교황을 설득할 수 있었다. 부연하자면, 루터의 프로테스탄트 종교개혁 운동을 위한 그의 공헌을 다음과 같이 정리할 수 있을 것이다: 1) 루터의 로마소환 저지 및 추기경 카예탄(Thomas Cajetan, 1469-1534)을 통한 루터의 이단심문 추진, 2) 보름스 제국의회 회기동안 카를 5세를 통한 직접적인 이단심문 및 루터의 신변보호. 합스부르크 왕조에 대한 정치적 견제의 의도뿐만 아니라, 암묵적으로 루터의 정치적 후견인으로

(Göttingen : Vandenhoeck & Ruprecht, 1984), 58.

3 1493년 3월 그는 예루살렘의 거룩한 묘소를 참배하고 성물을 수집하기 위하여 예루살렘으로 성지순례여행을 떠났다. 이는 그의 독실한 가톨릭 신앙인으로서의 모습을 단적으로 보여주는 실례로서, 당시 회자되었던 소문에 의하면, 그는 2만년의 연옥기간을 단축시킬 수 있었던 19,000개의 성물을 소유했다고 한다.

4 뿐만 아니라 그는 작센(Sachsen)주를 통치하는 선제후로서 그의 영토 안에서 거주하고 있었던 루터를 우선적으로 보호하고자 했을 것이다. 더 나아가 그는 자신의 백성을 보호해야 한다는 취지를 가지고, 루터에 대한 일방적인 정치적 판단 이전에 그의 신학적 입장을 공정하게 검증하기를 원했다고 추측해 볼 수 있다. Uwe Schirmer, "Die ernestinischen Kurfürsten bis zum Verlust der Kurwürde (1485-1547)," in: Kroll, Lothar (Hg.), *Die Herrscher Sachsens, Markgrafen, Kurfürsten, Könige 1089-1918* (München: C. H. Beck 2004), 64.: 프리드리히 3세는 루터를 통하여 그가 설립했던 비텐베르크(Wittenberg) 대학의 위상이 격상되고 있다고 판단했기 때문에, 비텐베르크 대학의 발전을 위하여 루터의 정치적 후견인으로 자처하며, 카를 5세와 대립했다는 해석 또한 가능하다. 김선영, "신성로마제국 선제후령 작센의 프리드리히 현공에게 마르틴 루터의 의미",「한국기독교신학논총」98 (2015.10), 63-69.

서 자처하고자 했던 프리드리히 3세의 정치적 판단은 교황 중심의 로마-가톨릭교회와 제후령 안에 존재하는 영방(領邦)교회(Landeskirche)와의 갈등을 함의할 수 있다. 즉 제후령 내에 존재하는 로마-가톨릭교회의 재산을 제후령 영방교회의 소유로 귀속시키고자 했던 일군의 제후들의 정치적 의도가 내포되어 있다고 생각한다.

III. 루터소송사건(Causa Lutheri)에 대한 카를 5세의 대응

1. 루터소송사건(Causa Lutheri)의 전개과정

1517년 10월 31일 루터가 비텐베르크 성문에 면죄부 판매를 비판하는 95개조 반박문을 게시하면서, 종교개혁 운동이 본격적으로 점화된 이후, 마인츠(Mainz) 대주교 알브레히트(Albrecht Kardinal von Brandenburg, 1490-1545)는 로마 교황청에 루터를 공식적으로 제소하였다. 이로 인하여 루터의 종교개혁 운동은 소위 "루터소송사건"(Causa Lutheri)으로 비화되며, 1521년 보름스 칙령(Wormser Edikt)을 통하여 법률적으로 종결된다. 그러나 즉시 법정 소송이 시작된 것이 아니라, 루터의 신학적 입장을 경청하자는 취지에서 루터의 스승이며 아우구스티누스 수도원 원장이었던 슈타우피츠(Johann von Staupitz, 1465-1524)에 의하여, 1518년 4월 26일 하이델베르크(Heidelberg)에서 토론회가 개최된다. 여기서 루터는 로마-가톨릭교회를 비판하며, 동시에 자신의 신학적 입장을 변호하기 위하여, "영광의 신학(theologia gloriae)과 십자가의 신학(theologia crucis)"이라는 테제를 제출했다. 이로 인하여 작센주 소속 도미니크회 수도회 신부들은 루터를 이단자로 간주하며, 로마 교황청에 고소하게 되었다. 로마 소환에 응해야만 하는 상황 속에서 루터는 작센주 선제후 프리드리히 3세의 비서 스팔라틴(Georg Spalatin, 1484-1545)을 통하여 프리드리히 3세에게 도움을 요청했다. 루터와 스팔라틴과의 서신교환을 통하여 프리드리히 3세는 루터를 직접 접촉하지 않은 채, 당시 상황을 파악했다. 이와 관련하여 이미 언급했던 것처럼, 그가 차기 황제로서 레오 10세의 후원을 받고 있었기 때문에, 황제와 교황 사이의 중재자로서 루터를 보호하기 위하여 교황을 설득할 수 있는 위치에 있었다는 사실 또한 염두할 필요가 있다. 따라서 프리드리히 3세의 중재를 통하여 루터의 로마 소환 대신 1518년에 개최된 아우크스부르크 제국의회(Reichstag zu Augusburg)에 참석하고 있었던 교황의 특사 추기경 카예탄(Thomas Cajetan, 1469-1534)에 의한 루터심문이 진행되었다. 카예탄은 루터에게 이단심문 이후에 체포되지 않을 것이라고 확약한 이후, 루터에게 자신의 과오를 인정할 것을 권유했음에도 불구하고 루터는 그의 권고를 수용하지 않았다.

이후 1519년에는 라이프치히(Leipzig)에서 인문주의자 요한네스 에크(Johannes Eck, 1486- 1543)에 의하며, 루터 심문이 재차 시도되었다. 여기서 루터는 교황의 수위권은 신적인 법이 아니라, 인간이 만든 하나의 제도에 불과한 것이라고 주장하며, 자신의 신학적 입장을 철회하지 않았다. 최종적으로 로마 교황청은 1520년 6월 15일에 "Exsurge Domine"(주여 일어나소서)를 공표하면서, 루터를 이단자로 규정했다. 본 교황의 파문위협칙서는 루터의 이단 정죄 사유를 41개 조항을 통하여 구체적으로 설명하면서, 이의 신학적-교회법적 근거를 분명하게 제시했다.[5] 여기서 루터는 포도원(vineam)을 어지럽히는 여우(vulpes), 멧돼지(Aper) 혹은 야생동물(ferus)로 묘사되고 있다.

주여, 일어나소서, 당신의 일을 바로 잡아 주옵소서. 하루 종일 어리석은 자들이 가하는 당신의 치욕을 기억하소서. 우리 기도에 당신의 귀를 기울여 주소서. 왜냐하면 여우가 포도원을 짓밟기 위하여 설치고 있기 때문입니다. 당신만이 (포도원에 있는) 포도즙 틀을 다룰 수 있습니다. 당신은 하늘에 계신 하나님께로 올라가기를 원하실 때, 당신은 당신의 대리자이며 머리이신 베드로 및 그의 후계자들에게 위탁하신 승리하는 교회(triumphantis Ecclesiae)의 통치(regimen)와 운영(administrationem)에 대하여 걱정하셔야 합니다: 멧돼지 한 마리가 포도원을 허물고, 먹어치우려고 합니다.

루터를 이단으로 규정했던 교황의 파문위협칙서의 법적 효력은 신성로마제국의 법률적 절차의 준수를 통하여 발생하기 때문에, 이듬해 카를 5세는 이를 위하여 1521년 보름스 제국의회를 개

---

5 "Exsurge Domine, et iudica causam tuam, memor esto improperiorum tuorum, eorum quae an insipientibus fiunt tota die: inclina aurem tuam ad preces nostras, quoniam surrexerunt vulpes querentes demoliri vineam, cuius tu Torcular calcasti solus, et ascensurus ad Patrem eius curam, regimen, et administrationem Petro tanquam capiti, et tuo Vicario, eiusque successoribus instar triumphantis Ecclesiae commisisti, Exterminare nititur eam Aper de silva, et singularis ferus depascitur eam." *Dokumente zur Causa Lutheri (1517 –1521) 2. Teil: Vom Augsburger Reichstag 1518 bis zum Wormser Edikt 1521*, hrsg. u. kommentiert von P. Fabisch und E. Iserloh, (Münster: Aschendorffische Verlagsbuchhandlung, 1991), 364.

최하여, 루터에 대한 이단정죄 및 제국추방을 신성로마제국의 법적 절차에 따라 결의하게 된다.[6]

2. 카를 5세의 제국 통치 이념으로서의 "보편제국의 군주"(Monarchia universalis) 이념

1512년 쾰른 제국의회(der Kölner Reichtag)에서 막시밀리안 1세는 "독일 국민의 신성로마제국"이라는 명칭을 사용하면서, 신성로마제국의 존립을 위하여 독일 민족이 중심이 되어야 한다는 공감대를 형성시켰지만,[7] 이와 달리 카를 5세는 단지 독일 지역의 통치자로서 아니라, 전체 유럽 대륙의 통치자로서 군림하기를 기대했다. 1521년 5월 8일 공표된 보름스 칙령 서두에서 그는 다음과 같이 출신 배경을 강조하며, 자신이야말로 전체 유럽 기독교 세계의 최고통치자라고 자부한다.

카를 5세… 로마제국의 황제직을 계승한 본인은 신성로마제국의 영

---

6 당시 제후들은 루터소송사건(Causa Lutheri)을 통하여, 모든 범죄행위에 대한 법정소송절차를 강조했던 카를 5세의 황제선거공약 이행여부를 판단하고자 했다. 카를 5세는 1519년 6월 3일 선제후들에게 적법한 법정소송의 제도화를 자신의 선거공약으로 제시했다. 그는 다음과 같이 언급했다. "신성로마제국의 적법한 절차에 따라서 법정소송이 진행되어야 한다"(sonder in solhem ordenlicher process und des heiligen Römischen reichs vor aufgerichte satzung in dem gehalten und volzogen werden.), Alfred Kohler, (Hg.), *Quellen zur Geschichte Karls V.* (Darmstadt: WBG, 1990), 53.

7 "제국"(imperium)이라는 명칭은 962년 오토 대제(Otto I. der Große, 912-973)의 취임 이후 사용된 국가명칭으로서, 이후 Sacrum Imperium, Sacrum Romanum Imperium이 사용되다가, 1486년 프랑크푸르트 제국의회 이후 "독일 국민의"(Nationis Germanicae)이라는 추가조항이 삽입된 이후, 1512년 쾰른(Köln) 제국의회 때 본격적으로 사용되기 시작했다.

토 뿐만 아니라, 독일민족을 통치하는 자로서, 신성로마제국과 교회
를 수호하는 임무를 부여받았습니다… 저는 부계쪽으로는 기독교인
이었던 신성로마제국의 황제, 오스트리아 및 부르고뉴의 제후의 피
를 이어받았으며, 모계쪽으로 또한 기독교를 수용했던 에스파냐, 시
칠리아… 저의 출신배경입니다….8

당시 카를 5세를 보좌하고 있었던 이탈리아인 대법관 메르쿠리노
가티나라(Mercurino Gattinara, 1465-1530)는 마치 이와 같은 카를 5세의
입장을 고려한 것처럼, "보편제국의 군주"(Monarchia universalis)라는 매
우 유용한 정치적 이념을 설파하기 시작했다. 이는 카를 5세가 위대한
샤를마뉴 대제(Charlemagne, 742-817)의 후예로서, 적법한 세계 통치의
권한을 위임받았다라고 주장함으로써, 카를 5세의 역사적 정통성을
확립하기 위한 일종의 이념적 시도라고 볼 수 있을 것이다. 이와 관련
하여 가티나라는 카를 5세의 권력은 하나님께서 부여하신 것이기 때
문에, 카를 5세는 교황과 더불어 전제 기독교 세계의 평화, 복지 및
질서 확립을 위하여 기여해야 한다고 역설했다.9 이는 고대 로마제국
황제의 정치적 이념을 합스부르크 가문의 신성로마제국의 통치를 위

---

8 "Wir Karl der funft..Nachdem unserm Römischen kaiserlichen ambt zusteet, nit
allein den gezirk des heiligen Römischen reichs, so unser forfarn der
Deutschen nation, um der heiligen Römischen und gemeiner kirchen
beschirmung willen... dieweil wir auch von vaterlichem stammen aus den
allerchristenlichisten kaisern und erzherzogen zu Osterreich und herzogen
zu Burgundi, und dann aus mueterlichem stammen aus den christglaubigisten
Hispanischen, Sicilianischen... künigen entsprungen sein...". Ruth Kastner,
(Hg.), *Quellen zur Reformation 1517-1555* (Darmstadt: Wissenschaftliche
Buchgesellschaft, 1994), 50.
9 Franz Bosbach, *Monarchia Universalis. Ein politischer Leitbegriff der frühen Neuzeit*
(Göttingen: Vandenhoeck Ruprecht, 1997), 64.

하여 적용한 것이나 다름이 없다.[10] 결과적으로 이는 카를 5세가 독일 지역의 정치적 사안보다, 국제정치적 사안, 예를 들자면 이탈리아의 지배권을 둘러싼 프랑스와의 전쟁에 몰두할 수 있도록 이념적 정당성을 제공해 주었다. 따라서 카를 5세는 루터의 프로테스탄트 종교개혁 운동과 관련된 지역적 혼란의 상황을 사소한 정치적 사안으로 인지하고, 소극적으로 대응했던 것으로 추측된다. 이와 관련하여 하인츠 쉴링(Heinz Schilling)은 다음과 같이 해석한다.

중세 기독교사회(Societas Christiana)에서 출현한 통치이념은 로마제국의 황제(Imperator Romanorum)의 권리 및 의무와 유사하게, 전체 유럽 대륙을 통치하는 합스부르크 가문 출신 신성로마제국의 황제에게 부여한 것이었다고 볼 수 있다.[11]

카를 5세가 추구했던 "보편제국의 군주"(Monarchia Universalis) 이념은 그에게 유럽 전체 대륙의 기독교 신앙의 수호자로서의 과제가 수여되었다는 의미한다.[12] 그러나 유럽 근대사를 연구하는 독일의 여성

---

10 Hans-Joachim König, *Monarchia mundi und Res publica Christiana: die Bedeutung des mittelalterlichen Imperium Romanum für die politische Ideenwelt Kaiser Karls V. und seiner Zeit* (Hamburg: Lüdke, 1969), 64.

11 Heinz Schilling, "Veni, vidi, Deus vixit - Karl V. zwischen Religionskrieg und Religionsfrieden," in: Archiv für Reformationsgeschichte 89 (Göttingen: De Gruyter, 1998), 146-147..

12 Luise Schorn-Schütte, *KARL V. Kaiser zwischen Mittlalter und Neuzeit* (München: C.H. Beck, 2000), 23.: 카를 5세가 "보편제국의 군주"(Monarchia Universalis) 이념을 숙지하고, 이를 현실정치의 영역 안에서 실현하기 위하여 의식적으로 고군분투했다고 볼 수는 없다. 오히려 그는 자신의 통치행위는 이와 무관하다고 역설한다. 그는 다음과 같이 말한다. "몇몇 사람들은 보편제국의 군주로서의 저의 견해와 업적을 보여주고자 시도하고 있다고 말하지만, 본인은 이와는 반대의 입장을 견지하고 있습니다."

사학자 루이제 손 쉬롯테(Luise Schorn-Schütte, 1949-)는 이와 같은 카를 5세의 기독교 보편제국의 군주로서의 자기의식의 표현은 오스만 투르크, 프로테스탄트와의 분쟁과 관련하여 그리고 프랑스와의 이탈리아 영토분쟁과 관련된 그의 제국통치를 향한 염원의 표현으로서 이해해야 한다고 주장한다.13 이와 같은 그의 "보편제국의 군주"(Monarchia Universalis) 이념은 황제의 위치에서 교황을 정치적으로 견제하는 중요한 이념적 토대가 되었으며, 로마-가톨릭교회의 전통적인 개혁정책으로 인식되었던, 공의회주의(Konziliarismus)에 호소하며 시도되었다. 이와 관련하여 가톨릭 및 프로테스탄트 제후들의 충분한 동의를 얻을 수 있었다. 이와 관련하여 루터가 출판했던 "독일 그리스도인 귀족에게. 기독교의 개선에 대하여"(An den christlichen Adel deutscher Nation von des christlichen Standes Besserung, 1520)" 또한 공의회주의에 공감하는 일반적 여론에 호소하기 위하여 작성된 글이라는 사실을 주목할 필요가 있다. 그가 1530년 프로테스탄트와 가톨릭 세력의 일치를 위하여 소집했던 아우크스부르크 제국의회가 성공하지 못하면서, 그는 교황 클레멘스 7세(Clemens VII, 1478- 1534)에게 루터소송사건(Causa Lutheri)으로 야기된 가톨릭과 프로테스탄트 세력의 교리적 분열을 극복하기 위한 공의회 소집을 요청하기도 했다.14

"Einige sagten, daß ich ein Universalmonarch zu sein versuche, Monarco del mundo und meine Gedanken und meine Werke zeige, daß ich das Gegenteil bin." Ferdinand Seibt, *Karl V. : Der Kaiser und die Reformation* (Berlin: btb Verlag, 1990), 127.

13 Luise Schorn-Schütte, *KARL V. Kaiser zwischen Mittlalter und Neuzeit*, 44.

14 카를 5세는 교황 클레멘스 7세에게 다음과 같이 편지를 썼다. "모든 제후들은 현재상태보다 더 나은 상태가 되기를 바라고 있습니다. 따라서 필수적이며, 참된 구원의 도구인 공의회를 개최하여 주시기를 부탁드립니다"(In einem Wort, man erkennt in Allen Ständen den Wunsch nach einer anderen besseren Ordnung, als der

3. 루터소송사건(Causa Lutheri)에 대한 카를 5세의 미온적 대응

카를 5세는 네덜란드를 중심으로 발흥했던 근대적 경건(Devotio Moderna) 운동과 에라스무스의 인문주의 운동에 조예가 깊었으며, 동시에 전통적인 독실한 가톨릭 신앙인으로서 유럽 기독교 세계를 수호하는 황제로서의 역할을 자임하고 있었다. 특히 그는 구약성서의 시편이 기독교 군주로서의 중요한 덕목을 제시하고 있다고 생각하고, 시편을 매우 애호했다고 한다.[15] 그의 가톨릭 신앙인으로서의 자세는 1521년 1월 27일부터 5월 26일 종료된 보름스 제국의회에서 피력되었다. 이와 관련하여 1521년 4월 18일 루터심문을 마치고 그 다음 날 카를 5세는 보름스 제국의회에 모였던 제후들에게 했던 연설문 중 일부분을 소개하고자 한다. 여기서 그는 전통적인 가톨릭 신앙을 고수하고자 하는 자신의 강한 의지를 피력하면서, 동시에 이에 근거하여 루터소송사건(Causa Lutheri)을 신속하게 처리하지 못했던 자신의 과거의 행적에 대하여 후회하고 있다.

---

gegenwärtigen... daß es das nothwendige und wahre Heilsmittel sein werden, ihnen besagtes Concil anzubieten), *Quellen zur Geschichte Karls V.* (Hg.), v. A. Kohler, Ausgewählte Quellen zur deutschen Geschichte der Neuzeit. Freiherr-vom-Stein-Gedächtnisausgabe, Bd. 15, (Darmstadt: Wissenschaftliche Buchgesellschaft 1990), 167.

15 G. Reiffenberg, (Hg.), *Lettres sur la vie interieur de l'empereur Charles-Quint, ecrites par Guillaume van Male* (Brüssel : Delevingne et Callewaert, 1843), Nr. 44. vom 5.5.1551: 루터 또한 카를 5세를 경건한 가톨릭 신앙인으로서 이해하고 있다. "우리는 매우 경건한 황제를 모시고 있습니다. 그는 매우 경건하고 조용한 성품을 지니고 있습니다"(Wir haben einen frommen Kaiser... Er ist fromm und still), Luther WA, Tischreden 9.6/12.7, 1532.

제가 모든 고귀한 독일민족 그리스도인 황제들, 스페인의 가톨릭 신앙인이었던 국왕들, 오스트리아 가톨릭 제후들, 부르고뉴 가톨릭 제후의 후예라는 사실을 알고 있습니다. 그들은 가톨릭 신앙의 수호자들이었습니다… 그분들이 돌아가신 이후, 우리는 그분들의 삶의 모범을 따라 우리는 소위 거룩한 가톨릭 신앙인으로서의 의무를 지키면서 삶을 영위해야 하며, 죽음을 맞이해야 할 것입니다. 우리는 그분들을 따라가는 참된 후예로서, 하나님의 은총을 통하여 지금까지 살아왔습니다… 한 형제가 왜곡된 교리로 인하여 방황하고 있습니다. 그는 천년 이상 유지해온 전체 기독교 세계에 지금까지 저항하고 있습니다. 이로 인하여 모든 교회는 오류를 범할 수 있습니다… 따라서 저는 이 문제를 해결하기 위하여, 본인의 제국, 통치자로서의 권력, 동료, 몸, 피, 저의 삶과 영혼을 바치겠습니다… 어제 완고했던 루터가 했던 대답을 저는 알고 있습니다. 그래서 저는 여러분께 루터의 왜곡된 교리에 대하여 즉시 조치를 취하지 않은 것을 후회하고 있다고 말씀드리고 싶습니다."16

---

16 "...dass ich von den allerchristlichsten Kaisern der edlen deutschen Nation abstamme, von den katholischen Königen Spaniens, von den Erzherzögen Österreichs, von den Herzögen Burgunds, die alle bis zum Tode treue Söhne der römischen Kirche waren. Sie waren immer Verteidiger des katholischen Glaubens... Nach ihrem Ableben sind uns durch natürliches Recht und Erbe die genannten heiligen katholischen Pflichten überkommen, um dafür nach ihrem Beispiel zu leben und zu sterben... Deshalb bin ich entschlossen, alles zu erhalten, was meine Vorfahren und ich selbst bis in die Gegenwart hinein erhalten haben... denn es ist sicher, dass ein einzelner Bruder in seiner Meinung irrt, die gegen die ganze Christenheit in ihrer mehr als tausendjährigen Geschichte bis hin zur Gegenwart steht, der zufolge sich die ganze Christenheit sich ständig im Irrtum befunden hätte... Deshalb bin ich fest entschlossen, dafür meine Reiche und Herrschaften, meine Freunde, meinen Leib, mein Blut, mein Leben und meine Seele einzusetzen... Und

이상 표현된 것처럼, "보편제국의 군주"로서, 동시에 유럽 기독교 세계의 전통적인 가톨릭 신앙의 수호자로서 자처하며 루터를 이단으로 규정했던 카를 5세 앞에서 그는 자신의 출판물[17]을 통하여 피력된 신학적 견해를 취소하지 않았다. 이후 4월 24일에 한 번 더 트리어 (Trier) 대주교의 숙소에서 그에 대한 심문이 시행되었지만, 여기서 또한 자신의 신학적 입장을 취소하지 않았다. 이와 같이 세 번에 걸쳐 루터에 대한 심문이 진행되었다는 것은 카를 5세와 교황과 루터를 지지하는 제후들 사이에서 루터의 이단파문에 대해 신속하게 결정하지 못했다는 사실을 함의할 수 있다. 아마도 이는 당시까지 유럽의 역사 속에서는 결코 발견할 수 없었던 매우 관대했던 매우 역사적인 이단 심문의 사례로서 평가되기도 한다.[18]

카를 5세는 보름스 제국의회가 끝나자마자, 북이탈리아 지역을 차지하기 위하여 치열한 각축을 벌였던 프랑스와의 전쟁을 준비하기 위하여 즉시 보름스를 떠났다. 이는 그에게 있어서 북이탈리아, 지중해 서부지역, 프랑스와의 접경지역에 위치한 부르고뉴 공국에 이르기까지 광대한 신성로마제국의 영토를 수호하는 것이 중요한 목표였기 때문에, 독일지역의 정치적 사안이 중요한 통치과제로서 간주되지 않았

---

nachdem ich die halsstarrige Antwort, die Luther gestern... in unser aller Beisein gegeben hat, vernommen habe, erkläre ich Euch, dass es ich bereue, so lange das Vorgehen gegen Luther und seine falsche Lehre aufgeschoben zu haben." Joachim Rogge, *Luther in Worms: 1521-1971. Ein Quellenbuch* (Witten: Luther-Verlag, 1971), 105f.

17 그리스도인의 자유(Von der Freyheith eines Christenmenschen), 바벨론 포로가 된 교회(De captivitate Babylonica ecclesiae praeludium), 독일 그리스도인 귀족 에게. 기독교의 개선에 대하여(An den christlichen Adel deutscher Nation von des christlichen Standes Besserung).

18 Karl Brandi, *Deutsche Geschichte im Zeitalter der Reformation und Gegenreformation* (München: Verlag F. Bruckmann 1969), 107.

기 때문이다. 이는 그가 추구했던 "보편제국의 군주" 이념에 상응하는 통치방식이었다고 볼 수 있다. 카를 5세는 그의 "보편제국의 군주" 이념이 암시하는 것처럼, 황제 즉위 이후 제국의회 기간을 제외하고, 신성로마제국의 통치를 위하여, 독일지역에 머무르지 않았다. 그럼에도 불구하고 그는 자신의 정치적 이익을 고려하여 황제선출의 권한을 소유하고 있었던 선제후들과의 우호적 관계를 유지하고자 노력했다. 이는 즉각적인 루터의 로마소환을 지연시키면서, 보름스 제국의회에서 시행된 루터의 이단심문을 통하여 제후들을 합리적으로 설득하고자 했던 그의 정치적 시도를 통하여 파악될 수 있다. 추측하건대, 그는 프랑스 및 투르크와의 전쟁수행을 위한 경비를 충당하기 위하여 선제후들과의 장기적 차원의 전략적 연대를 기획하고 있었기 때문에, 카를 5세의 독점적인 사법권력행사에 거부감을 가지고 있었던 그들과의 관계를 고려하여, 루터소송사건(Causa Lutheri)에 적극적으로 대응할 수 없었을 것이다.

이 문제를 해결하기 위하여 카를 5세는 프로테스탄트 제후들의 요구와 루터의 즉각적인 로마소환을 추진했던 교황의 요구를 적절하게 결합시키고자 시도할 수밖에 없었다. 우선적으로 그는 프리드리히 3세의 제안을 수용하여, 보름스 제국의회 회기 동안 루터에 대해 공정한 이단심문소송이 진행될 수 있도록 조치하면서, 동시에 이를 통하여 교황의 요청대로 1520년 7월 15일 루터를 이단으로 규정, 파문하고, 제국추방령을 선포했던 것이다. 이는 로마-가톨릭교회의 이단판결이 최초로 로마 교황청에 소속된 종교재판소가 아니라, 신성로마제국의 헌법에 기초하여 판결된 최초의 사례로서 평가되고 있다.[19] 카

19 Horst Rabe, *Deutsche Geschichte 1500-1600. Das Jahrhundert der Glaubens-*

를 5세는 황제의 통치영역에 대한 교황의 정치적 간섭을 배제하고자 했을 뿐, 본인의 중요한 통치수단이었던 로마-가톨릭교회의 존립과 관련하여, 전통적인 가톨릭 신앙을 수호자로서의 교황과 일치된 입장을 공유했던 것으로 보인다.[20]

뿐만 아니라 그에게 있어서 1415년 콘스탄츠 공의회(Konstanzer Konzil)에 참석한 이후, 체포되어 화형을 당했던 체코의 종교개혁자 얀 후스(Jan Hus, 1370-1415)와는 질적으로 상이한 루터소송사건의 공정한 심리 절차는 최고통치자로서의 덕을 세우기 위한 조치였으며, 동시에 황제의 즉위 초기 정치적 성공 여부를 가늠할 수 있었던 중요한 사안으로 간주되었을 가능성이 존재한다. 1521년 4월 17일 루터에 대한 이단 심문이 시작된 이후, 그가 즉시 교황의 이단파문교서를 낭독하지 않고, 루터에게 좀 더 숙고의 시간을 가질 것을 권고했던 사실은 이를 충분히 방증한다. 이와 관련하여 루츠(Joseph Lutz)는 카를 5세가 루터와 같은 지식인이 다시 로마-가톨릭교회로 수용될 수 있도록, 그에게 관용을 베풀어야 한다고 확신했을 것이라고 해석한다.[21]

IV. 카를 5세와 프로테스탄트 제후

보름스 제국의회에서 논의되어야만 했던 핵심적인 정치적 현안은

---

spaltung (München: C.H. Beck, 1991), 234.

20 Hermann Baumgarten, *Karl V. und die deutsche Reformation* (Paderborn, Salzwasser Verlag, 2011, Reprint des Originals von 1889), 10.

21 Heinrich Lutz, "Karl V. Biographische Probleme," in: Biographie und Geschichtswissenschaft. Aufsätze zur Theorie und Praxis biographischer Arbeit, (Wien : Böhlau Verlag, 1979), 169.

루터소송사건(Causa Lutheri)뿐만 아니라, 제후들의 권리 신장과 황제의 권력 축소를 가능하게 했던 신성로마제국의 정치기구 개혁에 관한 것이었음을 주목할 필요가 있다. 보름스 제국의회를 통하여 수정, 보완된 법 규정에 따라 제국통치회의(Reichsregiment)에 22명의 제국의회 의원이 참석했으며, 황제가 임명한 제국 총독(Statthalter)이 의장의 역할을 수행했으며, 카를 5세가 직접 임명했던 4명의 제후가 최고위원회에 참여했다. 이와 같은 여건 속에서 제후들의 시각에서 바라볼 때, 루터소송사건(Causa Lutheri)은 제후들의 정치적 영향력을 강화시키기 위한 신성로마제국 권력 구조의 개혁의 가능성을 타진할 수 있는 중요한 시금석의 역할을 할 수 있었다. 그의 부재기간 동안 독일의 국내 통치 및 제후들을 정치적으로 견제하기 위하여 자신의 동생이었던 페르디난트 1세(Ferdinand I, 1503-1564)를 황제의 후계자를 의미하는 로마왕(Römisch-Deutscher König)으로 임명하면서 동시에 대리통치의 권한을 위임했다.[22] 그러나 페르디난트 1세를 통한 대리통치의 시행은 프로테스탄트 제후들에게 있어서 카를 5세의 권력을 강화시키는 시도로서 인식되면서, 그들을 정치세력으로 규합시킬 수 있었던 결정적인 계기로 작용하게 되었다. 카를 5세는 이를 간파하고, 루터의 프로테스탄트 종교개혁 운동을 제압하고자 1526년, 1529년 슈파이어(Speyer) 제국의회를 통하여 보름스 칙령의 시행을 강력하게 요구했지만, 프로테스탄트 제후들은 이를 강력하게 거부했다.

이와 같은 상황 속에서 1529년 빈(Wien)까지 접근했던 투르크의 군사적 위협은 카를 5세의 강경노선을 철회하는 계기로 작용했다. 그

---

22 Heinz Angermeier, *Reichsreform und Reformation* (München: Stifung Historisches Kolleg, 1983), 34-35.

는 투르크에 대한 효과적인 공동대응을 위한 제후들의 협력을 요청하고자, 루터의 종교개혁 사상의 관용적 수용을 통한 신성로마제국의 교리적 일치를 위하여 1530년 아우크스부르크(Augusburg) 제국의회를 소집했다. 이를 위하여 개신교회 진영에서는 필립 멜랑히톤(Philipp Melanchton)이 가톨릭과 프로테스탄트 사이에 중요한 논쟁적 이슈였던 마리아론과 연옥설을 제외하고, 양자 간의 교리적 일치를 모색했던 아우크스부르크 신앙고백(Confessio Augustana)를 작성하여 제출한다. 그러나 가톨릭 신학자들은 이를 거부한 채, 아우크스부르크 신앙고백 논박(Confutatio)를 제출하게 되면서, 상호간 교리적 일치를 위한 모색을 좌절되었다. 아마도 카를 5세는 루터의 프로테스탄트 종교개혁 사상이 내포하고 있었던 신학적 급진성을 올바로 인지하지 못했기 때문에, 용이하게 상호간 교리적 일치를 실현할 수 있을 것이라고 낙관적으로 예상했던 것 같다. 여기서 카를 5세는 루터를 이단으로 규정하며 제국추방을 결의했던 보름스 칙령과는 달리, 아우크스부르크 신앙고백(Confessio Augustana, 1530)의 작성과 관련하여, 카를 5세가 공정한 중재자의 입장에서 루터의 프로테스탄트 종교개혁 운동을 바라보았을 가능성이 존재한다.[23] 이후 카를 5세는 프로테스탄트 진영을 신성로마제국의 평화와 교회일치를 저해하는 세력으로 규정하고, 이의 완전한 제압을 위하여 소위 "정당한 전쟁"(der rechtliche Krieg)을 주장하며, 본격적인 군사적 충돌을 준비하기 시작했다. 반면에 프로테스탄트 제후들은 이에 적극적으로 대항하기 위하여 슈말칼덴 동맹(Der schmalkaldische Bund)을 결성하며, 본격적으로 세력규합을 시도하기

---

23 Heinz Lutz, "Kaiser, Reich und Christenheit. Zur Weltgeschichtlichen Würdigung des Augsburger Reichstages 1530, in: Historische Zeitschrift 230," (München: De Gruyter, 1980), 76.

시작했다.

결과적으로 판단해 볼 때, 카를 5세는 루터의 프로테스탄트 종교
개혁 운동이 교황의 권위를 부정할 뿐, 황제에 대해 저항하는 것이라
고는 생각하지 못했던 것으로 추측된다. 만일 그가 이와는 다르게 파
악했다면, 아마도 프로테스탄트 세력을 진압하기 위하여 적극적으로
대응했을 것이다. 그러나 이와 같은 카를 5세의 판단과는 달리, 루터
의 프로테스탄트 종교개혁 운동이 진척되면서, 교황과 프로테스탄트
진영의 대립이 아니라, 황제 카를 5세를 중심으로 한 가톨릭 봉건세력
과 프로테스탄트 진영 사이의 투쟁으로 전환되었다. 그럼에도 불구하
고 여기서 황제 카를 5세와 프로테스탄트 진영 사이에 존재하는 공통
점에 대하여 주목해야 할 필요가 있다. 왜냐하면 양자는 공동으로 교
황의 세속정치 개입에 대하여 매우 부정적으로 인식했기 때문이다.
즉 카를 5세는 그의 전임 황제들과 동일하게 유럽 기독교 세계의 정치
적 주도권을 쟁취하고자 했던 교황을 견제하고자 했으며, 프로테스탄
트 진영은 교리적 특성상 교황의 권위를 부정할 수밖에 없었다는 점
에서, 양자의 공통점은 충분히 유추될 수 있을 것이다. 따라서 루터의
프로테스탄트 종교개혁 운동은 그 자체만으로 교황의 정치적 간섭을
배제하기를 원했던 카를 5세의 정치적 이해관계에 부합했을 가능성
이 높다. 이와 같이 프로테스탄트 세력을 정치적으로 이용하고자 했
던 카를 5세의 의도가 드러나는 그의 진술을 소개하고자 한다. 이는
1525년경 그의 동생 페르디난트에게 보낸 편지 내용 중 일부분이다.

독일의 혼란상태를 잠재우기 위하여, 루터는 이용할만한 가치가 있
습니다. 루터를 아끼면서, 그의 잘못된 교리를 대변했던 사람들은 지

금 그들에게 주어질 벌을 두려워하고 있습니다. 따라서 그들에게 관용을 베풀어야 합니다. 만일 그들에게 자유의 공간이 주어진다면, 아마도 그들의 오류가 제거될 수 있을 것이며, 그들이 주장하는 교리가 진리인가에 대한 여부는 공의회를 통하여 증명될 수 있을 것입니다. 이는 교황이 매우 두려워하는 것입니다.[24]

V. 글을 마치며

16세기 종교개혁 운동의 발발원인을 보다 심층적으로 이해하고자 한다면, 인쇄술의 발달, 공의회주의, 도시 시민계급의 성장, 인문주의 운동의 확산 등과 같은 주변적 요인에 대한 고찰이 선행되어야 한다. 동시에 이에 근거하여 카를 5세의 제국 통치 전략에 근거한 종교정책을 파악할 수 있다면, 루터의 프로테스탄트 종교개혁 운동이 성공할 수 있었던 시대적 여건을 포괄적으로 이해할 수 있는 단서를 확보할 수 있을 것이다. 이상 논증했던 이 글의 핵심적 내용을 다음과 같이 정리할 수 있다.

---

24 "Es könnte darzu nützlich sein, die Unruhen in Deutschland zu besänftigen, auch jene Leute, die die Irrtümer Luthers vertreten und begünstigt haben und bis zur Stunde aus Furcht vor den verwirkten Strafen unnachgiebig und rebellisch geblieben sind. Ihnen wäre mit Milde und Nachlass der besagten Strafen beizukommen. Dann könnten sie leicht von ihren Irrtümern abgebracht werden, selbst wenn man hierzu einen gewissen Freiraum gewährt, wobei dann die Wahrheit der evangelischen Lehre durch ein taugliches Konzil erwiesen werden könnte, was der Papst , wie wir wissen, so sehr fürchtet." Ibid.,167.

카를 5세는 프랑크(Frank) 왕국의 샤를마뉴 대제의 법통을 계승하는 신성로마제국의 황제로서, 교황과 함께 유럽 대륙 내에서 기독교적인 덕을 확립하며, 평화를 정착시키는 임무를 부여받았다고 스스로 간주했기 때문에, 국지적인 소요사건이라고 판단했던 루터의 프로테스탄트 종교개혁 운동에 대해 매우 소극적으로 대처했다.

결론적으로 정리하면, 카를 5세의 루터소송사건(Causa Lutheri)에 대한 미온적인 대응이 종교개혁 운동의 초기 국면의 성공을 가능하게 했던 가장 중요한 요인이었다고 생각한다. 이와 관련하여 이미 언급했던 것처럼, 그가 제국의회 참석기간을 제외하고, 상당한 기간 동안 독일지역에 거주하지 않았기 때문에 독일 국내 정치에 직접적으로 개입할 수 없었던 상황이 진지하게 고려될 필요가 있다. 이와 같은 상황 속에서 프로테스탄트 세력의 규합될 수 있는 주변적 여건을 제공되었으며, 프랑스와의 전쟁 및 점증하는 투르크의 군사적 위협은 그에게 있어서 프로테스탄트 제후들의 협력적 관계를 적극적으로 모색해야만 했던 정치적 동기로서 작용했다. 하지만 카를 5세에게 있어서, 루터의 프로테스탄트 종교개혁 운동은 최종적으로 그의 "보편제국의 군주" 이념의 실현을 좌초시켰던 중요한 장애물로서 인식되었다. 1555년 10월 25일 브뤼셀(Brüssel)에서 개최된 제국의회에서 카를 5세가 했던 황제 퇴임 연설은 이와 같은 루터의 프로테스탄트 종교개혁 운동에 대한 부정적 인식을 피력하고 있다. 이해를 돕기 위하여 연설문 내용 중 일부분을 발췌하고자 한다. 여기서 그는 루터의 프로테스탄트 종교개혁 운동이 신성로마제국의 최고 통치자 및 유럽 기독교 세계의 수호자로서 자신에게 부여되었던 신성로마제국 황제의 직무수행을 방해했던 중요한 장애물로서 등장했다고 회고하고 있다.

전임 황제(막시밀리안 1세)가 서거하신 후 제가 황제에 즉위했을 때 저는 19살이었습니다. 이 때 저는 저를 위한 부를 축적하는 것이 아니라, 신성로마제국의 독일 및 다른 지역의 복지를 위하여 노력했습니다… 투르크에 대항하여 가톨릭 신앙을 수호하기 위하여, 기독교 백성들 사이의 평화를 유지하고, 그들의 분쟁을 종식시키고, 일치시키고자 하는 희망을 가지고 있었습니다. 저는 저의 이와 같은 목표를 실현하고자 노력했지만, 독일인 이단자(루터)로 인하여 방해를 받았습니다. 그러나 저는 하나님의 도움으로 저의 적들과 싸우면서, 저에게 주어진 사명을 실현하기 위하여 노력했습니다.[25]

마지막으로 이미 자세하게 논증했던 것처럼, 작센주 선제후 프리드리히 3세에게 있어서, 루터소송사건(Causa Lutheri)는 합스부르크 가문을 정치적으로 견제할 수 있었던 중요한 수단이었다는 사실을 다시금 강조하고 싶다. 이와 관련된 그의 직접적 진술을 기록한 문헌이 존재하지 않기 때문에, 분명한 이유를 파악할 수는 없다. 그럼에도 불구

---

25 "In meinem neunzehnten Jahre wagte ich es, beim Tode des Kaisers um die kaiserliche Krone mich zu bewerben, nicht um meine Besitzungen auszudehnen, sondern um nachdrücklicher für das Wohl Deutschlands und meiner anderen Köonigreiche.,. in der Hoffnung, unter den christlichen Völkern den Frieden zu erhalten und ihre Streitkräfte zu vereinigen zur Vertheidigung des katholischen Glaubens gegen den Türken. Ich bin theils durch den Ausbruch der deutschen Ketzerei... behindert worden, das Ziel dieser Bestrebungen vollständig zu erreichen; aber ich habe mit Gottes Hilfe nie aufgehört, meinen Feinden zu widerstehen und mich zu bemühen, die mir gewordene Sendung zu erfüllen." Alfred Kohler, (Hg.), *Quellen zur Geschichte Karls V*. (Darmstadt: WBG, 1990), 466.

하고 그가 루터의 신학적 입장에 완전하게 공감했기 때문에, 루터의 프로테스탄트 종교개혁 운동을 위하여 기여했다고 단정할 수는 없다. 오히려 결혼문제로 촉발된 프리드리히 3세가 속한 베틴(Wettin) 가문과 합스부르크(Habsburg) 가문 사이의 해묵은 갈등[26]에 주목한다면, 좀 더 용이하게 당시의 복잡한 상황을 일관적으로 해석할 수 있는 주변적 단서를 확보할 수 있다고 생각한다. 물론 양 가문 사이의 갈등만으로 루터에게 우호적이었던 프리드리히 3세의 입장을 이해하는 것은 매우 무리한 해석일 수 있다.

더 나아가 필자는 신성로마제국의 권력구조, 즉 황제 선출 제도와 황제와 선제후들의 관계[27]를 이해한다면, 프리드리히 3세의 정치적 입장을 구조적으로 이해할 수 있는 핵심적 단서를 발견할 수 있다고

---

26 양 가문의 정치적 갈등은 프리드리히 3세의 사후에도 지속, 증폭된다. 정치적 의도를 가지고 루터를 후원했던 프리드리히 3세와는 달리 그의 후계자 조카 요한 프리드리히 1세는 루터의 종교개혁 사상을 전적으로 수용했던 프로테스탄트 제후로서, 헤센(Hessen)주의 제후 필립 1세(Philipp I, 1504-1567)와 함께 반(反)합스부르크 군사동맹조직이었던 슈말칼덴 동맹의 결성을 주도했기 때문이다.

27 이와 관련하여 선제후들을 중심으로 형성된 신성로마제국의 황제선거제도 및 권력구조에 대한 이해가 필수적으로 요구된다. 신성로마제국의 황제선거제도는 세습선거제로서, 이는 선거와 혈통이 결합되어 있는 형태를 의미한다. 부연하자면, 황제를 선거제도를 통하여 선출하기는 하지만, 황제후보자가 서거한 황제의 혈연자로 한정되어 있는 선거구조로서, 선제후들의 투표를 통하여 황제는 선출된다. 이 과정 속에서 선제후들은 황제로부터 자신들의 이권을 보장받으며, 황제 또한 선제후들의 지지를 통하여 자신의 권력을 강화하는 것이다. 따라서 당시 중세 신성로마제국은 황제와 제후계급의 이중적 권력구조를 통하여 지배되었던, 제후권력 간의 연합체라고 보는 것이 타당할 듯하다. 이는 1356년 카를 4세(Karl IV, 1316-1378)가 공포한 금인칙서(Goldene Bulle)를 통하여 중요한 확립되었다. 금인칙서에 의하면, 7명의 선제후에 의하여 황제가 선출되도록 규정하고 있다. 동시에 본래 왕의 권리에 속했던 재판권, 광산채굴권, 관세 징수권, 화폐주조권과 같은 중요한 통치자로서의 권리가 선제후들에게 부여됨으로써, 그들은 황제와 거의 동등한 권리를 자신의 영토 안에서 획득할 수 있게 되었다. 이를 통하여 신성로마제국은 소위 제후연방국가의 모습을 갖추어 가기 시작하면서, 동시에 제후가 의장이었던 영방의회와 제국의회는 동일한 구조로 형성, 운영되었다.

생각한다. 혈연을 중시하는 선거 군주 제도로서 유지된 신성로마제국 황제 선출 제도는 황제를 선출하는 선제후들과 황제 사이의 상호간 권력 분립에 대한 공감대가 형성되어 있지 않다면, 유지될 수 없다. 따라서 상호간 갈등이 격화될 경우, 선제후들은 황제를 배출하는 가문을 교체하고자 시도할 수밖에 없다. 이 사실을 전제한다면, 루터소송사건(Causa Lutheri)과 관련하여 독실한 가톨릭 신앙인이며, 황제를 선출할 수 있는 막강한 권한을 소유한 선제후 프리드리히 3세에게 있어서 루터소송사건(Causa Lutheri)이 적법한 절차에 따라 심리가 진행되도록 카를 5세를 압박하는 행위 자체는 합스부르크 왕조에 대한 일종의 정치적 견제로서 해석될 수 있다. 이후 카를 5세의 프로테스탄트 진영에 대한 탄압이 본격화되면서, 루터의 프로테스탄트 종교개혁 운동은 종교전쟁 형태의 반(反)합스부르크 항쟁으로 변모되어 갔으며, 결과적으로 신성로마제국 합스부르크 왕조의 독점적 통치체제의 붕괴를 촉진시켰다. 이는 가톨릭 이념으로 무장된 합스부르크 왕조와 봉건제후들 그리고 합스부르크 왕조를 정치적으로 견제하고자 했던 프로테스탄트 제후들과 도시시민계급 중심으로 결집된 프로테스탄트 세력 사이에서 격화된 정치적 대립의 표출을 의미한다.

제 3 장

루터와 예배
— 말씀의 예배로의 전환과 성찬제정사의 종교개혁적
수용

I. 글을 시작하며

　이 글은 루터의 미사개혁 프로그램에 대한 교리사적, 신학적 고찰을 시도하면서, 이를 통하여 그의 종교개혁 운동의 핵심적 테제인 sola scriptura의 원칙이 어떻게 실천적으로 구현되었는가에 관하여 소개하고자 한다. 아울러 '설교'에 대한 강조와 성찬제정사의 부각을 통하여 현실화되었던 루터의 미사개혁 프로그램이 중세적 전통의 혁신적 계승이었다는 사실을 논증하고자 한다. 이 연구를 위하여 16세기 1세대 종교개혁자들에게 있어서 'sola scriptura의 원칙에 근거한 말씀의 예배로의 전환'이라는 주제가 매우 중요한 신학적–목회적 과제로서 간주되었다는 사실을 기본적으로 전제할 필요가 있다.: 스위스 종교개혁 운동을 주도했던 츠빙글리의 경우, 성찬예식의 시행횟수를 과감하게 축소하면서, 말씀의 예배로의 전환을 시도했지만, 루터의 경우, 로마-가톨릭교회의 미사예식의 형식적 측면을 기본적으로 존중하면서도, sola scriptura의 원칙에 근거하여 설교를 강조하며, 동시에 성찬제정사(verba institutionis)[1]를 부각시킴으로써 말씀 중심의 예배로의 전환을 시도했다. 이 글은 이와 같은 루터의 미사개혁 프로그램의 신학적 의도를 염두하며, 다음과 같은 논리적 단계에 따라 그가 구상했던 새로운 예배 프로그램의 윤곽을 파악하고자 시도하고자 한다. 1) 말씀의 예배로의 전환, 2) 성찬제정사의 종교개혁적 수용 (중세적 전통의 혁신적 계승으로서의 루터의 미사개혁 프로그램), 3) 교리사적 고찰

II. 말씀의 예배로의 전환

루터는 1521년 5월 4일부터 1522년 3월 3일까지 바르트부르크 (Wartburg)성에 은거하면서 독일어 성서 번역 작업을 완료한 후, 자신

---

1 "내가 너희에게 전한 것은 주께 받은 것이니 곧 주 예수께서 잡히시던 밤에 떡을 가지사, 축사하시고 떼어 이르시되 이것은 너희를 위하는 내 몸이니 이것을 행하여 나를 기념하라 하시고, 식후에 또한 그와 같이 잔을 가지시고 이르시되 이 잔은 내 피로 세운 새 언약이니 이것을 행하여 마실 때마다 나를 기념하라 하셨으니 , 너희가 이 떡을 먹으며 이 잔을 마실 때마다 주의 죽으심을 그가 오실 때까지 전하는 것이니라"(고린도전서 11:23-26, 개역개정판) ; "그들이 먹을 때에 예수께서 떡을 가지사 축복하시고 떼어 제자들에게 주시며 이르시되 받아서 먹으라 이것은 내 몸이니라 하시고 또 잔을 가지사 감사 기도 하시고 그들에게 주시며 이르시되 너희가 다 이것을 마시라 이것은 죄 사함을 얻게 하려고 많은 사람을 위하여 흘리는바 나의 피 곧 언약의 피니라"(마태복음 26:26-28, 개역개정판)

이 종교개혁 운동을 시작했던 비텐베르크(Wittenberg)로 복귀하여, 당시 비텐베르크의 성상파괴운동을 주도하던 급진적인 종교개혁자들과의 논쟁에 돌입했다. 당시 그는 연약한 자를 고려하여 그리스도인의 자유의 영역이 축소되어야 한다는 자신의 신념[2]에 의거하여, 급진적이지 않은 보다 온건하면서도 점진적인 방식의 개혁조치를 선호했다. 따라서 그는 기존의 가톨릭교회의 미사예식을 우선적으로 준수하면서, 라틴어 미사예식문을 사용했다. 동시에 점진적으로 설교를 강조하는 방식을 도입하고 미사예식의 변화를 추구하면서, 이후 수정된 독일어 미사예식문으로 대치하였다.

루터의 미사개혁 프로그램—"미사와 성찬의 전례"(Formula missae et communionis, 1523)와 "독일어 미사"(Deudsche Messe und ordnung Gottis diensts, 1526)—은 당시 그가 시행했던 온건한 개혁적 조치와 이와 관련된 그의 신학적 신념을 충분하게 피력하고 있다. 그는 기존의 로마-가톨릭교회 미사의 성찬예식 중 '봉헌 감사기도'(Eucharistischer Hochgebet)[3]를 축소 혹은 폐기[4]하면서, 동시에 설교와 성찬예식의 성찬제정사를 강조하며, 이를 교회공동체를 향한 하나님 말씀의 선포의 개념으로

---

2 "Wo es denn also geschicht / das sich die menschen ergern oder yrre werden / vber solchem mancherley brauch / seind wir warlich schuldig / die freyheyt eynzuziehen"(-우리가 자유롭게 행동하여) 사람들이 서로 분노를 일으키거나, 혹은 다양한 관습들로 인하여 현혹된다면, 진실로 우리는 자유를 행사하지 말아야 합니다."), Martin Luther, *Deudsche Messe und ordnung Gottis diensts*, Weimarer Ausgabe 19 (Stuttgart: Metzler Verlag, 1908), 72-73.

3 '봉헌 감사기도'(Eucharistischer Hochgebet) 순서는 로마-가톨릭교회 성찬전례 (liturgia eucharistica)로서, 그리스도의 살과 피가 하나님께 제물로서 봉헌되고, 동시에 빵과 포도주가 그리스도의 살과 피로 변화되도록 기원하는 감사기도예식이다.

4 "미사와 성찬의 전례"(*Formula missae et communionis*, 1523)에서는 성찬식 이전에 배치되었던 '봉헌 감사기도'를 축소했지만, "독일어 미사"(*Deudsche Messe und ordnung Gottis diensts*, 1526)에서는 이를 과감하게 삭제했다.

재정립했다. 이미 루터는 1520년에 출판된 그의 논문, "바벨론의 포로가 된 교회"(De captivitate babylonica ecclesiae)에서 앞으로 그가 시도할 미사개혁 프로그램의 기본적인 신학적 원칙을 천명한 바 있다. 이 논문에 의하면, 미사를 집전하는 사제는 그리스도의 육신을 제물로서 봉헌하는 중재자가 아니라, 하나님의 구원의 약속을 선포하며, 은총을 제공하는 하나님의 도구로서의 역할을 수행하게 된다.[5] 또한 그는 자신의 칭의론적 통찰에 근거하여, 인간이 자신의 선행을 통하여 하나님께 상승하는 것이 아니라, 신앙을 통하여 하나님께서 인간에게 하강하시며,[6] 미사예식의 목표는 신앙의 성장과 강화[7]라고 역설한다. 부연하자면, 인간이 자신의 선행과 제물의 봉헌을 통하여 하나님을 섬기는 것이 아니라, 하나님께서 말씀과 성례전을 통하여 인간을 섬기게 되는 신앙적 사건이 예배 가운데 발생하게 되는 것이다. 따라서 '하나님을 향한 인간의 상승'을 의미하며 그의 칭의론적 통찰에 역행하는 로마-가톨릭교회의 전통적인 '희생제사'로서의 '미사' 개념은 비

---

5 "At missa beneficium est promissionis divinae, per manum sacerdotum omnibus hominibus exhibitum"(미사는 사제의 손을 통하여 모든 사람들에게 제공되는 하나님의 약속의 선물이다), Martin Luther, *captivitate babylonica ecclesiae* (1520), Lateinisch-Deutsche Studienusgabe, Band 3, (Leipzig: Evangelische Verlagsanstalt, 2009), 242.

6 "sicut repugnat, testamentum distribui, seu promissionem accipere, et sacrificare sacrificium, ita repugnat Missam esse sacrificium, cum illam recipiamus"(따라서 계약을 베풀거나, 약속을 수용하면서 희생제사를 드린다는 것은 모순인 것처럼, 미사를 희생제사라고 부르는 것도 모순입니다. 왜냐하면 미사는 우리가 -하나님으로부터- 수용하는 것이며, 희생제사는 우리가 -하나님께- 드리는 것이기 때문입니다), Ibid., 244.

7 "Est ergo certum, Missam non esse opus aliis communicabile, sed obiectum fidei, propriae cuiusque alendae et roborandae"(미사는 다른 사람들과 공유할 수 있는 행위가 아니라, 신앙의 목표라는 사실은 확실합니다. 이를 통하여 신앙에 영양분이 공급되며 신앙이 강화됩니다), Ibid., 242.

판적으로 간주될 수밖에 없다.[8] 이와 관련하여 그는 "미사와 성찬의 전례"(Formula missae et communionis, 1523)에서 로마-가톨릭교회의 '미사' 개념이 '제사' 혹은 '선행'의 의미를 내포하고 있다고 비판하며, 이의 대안으로서 그리스도의 고난과 부활 그리고 승천의 기억을 가능하게 하는 '주의 만찬'으로서 '성찬' 개념을 제시한다.[9]

이상 간략하게 소개한 루터의 새로운 예배 기획과 관련하여, 인간의 선행을 배제하는 그의 신학적 입장이 청중의 수동적 예배 참여를 정당화하는가에 관한 질문이 제기될 수 있다. 그러나 루터는 하나님과 인간의 관계를 고려하여 볼 때, 청중은 형식적으로 수동적인 자세를 취할 수 있지만, 말씀과 성례전 안에 현존하는 그리스도의 은총은 교회공동체(회중)의 능동적 참여를 실제적으로 동반할 수밖에 없다고 응답한다. "우리가 사랑하는 주님은 거룩한 말씀을 통하여 우리에게 말씀하시며, 우리는 기도와 찬양을 통하여 응답합니다."[10] 서열화된

---

8 루터는 신앙을 통하여 미사의 은총을 수령하게 된다는 그의 신학적 입장을 '부자와 가난한 자의 비유'를 통하여 쉽게 이해할 수 있도록 설명한다. 그에 의하면, 가난한 사람이 부자로부터 선물을 받게 될 때, 이는 가난한 사람의 선행과는 무관하다. "Neque enim ullus audeat tantum insanire, ut dicat bonum opus facere eum, qui pauper et indigens venit, accepturus de manu divitis beneficium"(가난한 사람이 곤궁할 때, 부자로부터 선물을 받게 될 경우, 그것을 가난한 사람이 선행을 하는 것이라고 주장하는 어리석은 사람은 존재하지 않습니다), Ibid., 240-242.

9 "Apprehendamus eam ut sacramentum seu testamentum, seu benedictionem latine, Eucharistiam graece, vel mensam domini, vel cenam domini, vel memoriam domini, vel communionem, vel quocumque nomine pio placet, modo sacrificii aut operis titulo non poluatur"(우리는 미사를 성례전 혹은 유언, 라틴어로는 축복-Benedictio-, 그리스어로는 성체성사-Eucharistie-, 혹은 주님의 식탁, 주님의 만찬, 주님에 대한 기억, 성만찬-Communio-으로 이해하고자 합니다. 따라서 미사를 '제사' 혹은 '선행'의 의미로 이해하지 않았으면 합니다), Martin Luther, *Formula missae et communionis* (1523), Lateinisch-Deutsche Studienusgabe, Band 3 (Leipzig: Evangelische Verlagsanstalt, 2009), 654.

10 "denn das unser lieber Her selbst mit uns rede durch sein heiliges Wort, and

교회직제 및 성직자 권위주의를 거부했던 그의 만인제사장설을 전제한다면, 이상 언급한 그의 신학적 진술은 충분히 이해될 수 있을 것이다. 1545년 10월 토르가우(Torgauer)성 봉헌예배에서 선포했던 그의 설교는 이와 관련된 그의 분명한 신학적 입장을 피력하고 있다. 그에 의하면, 설교를 경청하는 청중은 하나님의 불가항력적인 은총에 대한 공동체적 차원의 능동적인 응답의 행위를 수행해야 한다. 그는 다음과 같이 언급한다.

> 설교를 경청하는 모든 사람들은 말씀에 근거하여 신앙을 고백하고, 말씀을 가르치는 사역을 합니다…. 그들은 함께 기도하고, 찬양하며, 감사의 기도를 드립니다. 그들은 혼자 하는 것이 아니라, 다른 이들과 함께 하는 것입니다.[11]

---

wir widerum mit jm reden durch Gebet und Lobgesang," Martin Luther, *Predigt am 17. Sonntag nach Trinitatis, bei der Einweihung der Schlosskirche zu Torgau gehalten, 5. Oktober 1545*, Weimarer Ausgabe 49 (Stuttgart: Metzler Verlag, 1914), 588; 카를레(Isolde Karle)에 의하면, 위 문장에서 표현된 청중의 '기도와 찬양을 통한 응답'(reden)은 말씀선포자와 청중의 예배를 위한 상호동반자 관계의 형성을 위하여, 능동적인 적극적 참여의 의미가 내포된 것으로 해석될 수 있다. Isolde Karle, "Eucharistie oder Abendmahl? Zur sakramentalen Prasenz Jesu Christi," in *Gegenwart des lebendigen Christus: Festschrift für Michael Welker*, ed. Gunter Thomas and Andreas Schule (Leipzig: Evangelische Verlagsanstalt, 2007), 303.

11 "welche sich doch damit, das sie predigt hören, alle zu dem Wort bekennen und also andere auch leren... Also auch beten, singen und dancken sie alle miteinander, und ist hie nichts, das einer für sich selbst alleine habe oder thue, sondern was ein jglicher hat, das ist aich des anderen", Martin Luther, *Predigt am 17. Sonntag nach Trinitatis, bei der Einweihung der Schlosskirche zu Torgau gehalten, 5. Oktober 1545*, Weimarer Ausgabe 49, 600.

III. 성찬제정사의 종교개혁적 수용 — 중세적 전통의 혁신적 계승으로서의 루터의 미사개혁 프로그램

성찬제정사는 공관복음과 바울서신이 전승하고 있는 예수의 고별사에 기초한다. 4세기경, 성찬제정사는 성찬예식의 일부분으로서 교회 내에서 수용되기 시작했다. 그러나 이와 같은 성찬제정사가 당시 고대 교회 성찬예식의 핵심적 역할을 수행했다고 보기는 매우 난감하다. 오히려 성찬예식의 일부분으로서 삽입되기 시작했다고 간주하는 것이 보다 바람직할 수 있을 것이다. 벤데부르크(Dorothea Wendebourg)에 의하면, 성찬제정사의 삽입은 고난받으시고 십자가에 달리신 후, 부활하신 예수 그리스도에 대한 회상과 성찬식을 통한 그리스도의 직접적인 현존의 체험을 위한 성서적 근거를 제시하기 위한 것이다.[12] 이를 통하여 예수의 성찬제정사는 예수의 직접적인 진술로 전환되어 이해되기 시작하면서, 동시에 성찬을 시식하며, 그리스도의 구원사건을 회상하는 교회공동체를 위하여 사용되었다. 즉 하나님께서 교회공동체의 구성원들을 직접 부르시는 그리스도의 호칭(Anrede)적 용법으로 사용되었다고 카를레(Isolde Karle)는 해석한다.[13]

그럼에도 불구하고 로마-가톨릭교회의 전통적인 성찬전례예식은 사제가 주체가 된 제물의 봉헌행위를 중심으로 진행이 되었으며, 성

---

12 Dorothea Wendebourg, "Den falschen Weg Roms zu Ende gegangen?," *ZThK* 99 (2002), 444.

13 Isolde Karle, Eucharistie oder Abendmahl? Zur sakramentalen Prasenz Jesu Christi," in *Gegenwart des lebendigen Christus: Festschrift für Michael Welker*, ed. Gunter Thomas and Andreas Schule (Leipzig: Evangelische Verlagsanstalt, 2007), 309.

찬제정사는 그리스도의 살과 피로 변화될 빵과 포도주를 위한 사제의 축성기도의 수단으로서 사용되었다. 즉 그리스도의 직접적 현존의 체험을 위하여 삽입되었던 성찬제정사는 로마-가톨릭교회의 화체설을 정당화시켰던 성서적 근거로서 활용되었던 것이다. 루터는 하나님 말씀의 선포로서의 '설교'와 로마-가톨릭교회의 성찬전례예식 중 그리스도의 살과 피를 제물로서 봉헌하는 예식인 '봉헌 감사기도'를 축소, 삭제하고, '하나님 말씀'으로서의 '성찬제정사'를 중점적으로 부각시키면서, 성찬제정사의 의미적 변용을 시도했다. 이는 성찬예식 또한 말씀의 예배로 전환시키기 위한 그의 신학적 의도를 암시할 수 있으며, 동시에 16세기 종교개혁 운동의 핵심 테제였던 '오직 성서'(sola scriptura)의 구체적 실현이라고 간주될 수 있다. 부연하자면, 루터는 빵과 포도주가 직접적으로 예수 그리스도의 육체로 전환된다고 주장했던 로마-가톨릭교회의 화체설을 거부하고, 신앙적 관점에서 빵과 포도주와 함께 임재하는 그리스도의 직접적 현존의 표상을 성찬제정사를 통하여 강조하기 시작했던 것이다. 필자는 이를 루터의 '성찬제정사의 종교개혁적 수용'이라고 정의하고 싶다. 이를 구체적으로 증명할 수 있는 그의 진술을 소개하자면, 다음과 같다: 그는 성찬제정사의 내용 중에 'Testamentum'(계약 혹은 유언)의 단어의 의미를 주목하면서, 새 계약으로서의 역사적 예수의 성찬제정사가 '유언'의 형태로 전승되었다는 사실을 강조하고 이를 통하여 성찬제정사의 핵심적 의미를 죄용서를 통한 구원이라고 다음과 같이 정의한다.

성찬은 그리스도께서 자기를 믿는 자들 가운데서 자신의 죽음 이후에 베풀어지도록 하라고 유언하신 바 그리스도의 언약입니다. 왜냐하면

'이 잔은 내 피로 세운 새 언약이다'라는 것이 그리스도의 말씀이기 때문입니다.[14] … 그러므로 우리가 미사라고 부르는 것은 하나님께서 우리의 죄용서를 위하여 만드신 약속이며 하나님의 아들의 죽음으로 확증된 약속이라는 것을 당신은 알 것입니다.[15]

그러나 이와 같이 루터가 시도했던 성찬제정사의 의미적 변용과 집중적 부각은 중세적 전통의 단절이라고 해석될 수 있다. 왜냐하면 그는 가톨릭교회의 미사예식의 핵심적 구성요소였던 '봉헌 감사기도'를 삭제했기 때문이다. 알브레흐트(Christoph Albrecht)에 의하면, 루터는 '봉헌 감사기도' 순서의 삭제를 통하여 미사예식을 단순화시킴으로써, 예배의 빈곤화를 초래했으며, 미완성된 예배예식을 유산으로 남긴 종교개혁자로서 간주될 수 있다.[16] 이와 관련하여 쉬미트 라우버(Schmidt Lauber)는 다음과 같이 루터의 미사 개혁 프로그램을 비판한다. 이는 루터의 종교개혁 운동 이후 정착된 개신교회의 성찬예식이 전통적인 성체성사로서의 특성을 상실했다는 전제 위에서 감행된 것이다.

루터는 중세 시기 미사예식의 왜곡된 발전과정을 직시하지 않고, 오

---

14 "Stet ergo primum et infallibiliter, Missam seu sacramentum altaris, esse testementum Christi, quod moriens post se reliquit, distribuendum suis fidelibus. Sic enim habent eius verba, Hic calix novum testamentum, in meo sanguine." Martin Luther, *De captivitate babylonica ecclesiae* (1520), 216.

15 "Vides ergo, quod Missa (quam vocamus) sit promissio remissionis peccatorum, a deo nobis facta, et talis promissio, quae per mortem filii dei firmata sit", Ibid. 216.

16 Christoph Albrecht, *Einführung in die Liturgik* (Göttingen: Vandenhoeck & Ruprecht, 1995), 42.

히려 이를 끝까지 관철시킴으로서, 역설적으로 종교개혁 운동은 로마-가톨릭교회와의 작별을 고하게 되었습니다.[17]

이와는 달리 벤데부르크(Dorothea Wendebourg)는 루터가 기원후 4세기 이후 점차적으로 부각된 성찬제정사에 대한 강조와 성체성사의 '봉헌 감사기도'에 대한 기피의 전통을 좀 더 급진화시키면서, 최종적으로 이를 삭제했다고 해석하며, 오히려 루터가 중세적 전통을 혁신적으로 계승하며, 이를 최종적으로 완성했다고 간주한다.[18] 루터에 의하여 시도된 기존 가톨릭교회의 미사예식 중 Offertorium(봉헌송) 및 '봉헌 감사기도'(Eucharistischer Hochgebet)의 축소 및 삭제는 이를 증명할 수 있다. 그럼에도 불구하고 벤데부르크는 '봉헌 감사기도'의 의미가 루터가 고안한 새로운 예배예식 안에 내포되어 있다고 주장한다. 그에 의하면, 제물을 봉헌하는 감사의 기도가 아니라, 하나님께서 자신을 내어주신 구원의 사건에 대한 응답으로서의 감사의 의미가 루터의 신학적 의도 속에 함의되어 있다.[19] 부연한다면, 빵과 포도주의 나눔의 순서 이전에 봉헌 감사기도의 순서를 배치했던 로마-가톨릭교회의 성찬전례예식과는 달리, 루터는 이를 축소, 삭제하고 빵과 포도주의 나눔의 순서 이후에 하나님의 구원사건에 대한 감사의 의미가 내포된 기도 순서를 삽입했던 것이다.

---

17 Hans-Christoph Schmidt-Lauber, "Die Eucharistie," Handbuch der Liturgik. Liturgiewissenschaft in *Theologie und Praxis der Kirche*, ed. H.-C. Schmidt-Lauber and K.-H. Bieritz (Göttingen: Vandenhoeck & Ruprecht, 2003), 229.

18 Dorothea Wendebourg, "Den falschen Weg Roms zu Ende gegangen?", *ZThK* 99 (2002), 440.

19 Ibid., 440.

따라서 필자는 이와 같은 루터의 신학적 시도가 결코 중세적 전통과의 단절이 아니며, '하나님 말씀'에 근거하여 기존의 가톨릭교회의 미사예식을 재해석했던 새로운 방식의 예배 패러다임이라고 생각한다. 물론 루터의 '하나님 말씀'을 통한 성찬예식의 재구조화는 일종의 로마-가톨릭교회의 성찬예식의 갱신을 의미하는 일종의 신학적 기획임에도 불구하고, 츠빙글리 종교개혁 사상의 영향을 받았던 스위스-남부 독일 지역의 종교개혁자들은 루터의 미사개혁 프로그램이 로마-가톨릭교회의 흔적을 완전하게 제거하지 못했다고 비판했다. 왜냐하면 로마-가톨릭교회의 미사예식을 우상숭배 행위라고 간주했던 그들은 화체설과 유사한 의미를 내포하는 것으로서 간주되었던 루터의 성찬론을 부정적으로 평가했기 때문이다. 동시에 그들은 '설교' 사역을 집중적으로 강조하며, 동시에 성찬식 시행횟수의 대폭적 감축을 통하여 '빵과 포도주를 향한 우상숭배행위'라고 오해될 수 있는 성찬의 의미를 과감하게 축소시켰다. 그러나 이는 루터의 온건하면서도 점진적인 종교개혁 운동의 방식에 대한 오해로부터 비롯된 것이라고 추측된다. 이와 관련하여 벤데부르크(Dorothea Wendebourg)는 다음과 같이 루터가 강조했던 성찬제정사를 다음과 같이 해석한다.

> 성찬식에서 낭독되는 성찬제정사는 지금 선포되는 하나님 말씀으로
> 이해되어야만 한다… 그리스도께서 빵과 포도주와 함께 육체적으로
> 현존하신다는 루터의 확신은 그의 종교개혁 사상의 핵심적 화두였습
> 니다.[20]

---

20 Ibid., 458.

그렇다면, 성찬제정사는 교회공동체 안에서 실재적으로 현존하는 그리스도를 재현하며, 동시에 성찬제정사 안에 내포된 하나님의 '약속'의 말씀은 교회공동체를 향한 그리스도의 구원의 약속으로 이해될 수 있다.[21] 그는 『바벨론의 포로가 된 교회』(*De captivitate babylonica ecclesiae*)에서 다음과 같이 주장한다.

(성찬식을 통하여) 내 안에서 다른 사람의 피가 아니라 그리스도의 피로 체결된 새 계약 안에서 죄가 용서되고 유산을 상속받을 수 있도록 성령을 통하여 은총이 약속된 것입니다. 그러므로 미사는 본질적으로 '받아 먹으라' 등등의 방금 인용한 그리스도의 말씀 이외에 아무것도 아닙니다.[22]

IV. 교리사적 고찰

하나님을 향한 제물의 봉헌이 중심이 된 감사의 제사로서의 성체성사(Eucharistie)와 하나님의 은총의 베풂으로서의 성만찬(Abendmahl)

---

21 이상 소개한 내용에 근거하여 성찬예식의 재구성을 시도했던 루터의 신학적 의도를 다음과 같이 정리할 수 있을 것이다.: 사제가 미사예식의 주체가 되어, 봉헌제물이 하나님의 은총을 통하여 수납되기를 기대하면서 진행되는 로마-가톨릭교회와는 달리 루터에게 있어서 예배의 실질적 주체는 하나님으로서, 예배를 위하여 하나님 말씀을 경청하는 교회공동체의 능동적 참여가 필수적으로 수반된다.

22 "Testamentum novum in meo, non alieno, sed proprio sanguine, quo gratia per spiritum, in remisseionem peccatorum, ad haereditatem capiendam promittitur. Est itaque Missa, secundum substantiam suam, proprie nihil aliud, quam verba Christi praedicta, Accipite et manducate etc." Martin Luther, *De captivitate babylonica ecclesiae* (1520), 220.

은 가톨릭교회와 개신교회의 성찬예식의 결정적인 차이점을 보여주고 있다. 전자는 미사 행위의 주체자로서의 사제의 역할을 부각시키는 반면, 후자는 그리스도의 현존을 통한 하나님의 은총의 베풂을 강조함으로써, 성찬예식의 주체가 하나님이며, 그리스도의 현존의 체험의 근거가 하나님의 말씀이라고는 사실을 직접적으로 부각시킨다. '그리스도의 현존'과 관련하여, 츠빙글리와 칼빈 또한 이를 부정하지 않는다. 츠빙글리는 그리스도의 영적인 현존을, 칼빈은 매우 역설적이지만, 영적인 차원에서의 그리스도의 육적인 현존을 주장한다. 이는 종교개혁시기 '성찬'에 관한 신학적 관심사가 제물의 봉헌을 통한 감사의 제사로서의 성체성사(Eucharistie)가 아니라, 그리스도의 현존을 통한 하나님의 성육신 사건을 강조하는 '성만찬'(Abendmahl)으로 전환되었음을 의미할 수 있다. 참고로 '성찬'과 관련된 신학적 개념의 발전사를 고찰하여 본다면, 다음과 같이 정리해 볼 수 있다.

1. 제물(그리스도의 살과 피)의 봉헌을 통한 감사의 제사로서의 성체성사(Eucharistie)의 실행 및 그리스도의 고난과 죽음, 부활을 기억하기 위한 성찬제정사의 부가적 추가(고대 교회)
2. 성찬제정사에 대한 화체론적 해석 ─ 그리스도의 직접적 현존의 부각(중세 교회)
3. 교회공동체를 향한 하나님의 약속의 말씀의 선포로서의 성찬제정사 해석: 화체론적 의미를 제거하고, 공재설에 입각한 그리스도의 직접적인 육체적 현존의 부각(종교개혁 시기, 루터)

이상 제시된 '성찬' 개념의 발전사를 추적해 본다면, 루터의 미사개혁 프로그램은 중세적 전통과의 단절이라고 단언하기에는 무리가 있다. 오히려 고대 교회부터 시작된 '성찬예식'의 지속적 발전의 결과로서, '성찬제정사'의 부각을 통하여 역사적 예수의 직접적 진술로 소급된 '최후의 만찬'의 복원이라고 간주할 수 있을 것이다.[23] 아울러 '설교'에 대한 강조와 및 성찬제정사의 부각은 그가 중요시했던 '하나님 말씀'에 입각한 새로운 예배 프로그램의 윤곽을 제시하는 것으로서 이해될 수 있을 것이다.

정리해 본다면, 루터의 미사개혁 프로그램은 비교적 온건한 방식으로 기존의 로마-가톨릭교회의 미사예식을 수정한 것이라고 간주할 수 있지만, 그의 수정안에 내포된 종교개혁적 의미를 파악하는 작업이 매우 중요하다고 생각한다. 따라서 루터의 성찬예식 구상의 신학적 근거로서 필자는 그의 칭의론적 통찰과 이를 현실화시킬 수 있는 '하나님 말씀'이 중요한 신학적 범주라는 사실을 역설하고자 한다. 그의 칭의론의 핵심적 내용은 하나님의 은총에 의한, 그리스도 신앙을 통한 죄의 용서로서, 이는 역사적 예수의 직접적 진술이면서도 동시에 '하나님 말씀'으로서 이해될 수 있는 성찬제정사의 기본적 맥락과 상응한다. 이와 관련하여 성찬제정사 중 두 구절을 소개하자면,

---

23 루터는 "바벨론의 포로가 된 교회"(*De captivitate babylonica ecclesiae*)에서 다음과 같이 언급한다.: "Iam Missa quanto vicinior et similior, primae omnium Missae, quam Christus in caena fecit, tanto Christianior. At Missa Christi, fuit simplicissima, sine ulla vestium, gestuum, cantuum, aliarumque cermoniarum pompa, ubi si necesse fuisse eam offerri te sacrofocium, non plene eam instituisset"(우리의 미사가 그리스도께서 최후의 만찬에서 행하신 저 최초의 미사에 가까워질수록 그 미사는 더욱 더 기독교적이 될 것입니다. 그리스도께서 거행하신 미사는 극히 단순한 것이어서 예복, 무릎 꿇기, 찬송 및 다른 의식들이 전혀 없었습니다. 만일 그리스도 자신을 희생제물로 드릴 필요가 있었다면, 그리스도께서 제정하신 미사는 완전한 것이 되지 못했을 것입니다), Ibid., 242.

1. 이것은 죄 사함을 얻게 하려고 많은 사람을 위하여 흘리는 바 나의
   피 곧 언약의 피니라(마태복음 26:28, 개역개정판).
2. 주의 몸을 분별하지 못하고 먹고 마시는 자는 자기의 죄를 먹고
   마시는 것이니라(고린도전서 11장 29절, 개역개정판).

아울러 "주께서 잡히시던 밤에"(고린도전서 11장 23절)라는 구절을
고려하여 볼 때, 성찬제정사는 무죄한 예수 그리스도의 고난과 죽음
을 상징하며, 그가 극복했던 죄의 권세를 우회적으로 암시하고 있다.
루터의 성례전 개념 또한 그의 칭의론적 통찰에 근거하여 이해될 수
있다. 그는 로마-가톨릭교회의 전통적인 사효론(ex opere operato)를 비
판하며, 오직 신앙을 통하여 성례전의 효력이 발생한다고 다음과 같
이 주장한다.

그러므로 성례전은 형태나 모양으로 외적이며 가시적이어야 합니다.
그 의미는 내적이며 영적이어야만 합니다. 즉 인간의 영에서 그 의미
가 추론되어야만 하는 것입니다. 아울러 신앙은 성례전을 올바르게
사용하도록 이 두 가지를 결합시켜 주어야만 합니다.[24]

'신앙'의 관점에서 성례전의 효력을 파악하고자 하는 루터의 시도
는 그의 중요한 신학적 주제였던 '칭의론적 통찰'과 기본적으로 상응

---

24 "Das Sakrament muß äußerlich und sichtbar sein, in einer leiblichen Form
   oder Gestalt. Die Bedeutung muß innerlich und geistlich sein, in dem Geist
   des Menschen. Der Glaube muß die beiden zusammen zu Nutzen und
   Gebrauch bringen." Martin Luther, *Sermon von dem hochwürdigen Sakrament des
   heiligen wahren Leichnams Christi und von den Bruderschaften*, Weimarer Ausgabe
   2 (Stuttgart: Metzler Verlag, 1884), 742.

한다. 그의 칭의론을 구성하는 주요 개념인 '하나님의 은총', '죄의 용서', '신앙'과 더불어 신앙의 근거로서의 '하나님 말씀'으로의 소급을 주장하는 그의 신학적 관점은 로마-가톨릭교회의 미사예식의 근본적인 문제를 인식하고, 이를 해결할 수 있게 했던 핵심적 단서들을 제공할 수 있었다.[25] 이와 같은 그의 신학적 입장을 고려한다면, 그의 화체설 비판의 목적은 화체설이 지향하고자 했던 본래적 의미의 부정이 아니라, 화체설이 차용했던 철학적 궤변의 극복이었다는 사실을 충분히 파악할 수 있다. 부연하자면, 루터는 빵과 포도주의 속성은 사제의 축성 이후에 그대로 잔존하지만, 실체가 변화한다고 주장하면서 그리스도의 현존을 강조했던 화체설을 거부하고, 그리스도의 실재적 현존은 이상의 난해한 철학적 해명이 아니라, 단순한 신앙의 관점 속에서 실현되는 것이라는 사실을 주장했던 것이다. 아울러 루터는 가톨릭교회의 화체설을 비판하면서, 빵과 포도주의 속성의 변화 없이 '실체의 변화'(화체)를 주장한다면, 이는 논리적 모순이라고 지적한다. 즉 로마-가톨릭교회의 화체설이 아리스토텔레스의 철학적 용어를 차용하면서도, 오히려 실체와 속성의 일치를 주장했던 아리스토텔레스의 본래적

---

25 그는 "바벨론 포로가 된 교회에 대하여"(*De captivitate babylonica ecclesiae*)에서 다음과 같이 주장한다. "그리스도께서는 우리가 단순한 신앙에 머물러서 그리스도의 피가 잔 가운데 있다는 것만을 믿기를 원하셨던 것으로 보이지 않는가? 나로서는 어떻게 빵이 그리스도의 몸이 되는지 알 수 없으므로 나는 내 이성을 사로잡아 그리스도의 몸이 빵 가운데 있다는 것만이 아니라 그리스도께 복종하게 하고, 그리스도의 말씀을 굳게 부여잡아 그리스도의 몸이 떡 가운데 있다는 것만이 아니라 떡이 그리스도의 몸이라는 사실을 확고부동하게 믿고자 한다"(Nonne videtur non voluisse on simplici fide continere, tantum ut crederemus sanguinem suum esse in calice? Ego sane, si non possum consequi, quo modo panis sit corpus Christi, captivabo tamen intellectum meum in obsequium Christi, et verbis eius simpliciter inhaerens, credo firmiter, non modo corpus Christi esse in pane, sed panem esse corpus Christi), Martin Luther, *De captivitate babylonica ecclesiae* (1520), 210.

의도를 왜곡시키고 있다고 주장한다.26 더 나아가 루터는 화체설과
관련된 로마-가톨릭교회 신학자들의 철학적 궤변이 성찬을 통한 그
리스도의 신성과 인성의 혼합, 즉 그리스도의 신성의 훼손을 결과적
으로 초래한다고 주장한다. 그는 다음과 같이 언급한다.

그리스도에 관하여 참된 것은 성찬에 관해서도 참된 것입니다. 신성
이 육체적으로 거하기 위하여 인성의 본질이 변화되어 신성이 인성의
표징 아래 존재할 필요는 없습니다. 두 본성은 온전히 그대로 존재하
므로, 우리는 '이 인간이 하나님이시다', 또한 '이 하나님은 인간이시
다'라고 말할 수 있습니다. 철학은 이 사실을 파악하지 못하더라도,
신앙은 파악할 수 있습니다. 하나님의 말씀의 권위는 우리의 사고 능
력을 초월합니다. 이 성례전 안에서 참된 몸과 피가 존재하기 위하여
빵과 포도주가 변화될 필요가 없으며, 그리스도께서 그 속성 안에 존
재할 필요도 없습니다.27

---

26 루터는 로마-가톨릭교회의 신학자들이 주어와 술어의 일치를 주장하는 아리스토텔레
스의 철학적 이론에 근거하여, "이것이 내 몸이다"라는 역사적 예수의 성찬제정사의
핵심문장을 해석할 때, 속성의 변화를 배제한 채, 실체의 변화만을 주장하는 것은 논리
적 모순이라고 주장한다: "만일 빵이 그리스도의 몸이라고 주장하지 않도록 하면서,
실체의 변화를 언급해야 한다면, 왜 속성이 그리스도의 몸이라고 주장하지 말아야 합
니까?…..실체뿐만 아니라 속성의 변화를 주장해야 합니다. (si ideo est
transsubstantiatio ponenda, ne corpus Christi de pane verificetur, cur non
etiam ponitur transaccidentatio, ne corpus Christi, de accidente
affirmetur?... et qua ratione transsubstantiatio ponitur, ponenda est et
transaccidentatio...) Ibid., 208-210.
27 "Sicut ergo in Christo res re habet, ita et in sacramento. Non enim ad
corporalem inhabitationem divinitatis necesse est transsubstantiari
humanam naturam, ut divinitas sub accidentibus humanae naturae tereatur.
Sed integra utraque natura, vere dicitur, Hic homo est deus, hic deus est
homo. Quod et si philosophia non capit, fides tamen capit. Et maior est verbi
dei autoritas, quam nostri ingenii capacitas. Ita in sacramento, ut verum

이와 같이 화체설을 비판했던 루터의 신학적 논리에 대하여 이미 언급했던 것처럼, 츠빙글리는 루터 또한 가톨릭교회의 잔재를 완전히 청산하지 못했다고 비판했다.[28] 그럼에도 불구하고 양 종교개혁자가 로마-가톨릭교회의 화체설을 비판하면서, 동시에 각자 고유한 방식으로 이의 대안을 제시했을 뿐만 아니라, 근본적으로 화체설이 지향했던 신학적 의미를 지속적으로 견지하고 있다는 사실을 주목해야 한다. 이는 그리스도의 현존의 체험을 가능하게 하는 세 가지 방식의 신학적 진술이라고 이해하는 것이 바람직할 것이다. 다음과 같이 정리해 본다면,

1. 로마-가톨릭교회: 아리스토텔레스의 철학적 개념을 사용하여, 실체의 변화를 주장하며, 사제의 축성을 통하여 속성은 변화하지 않은 채, 빵과 포도주가 그리스도의 육신으로 변화한다고 강조한다. 이를 통하여 성찬식에서 그리스도의 직접적 현존이 실현된다.

2. 루터: 아리스토텔레스의 철학적 개념을 활용한 로마-가톨릭교회의 화체설을 비판하며, '하나님 말씀', '성령의 역사', '신앙'에 근거한 그리스도의 실재적인 육체적 현존을 주장한다. 루터는 로마-가톨릭교회의 화체설이 그리스도의 두 본성의 혼합을 자초하고 있다고 평가

---

corpus, verusquae sanguis sit, non est necesse, panem et vinum transsubstantiari, ut Christus sub accidentibus teneatur." Ibid., 212.

28 츠빙글리는 그리스도의 두 본성의 혼합이 아니라, 두 본성의 분리에 기초한 속성의 교류(communicatio idiomatum)를 주장했던 루터가 두 본성의 혼합을 자초하고 있다고 비난하며, 이를 극복하기 위하여 완전하게 분리된 그리스도의 두 본성의 단순한 결합을 주장한다. 교환대상의 본질이 훼손 없이 보존된다는 의미를 내포한 희랍어(Alloiosis, 교환)를 사용하며, 루터의 '속성의 교류' 이론을 비판했다.

하고, 두 본성의 분리에 기초한 속성의 교류를 주장하며, 빵과 포도주의 그리스도의 몸으로의 변화가 아니라, 빵과 포도주에 그리스도의 몸이 직접적으로 임재할 수 있다고 주장했다.

3. 츠빙글리: 루터가 주장한 속성의 교류 또한 로마-가톨릭교회의 화체설의 근거가 되었던 일종의 변형된 '속성의 혼합'의 교리라고 비판적으로 이해한 후, 그리스도의 두 본성의 완전하게 분리되어 있다는 전통적 교리에 근거하여 빵과 포도주에 그리스도의 몸이 직접적으로 임재할 수 없다고 주장했다. 최종적으로 그는 그리스도의 몸이 천상에 있는 하나님의 우편에 좌정하고 있다고 주장하며, 성찬식과 관련하여 그리스도의 영적 현존을 역설했다.

이상 진술한 내용을 정리해 본다면, 1세대 종교개혁자인 루터와 츠빙글리는 성찬론과 관련하여 결코 화체설을 통하여 계승된 중세적 전통을 단절시킨 것이 아니라, 오히려 이를 성서적 근거로 소급시켜 화체설의 철학적 근거만을 논박했을 뿐, 화체설이 지향하고자 했던 신학적 이념, 즉 '그리스도의 현존의 체험'을 새로운 차원에서 설명하고자 시도했다고 충분히 간주할 수 있을 것이다. 따라서 필자는 루터의 로마-가톨릭교회의 미사예식 개혁 프로그램을 그리스도의 현존의 체험을 성서적 근거 위에서 해명하기 위한 '중세적 전통의 혁신적 계승'이라고 정의하고 싶다. 여기서 강조되는 '그리스도의 현존'은 그리스도의 수난, 부활에 대한 기억, 아울러 재림에 대한 기대가 내포된 현재적 체험, 즉 하나님의 성육신 사건에 대한 신앙적 확신을 의미하는 것으로서, 이와 관련하여 루터는 역사적 예수의 성찬제정사를 '그리스도의 현존의 체험'을 위한 하나님 말씀으로 간주했다고 생각한다.

V. 글을 정리하며

이 글은 루터의 미사개혁 프로그램이 중세 로마-가톨릭교회의 신학적 전통과의 단절이 아니라, 하나님 말씀에 입각한 혁신적 계승이라는 사실을 논증하며, 동시에 '성찬' 개념의 발전사 과정에 대한 신학적 고찰을 간략하게 시도했다. 루터는 자신의 칭의론적 통찰에 의거하여, 로마-가톨릭교회의 성체성사(Eucharistie)를 반복되는 희생제사로서 이해했기 때문에, 이와는 질적으로 다른 예배예식을 기획할 수밖에 없었다. 따라서 이를 위한 중요한 신학적 범주로서 하나님의 성육신 사건에 근거한 하나님의 은총의 베풂의 신앙적 사건이 성찬식 중에 발생한다고 확신하여, 하나님 말씀에 근거한 새로운 예배예식을 재구성하고자 시도했던 것이다. 그는 다음과 같이 언급한다.

> 미사의 모든 효력은 그리스도의 몸이 그들을 위하여 주어졌으며, 그리스도의 피가 그들을 위하여 흘리신 바 되었다고 믿는 모든 자들의 죄를 사하겠다고 약속하신 그리스도의 말씀에 있다고 내가 말하는 것은 정당합니다.[29]

---

29 "Recte itaque dixi, totam virtutem Missae consistere in verbis Christi, quibus testatur remissionem peccatorum donari omnibus, qui credunt, corpus eius tradi, et sanguinem eius fundi, pro se." Martin Luther, *De captivitate babylonica ecclesiae* (1520), 226.

루터는 기원후 4세기 이후 감사의 제사로서의 성체성사에 부가된 성찬제정사를 통하여 정립되었던 가톨릭교회의 화체설을 거부하고, 빵과 포도주 자체 안에 현존하는 그리스도의 육신과 구원의 약속이 내포된 성찬제정사로서 새롭게 이해하기 시작했다. 이는 설교를 새로운 예배순서의 핵심으로 간주했던 그의 신학적 의도와 상응한다. 여기서 성찬제정사에 내포된 예수 그리스도의 구원의 약속은 그의 칭의론적인 신학적 통찰과 상응하는 것으로서, 죄의 용서를 의미한다. 이와 같이 루터가 제시하는 미사개혁 프로그램의 신학적 의도를 고려한다면, 결과적으로 바라볼 때, 빵과 포도주에 임재하는 그리스도의 현존의 방식과 관련되었던 루터와 츠빙글리 사이의 성찬론과 관련된 신학적 논쟁은 루터와 츠빙글리가 공동으로 지향했던 '성체성사로부터 성만찬으로의 전환'이라는 신학적 신념과는 무관하게 진행된 것이었다고 판단해 볼 수 있을 것이다.

　　츠빙글리는 루터가 화체설이 의미했던 본래적인 신학적 의도를 존중하면서도, 화체설을 정당화시켰던 철학적 논증의 방식을 극복하고자 시도했다는 사실을 간과했을 가능성이 높다. 반면에 루터는 츠빙글리가 그리스도의 신성을 훼손시키지 않기 위하여, 빵과 포도주에 임재하는 그리스도의 영적 현존을 주장했다는 사실을 심층적으로 이해하지 않았을 수도 있다. 더 나아가 루터가 역사적 예수의 성찬제정사, "이것이 내 몸이다"를 '그리스도의 몸으로서의 빵'이라고 해석했을 때,[30] 츠빙글리는 루터의 본래적인 신학적 의도였던 sola scriptura의 원칙을 고려하지 않고 그리스도의 완전한 신성의 보존만을 염두한

---

30 이와 관련하여 루터는 다음과 같이 주장한다: "dum dicit, Hoc est corpus meum, das ist meyn leyp, id est, iste panis est corpus meum"(예수께서 이것은 내 몸이라고 말씀하셨을 때, 그것은 "이 빵이 내 몸이라는 뜻입니다). Ibid., 212.

채, 빵과 포도주라는 물질적 요소에 그리스도의 몸이 임재할 수 없다는 자신의 신학적 입장만을 고수하며 루터의 성찬론을 일방적으로 비판했다고 볼 수 있다.

다른 측면에서 고찰해 본다면, 루터와 츠빙글리의 성찬론 논쟁은 가톨릭교회의 화체설을 극복하는 두 가지 신학적 사유방식의 충돌이었다고 정의할 수도 있을 것이다. 양자에게 있어서 빵과 포도주에 임재하는 그리스도의 현존의 방식은 그리스도론적 차원의 신성과 인성과의 관계에 대한 신학적 관점의 차이에서 기인한다. 그리스도의 신성과 인성의 교류를 확신했던 루터는 그리스도의 실재적 현존을, 신성과 인성의 분리를 확신했던 츠빙글리는 그리스도의 영적 현존을 주장하며 상호간의 이견을 좁히지 못했다. 빵과 포도주에 임재하는 그리스도의 영적 현존을 주장했던 츠빙글리는 1년에 4차례의 성찬식 시행을 주장하면서, 성찬식의 과감한 축소를 통한 급격한 말씀의 예배로의 전환을 시도했던 반면, 루터는 매주 성찬제정사가 중심이 된 성찬식과 아울러 설교의 중요성을 강조하면서, 그리스도의 실재적인 직접적 현존의 가능성을 포기하지 않은 채, 로마-가톨릭교회 미사예식의 기본적인 틀을 존중하며, 이의 의미론적 변용을 시도했기 때문이다. 루터의 시도했던 '성찬제정사의 종교개혁적 수용'이 이 사실을 결정적으로 증명한다. 이와 같은 양자 간의 차이점을 기본적으로 존중한다면, 츠빙글리의 신학적 입장에서 바라볼 때, 로마-가톨릭교회의 잔재를 완전히 제거하지 못했다고 평가되는 루터의 미사개혁 프로그램 또한 긍정적으로 재평가될 수 있는 가능성이 존재할 수 있을 것이다.[31]

---

31 개혁교회와 루터교회의 전통적인 성찬론 논쟁과 관련하여 새로운 해법을 제시하고자

이를 위하여 '하나님의 구원의 약속으로서의 성찬제정사'의 본래적인 신학적 의도를 파악하는 것이 필요하다고 생각한다. 성찬이 그리스도의 유언으로서, 인간의 죄 용서를 위하여 만드신 약속, 즉 하나님의 아들의 죽음으로 확증된 약속이며, 성찬을 통하여 하나님의 죄 용서와 구원의 은총이 베풀어진다는 사실을 기본적으로 상기한다면, 루터의 미사개혁 프로그램에 대한 전통적인 개혁교회의 부정적 평가가 극복될 수 있는 중요한 신학적 단서를 확보하게 된다. 필자는 루터의 종교개혁 사상을 근본적으로 관통하고 있는 그의 '칭의론적 통찰'이 그의 '성찬' 개념의 핵심적인 구성요소이며, 루터를 통하여 전통적인 성찬론의 구원론적 전환이 시도되었다고 평가하고 싶다. 마지막으로 '성찬제정사'를 죄용서와 구원의 약속이 내포된 칭의론적 진술로 전환시키고자 시도했던 루터의 성찬제정사 해석을 소개하며 본 논문을 마감하고자 한다.

마치 그리스도께서는 이렇게 말씀하셨던 것 같습니다. 보라! 너희 죄악되고 정죄받은 사람들이여, 너희를 사랑하는 순수하고 거저 주는 사랑과 자비로우신 아버지의 뜻에 따라 너희의 어떤 공적이나 성취한

미하엘 벨커(Michael Welker)는 개혁 신학 전통에 입각하여, 이상과 같이 주장했던 루터의 '그리스도의 실재적 현존'의 개념에 대한 문자적 이해를 극복하고자, 이를 '그리스도의 성례전적(sakramental) 현존'이라는 개념으로 대체하고자 한다. 그에 의하면, 그리스도는 성찬식에 육체적으로 현존하시는 것이 아니라, '성찬'이라는 성례전적 사건 안에서 교회공동체를 통하여 현존하신다고 주장한다. 이를 통하여 교회공동체는 십자가에 달리시고 부활하신 그리스도를 기억하며, 다시 오실 그리스도를 대망한다. 이와 같이 벨커는 역사적 예수의 삶의 흔적이 성찬식을 통하여 재현되는 과정을 성례전적 현존이라고 정의하면서, '그리스도의 육체적 현존'에 대한 문자적 해석을 야기시켰던 루터의 성찬론에 대한 새로운 해석의 가능성을 제시했다. Michael Welker, *Was geht vor beim Abendmahl?* (Gütersloh: Gütersloher Verlag, 2004), 106.

일과는 상관없이 너희의 모든 죄를 사하고 영원한 생명을 너희에게 줄 것을 나는 약속한다. 너희가 나의 이 약속이 취소될 수 없는 것임을 전적으로 확신하게 하기 위하여 나는 내 몸을 주고, 내 피를 흘려 나의 죽음으로써 그것을 확증할 것이며, 또한 몸과 피를 이 약속의 기념으로 만들 것이다. 너희들은 그것들에 참여할 때마다 나를 기억하고 나의 사랑과 후함을 소리높여 찬양하고 감사하라!32

---

32 "ac si dicat, Ecce o homo peccator et damnatus, ex mera gratuitaque caritate qua diligo et, sic volente mosericordiarum patte, his verbis promitto tibi, ante omne meritum et votum tuum, remissionem omnium peccatorum tuorum, et vitam aeternam. Et ut certissimus de hac mea promissione irrevocabili sis, corpus meum tradam, et sanguinem fundam, morte ipsa hanc promissionem confirmaturus, et utrumque tibi in signum et memoriale eiusdem promissionis, relicturus. Quod cum frequentaveris, mei memor sis, hanc meam in te caritatem et largitatem praedices et laudes, et gratias agas." Martin Luther, *De captivitate babylonica ecclesiae* (1520), 220.

제 4 장

루터와 영방(領邦)교회
― 저항이론으로서의 두 왕국론

I. 글을 시작하며

이 글은 소위 "루터 신학의 정수"(ein zentrales Instrument lutherischer Theologie)[1]로서 간주되고 있으며, '두 왕국론'(Two kingdoms doctrine, Zwei-Reiche-Lehre)이라고 지금까지 회자되고 있는 루터의 대표적인 정치이론에 대한 객관적인 역사적–신학적 고찰을 시도하면서, 이를 통하여 그의 본래적인 신학적 의도를 추적하고자 한다. 그가 관료적 주류 종교개혁자로서 신성로마제국 프로테스탄트 제후들의 정치적 후원과 연대를 통하여 자신의 종교개혁 운동을 수행했음에도 불구하고,

---

1 Heinz Eduard Tödt, "Die Bedeutung von Luthers Reiche-und Regimentenlehre für Theologie und Ethik," in: Hasselmann, Nels (Hg.), *Gottes Wirken in seiner Welt. Zur Diskussion und die Zwei-Reiche-Lehre, Bd. 2* (Hamburg: Lutherisches Verlaghaus, 1980), 65.

두 왕국론을 통하여 영방(領邦)교회[2] 또한 장악하고자 했던 프로테스탄트 제후들에 대한 온건한 저항을 시도했다는 사실을 논증하고자 한다. 이는 일관된 그의 신학적 논리, 즉 칭의론적 통찰에 의거한 신학적 개념으로서의 '율법-복음'의 논리적 구조 안에서 전개된다. 결론적으로 본 연구는 그의 두 왕국론이 '교회의 정치참여 금지'를 함의하는 신학적 이론이 아니라, 오히려 로마제국의 기독교 공인 이후 정착된 유럽 사회의 콘스탄티누스 체제, 즉 국가종교로서의 기독교 체제에 대한 신학적 비판으로서, 국가권력에 의한 교회 장악 시도에 대한 저항 이론이라고 주장하고자 한다. 이와 관련하여 당시 프로테스탄트 제후들은 루터의 종교개혁 운동을 정치적으로 지지하면서, 동시에 영방교회의 수장으로서의 권한을 이양 받으며, 영방국가 내에서 또 다른 콘스탄티누스 체제를 구축하고자 했다는 사실 또한 주목할 필요가 있다.

물론 관료적 주류 종교개혁자로서의 루터는 재세례파처럼 국가종교로서의 기독교에 대한 적극적 거부의사를 피력했다고 단언할 수는 없다. 그럼에도 불구하고 이 글은 선행연구의 학문적 공헌[3]을 인정, 수용하면서도, 동시에 루터의 저서『세속 정부에 대하여, 어느 정도까지 복종해야 하는가』(*Von weltlicher Obrigkeit, wie weit man ihr Gehorsam*

---

2 신성로마제국의 제후가 다스리는 지역을 영방(領邦)국가(Territorialstaat)라고 통상적으로 번역한다. 아울러 영방교회(Landeskirchentum)는 영방국가의 관할로 귀속된 행정기관으로서의 교회를 의미한다. 오늘날 독일 및 유럽 일부 지역에서는 과거 '영방교회' 체제를 계승한 '주(州)교회'(Landeskirche)가 존재하며, 행정적으로 주정부의 관할 영역에 속한다.

3 루터의 '저항권'과 관련된 연구논문은 "마틴 루터 신학에 나타난 저항권의 문제"(백용기,「신학사상」97호, 1997)와 정병식, "마틴 루터에 대한 윤리적 비판 재고찰: 농민전쟁을 중심으로"(정병식,「성경과 신학」제62권, 2012) 그리고 이와 관련된 저서로는 "마르틴 루터의 신학사상과 윤리"(손규태 지음, 대한기독교서회, 2004)가 존재한다. 여기서 소개한 세 편의 선행연구는 루터가 무력이 아니라, 기독교 복음의 진리의 고백을 통한 저항의 권리를 인정했다는 사실을 공통적으로 전제하고 있다.

schuldig sei, 1523) 및 이외의 다른 문헌에 피력된 두 왕국론에 대한 루터의 신학적 입장이 영방교회에 대한 제후들의 정치적 간섭을 배제하며, 교회의 고유한 영역을 사수하고자 하는 루터의 신학적 의도가 내포되어 있다는 사실을 논증하고자 한다. 이를 위하여 이 글은 다음과 같은 논리적 순서에 의거하여 논증을 전개하고자 한다. 1) 본 연구를 위한 신학적 전제(루터의 두 왕국론에 대한 바르트의 비판적 인식 및 신학적 대안), 2) 율법과 복음: 두 왕국론의 신학적 근거, 3) 영방교회 수장으로서의 제후에 대한 온건한 저항

II. 본 연구를 위한 신학적 전제 ─ 루터의 두 왕국론에 대한 바르트의 비판적 인식 및 신학적 대안

이 장에서는 루터의 두 왕국론에 대한 칼 바르트(Karl Barth)의 비판 및 이에 대한 그의 신학적 대안을 소개하고자 한다. 이는 20세기 전반부에 고백교회(Bekennende Kirche) 운동에 동참하며 나치에 저항했던 바르트의 신학적 판단이라는 사실을 기본적으로 전제해야 한다. 루터와 바르트의 상이한 신학적 견해는 양자가 직면했던 16세기와 20세기의 역사적 상황을 전제한 후, 포괄적-통시적으로 고찰되어야 할 필요가 있다. 이를 위하여 II장은 본 연구를 위한 기본적인 신학적 전제로서 루터의 두 왕국론에 대한 바르트의 비판적 인식 및 신학적 대안을 소개하고자 한다.

바르트는 1922년 출판된 『기독교 사회윤리학 개요』(*Grundfragen*

der christlichen Sozialethik)에서 국가와 교회의 관계에 대한 루터의 신학적 입장을 '두 왕국론'이라고 규정하며, 이를 비판적인 시각으로 이해했다.4 이와 같은 그의 입장은 1932년 국가사회주의 독일 노동자당(Nationalsozialistische Deutsche Arbeiterpartei)이 권력을 장악하고 1933년 히틀러가 총리가 된 이후, 독일 개신교회가 제국교회로서 나치에 협력하는 상황을 목격하게 되면서, 그가 초안자로서 참여했던 바르멘 선언(Barmer Theologische Erklärung, 1934)을 통하여 분명하게 표출되었다. 당시 바르트가 직면했던 역사적 상황은 소위 루터의 '두 왕국론'이 독일 개신교회의 나치 협력 혹은 무비판적 대응을 가능하게 했던 중요한 신학적 근거라고 간주할 수 있게 했던 주변적 여건을 제공했다. 그러나 이는 16세기 루터의 두 왕국론 형성과정에 대한 객관적인 역사적 고찰에 근거한 것이 아니라, 제3제국의 기독교 이념화 작업에 협력했던 독일 개신교회에 대한 신학적 비판의 근거가 루터의 두 왕국론으로 소급된 것이라고 판단하고 싶다. 바르트는 1945년 제2차 세계대전이 종료된 직후, 다음과 같이 자신이 직면했던 역사적 상황에 대하여 다음과 같이 신학적 성찰을 시도하고 있다.

독일 국민은 한 위대한 독일 기독교인이 남겨준 유산으로 인하여 고통받고 있습니다. 이는 율법과 복음, 세속권력과 영적인 질서의 관계와 관련된 것으로서, 이를 통하여 이교도 독일 국민이 이념적으로 미화되고, (기독교의 이념화 작업은) 강화되었습니다…. 히틀러주의는 기독교화된 이교도 독일민족이 루터의 신학을 활용하여 실현하고자

---

4 Karl Barth, *Grundfragen der christlichen Sozialethik* (Gütersloh:C. Bertelsmann, 1921): Das neue Werk 4, 1922, 461-472.

했던 사악한 꿈이었습니다. 제2차 세계대전 이후로는 프로이센 제국의 프리드리히 대제부터 비스마르크, 히틀러의 통치기간 동안 독일 민족에게 치명적인 피해를 주었던 이와 같은 시도가 더 이상 불가능하도록 해야 할 것입니다.5

더 나아가 1945년 바르트는 "제3제국의 붕괴 이후에 독일 개신교회"(Die evangelische Kirche in Deutschland nach dem Zusammenbruch des Dritten Reiches)라는 주제 강연을 통하여 제3제국의 붕괴에 대하여 다음과 같이 새로운 신학적 대안을 제시했다.

독일 개신교회가 이제까지 복음과 율법, 교회와 국가, 그리스도인으로서의 신앙고백과 정치적 책임과의 상호관계를 제대로 이해하지 못했기 때문에 제3제국은 붕괴된 것입니다…. 기독교적 가치가 상실된 공간은 사탄의 통치영역입니다.6 … 독일 개신교회는 종교개혁자 루

---

5 "Das deutsche Volk leidet an der Erbschaft des größten christlichen Deutschen: an dem Irrtum Martin Luthers hinsichtlich des Verhältnisses von Gesetz und Evangelium, von weltlicher und geistlicher Ordnung und Macht, durch den sein natürliches Heidentum nicht sowohl begrenzt und beschränkt als vielmehr ideologisch verklärt, bestätigt und bestärkt worden ist... Der Hitlerismus ist der gegenwärtige böse Traum des erst in der lutherischen Form christianisierten deutschen Heiden... Es wird ... (nach dem Krieg) nötig sein, weitere Entwicklungen auf der fatalen Linie von Friedrich dem Großen über Bismarck zu Hitler physisch unmöglich zu machen." Karl Barth, "Ein Brief nach Frankreich", in: *Schweizer Stimme 1938-1945* (Zollikon-Zürich: Evangelischer Verlag, 1945), 113f.: 바르트와 유사하게 1943년에 독일계 미국 신학자인 라인홀드 니버는 루터의 왜곡된 사회적 도덕(perverser Sozialmoral)으로 인하여 독일국민이 독재체제에 무비판적으로 대응했다고 비판했다. Reinhold Niebuhr, *The nature and destiny of man II* (New York: Charles Scribner's Sons, 1943), 197.

6 "Nun hat das Unheil des Dritten Reiches sicher einen seiner Gründe darin, dass gerade die Evangelische Kirche Deutschlands es bis jetzt nicht

터와의 새롭고 비판적 관계를 재정립해야 하며, 그의 두 왕국론을 새롭게 재해석해야 합니다.[7]

위 문장에 의하면, 바르트는 루터교회의 전통적인 신학적 논리인 '율법-복음'의 관계가 아니라 '복음-율법'의 논리적 구조 안에서 교회와 국가의 관계를 재정립해야 한다고 주장하고 있다. 이와 같은 그의 신학적 진술은 츠빙글리, 칼빈으로부터 유래되는 율법의 제3용법 (usus in renatis)의 의미, 즉 '성화를 가능하게 하는 율법'(칼빈) 혹은 '또 다른 복음으로서의 율법'(츠빙글리)으로서의 의미를 강조하며, 율법의 복음적 특성을 강조하는 전통적인 개혁교회의 신학적 논리를 교회와 국가의 관계에 적용한 것이다. 따라서 율법의 역할을 수행하는 국가는 복음적 논리에 포괄적으로 귀속되는 영역으로 인정된다. 이와는 달리 복음과 대비되면서도 복음을 위하여 기여하는 율법의 용법을 강조했던 루터의 경우, 이를 국가와 교회의 관계에 적용하면서, 상호분리된 국가와 교회의 역할을 강조하고 있다. 추측하건대, 바르트는 이와 같은 루터의 두 왕국론의 핵심적 논리가 독일 제3제국의 기독교 이념화 작업에 대한 개신교회의 무비판적 대응을 가능하게 했던 중요한 신학적 근거라고 파악하고, 이의 근본적인 신학적 논리의 전환을 시도했을 것이다.

---

verstanden hat, das Evangelium und das Gesetz und darum auch die Kirche und den Staat in ihrem Zusammenhang zu sehen und zu erklären und also die politische in die christliche Verantwortlichkeit einzubeziehen... In dem so entstandenen -- christlich unkontrollierten -Vakuum hat sich dann allerdings die Dämonie." Karl Barth, *Die evangelische Kirche in Deutschland nach dem Zusammenbruch des Dritten Reiches* (Stuttgart: Franz Mittelbach Verlag, 1946), 26f.

7 Ibid., 29.

이와 같은 바르트의 근본적 전환의 신학적 논리는 1946년의 『그리스도인 공동체와 시민공동체』(Christengemeinde und Bürgergemeinde)라는 저서를 통하여 제시되고 있다. 본 저서에서 그는 이미 언급했던 '복음-율법'의 관계뿐만 아니라 개혁교회의 전통적인 정치이론의 핵심 개념으로서 회자되었던 "그리스도의 왕권 통치"(Königsherrschaft Christi)에 근거하여, 교회-국가의 새로운 통합적 모델을 구상하고 있다. 그는 협소한 의미로 이해될 수 있는 '교회'와 '국가'라는 표현 대신에, 현대사회의 문화적 정서를 고려한 '그리스도인 공동체'와 '시민공동체'라는 표현을 사용하면서, '하나님 나라'의 관점에서 양자 간의 상호협력적 관계를 모색하고 있다. 그에 의하면, 하나님께서 제정하셨지만 종교적 중립을 견지해야 하는 '시민공동체'8와 시민공동체 중심에 존재하는 '그리스도인 공동체'는 각자 고유한 역할을 수행해야 하지만, 하나님 나라의 실현을 위한 상호협력적 관계를 형성해야 한다.9 이를 통하여 기독교적 가치가 실현되는 '시민공동체'로서의 세속적 공간은 하나님 나라와의 유비적 관계10 속에서 이해되어야 하며, 이와 상응

---

8 Karl Barth, *Christengemeinde und Burgergemeinde* (Zurich: Evangelischer Verlag, 1948), 12.

9 "Die Christengemeinde beteiligt sich aber gerade in Erfullung ihrer eigenen Aufgabe auch an der Aufgabe der Burgergemeinde. Indem sie an Jesus Christus glaubt und Jesus Christus verkundigt, glaubt und verkundigt sie ja den, der wie der Kirche so auch der Herr der Welt ist"(그리스도인 공동체는 시민공동체가 수행해야 한 과제 안에서 자신만의 고유한 과제를 수행한다. 그리스도인 공동체는 예수 그리스도를 믿고, 그를 선포함으로써, 예수 그리스도가 교회뿐만 아니라 세계의 주라는 사실을 믿고 선포해야 한다), Ibid., 15-16.

10 "Die Gerechtigkeit des Staates in christlicher Sicht ist seine Existenz als ein Gleichnis, eine Entsprechung, ein Analogen zu dem in der Kirche geglaubten und von der Kirche verkundigten Reich Gottes… Es bedarf immer wieder einer Geschichte, die ihrer Gestaltung zum Gleichnis des Reiches Gottes und also die Erfullung ihrer Gerechtigkeit zum Ziel und Inhalt hat"(기독교적 관점

할 수 있는 근접한 정치이념은 민주주의이다.[11] 이와 같은 바르트의 신학적 구상은 루터의 두 왕국론이 내포하고 있는 결정적인 신학적 결함을 극복하고, 이를 전통적인 개혁교회의 신학적 이념에 근거하여, 이를 재구성했던 새로운 정치신학적 시도라고 평가될 수 있을 것이다.[12]

에서 바라볼 때, 국가가 추구하는 정의는 교회가 선포하는 하나님 나라와 상응하는 일종의 유비적 관계 속에서 이해되어야 하는 실존적 과제이다…. 항상 국가의 형태는 하나님 나라와 유사해야 한다. 그리고 하나님 나라가 국가가 추구해야 할 목표와 내용이 되어야 한다), Ibid., 28-29.

11 "Indem die Christengemeinde sich für die Bürgergemeinde mitverant-wortlich macht, beteiligt sie sich – von Gottes Offenbarung und von ihrem Glauben her – an den menschlichen Fragen nach der besten Gestalt nach dem sachgemäßesten System bewußt"(그리스도인 공동체가 시민공동체와 협력함으로써, 하나님의 계시와 이에 대한 신앙으로부터 기원하는 그리스도인 공동체는 올바른 시민공동체를 형성하기 위한 인간적 활동에 참여한다), Ibid., 18.

12 제2차 세계대전의 종전 이후, 이와 같이 서독지역에서는 이와 같이 바르트를 중심으로 독일 제3제국에 대한 신학적 성찰이 시도되었던 반면에, 사회주의 정권이 수립된 동독지역에서 루터는 농민전쟁의 무력진압을 주장했던 역사적 사실과 관련하여 매우 부정적인 평가를 받았다. 루터와는 달리 1525년 농민전쟁의 지도자 뮌처는 프로레타리아의 시대적 영웅으로 추앙되면서, 독일민주공화국(Deutsche Demokratische Republik, 동독)의 사회주의 이념을 선취한 종교개혁자로서 간주되었다. 이와 관련하여 농민전쟁의 패배를 유도했던 루터로 인하여 독일민족의 불행이 본격적으로 시작되었다는 소위 "불행이론"(Misere-Theorie)이 동독 역사학자 아부쉬(Alexander Abusch)를 통하여 제기되기도 하였다: "농민전쟁에서 패배하고 독일민족이 자유를 상실하게 되면서, 이후 300년간 독일의 역사는 어둠 속에 묻혀 있었다." Alexander Abusch, *Der Irrweg der Nation. Ein Beitrag zum Verständnis deutscher Geschichte* (Berlin: Aufbau-Verl., 1946), letzte Auflage 1960, 29.

III. 율법과 복음: 두 왕국론13의 신학적 근거

루터의 두 왕국론은 중세 시기 전통적인 로마-가톨릭교회의 전통적인 사회교리와 유사한 형식으로 전개되었다는 사실 또한 주목할 필요가 있다. 소위 교황과 황제의 "양검론"(Zwei-Schwerter-Theorie)은 교황 젤라시우스 1세(Gelasius I, 496), 니콜라우스 1세(Nicolaus I, 867), 이노센트 3세(Innocenz III, 1216)에 의하여 선언된 바 있다. 이는 하나님께서 교회에 영적인 검과 세속적인 검이 주셨으며, 전자는 교황의 소유이지만, 후자는 교황이 황제에게 위임한 것이라고 주장하는 교리로서, 형식상 국가와 교회의 분리를 표명하면서도, 실제적으로 최종적인 정치적 권력행사의 주체가 교황이라는 사실을 최종적으로 함의하고 있는 중세 시기 로마-가톨릭교회의 사회교리이다. 반면에 루터의 두 왕국론은 로마-가톨릭교회의 '양검론'과 형식적으로는 유사하지만, 내용적으로는 상호간 엄격한 분리를 추구하고 있다는 점에 있어서, 양자는 의미상 전적으로 상이하다. 왜냐하면 루터의 두 왕국론은 교황 및 성직자의 세속정치 불개입과 세속 통치자의 교회에 대한 정치적 불간섭의 원칙을 고수하고 있기 때문이다.

그럼에도 불구하고 그는 세속 정부과 영적 정부의 단순한 분리를 주장하지 않는다. 하나님의 세계 통치의 두 가지 방식으로서 존재하는 세속 정부와 영적 정부는 상호간 밀접한 관계를 형성하고 있다. 즉 영적 정부라고 대변되는 교회는 하나님께서 창조하신 세계에 대하여

---

13 국가와 교회의 관계에 대한 루터의 신학적 견해가 '두 왕국론'이라고 규정되었지만, 그럼에도 실제적으로 그는 '왕국'(Reich) 보다 '정부'(Regiment)라는 표현을 좀 더 선호하며, 자주 사용하고 있다. 전자가 단순한 영역구분의 의미를 내포하고 있다면, 후자는 하나님의 뜻에 의하여 제정된 '제도'를 의미한다.

방임적인 태도로 일관해서는 안 되며, 동시에 세속 정부는 영적 정부의 고유한 통치영역을 침해해서는 안 된다. 후자의 경우, 양자가 혼합된다면, 순수한 기독교 신앙과 말씀선포의 자유가 침해될 수밖에 없다. 필자는 이를 루터가 자주 사용하는 신학적 언어로 다음과 같이 다시 표현해 보고 싶다.

> 하나님 앞에서 의롭게 된 그리스도인은 감사하는 마음으로 사랑을 통하여 이웃을 섬기는 태도를 지녀야 합니다. 다른 한 편 그리스도인은 죄악으로 인하여 타락할 수 있는 창조세계 안에서 삶을 영위하기 때문에, 이와 같은 상황 속에서 그리스도인으로서의 양심을 보호받을 수 있는 방법을 간구해야 합니다.[14]

1523년 루터가 출판했던 『세속정부에 대하여, 어느 정도까지 복종해야 하는가』(*Von weltlicher Obrigkeit, wie weit man ihr Gehorsam schuldig sei*)[15]라는 논문에 의하면, 하나님께서 상호 분리된 영적 정부와 세속

---

14 이는 '이미-아직'의 종말론적 관점에서 이해될 필요가 있다. 이미 구원받았지만, 아직 완전한 종말이 실현되지 않는 세상 속에서 그리스도인이 삶을 영위하는 방식을 율법과 복음에 논리에 기초하여 설명하고 있는 것이다.

15 루터는 서문에서 당시 제후들이 그의 서적을 배포되지 못하도록 지시했던 사건으로 인하여 본 저서를 출판하게 되었다고 본 저서의 출판동기에 대하여 암시하고 있다. 구체적으로 당시 상황을 묘사하고 있지는 않다. 그는 다음과 같이 언급한다.: "Die Fürsten haben jetzt angefangen, den Leuten zu gebieten, Bücher auszuliefern und zu glauben und einzuhalten, was sie angeben. Damit vermessen sie sich, sogar auf Gottes Thron zu sitzen und die Gewissen und den Glauben zu meistern und nach ihrem tollen Gehirn den Heiligen Geist wie einen Schüler zu behandeln"(지금에 와서 제후들은 백성들에게 책-독일어 신약성서-들을 던져 버리고, 그들이 명하는 것을 믿고 받아들이라고 명령하는 데까지 이르렀습니다. 따라서 그들은 뻔뻔스럽게도 자신들을 하나님의 보좌에 올려 놓은 채, 사람들의 양심과 신앙 위에 군림하고 자기들의 어리석은 생각들에 따라 성령을 가르치

정부를 통하여 교회와 세계를 구별된 방식으로 통치하신다. 그는 결코 온 인류가 그리스도인이 될 수 없기 때문에, 이 세계를 통치하는 세속 정부가 존재해야 한다고 역설한다.[16] 온 인류가 그리스도인이라면, 세속 정부가 불필요할 것이지만, 현실적으로는 실현이 불가능하기 때문에, 필요하다는 것이다. 이는 일종의 매우 현실적인 판단으로서, 그는 세속정부는 평화를 유지하고 죄를 벌하며 사악한 자를 억제하기 위하여 그리스도인들에게 매우 유용하며 필요한 것이라고 주장한다. 이에 대하여 루터는 본 저서 서문에서 다음과 같이 명확하게 선언하고 있다.

> 우리는 이 두 개의 정부들을 잘 구별해야 합니다. 이 두 개의 정부들이 계속 남아 있도록 해야 합니다. 하나는 의를 낳고 다른 하나는 외적 평화를 지키고 악행들을 방지하기 위한 것입니다. 세상에서 어떤 하나도 다른 하나 없이는 불충분합니다. 어느 누구도 그리스도의 영적 정부 없이 세상 정부의 수단을 통해서 하나님 앞에서 의롭게 될 수 없습니다. 그리스도의 정부는 그 영향력을 모든 사람들에게 확대해서는 안 되고 오히려 그리스도인들은 항상 다수의 사람들 한 가운

려고 합니다), Martin Luther, *Von weltlicher Obrigkeit, wie weit man ihr Gehorsam schuldig sei* (1523), Kritische Gesamtausgabe (Weimarer Ausgabe) Band 11 (Weimar: Hermann Böhlaus Nachfolger, 1900), 246: 이와 관련하여 당시 작센 (Sachsen)주의 영주였던 털보 게오르크(Georg der Bärtige, 1471-1539)가 1522년 9월 21일에 루터에 의하여 출판되었던 독일어 신약성서가 영내에서 배포되지 않도록 다른 영주들에게 지시했던 사건과 깊이 관련이 있는 것으로 전해지고 있다.

16 "Aber sieh zu und mach die Welt zuerst voll von rechten Christen, ehe du sie christlich und evangelisch regierst! Das wirst du aber niemals fertig bringen"(세상을 기독교적이고 복음적 방식으로 통치하려고 하기 전에, 우선 유의할 것은 진정한 그리스도인으로 세상을 채우는 것이다. 이것은 결코 달성될 수 없다), Ibid., 251.

데 소수로 남아 있을 뿐입니다.[17]

따라서 그리스도인은 세속 정부에 속한 시민으로서, 삶을 영위할
수밖에 없다. 이 사실과 루터가 주장했던 유명한 테제, 하나님 은총을
통하여 의롭게 된 인간은 "의인이면서도 죄인이다"(simul justus et pecca-
tor)라는 그의 인간학적 통찰과 의미상 상응한다. 왜냐하면 '죄인이면
서도 의인으로서의 인간'의 최종적 구원은 아직 완성된 것이 아니기
때문에, 그리스도인은 악의 현실과 투쟁해야만 하는 세속적 공간에서
삶을 영위할 수밖에 없기 때문이다. 이와 같은 루터의 두 왕국론은 그
의 칭의론적 통찰, 즉 율법과 복음의 관계에 근거하여 고찰될 필요가
있다. 의인이면서도 죄인으로서의 인간이라는 그의 인간학적 통찰은
율법의 심판과 복음의 용서를 필요로 한다.[18] 부연하자면, 의인으로
서의 인간은 복음에 의하여 통치되지만, 죄인으로서의 인간은 율법에
의하여 통치된다는 전제에 근거하여 루터는 세속 정부와 영적 정부의
관계를 해명하고 있는 것이다. 루터는 1526년 "군인들이 구원을 받을
수 있는가?"(Ob Kriegsleute auch in seligem Stände sein können?)에서 다음과
같이 언급한다.

---

17 "Darum muss man diese beiden Regimente sorgfältig unterscheiden und
beide in Kraft bleiben lassen: das eine, das rechtschaffen macht, das andre,
das äußerlich Frieden schafft und bösen Werken wehrt. Keines genügt in der
Welt ohne das andere. Denn ohne Christi geistliches Regiment, bloß mit Hilfe
des weltlichen Regiments, kann niemand vor Gott rechtschaffen werden.
Andrerseits erstreckt sich Christi Regiment nicht über alle Menschen,
sondern allezeit sind die Christen die kleinere Schar; sie sind mitten unter
den Unchristen", Ibid., 252.

18 루터의 명문장, '죄인이면서 의인으로서의 인간', '율법과 복음', '숨어계시는 하나님
(Deus absconditus)과 계시하시는 하나님'(Deus revelatus)은 대립된 신학적 의미
를 지닌 일관적인 논리적 구조를 유지하고 있다.

하나님께서는 두 개의 정부를 만드셨습니다. 하나는 검이 없이 말씀
으로 통치되는 영적인 정부입니다. 이를 통하여 인간은 의롭게 되며,
영원한 생명을 얻게 됩니다…. 또다른 하나는 세속적인 검을 통하여
통치되는 정부입니다…. 하나님께서 영원한 생명을 주시지 않는다고
하더라도, 인간이 평화롭게 살기 위하여 이렇게 하시는 것입니다.[19]

하나님의 창조질서에 속한 통치공간으로서의 세상[20]은 복음으로
통치되지 않기 때문에, 영적 정부는 세속정부의 정치적 사안에 간섭
할 수 없다. 세속정부는 영적 정부의 원활한 역할수행, 즉 말씀의 선포
와 성례전의 집행이 가능한 공간을 보장하기 위하여 평화를 증진시키
고, 무정부적 상태를 진정시키기 위하여 질서를 확립한다. 따라서 하
나님께서 세속정부를 통하여 세상의 무질서를 바로잡지 않으신다면,
결과적으로 하나님의 창조질서는 파괴될 뿐이다. 그러나 세속 정부가

---

19 "Gott hat zweierlei Regimente unter den Menschen aufgerichtet. Eines ist
geistlich, ausgeübt durchs Wort und ohne Schwert; dadurch sollen die
Menschen rechtschaffen und gerecht werden, so dass sie mit dieser
Gerechtigkeit das ewige Leben erlangen… Das andere ist ein weltliches
Regiment, ausgeübt durchs Schwert… obwohl er diese Gerechtigkeit nicht
mit dem ewigen Leben lohnen will, so will er sie dennoch haben, damit
Frieden unter den Menschen gehalten wird." Martin Luther, *Ob Kriegsleute
auch in seligem Stände sein können?* (1526), Kritische Gesamtausgabe
(Weimarer Ausgabe) Band 19, (Stuttgart: Metzler Verlag, 1909), 629.

20 "Außerdem liegt vor die klare, beweiskräftige Stelle aus S. Paulus, wo er sagt:
"Die Amtsgewalt ist von Gott verordnet." …Ist's aber Gottes Werk und
Schöpfung, so ist's gut, und zwar so gut, dass jedermann es christlich und
zu seiner Seligkeit brauchen kann"(더 나아가 로마서 13장 1절에 사도 바울은 여
기에 대해 분명한 의미를 지닌 본문을 제시한다. 정치하나님께서 공권력을 제정하셨
다…만일 그것이 하나님의 일이고 창조라면 그리고 선하다면, 모든 사람이 기독교적
이며 구원을 위하여 필요할 정도로 선한 것이다), Martin Luther, *Von weltlicher
Obrigkeit, wie weit man ihr Gehorsam schuldig sei* (1523), 257.

인간의 내면적 영역을 하나님의 말씀을 통하여 통치하는 영적 정부를 통제하고자 한다면, 세속 정부는 하나님으로부터 위임받은 과제를 이행하는 않는 것이다.21

하나님 말씀을 통하여 통치가 실현되는 영적 정부는 율법의 제1용법(정치적 용법, usus politicus legis)을 사용하는 세속 정부와는 달리 율법의 제2용법(신학적 용법, usus theologicus legis)을 사용한다. 즉 세속 정부에서 율법은 악의 세력에 대항하는 정치적 질서 및 공동체적 정의를 확립하기 위하여 사용되지만, 영적 정부에서는 율법이 인간의 죄인으로서의 자기인식과 하나님의 은총을 통한 칭의의 사건을 위하여 기여하는 것이다. 그럼에도 불구하고 그리스도인이 한 국가의 시민으로서 삶을 영위해야 하는 한, 양자는 상호간 엄격하게 분리되지 않는다. 이와 관련하여 루터는 그리스도인이 세속 정부에 종속되는 것은 결코 아니지만, 오히려 세속 정부를 섬겨야 한다고 권면한다.22 공동체적 정의를 확립하며 평화를 증진하는 국가적 과제의 실현을 위한 그리스도인의 '봉사'의 삶이 요구되기 때문이다.23 이를 위하여 루터는 그리

---

21 "영혼은 황제의 권위 아래 있지 않고, 황제는 그것을 가르치거나 인도할 수 없고, 그것을 죽이거나 살릴 수 없다….그는 몸, 재산, 명예와 관련된 것을 해야 한다. 왜냐하면 이와 같은 것들은 그의 권위 아래 있기 때문이다"(Die Seele ist nicht unter der Gewalt des Kaisers; er kann sie weder lehren noch führen, weder töten noch lebendig machen... Dagegen über Leib, Gut und Ehre hat er wohl die Macht, das zu tun; denn das steht unter seiner Gewalt), Ibid., 266.

22 "비록 그리스도인이 자신을 위해서는 이것들이 필요하지 않아도, 그럼에도 불구하고 바울이 에베소서 5장에서 가르친 것처럼 이웃들을 위한 봉사와 도움에 대해서는 관심을 가진다"(Und das tut er, obwohl er für sich selber nichts davon braucht und nötig hat; denn er sieht darauf, was andern nützlich und gut ist, wie Paulus Epheser 5 lehrt.), Ibid., 253.

23 "검(정치적 권력)은 평화를 유지하고 죄를 벌하며 악을 막기 위해서 전 세계에서 가장 유용하고 필요한 것이기 때문에 그리스도인은 칼의 통치에 자발적으로 복종한다"(Nun aber ist das Schwert von großem, nötigem Nutzen für alle Welt, dass

스도인의 "자신을 위한 윤리"와 "이웃을 위한 윤리"를 구별한다. 이는 이미 하나님의 은총을 통하여 칭의의 사건을 체험한 그리스도인은 자신을 위해서는 율법이 불필요하지만, 칭의의 열매로서의 성화의 삶, 즉 이웃을 위한 자발적인 섬김의 삶을 영위해야 하기 때문에 세속 정부 안에서 이웃사랑의 율법을 실천해야 한다는 사실을 의미한다. 이와 같은 그리스도인의 이중적 과제에 대해 루터는 다음과 같이 자세하게 설명하고 있다.

> 이렇게 할 때 두 개의 명제는 상호조화되며, 동시에 당신들은 내적으로 하나님 나라를, 외적으로 세상 나라를 만족시키게 됩니다. 당신은 악과 불의를 견디면서 동시에 악과 불의를 벌하게 되며, 또 악에게 저항하지 않으나 동시에 악에 저항하게 됩니다…. 당신과 당신의 소유물과 관련하여, 복음의 진리에 따라 당신은 행동하고, 그리스도인으로서 불의를 참지만, 타인과 타인의 소유물과 관련하여, 사랑의 정신에 따라 당신은 행동하고, 타인을 위하여 불의를 참아서는 안 됩니다.[24]

Frieden erhalten, Sünde gestraft und den Bösen gewehrt werde; darum gibt sich der Christ ganz willig unter das Regiment des Schwertes: er gibt Steuer, ehrt die Obrigkeit, dient, hilft und tut alles, was er kann, was der Amtsgewalt förderlich ist...), Ibid., 253.

24 "So geht denn beides fein miteinander zusammen, dass du zugleich dem Reich Gottes und dem Reich der Welt äußerlich und innerlich Genüge leistest, dass du zugleich Übel und Unrecht leidest und doch Übel und Unrecht strafst, zugleich dem Übel nicht widerstehst und doch widerstehst... Wo es dich und das Deine angeht, da verhältst du dich nach dem Evangelium und leidest als ein rechter Christ für deine eigene Person Unrecht; wo es den andern und das Seine angeht, da verhältst du dich nach der Liebe und leidest kein Unrecht für deinen Nächsten", Ibid., 255.

이와 같은 그의 신학적 입장은 1529년 출판된『터키와의 전쟁에 대하여』(*Vom Kriege wider die Türken*)에서 좀 더 급진화되어 표명된다. 그는 이 논문을 통하여 기독교 혹은 교황의 이름으로 오스만 투르크와의 전쟁을 위한 십자군 편성을 적극적으로 반대했다. 황제는 그리스도인으로서가 아니라, 세속 통치자로서 전쟁을 수행하는 것이기 때문에[25] 터키와의 전쟁을 그리스도인으로서 수행해서는 안 된다. 또한 황제는 교회의 머리 혹은 복음과 신앙의 수호자도 아니기 때문에,[26] 세속 통치자로서 백성들을 보호하기 위하여 전쟁을 수행해야 한다.[27]

그럼에도 불구하고 루터는 황제와 제후를 비롯한 세속 정부의

---

[25] "Sondern weil der Kaiser mit Leib und Gut weltlicher Obrigkeit unterworfen ist und diese einen Streit wider die Türken aufruft"(육체와 재산을 소유한 황제는 세속 정부에 종속되기 때문에, 터어키와의 전쟁을 위하여 부름받은 것이다.), Martin Luther, *Vom Krieg wider die Türken* (1529), Kritische Gesamtausgabe (Weimarer Ausgabe) 30 II, (Weimar: Hermann Böhlaus Nachfolger, 1900), 179.

[26] "Der Kaiser ist nicht das Haupt der Christenheit noch Beschirmer des Evangeliums und des Glaubens"(황제는 교회의 머리가 아니며, 또한 복음과 신앙의 수호자도 아니다), Ibid., 130.

[27] 요한네스 헥켈(Johannes Heckel, 1889-1963)은 이와 같은 루터의 극단적 입장은 국가와 교회의 분리에 대한 그의 확고한 신념으로 인한 것임에도 불구하고, 그의 저서 "터키와의 전쟁에 대하여"에서 피력된 그의 견해로 인하여, 그의 두 왕국론은 '미궁'(Irrgarten) 속으로 빠져 들어가게 된 결정적 계기가 되었다고 평가한다. Johannes Heckel, *Im Irrgarten der Zwei-Reiche-Lehre. Zwei Abhandlungen zum Reichs- und Kirchenbegriff Martin Luthers* (München: Kaiser Verlag, 1957): 저명한 루터의 종교개혁 신학 연구자 베르하르트 로제(Bernhard Lohse, 1928-)은 루터의 두 왕국론이 20세기 매우 격렬한 논쟁을 일으켰던 중요한 신학적 주제라고 평가한다. Bernhard Lohse, *Martin Luther. Einführung in sein Leben und sein Werk* (Berlin: Evangelischer Verlag, 1983), 206: 에른스트 볼프(Ernst Wolf, 1902-1971)은 루터의 두 왕국론을 다양한 해석의 가능성을 내포하고 있는 "일종이 신비로운 학문"(Art Geheimwissenschaft)라고 표현한다. Ernst Wolf, *Sozialethik. Theologische Grundlagen*, 2 Aufl. hg. v. Theodor Strohm (Göttingen: Vandenhoeck & Ruprecht, 1982), 269.

통치자는 기독교적 방법에 따라 통치해야 한다고 주장한다.[28] 그는 "세속정부에 대하여, 어느 정도까지 복종해야 하는가"(*Von welt-licher Obrigkeit, wie weit man ihr Gehorsam schuldig sei*, 1525)에서 다음과 같이 세속 정부 통치자의 의무를 네 가지로 설명하고 있다.

첫째, 하나님에 대해서 올바른 확신과 진심어린 기도가 있어야 합니다. 둘째, 신하들에 대해서 사랑과 기독교적 의미의 봉사를 베풀어야 합니다. 셋째, 군주는 관리들에 대해서 어떠한 편견으로부터도 자유로운 이성적 판단을 해야 합니다. 넷째, 악을 행하는 자들에게 엄격하게 적합한 조치를 취해야 합니다.[29]

---

28 루터에 의하면, 그들이 이와 같은 원칙을 준수하지 않을 경우, 그리스도인들은 무력이 아니라, 기독교 복음의 진리의 고백을 통하여 저항할 수 있다. 이는 그리스도인들의 온건한 저항의 권리를 인정한 것이라고 판단할 수 있다:"정치적 권위는 무력에 의해서가 아니라, 진리의 고백을 통하여 항거되어야만 한다"(Denn der Obrigkeit soll man nicht mit Gewalt widerstehen, sondern nur mit dem Bekenntnis der Wahrheit.), Martin Luther, *Von weltlicher Obrigkeit, wie weit man ihr Gehorsam schuldig sei* (1523), 277.

29 "Erstens zu Gott hin mit rechtem Vertrauen und herzlichem Gebet. Zweitens zu seinen Untertanen hin mit Liebe und christlichem Dienst. Drittens zu seinen Ratgebern und Bevollmächtigten hin mit freier Vernunft und unvoreingenommenem Verstand. Viertens zu den Übeltätern hin mit masshaltendem Ernst und mit Strenge", Ibid., 278: 이상의 내용을 종합한다면, 루터의 『세속정부에 대하여, 어느 정도까지 복종해야 하는가』(*Von weltlicher Obrigkeit, wie weit man ihr Gehorsam schuldig sei*, 1525)는 교회의 영역으로부터 탈피하며 근대 정치학의 토대를 제공했던 마키아벨리의 『군주론』과 의미상 대립되면서도 부분적으로 상응하는 탈중세화된 기독교적 군주론이라고 평가하고 싶다. 양자를 다음과 같이 구체적으로 비교한다면,

1. 1513년 저술되었지만, 마키아벨리의 사후 1532년에 출판된 『군주론』(*De Monarchia*)은 세속 정부 통치자에게 냉혹한 현실정치를 직시하면서 기독교적 이념을 배제한 채 획득한 정치적 통찰을 제공한다. (지중해 지역 로마-가톨릭교회 진영에서 대두된 세속화된 근대적 의미의 통치이론). 이와 관련하여 다음 책을 참조하라. 김상근, 『세상에서 가장 위험한 현자』 (파주, 21세기 북스, 2013).

2. 반면에 루터의 저서 『세속정부에 대하여, 어느 정도까지 복종해야 하는가』(*Von*

IV. 영방교회 수장으로서의 선제후에 대한 온건한 저항

루터는 자신이 번역했던 독일어 신약성서의 배포를 금지했던 작센(Sachsen)주 영주 털보 게오르그(Georg der Bärtige, 1471-1539)를 비판하기 위하여 『세속정부에 대하여, 어느 정도까지 복종해야 하는가』 (*Von weltlicher Obrigkeit, wie weit man ihr Gehorsam schuldig sei*)를 출판했다. 그는 본 저서에서 국가와 교회의 분리의 원칙에 근거하여 국가와 교회의 권력을 동시에 장악하고자 시도했던 세속정부의 통치자들을 비판하면서도, 동시에 Sola Scriptura의 원칙을 견지하며 고유한 복음의 가치가 보존된 근본적인 신학적 인식의 전환을 유도했다. 부연하자면, 그는 자신의 종교개혁 신학의 핵심적 주제인 '칭의론적 통찰'의 '율법-복음'의 신학적 논리를 '국가-교회'의 관계에 적용함으로써, 양자의 상호적합한 관계 및 올바른 그리스도인의 사회적 책임에 대한 신학적 근거를 제시했다. 최종적으로 신학적인 판단근거를 하나님 말씀으로 소급시키는 그의 신학적 개념화 방식은 본 저서의 서문에서 분명하게 피력되고 있다. 이는 순수한 기독교 교리(복음)의 보존을 위한 것으로서, 국가의 정치적 간섭으로부터 고유한 교회의 영역을 사수하기 위한 루터의 신학적 시도라고 이해될 수 있다.[30] 그는 다음과

---

weltlicher Obrigkeit, wie weit man ihr Gehorsam schuldig sei)는 탈종교화된 국가적 영역을 염두하며 기독교 이념에 근거하여 구상된 합리적인 통치이론을 세속 정부 통치자들에게 제공한다. (알프스 이북 지역 프로테스탄트 진영에서 대두된 탈중세화된 기독교적 통치이론)

30 갠슬러(Hans-Joachim Gänssler)는 루터가 세속 정부가 신앙과 양심에 영역에 간섭하는 것을 거부하며, 이를 통하여 복음의 자유를 보호하기 위하여 그의 저서 『세속정부에 대하여, 어느 정도까지 복종해야 하는가』(*Von weltlicher Obrigkeit, wie weit man ihr Gehorsam schuldig sei*)를 저술했을 것이라고 주장한다. Hans-Joachim Gänssler, *Evangelium und weltliches Schwert. Hintergrund, Entstehungsgeschichte und Anlass*

같이 주장한다.

> (그들의) 어리석은 자들의 광기가 기독교 신앙의 억압과 하나님의 말
> 씀을 부정하고 부하나님의 권능을 모독하는 방향으로 나아가기 때문
> 에, 나는 무례한 영주들과 날뛰는 귀족들을 더 이상 방관할 수 없게
> 되었습니다. 나는 최소한 말씀을 통하여 그들에게 저항하지 않을 수
> 없습니다.31

'영적 정부에 대한 세속 정부의 정치적 불간섭'의 원칙을 천명했던
본 저서 이후 출판된 그의 문헌 속에서는 제후의 임의적인 주교 임명
권에 대한 반대의견이 지속적으로 피력되고 있다. 중세 시기 황제와
교황뿐만 아니라 제후들에게도 성직자 임명과 관련된 교회재산의 소
유여부가 중요한 정치적 관심사였음을 고려하여 볼 때, 이는 구체적
인 방식으로 수행된 루터의 온건한 저항이었다고 평가하고 싶다. 더
나아가 이는 루터의 저서 『세속정부에 대하여, 어느 정도까지 복종해
야 하는가』(*Von weltlicher Obrigkeit, wie weit man ihr Gehorsam schuldig sei*)에
피력된 그의 신학적 입장이 구체적인 방식으로 표현된 것이라고 생각
한다.
　이와 관련하여 종교개혁시기 프로테스탄트의 이념을 수용했던 영

---

von Luthers Scheidung Zweier Reiche oder Regimente (Wiesbaden: Verlag Phillip
von Zabern in Wissenschaftliche Buchgesellschaft, 1983), 122.

31 "Weil denn das Wüten dieser Narren zur Vertilgung christlichen Glaubens,
zur Verleugnung des göttlichen Wortes und zur Lästerung der göttlichen
Majestät gereicht, will und kann ich meinen ungnädigen Herren und zornigen
Junkern nicht länger zusehen; ich muss ihnen wenigstens mit Worten
widerstehen", Martin Luther, *Von weltlicher Obrigkeit, wie weit man ihr Gehorsam
schuldig sei* (1523), 247.

방국가의 경우, 로마-가톨릭교회의 재산을 몰수하는 과정 속에서 제후가 중요한 역할을 수행했다는 사실을 감안해야 한다. 루터는 이와 같은 상황에 직면하여, 작센주 선제후 프리드리히 3세(Friredrich III, 1463-1525)의 전폭적인 지지를 받았음에도 불구하고, 그가 영방교회의 수장으로서 자신의 확고한 지위를 자임하게 되면서, 자신의 비판적인 견해를 피력했다는 사실을 주목할 필요가 있다. 예를 들자면, 1527년 작센주 선제후가 임의적으로 주교를 임명하고자 했을 때, 루터는 『목사들을 감독하는 직책에 대하여』(*Unterricht der Visitatoren an die Pfarrherren im Kurfürstentum Sachsen*)라는 저서를 출판하며 이에 대응했다. 이와 관련하여 종교개혁시기 루터의 종교개혁 신학을 수용했던 프로테스탄트 영방국가의 경우, 로마-가톨릭교회의 재산이 제후의 관할로 귀속되면서, 교회의 자율성이 위축되었던 상황이 도래했음을 감안할 필요가 있다. 추측하건대, 이로 인하여 루터는 제후의 정치적 간섭이 배제된 자유로운 주교직의 활동이 보장되어야 한다고 확신했을 것이다. 그는 본 저서 서문에서 다음과 같이 제후에게 강력하게 요청하고 있다.

> 하나님과 복음 그리고 이 땅의 불행한 그리스도인들의 구원을 위하여 유용하도록, 하나님의 은총으로 유능한 사람이 주교직에 임명되어야 합니다.[32]

---

32 "um Gottes willen, dem Evangelium zugut und den elenden Christen in Landen zu Nutz und Heil gnädiglich etliche tüchtige Personen zu diesem Amt auffordern und verordnen sollten", Martin Luther, *Unterricht der Visitatoren an die Pfarrherren im Kurfürstentum Sachsen* (1528), Martin Luther Schriften V, (Frankfurt am Main: Insel Verlag, 1982), 87: 루터는 교회청 관료를 임의적으로 임명했던 제후를 다음과 같이 비판하기도 했다. "Wir müssen das Consistorium

이후 1528년 루터는 그의 저서 『그리스도의 성찬에 대한 신앙고백』(*Vom Abendmahl Christi, Bekenntnis*, 1528)에서 "가정, 세속정부, 교회"를 하나님께서 제정하셨다고 언급하며, 두 왕국론이 아니라, "세 신분론"(Dreiständelehre)을 전개하면서, 교회의 독자적인 영역을 구축하고자 시도했다.[33] 1539년에 출판된 『마태복음 19장 21절에 관한 원탁토론』(*Die Zirkulardisputation über Matth 19, 21*, 1539)에서도 그의 "세 신분론"은 지속적으로 주장되고 있다. 그에 의하면 oeconomia(가정, 경제생활의 영역), politia(정치, 세속 정부), ecclesia(교회, 영적 정부). 이는 "세 신분론"과 상응하는 것으로서, 사탄의 통치에 대항하여 하나님께서 제정하신 사회제도이다.[34]

뿐만 아니라 상당한 분량의 저서들을 통하여 다소 산발적으로 피력되었던 루터의 신학적 견해를 학문적으로 체계화시켰던 필립 멜랑히톤(Philipp Melanchton) 또한 1530년 아우크스부르크 제국의회에 제출된 신앙고백(Confessio Augustana)을 작성하면서 주교직 임명에 관한

---

zerreißen, denn wir wollen kurzum die Juristen und den Papst nicht drinnen haben. Die Juristen gehören nicht in Ecclesiam mit ihren Processen, sonst bringen sie uns den Papst wieder herein"(우리는 교회청을 폐쇄시켜야 합니다. 우리는 [교회청에 속한] 법률가와 교황을 가지고 싶지 않습니다. 법률가는 교회에 속한 사람들이 아니며, 우리를 교황에게로 인도할 뿐입니다.), Martin Luther, *Tischreden aus verschiedenen Jahren, Sammlungen Aurifabers 6*, Kritische Ausgabe (Weimarer Ausgabe) Nr. 7029, (Weimar: Hermann Böhlaus Nachfolger, 1921), 344.

33 "Aber die heiligen Orden und rechte Stifte von Gott eingesetzt, sind diese drei: das Priesteramt, der Ehestand, die weltliche Obrigkeit", Martin Luther, *Vom Abendmahl Christi, Bekenntnis* (1528), Kritische Gesamtausgabe (Weimarer Ausgabe) Band 26 (Weimar: Hermann Böhlaus Nachfolger, 1909), 504.

34 "Tres enim hierarchias ordinavit Deus contra diabolum, scilicet oeconomiam, politiam et Ecclesiam" Martin Luther, *Die Zirkulardisputation über Matth 19, 21* (1539), Kritische Ausgabe (Weimarer Ausgabe) 39, (Weimar: Hermann Böhlaus Nachfolger, 1932), 42.

확고한 루터의 신념을 그대로 수용하여 표현한 바 있다(제28조). 그는 아우크스부르크 신앙고백을 통하여 황제 혹은 제후가 임명하지 않는 주교직의 도입을 우회적으로 주장하며, 국가권력으로부터 독립된 교회의 영역을 구축하고자 시도했다. 그는 주교가 세속 권력을 가지고 있다면, 이는 왕 혹은 황제의 인간적인 권한으로 인하여 배태된 것이기 때문에, 이는 복음의 직분과 적합하지 않다고 비판했다. 제28조의 일부분을 소개하자면, 다음과 같다.

> 주교들이 검의 권세를 가지고 있다면, 그들은 복음의 위탁을 받은 것이 아니라 인간인 왕과 황제로부터 시민을 통치할 수 있는 재화를 받은 것입니다. 이는 복음의 직무에 적합하지 않은 것입니다.[35]

참고로 그가 1543년 10월 22일 드레스덴(Dresden)의 주교 다니엘 그라이서(Daniel Greiser)에게 보낸 편지의 일부 내용을 소개하고자 한다. 이는 소위 '두 왕국론'을 통하여 피력되었던 루터의 단호한 신학적 신념이 지속적으로 견지되었다는 사실을 증명하는 중요한 문헌적 증거가 될 수 있을 것이다.

> 우리는 교회와 세상을 구별해야 합니다. 그렇지 않으면 양자는 멸망할 것입니다. 사탄은 사탄으로 남아 있습니다. 사탄은 교황체제 아래서 교회와 국가가 혼합시켰고, 우리시대에도 마찬가지입니다. 그러

---

35 "Si quam habent episcopi potestatem gladii, hanc non habent episcopi mandato evangelii, sed iure humano, donatam a regibus et imperatoribus ad administrationem civilem suorum bonorum. Haec interim alia functio est quam ministerium evangelii."

나 우리는 하나님의 도움을 받아 이에 저항해야 하며, 양자가 분리되
도록 노력해야 합니다.[36]

IV. 글을 정리하며

지금까지 논증한 내용을 다음과 같이 요약해 본다면,

루터는 종교개혁 운동을 방해하는 제후를 비판하기 위하여 『세속정부
에 대하여, 어느 정도까지 복종해야 하는가』(*Von weltlicher Obrigkeit,
wie weit man ihr Gehorsam schuldig sei*, 1523)를 출판했으며, 이후에는
독자적인 교회의 영역을 구축, 보존하고자 지속적으로 임의적인 제
후의 주교임명권을 비판했다.

뿐만 아니라, 루터의 종교개혁 운동의 진행과정을 전체적으로 고
찰해 보건대, 다음과 같은 문제제기가 충분히 가능할 수 있다. 1520
년 루터가 그의 저서 『독일 그리스도인 귀족들에게』(An den christlichen
Adel deutscher Nation von des christlichen Standes Besserung)를 출판하면서,
이를 통하여 황제와 제후들에게 로마-가톨릭교회의 개혁을 위한 과

---

36 "Wir wollen, dass die Ämter der Kirche und des Hofes unterschieden
werden, oder beide gehen zugrunde. Satan bleibt Satan. Unter dem Papste
mischte er die Kirche mit dem Staat, in unserer Zeit will er den Staat mit der
Kirche mischen. Aber wir werden mit Gottes Hilfe widerstehen und wir
werden uns bemühen, nach unserer Kraft die Berufungen getrennt zu
halten", Martin Luther, *Briefe 1542-1544*, Kritische Ausgabe (Weimarer
Ausgabe), Briefwechsel 10, (Weimar: Hermann Böhlaus Nachfolger, 1947),
436.

감한 정치적 결단을 요청했던 것과 달리, 1523년에 출판된『세속정부에 대하여, 어느 정도까지 복종해야 하는가』(*Von weltlicher Obrigkeit, wie weit man ihr Gehorsam schuldig sei*)에서는 영방교회에 대한 제후의 정치적 불간섭을 촉구하고 있다는 사실을 비교하여 볼 때, 그의 두 저서는 심각한 논리적인 모순으로 간주될 수 있다. 전자는 교황의 세속정치개입을 우회적으로 비판하며, 평신도로서의 황제와 제후의 교회정치적 참여를 독려하지만, 후자의 경우, 영방교회에 대한 제후들의 정치적 불간섭의 원칙을 주장하고 있기 때문이다. 그러나 이는 변화된 역사적 상황을 고려하여 판단해야 한다. 왜냐하면 교황청의 파문경고칙서(Domine Exsurge)가 공포되었던 1520년 상황 속에서 루터는 황제와 제후의 정치적 후원을 필요로 했던 반면, 1522년 9월 그가 번역했던 독일어 신약성서의 유포를 금지시켰던 작센주 털보 게오르그를 목격하면서, 영적 정부를 통제하고자 하는 세속 정부, 즉 제후들을 비난했기 때문이다. 이를 염두한다면, 양 저서에서 표현되고 있는 루터의 견해가 상호 모순된다고 평가하는 것은 바람직하지 않다. 왜냐하면 그는 변화된 상황 속에서 국가권력으로부터 분리된 독자적 교회영역의 사수를 지속적으로 추구하고 있었기 때문이다. 이는 그의 종교개혁 운동이 추구했던 기본적 원칙, 즉 '하나님 말씀으로의 소급을 통한 순수한 기독교 교리(복음)의 보존'과 상응할 수 있다. 이와 관련하여 루터는 『세속정부에 대하여, 어느 정도까지 복종해야 하는가』(*Von weltlicher Obrigkeit, wie weit man ihr Gehorsam schuldig sei*, 1523) 서문에서 **다음과 같**이 해명하고 있다.

얼마 전 나는 독일 귀족들에게 보내는 작은 책자[37]를 저술하여 그들

이 가져야 할 기독교적 직무과 역할들에 대해 설명했습니다…. 나는
이번에 방향을 전환하여 그들이 방임해도 될 만한 일과 해야 할 일에
대하여 기록하려 합니다.[38]

이후 루터는 "세 신분론"(교회, 국가, 가정)을 주장하며, 하나님의 창
조질서에 상응하는 사회제도를 신학적으로 개념화시킨다. 이는 영적
정부와 세속 정부 이외에 '가정'을 추가시킴으로서, '두 왕국론'의 핵심
내용을 간직한 채, 이의 외연을 확대시킨 것이라고 볼 수 있다. 두 왕
국론 뿐만 아니라 '세 신분론'에 있어서도 국가의 영역으로부터 분리
된 교회영역의 구축 및 교회를 장악하고자 하는 국가권력에 대한 (온
건한) 저항이라는 그의 기본적인 신학적 원칙이 일관적으로 견지되고
있기 때문이다. 현대적 관점에서 바라볼 때, 루터의 두 왕국론은 종교
개혁이념을 수용했던 유럽 프로테스탄트 근대 국가들의 정치제도 확
립과 관련하여 종교적 영역으로부터 분리된 국가의 자율성을 보장하
는 중요한 이론적 토대가 되었다는 사실에는 의심의 여지가 없다. 그
럼에도 불구하고, 루터가 의도적으로 근대적 의미의 국가통치이론을
제시했다고 간주한다면, 이는 루터의 본래적인 신학적 의도를 오해한
것이다.

바로 이 지점에서 II장에서 이미 언급했던 것처럼, 루터의 두 왕국

---

37 "독일 그리스도인 귀족들에게"(An den christlichen Adel deutscher Nation von
   des christlichen Standes Besserung).

38 "Ich habe früher ein Büchlein an den deutschen Adel geschrieben und
   dargelegt, was sein christliches Amt und Werk ist… Darum muss ich meinen
   Fleiß in andere Richtung wenden und nunmehr auch schreiben, was sie
   lassen und nicht tun sollen", Martin Luther, *Von weltlicher Obrigkeit, wie weit
   man ihr Gehorsam schuldig sei* (1523), 246.

론에 대한 바르트의 신학적 비판은 루터가 소위 두 왕국론을 통하여 피력하고자 했던 그의 본래적인 신학적 의도와 무관하다는 결론을 도출해 볼 수 있다. 필자는 바르트는 그가 직면했던 당시 역사적 상황 속에서 나치에 협력했던 제국개신교회(루터교회)의 과오를 신학적으로 성찰하기 위하여 전통적인 루터의 '두 왕국론'에 대한 편향된 해석을 거부한 것이라고 이해하고 싶다. 부연하자면, 그는 교회의 영역으로부터 독립된 국가의 자율성과 이에 부합하는 교회의 정치적 참여금지를 과도하게 강조했던 것으로 간주되었던 루터의 두 왕국론이 제국개신교회와 나치와의 협력을 정당화시킨 중요한 신학적 근거가 되었을 것이라고 판단했을 것이다.

제 5 장

독일민주공화국(동독) 수립 이후
루터 이미지의 변천 과정

I. 글을 시작하며

이 글은 독일민주공화국 존속기간 동안 독일 종교개혁자 마틴 루터(Martin Luther, 1483-1546)에 대한 이미지 변천 과정을 문헌학적 고찰을 통하여 연대기적으로 추적함으로써, 사회주의 이념과 루터 이미지 변천 과정 사이의 상호관계의 역사를 파악하고자 한다.

1945년 제2차 세계대전이 종료된 이후, 소련군이 점령했던 독일의 동부 지역은 1949년 소련의 후원 아래 사회주의 이념의 실현을 목표로 한 독일민주공화국(Deutsche Demokratische Republik)을 수립하게 된다. 당시 소련의 지지를 받아 동독의 집권당이 되었던 동독사회주의통일당(SED, Sozialistische Einheitspartei Deutschlands)은 맑스-레닌주의에 입각한 종교정책을 시행하며, 교회를 탄압하기 시작했다. 당시 동독의 대표적인 소장파 역사학자들은 이에 자발적으로 부응하여, 독일 종교개혁자 루터에 대한 부정적 이미지 창출을 위하 주력한다. 동시에 루터와 대립했던 16세기 독일 농민전쟁의 지도자 토마스 뮌처 (Thomas Müntzer, 1489-1525)를 프롤레타리아의 시대적 영웅으로 추앙하면서, 역으로 루터에 대한 전통적인 긍정적인 이미지 해소 및 부정적 이미지 강화에 주력했다. 뿐만 아니라 1961년 베를린 장벽이 설치된 이후, 동·서독 사이의 극단적인 긴장관계가 형성되면서, 매우 역설적이지만 루터에 대한 부정적 이미지는 다소 긍정적 이미지로 변모한다. 최소한 루터의 종교개혁 운동은 16세기 독일의 민족의식의 형성을 위하여 결정적으로 기여했으며, 루터의 대적자였던 토마스 뮌처 또한 이를 계승하여 발전시켰다고 간주하면서, 농민전쟁을 포함한 16세기 종교개혁 운동을 "초기시민혁명의 두 가지 국면"으로서 정의했기 때문이다. 오히려 이는 베를린 장벽 설치에도 불구하고, 동독사회주의통일당이 전 독일 지역의 사회주의화를 포기하지 않았음을 역설적으로 반증하는 것이라고 이 연구는 나름대로의 답변을 제시하고 있다. 1970년대에 이르러 동독 사회주의 체제가 서독 자본주의 체제와의 경쟁에서 실패하고, 동독 사회주의 통일당이 통일된 사회주의 독일국가 건설을 포기하면서, 루터 해석은 맑스-레닌주의적 이념의 색채가 제거된 채, 루터를 16세기에 활동했던 역사적 인물로서 객관적으로 평가하는 사회적 공감대가 형성된다.

　이 글은 이와 같은 루터의 이미지 변화 과정에 대한 역사적 추적을 통하여, 동독 사회주의 체제 존속 기간 동안 학문으로서의 '교회사'가 어떻게 동독 사회주의 체제의 안정적 공고화를 위하여 기여했는가를 해명하고자 한다. 본 논문에서 동독의 대표적인 역사학자 및 정치인들의 저서연구를 통하여 제시되는 루터 이미지의 변천 과정은 다음과 같이 대략적으로 두 시기로 분류될 것이다.

1) 1945년-1950년대, 루터에 대한 부정적 이미지의 강화: 토마스 뮌처의 대적자로서의 루터,

2) 1960년대- 1980년대, 루터 해석의 긍정적 변화: 초기시민혁명으로서의 16세기 종교개혁 운동

II. 루터에 대한 부정적 이미지의 강화: 토마스 뮌처의 대적자로서의 루터(1945년부터 1950년대까지)

1945년 5월 7, 8일 양일간에 걸쳐 독일이 제2차 세계대전의 패전국으로서 연합국에 무조건 항복을 선언한 이후, 동독 지역은 소련군이 서독 지역은 영국, 프랑스, 미국의 연합군이 분할 통치하게 되면서, 이후 동독(독일민주공화국)의 사회주의 체제와 서독(독일연방공화국, Bundesrepublik Deutschland)의 자본주의 체제가 수립될 수 있는 구조적 여건을 제공했다. 이 글과 관련하여 이와 같은 이질적 사회체제의 수립과는 무관하게 제2차 세계대전의 전범국으로서 패전을 경험했던 동·서독에게 있어서 1933년부터 시작된 국가사회주의독일노동자당(NSDAP, Die Nationalsozialistische Deutsche Arbeiterpartei, 이하 '나치당'이라고 표기)의 전체주의적인 통치 방식에 대한 철저한 역사적 반성은 매우 중요한 공동의 시대적 과제였으며, 이를 수행했던 방식은 상호간 상

이했음을 우선적으로 주목할 필요가 있다. 당시 동독 사회주의자들은 서독과는 달리 지난 12년간의 나치(Nazi)당의 집권을 맑스-레닌주의 적 역사해석이 지향하는 공산주의 사회 건설과는 근본적으로 역행하는 것으로 이해하면서 과거 청산 작업에 돌입했다. 더 나아가 맑스-레 닌주의적인 기독교 해석에 근거하여, 나치의 집권이 초래했던 제2차 세계대전의 패배와 독일의 패망을 위하여 기독교가 중요한 공헌을 했다고 간주했다.

이와 같은 동독 사회의 일반적 여론은 전후 부정적인 루터 이미지 형성을 위하여 결정적인 영향력을 행사하면서, 1946년 루터 서거 400주년을 기점으로 루터는 나치당의 독재정치와 관련하여 독일민 족의 불행을 야기한 중요한 인물로 간주되었다. 왜냐하면 유대인에 대한 루터의 견해가 제2차 세계대전 중 발생했던 유대인 학살의 신학 적 정당성을 제공했다고 판단되었기 때문이었다. 따라서 루터가 국가 사회주의자들의 시조라고 간주되기까지 했다. 소련식 사회주의를 동 독 지역에 이식시키고자 했던 당시 분위기는 이와 같은 루터해석에 정당성을 부여했다. 좀 더 구체적으로 언급하자면, 동독 문화교육부 장관을 역임했던 언론인 알렉산더 아부쉬(Alexander Abusch)는 그의 책 *Der Irrweg der Nation*(독일민족이 걸어간 왜곡된 길)에서 루터로 인하여 패배한 16세기 농민전쟁을 독일민족의 본격적인 불행의 시작으로 간 주하면서(불행이론, Misere-Theorie) 다음과 같이 언급했다.

> 농민전쟁에서 패배하고 독일민족이 자유를 상실하게 되면서, 이후
> 300년간 독일의 역사는 어둠 속에 묻혀 있었습니다.[1]

---

1 "Die Niederlage der deutschen Freiheit im großen Bauernkrieg hüllte drei

그럼에도 불구하고 그는 프리드리히 엥겔스(Friedrich Engels)의 논문 "독일농민전쟁"에 근거하여 16세기 초반에 종교개혁 운동으로 인하여 새로운 시대가 시작되면서, 독일민족의 해방을 위한 중요한 동력을 제공했다고 판단했다.[2] 왜냐하면 비록 농민전쟁은 실패했지만 농민과 부르조아의 승리가 당시 봉건제도를 타파하면서, 독일민족의 탄생을 위하여 결정적으로 기여했기 때문이다. 그는 다음과 같이 주장한다.

농민과 부르조아지(Bourgeoisie)의 승리는 독일민족이 탄생될 수 있도록 기여했습니다. 이를 통하여 300년 전에 독일에 잔존하던 농노제도가 타파되었기 때문입니다.[3]

이와 같은 종교개혁 운동에 대한 긍정적 평가에도 불구하고, 농민전쟁을 반대했던 루터의 과오는 혁명이 실패될 수밖에 없었던 중요한 원인으로서 평가될 수밖에 없었다. 왜냐하면 제후들의 정치적 지지만을 염두했던 루터로 인하여 농민과 시민 사이의 동맹관계가 파기되면서, 루터는 독일 농민전쟁의 지도자인 토마스 뮌처와 대립한 농민의 대적자로서 간주되었기 때문이다. 이를 통하여 그의 신학적 이론은

Jahrhunderte der deutschen Geschichte in die Finsternis der Reaktion", Alexander Abush, *Der Irrweg der Nation. Ein Beitrag zum Verständnis deutscher Geschichte* (Berlin: Aufbau-Verl., 1946), letzte Auflage 1960, 29. 필자는 위 문장을 다음과 같이 해석해 보고 싶다: 농민전쟁이 성공했다면, 루터가 배신하지만 않았다면, 제2차 세계대전 이후 도래한 독일민족의 불행은 존재하지 않았을 것이다.

2 Ibid., 7.

3 "Der bäuerliche-städtische Sieg wäre zum Geburtshelfer der Nationen-werdung Deutschlands geworden: er hätte Leibeigenschaft und Erbuntertänigkeit dreihundert Jahre früher in Deutschland zerstört", Ibid., 24.

평가절하되면서, 1521년 보름스(Worms)국회에서 양심의 자유를 부르짖으며 당시 교황과 황제와 대립했던 그의 상징적인 저항적 행동만이 부각이 되었다. 이와 같은 루터에 대한 편향적 해석은 그가 노력했던 독일어 성경번역을 통한 자국어의 질적 향상과 같은 중요한 업적에 대한 과소평가로 귀결되었다. 최종적으로 그는 루터가 제후들의 정치적 영향력을 고려한 나머지, 독일민족의 정치적 열망을 신학적으로 내면화시켰다고 다음과 같이 주장한다.:

> 루터는 제후들의 현실적 권력을 고려한 나머지 그의 백성들을 내면화시켰습니다.[4]

이후 1949년 소련의 섭정 아래 독일민주공화국(동독)이 수립되면서, 분단된 독일이 아니라 통일된 사회주의 국가 독일에 대한 정치적 목표가 설정되면서, 새로운 역사해석이 시도되었다. 물론 이는 1940년대 후반 풍미했던 부정적인 루터 이미지가 더욱 더 강화된 것이라고 판단하는 것이 바람직할 것이다. 1950년 동독사회주의통일당은 맑스-레닌주의적 해석에 근거한 역사 교과서를 편찬하면서, 동독 사회주의 정권의 수립은 수백 년 간 지속된 진보의 결과물이라고 주장했다.[5] 이를 위하여 제2차 세계대전 종료 이후 형성된 루터의 부정적인 이미지는 1950년대에 이르러 수정되지 않은 채, 지속적으로 강화되면서, 뮌처가 주도했던 농민전쟁만이 전 독일 지역의 사회주의화를

---

4 "Luther leistete seinen zur deutschen Verinnerlichung unter der wirklichen Allmacht der Fürsten", Ibid., 28.

5 Siegfried Bräuer, *Matin Luther in marxistischer Sicht, von 1945 bis zum Beginn der 80er Jahre* (Berlin: Evangelische Verlagsanstalt, 1983).

향한 중요한 상징적인 역사적 사건으로 간주되었다. 이 시기 알프레드 모이젤(Alfred Meusel)이라는 역사학자가 『토마스 뮌처와 그의 시대』(*Thomas Müntzer und seine Zeit*)라는 책을 출판하면서, 뮌처의 영웅화 작업과 루터에 대한 부정적 이미지 창출에 주력했다.6 구체적으로 말하자면, 농민운동에 대한 폭력적 진압을 옹호했던 제후들의 종으로까지 묘사되었던 루터의 종교개혁 운동은 "제후의 종교개혁"(Fürstenreformation)으로, 토마스 뮌처는 "민중의 개혁"(Volksreformation)으로 표현되면서까지 뮌처를 독일 프로레타리아 혁명의 선구자로서 묘사되었다. 또한 당시 사회주의 통일당 중앙위원회 학문분과 위원장이었던 쿠르트 하거(Kurt Hager)는 독일민족의 민족의식 형성과 관련하여 루터는 더 이상 무의미하다고 선언하기까지 하면서, 루터에 대한 학문적 논쟁을 본격적으로 점화시켰다.7

그러나 이와 같이 점화된 격렬한 논쟁은 역설적으로 루터에 대한 소극적 차원의 긍정적 해석이 통용될 수 있는 분위기를 제공하게 되었다. 구체적인 예를 들자면, 루터가 1521년 보름스 국회에서 신성로마제국의 황제 칼(Karl) V세에게 양심적으로 저항했다는 역사적 사실이 강조되었다. 물론 여기서 루터의 양심적 저항을 위한 토대가 되었던 신앙적 측면은 간과되고 있다. 아울러 독일어 성경번역을 통하여 독일민족의 민족의식의 형성을 위하여 기여했던 루터의 민족사적 공헌이 부각되었다.8 그러나 1521년 이후 루터의 종교개혁 운동의 영역

---

6 Alfred Meusel, *Thomas Müntzer und seine Zeit* (Berlin: Aufbau-Verl., 1952).

7 Rainer Wohlfeil, *Das wissenschaftliche Lutherbild der Gegenwart in der Bundesrepublik Deutschland und in der Deutschen Demokratischen Republik* (Hannover: Niedersächsische Landeszentrale für Politische Bildung, 1982), 25.

8 Josef Forschepoth, *Reformation und Bauernkrieg im Geschichtbild der DDR*, 1.

이 제후들과의 협력적 차원에 국한되면서, 그에 대한 긍정적 평가는 영향력을 상실하지만, 루터에 대한 완전한 부정적 이미지만을 강조하지 않았다는 사실은 주목할 필요가 있다. 동독 사회주의 체제 안에서 변화된 루터 이미지 연구와 관련된 모든 사료들을 수집, 분석하여 이를 집대성한 연구서를 출판했던 마틴 로이(Martin Roy)는 동독 사회주의 통일당이 독일민족의 사회주의화라는 이념적 목표를 지향했기 때문에 루터를 악마화(dämonisiert)시키는 것을 반대했을 것이라고 판단한다.9 왜냐하면 독일민족의 민족의식 형성과 관련하여 루터의 종교개혁 운동의 역사적 의의를 결코 과소평가할 수 없었기 때문이다. 따라서 뮌처를 이상적으로 묘사하면서, 동시에 루터를 부정적으로 평가한다고 할지라도, 루터를 제2차 세계대전 종료 직후처럼 완전하게 부정적으로 이미지화시키는 것은 합법적으로 동독(독일민주공화국) 사회주의 체제를 수립한 이후 동독 사회주의 통일당의 전략적인 목표와는 상응하지 않았을 것이라는 추측이 충분히 가능하다. 그러나 이를 루터에 대한 이념적 해석으로부터의 완전한 탈피라고는 규정할 수는 없다. 오히려 이후 동독 역사학계의 광범위한 지지를 받은 "초기시민혁명"(frühbürgerliche Revolution) 이론을 통하여 루터에 대한 부정적 이미지가 다소 긍정적으로 수정되었다고 평가하는 것이 바람직할 것이다.

그럼에도 불구하고 여기서 전제해야 할 중요한 사실은 이 시기까지 동독 역사학계를 향한 동독 사회주의 통일당의 직접적 개입은 부재했다는 사실이다. 오히려 동독 역사학자들의 정치적 고려가 이와 같은 학문적 성과를 산출했다고 평가하는 것이 매우 객관적인 사태인

Auflage (Berlin:Duncker und Humblot, 1976), 106.

9 Martin Roy, *Luther in der DDR, Zum Wandel des Lutherbildes in der DDR Geschichtsschreibung* (Bochum: Verlag Dr. Dieter Winkler, 2000), 93.

식이라고 볼 수 있을 것이다.

III. 루터 해석의 긍정적 변화: 초기 시민혁명의 두 가지 국면으로서의 종교개혁 운동과 농민전쟁(1960년대부터 1980년대까지)

1961년 베를린 장벽 설치 이후, 동독 사회주의 통일당은 이전보다 더 강화된 사회주의 체제의 안정적 공고화를 지향하는 전략을 구사하면서, 이를 위한 이념적 작업의 일환으로 동독 사회주의 체제의 역사적 정통성 확립에 주목한다. 이 시기 대두된 "초기시민혁명(frühbürgerliche Revolution)으로서의 종교개혁 운동과 농민전쟁" 테제를 이와 같은 시대적 상황과 관련하여 이해할 필요가 있다. 맑스 스타인테츠(Max Steinmetz)는 이와 관련된 34개의 테제(34 Thesen zum Thema, "Die früh-bürgerliche Revolution von 1476-1535")를 제시하고, 루터의 종교개혁 운동과 토마스 뮌처의 농민전쟁이 초기시민혁명의 중요한 두 가지 국면을 형성하고 있다고 주장했다.[10] 그는 1952년 동독에서 선도적으로 "초기시민혁명" 이론을 주장하며, 루터의 종교개혁 운동에 대한 다소 긍정적 시각을 표출했던 알프레트 모이젤(Alfred Meusel)[11]의 제자로서, 루터에 대한 긍정적인 역사적 평가를 위한 본격적인 논쟁을 촉발시켰다. 그러나 당시 이와 같은 그의 테제는 동독 역사학계의 광범위

---

10 Max Steinmetz, "Die frühbürgerliche Revolution in Deutschland, Thesen," in: *Deutsche Historiker-Gesellschaft, Die frühbürgerliche Revolution in Deutschland*, Berlin 1961.

11 Alfred Meusel, *Thomas Müntzer und seine Zeit* (Berlin: Aufbau-Verl., 1952), 41.

한 지지를 받지 못했다. 왜냐하면 이미 언급했던 것처럼, 소련의 섭정을 통하여 수립된 동독(독일민주공화국) 사회주의 체제는 초기 이념적 정통성을 확립하기 위하여, 루터보다 뮌처를 좀 더 강하게 부각시키면서, 루터에 대한 부정적 이미지화 작업에 집중했기 때문이었다. 물론 이미 언급한 것처럼, 이는 루터에 대한 소극적 차원의 긍정적 이미지와 작업 또한 내포하고 있다.

맑스 스타인메츠는 34개의 테제를 발표하면서, 루터의 종교개혁 운동을 통하여 독일민족의 민족의식이 결정적으로 형성되었으며, 뮌처는 농민전쟁을 통하여 이를 계승·발전시켰다고 간주하면서, 루터에 대한 부정적 이미지가 상당 부분 개선될 수 있도록 기여하였다. 또한 요셉 포쉐포트(Josef Forschepoth)는 맑스 스타인메츠의 "초기시민혁명" 이론을 지지하면서, 농민전쟁과 종교개혁 운동은 한 가지 공유하고 있기 때문에, 전자를 후자의 연장선상에서 파악해야 한다고 주장했다.12 이를 통하여 루터의 종교개혁 운동을 "제후의 종교개혁"이라고 폄하했던 기존의 부정적 평가는 설득력을 상실했다. 정리하자면, 이와 같은 1960년대 초반 루터 해석은 이전 루터 해석보다 본질적으로 긍정적인 평가를 획득한 것으로 판단된다.

이를 통하여 시도된 루터의 종교개혁 운동이 내포하고 있는 세계사적 영향력에 대한 암묵적 강조는 1961년 베를린 장벽이 설치되었음에도 불구하고, 동독 사회주의 통일당에게 있어서 서독 자본주의 체제의 붕괴를 통한 동독 사회주의 체제의 승리라는 독일통일에 대한 염원이 유효하다는 것을 의미할 수도 있을 것이다. 이는 베를린 장벽

---

12 Josef Forschepoth, *Reformation und Bauernkrieg im Geschichtbild der DDR*, 1. Auflage (Berlin:Duncker und Humblot, 1976), 67.

의 설치가 독일 분단을 영구화하겠다는 군사적 조치가 아니라, 오히려 동독 사회주의 체제를 서독 자본주의 체제로부터 보호함으로써, 이후 전체 독일지역을 사회주의화시킬 수 있는 동력의 확보를 위한 잠정적 조치라는 사실을 우회적으로 증명할 수 있다고 판단된다. 또한 이는 이 시기 동독 사회주의 통일당에게 있어서 중요한 전략적 사안은 동독 사회주의 체제가 독일 민족의 역사적 정통성을 계승하는 독립국가로서, 서독 또한 공유할 수 있는 동독의 역사의식의 정립이었음을 의미할 수도 있다.

이와 관련하여 1967년 루터 서거 450년 기념학술대회를 조명해 볼 필요가 있다. 본 학술대회를 계기로 동독 사회주의 통일당은 루터와 관련된 사적지 보존사업을 시도하면서, 이를 민족적 상징으로 선전하기 시작했기 때문이다. 본 학술대회는 "초기시민혁명의 두 단계로서의 종교개혁 운동과 농민전쟁"의 테제를 공식화하면서, 종교개혁 운동에 대한 이념적 해석을 부각시켰다. 1945년 이후 대두되었던 루터에 대한 부정적 이미지가 탈피되었다는 점에 있어서는 긍정적이지만, 그럼에도 불구하고, 루터의 종교개혁 운동이 내포하고 있는 내면의 양심의 자유와 관련된 진술은 발견되지 않는다. 당시 본 학술대회를 기획했던 한 문건의 기록은 다음과 같다.

> 1967년 종교개혁 기념대회의 정치적-이념적 목표는 동독 노동자 계급의 역사의식의 발전을 위하여 종교개혁 운동과 농민전쟁을 1918년 9월 혁명 이전에 발생했던 위대한 혁명운동으로서 규정하는 것이다…. 특히 사회주의 체제 건설을 위하여 특히 그리스도인들과의 협력은 매우 중요하다.[13]

마틴 로이(Martin Roy)는 1967년 루터 서거 450년 기념 학술대회 (1967년 종교개혁 기념학술대회)를 기점으로 공식화된 '초기시민혁명' 이론은 제2차 세계대전 직후 풍미했던 "불행이론"을 극복하고, 루터의 종교개혁 운동과 뮌처의 농민전쟁을 전체 유럽의 역사의 지평 속에서 긍정적으로 파악하고자 하기 위한 의도적 포석이었다고 평가한다. 여기서 "불행이론"은 편협한 민족사적 관점에서 루터의 배신으로 인한 뮌처의 농민전쟁의 패배가 중요한 주제로서 취급하지만, 이와는 달리 "초기시민혁명" 이론은 종교개혁 운동과 농민전쟁이 전체 유럽에 끼친 세계사적 영향력을 핵심적 사안으로 설정하고 있다는 점에 있어서, 양자는 질적으로 다르다.

그러나 1970년대 이후 동독 사회주의 통일당이 통일된 사회주의 독일국가 건설을 포기하면서, 루터 해석 또한 결정적인 변화의 계기에 직면한다.[14] 물론 "초기시민혁명" 이론이 대폭적으로 수정된 것은 결코 아니다. 오히려 "초기시민혁명" 이론의 중요한 근간은 유지하면서, 루터에 대한 해석이 과거와는 달리 객관적인 역사적 접근을 통하여 매우 긍정적으로 변화되었다. 왜냐하면 과거에는 루터에 대한 이념적 해석을 통하여, 동독 사회주의 체제의 정통성 확립 및 독일전역

---

13 "Die politisch-ideologische Zielstellung des Reformationjubiläums 1967 sollte darin bestehen, mit der Würdigung von Reformation und Bauernkrieg als größte revolutionäre Massenbewegung vor der Novemberrevolution das Geschichtsbewußtsein der Arbeiterklasse und der Werktätigen der DDR zu entwickeln… Insbesondere ist die Zusammenarbeit mit den christlichen Bevölkerungskreisen beim Aufbau des Sozialismus damit weiter zu festigen." Dokument 1, Fundstelle: SAPMO-BA DY 30/JIV A 2/9.04/88. Martin Roy, *Luther in der DDR, Zum Wandel des Lutherbildes in der DDR Geschichtsschreibung* (Bochum: Verlag Dr. Dieter Winkler, 2000), 311.

14 Knut Kasche, *Wandel des Lutherbildes in der DDR - eine Suche nach Motiven* (München: GRIN Verlag, 2006), 11.

의 사회주의화를 학문적으로 시도했다면, 1970년대 이르러, 서독 자본주의와의 체제경쟁에서의 실패는 이의 과감한 포기를 유도하게 되면서, 루터에 대한 객관적인 역사적 평가를 우회적으로 가능하게 했던 것이다. 이와 관련하여 1983년 루터탄생 500주년 기념학술대회가 중요한 실례로서 제시될 수 있을 것이다.

1983년에 개최될 마틴 루터 탄생 500주년 기념학술대회를 준비하기 위하여, 1980년 3월 12일 마틴 루터 위원회(Martin-Luther- Komitee)가 결성되었으며, 1981년에는 본 위원회를 중심으로 "마틴 루터에 관한 15개의 테제"를 발표, 과거 이념편향적인 루터 해석을 대폭적으로 수정하면서, 루터를 16세기에 살았던 역사적 인물로 조명하기 시작했던 것이다. 본 테제는 루터의 종교개혁 운동은 중요한 진보적 유산(das progressive Erbe)으로서 평가하면서, 그의 종교개혁 운동을 국가의 정체성을 확립해 주는 중요한 전통이라고 선언하고 있다.[15] 이는 동독 역사학자들이 고수해 온 이념적 루터이해에 대한 새로운 해석을 가능성을 제시해준 테제라고 평가하는 것이 바람직할 것이다. 본 테제를 통하여 루터에 대한 진보적 해석과 이념적 해석(사회주의 체제의 적대자로서의 루터) 사이의 간극이 해소되었다고 평가할 수 있을 것이다. 정리하자면, 루터 이미지의 대폭적인 긍정적 변화는 독일민족의 사회주의화와 관련된 동독 사회주의 통일당의 전략적 변화에 기인한다고 표현해도 무리가 없을 듯하다.

이후 베를린 장벽이 붕괴되었던 1989년에 토마스 뮌처 탄생 500주년 기념학술대회가 개최되면서, 뮌처와 더불어 루터에 대한 긍정적 이해가 다시금 표출되었다. 우선적으로 뮌처에 대한 동독 사회주의

---

15 "Die 15 Thesen der SED über Martin Luther," ZfG 29. Jg.(1981), 879-893.

통일당의 전통적인 견해16가 천명된 이후, 루터는 "초기시민혁명" 이론에 근거하여, 세계사적 차원의 초기시민혁명을 점화시켰던 중요한 인물로서 부각되었으며, 이와 관련하여 뮌처는 루터의 종교개혁 운동의 성과를 활용하여, 본격적인 혁명의 과업을 완수하고자 농민전쟁을 주도할 수 있었던 것으로 평가받았다. 본 테제에서 표현된 루터의 주요한 과업은 종교개혁 운동을 통하여 세계사적 지평 속에서 인식될 수 있는 유럽 대륙의 초기시민혁명을 점화시켰으며,17 아울러 그가 독일어로 번역한 성서를 통하여 농민들에게 저항운동의 정당성을 신앙적으로 고취시켰다는 사실이다.18

IV. 글을 정리하며

2차 세계대전 이후 소련이 통치하게 된 독일 동부지역에 수립된 독일민주공화국은 사회주의 이념에 근거하여 16세기 종교개혁 운동에 대한 새로운 해석을 시도하게 된다. 통일된 사회주의 체제를 수립하기 위한 독일민주공화국의 정치적 입장은 전통적인 루터해석에 대한 변화를 야기했다. 1945년 이후에는 유대인에 대한 입장과 관련하

---

16 본 학술대회와 관련하여 작성, 선언된 "토마스 뮌처에 대한 테제"(Thesen über Thomas Müntzer) 서두는 다음과 같이 언급한다. "뮌처는 개신교인들에게 있어서 더 이상 교회 외부의 인물이 아니라, 사회주의 체제 안에 존재하는 교회가 상속받은 유산이다"(Müntzer sei für Protestanten kein Außenseiter mehr, sondern Zeichen des Erbes der Kirche im Sozialismus). Thesen über Thomas Müntzer. Zum 500. Geburtstag, Berlin 1988 ausgearbeitet von einer Arbeitsgruppe unter Leitung von Adolf Laube, 54.

17 Ibid., 37.

18 Ibid., 26.

여 나치즘 형성에 기여한 루터를 비판적으로 바라보는 시각이 지배적이었으며, 더 나아가 민중혁명을 주도했던 토마스 뮌처와는 달리, 농민운동에 대한 폭력적 진압을 주장했던 루터에 대한 비판적 견해가 루터에 대한 이념적 해석의 중추를 형성했다. 1950년대 또한 이와 같은 역사적 해석이 지속적으로 동독 역사학계의 분위기를 잠식했다.

1961년 베를린 장벽이 설치된 후, 동독 사회주의 통일당은 이전보다 좀 더 이념교육을 강화시키면서, 서독에 대항하는 대안적 사회주의 체제를 구축하고자 시도했다. 이와 관련하여 맑스 스타인메츠(Max Steinmetz)는 "초기시민혁명으로서의 종교개혁 운동"이라는 테제를 주장하면서, 루터에 대한 보다 긍정적인 해석의 가능성을 제시했다. 1970년대에 이르러, 서독과의 체제 경쟁에서 실패했던 동독 사회주의 통일당이 통일된 사회주의 국가 건설을 향한 목표를 포기하면서 루터 해석은 과거 이념적 해석의 틀로부터 탈피하게 된다. 즉 루터를 역사적-객관적으로 해석하기 시작했던 것이다. 1983년 루터탄생 500주년 기념학술대회를 기점으로 공식적으로 피력된 견해는 이와 같은 루터 해석의 변화 과정은 극명하게 보여준다. 동독 사회주의 통일당의 서기장 에리히 호네커(Erich Honecker)의 발언, "루터는 독일민족의 위대한 아들"[19]이라는 언급은 독일민주공화국이 추구했던 국가정책의 변화를 전제한다. 서독 자본주의 체제와의 경쟁에서 실패한 이후, 통일된 사회주의 체제 건설이라는 기존 전략의 수정이 루터 이미지에 대한 긍정적인 인식변화를 유도한 것이라는 해석을 시도해 볼 수 있다.

---

19 Martin - Luther - Komitee der DDR: Martin Luther und unsere Zeit, Konstituierung des Martin - Luther - Komitees der DDR am 13. Juni 1980 in Berlin, Berlin, Weimar, 1980.

최종적으로 고찰해 보건대, 이와 같은 루터 이미지의 변화 과정은 동독 사회주의 체제 내에서 학문적 활동이 정치적 입장과 밀접하게 연관되어 전개되었다는 사실을 전제할 때만이 비로소 정확하게 이해될 수 있다. 신학, 더 정확히 표현하자면, '교회사'라는 학문분야 또한 동독 사회주의 체제의 안정화를 위하여 기여할 수밖에 없었음을 직접적으로 드러낸다. 16세기 종교개혁 운동의 공간 속에서 루터와 토마스 뮌처의 대립을 사회주의 이념에 근거하여 역사적으로 해석해 내며, 제후들에 의하여 폭력적으로 진압된 농민전쟁의 전통을 독일민주공화국이 계승하고 있음을 부각시켰던 동독 역사학자들의 학문적 공헌은 동독 사회주의 체제의 국가정책과 분리하여 결코 사고할 수 없다. 또한 1980년대 이르러 서독 자본주의 체제와의 경쟁에서 실패한 동독 사회주의 체제의 유지를 위하여, 또한 국제적으로 유연한 외교적 관계를 유지하기 위하여 새롭게 시도된 루터해석 또한 수정된 국가정책과 밀접하게 연관되어 있다는 사실도 부인할 수 없다. 그럼에도 불구하고, 1980년대에 이르러, 동독 사회주의 체제 안에서 불가피하게 체제붕괴 과정이 개신교회를 중심으로 점진적으로 진행되면서, 1989년 베를린 장벽의 붕괴와 1990년 독일 통일이라는 역사적인 사건이 발생했음을 상기하면서, 이와 관련하여 필자는 루터의 이미지 변천 과정에 대하여 다음과 같이 정리해 보고 싶다.

동독(독일민주공화국) 수립 초기에는 뮌처를 부각시키며, 루터에 대한 부정적인 이미지화 작업이 광범위하게 진행이 되었지만, 이후 "초기시민혁명" 이론을 통하여 루터와 뮌처는 동등한 위치에서 혁명의 과업을 실현했던 중요한 민족적 영웅으로 추앙되었을 때, 경제적-정치적 위기에 직면했던 동독 사회주의 체제는 동독 개신교회를 중심으로 한 민주화운동을 통하여 점진적으로 붕괴되기 시작했다.

여기서 우리는 진지한 문제제기를 시도해 볼 수 있다. 루터를 제후들의 노예라고까지 묘사하면서 그를 부정적으로 폄하했음에도 불구하고, 이후 뮌처와 동등한 위치에서 루터를 중요한 혁명가로서 평가할 수밖에 없었던 궁극적인 이유는 무엇일까? 이를 국가정책의 변화라고만 단순하게 그 원인을 규명할 수 있을까? 결론적으로 동독(독일민주공화국) 사회주의 체제 수립 이후, 루터의 이미지 변화 과정을 단순히 국가이념에 종속된 동독 역사학계의 학문적 활동이라고만 규정할 수는 없다. 오히려 이는 사회주의 이념 또한 16세기 유럽 대륙 종교개혁 운동의 중심지였던 동독 지역의 종교적 정서를 결코 부정할 수 없었음을 반증하는 중요한 사례라고 판단된다. 즉 동독 지역의 종교적 정서를 지배했던 전통적인 개신교적 멘탈리티를 신앙의 내연이라고 정의한다면, 이와 같은 신앙의 내연이 국가적 차원에서의 루터에 대한 부정적 이미지화 작업의 중단과 긍정적 이미지 창출, 즉 공동체적 외연으로의 확장을 위한 중요한 동인을 제공하면서, 양자 간의 불가피한 상호작용이 발생한 것이라고 필자는 총체적으로 평가하고 싶다.

제 6 장

동독 역사학계의 "초기시민혁명으로서의 종교개혁과 농민전쟁" 테제 연구

I. 글을 시작하며

1949년 10월 7일 독일민주공화국(Deutsche Demokratische Republik) 수립 이후, 독일사회주의통일당(Sozialistische Einheitspartei Deutschlands) 의 통치이념에 의거하여, 당시 동독의 주류 역사학자들은 동독 사회 주의 체제의 역사적 정통성을 확립하는 작업을 시도했다. 이를 위하여 우선적으로 제2차 세계대전 종전 이후, 국가사회주의독일노동자 당(Die Nationalsozialistische Deutsche Arbeiterpartei)의 유대인 대학살을 신학적으로 정당화시켰던 역사적 인물이 16세기 종교개혁자 루터(Martin Luther, 1483-1546)였다고 부정적으로 평가했던 여론에 편승하여, 루터의 경쟁자였던 1525년 농민전쟁의 지도자 뮌처(Thomas Müntzer, 1489-1525)를 독일 프롤레타리아 혁명의 선구자로서 추앙하기 시작했다.

프리드리히 엥겔스(Friedrich Engels, 1820-1895)의 저작『독일농민전쟁』 (*Der deutsche Bauernkrieg*, 1850)이 이와 같은 이념화된 역사해석을 위한 중요한 이론적 근거를 제공했다. 엥겔스는 그의 저작『독일농민전쟁』 에서 16세기 봉건주의 체제로부터 초기 자본주의 체제로의 이행기 동 안 뮌처가 주도했던 농민전쟁을 루터의 종교개혁 운동과 대비시키며, 전자에 긍정적 의미를 부여했기 때문이다.

그러나 1960년대에 진입하면서, 엥겔스의 저작『독일농민전쟁』 은 일부 소장파 동독 역사학자들에 의하여 비판적으로 수용되면서, 루터의 종교개혁 운동은 "초기시민혁명으로서의 종교개혁과 농민전 쟁" 테제를 통하여 엥겔스의 루터 해석과는 달리 세계사적 전망 속에 서 긍정적인 의미를 획득할 수 있게 되었다.[1] 본 테제는 뮌처가 주도 했던 농민전쟁뿐만 아니라 루터의 종교개혁 운동 또한 초기 자본주의 체제 형성을 위하여 중요한 공헌을 했다고 주장하면서, 도시시민계급 의 계급적 이해를 대변했던 루터의 종교개혁 운동이 프롤레타리아 혁 명의 선구자로서 추앙되었던 뮌처의 농민전쟁과 등가적 의미를 획득 할 수 있도록 기여했다. 이를 위하여 그들은 맑스주의 역사이론에는 등장하지 않는 '초기시민혁명' 개념을 고안하며, 도시시민계급이 주 도하지 않았던 농민전쟁을 '시민혁명'의 초기단계로 규정했다. 즉 프 롤레타리아 독재 이전에 위치한 도시시민계급 민주주의 혁명(시민혁 명)의 이전 단계로서, 후기 봉건주의 체제로부터 초기 자본주의 체제 로의 이행기에 발발했던 16세기 종교개혁 운동과 농민전쟁의 역사적

---

1 엥겔스는 그의 저서『독일농민전쟁』에서 "초기시민혁명으로서의 종교개혁과 농민전 쟁"이라는 표현을 사용하지 않았지만, 그가 주장했던 핵심적 내용은 이후 동독 역사학 자들에게 종교개혁과 시민혁명을 '초기시민혁명'이라고 규정할 수 있었던 결정적 단초 를 제공했다.

의의를 강조했던 것이다.

이 글은 이와 같이 16세기 종교개혁 운동과 농민전쟁을 초기시민 혁명의 단계로서 해석하는 동독 역사학계의 이념적 해석에 대하여 개괄적으로 소개하고, 이에 대한 비판적 고찰을 시도하고자 한다. 동시에 결론적으로 뮌처에 대한 해석 또한 사회사-경제사적 관점이 아니라, 신학적 판단을 우선적으로 중시하여 시도할 것을 제안하고자 한다. 지금까지 간략하게 소개한 내용을 좀 더 체계화시켜 논증하기 위하여, 이 글은 다음과 같은 논리적 단계를 통하여 전개될 것이다.

1. 연구를 위한 이론적 전제
   : 프리드리히 엥겔스의『독일농민전쟁』(1850)
2. 본 테제에 대한 개괄적 소개
3. 동독 역사학계의 엥겔스 수용
4. 본 테제에 대한 비판적 고찰

II. 연구를 위한 이론적 전제 — 프리드리히 엥겔스의 『독일농민전쟁』(*Der deutsche Bauernkrieg*, 1850)

엥겔스는 1850년 런던에서 1848년 3월부터 약 1년 동안 유럽 대륙에서 발발했던 시민혁명을 회고하며, 본 저서를 탈고했다. 그는 본 저서를 통하여 1848년 혁명의 전조로서, 이미 1525년 독일농민전쟁의 혁명적 전통이 존재하고 있음을 강조하고자 했다. 이를 구체적으로 표현한다면, 그는 1848년과 1525년의 독일의 사회적 상황을 비교하면서 1848년 3월 혁명과 1525년 독일농민전쟁이 비록 실패하였지만, 그럼에도 불구하고, 후자와는 달리 전자가 성취했던 역사적 진보에 대해 긍정적으로 평가하고 있다. 그는 다음과 같이 주장한다.

> 1525년 혁명은 독일의 지역적인 사건이었을 뿐이었습니다… 1848년의 혁명은 결코 독일의 지방적인 사건이 아니었습니다. 그것은 위대한 유럽 운동의 한 국면이었습니다… 궁극적으로 우리 자신의 운동이 될 수밖에 없는 것임에도 불구하고… 1848년-1850년 혁명은 1525년 혁명과 동일한 방식으로 종결될 수 없습니다.[2]

우선, 그는 독일농민전쟁의 결정적인 실패 원인이 제후 권력에 대한 농민계급의 조직적 저항이 불가능했던 상황, 즉 지방분권화 체제의 강화가 농민전쟁의 실패를 필연적으로 야기했다고 분석한다.[3] 부

---

2 "Die Revolution von 1525 war eine deutsche Lokalangelegenheit… Die Revolution von 1848 war keine deutsche Lokalangelegenheit, sie war ein einzelnes Stück eines großen europäischen Ereignisses… obwohl sie schließlich nur unsre eigne Bewegung ist. Die Revolution von 1848 bis 1850 kann daher nicht enden wie die von 1525", Friedrich Engels, *Der deutsche Bauernkrieg*, Zweiter Abdruck (Leipzig: Volksstaat, 1870), 412.

3 "Die Zersplitterung Deutschlands, deren Verschärfung und Konsolidierung das Hauptresultat des Bauernkriegs war, war auch zu gleicher Zeit die Ursache seines Mißlingens"(독일의 지역적 분권화가 강화되고 공고해진 것이 농민전쟁의 중요한 결과였지만, 동시에 농민전쟁의 실패 원인이기도 하였다), Ibid., 411: 엥겔스는 16세기 농민전쟁 당시 독일 사회를 다음과 같이 세 개의 진영으로 분류했다: 보수적인 가톨릭 진영, 루터의 신학적 입장을 지지하는 도시시민계급 진영, 뮌처를 지지하는 농민 및 평민진영. "Während sich in dem ersten der drei großen Lager, im konservativ-katholischen(보수적인 가톨릭 진영)… der bürgerlich- gemäßigten lutherischen Reform(루터의 개혁운동을 지지하는 도시시민계급 진영)… Die Bauern und Plebejer endlich schlossen sich zur revolutionären Partei zusammen(뮌처 및 혁명적 당파를 지지하는 농민 및 평민진영)", Ibid., 347.

연하자면, 그는 당시 독일의 경제적 상황이 영국, 프랑스와 비교하여 볼 때 미성숙한 발전의 상태였기 때문에, 도시시민계급이 주도하는 시민혁명은 불가능했으며, 오히려 농민전쟁이 발발할 수 있었던 역사적 상황이었다고 진단한다.[4] 또한 그는 1848년 혁명이 1525년 혁명처럼 제후 권력의 강화를 위하여 기여했음에도 불구하고, 1848년 혁명을 통하여 도시시민계급의 성장과 프롤레타리아 계급의 정치적 세력화로 귀결될 수 있는 가능성을 발견할 수 있었다고 언급한다. 그의 저서 『독일농민전쟁』 결론 부분에서 다음과 같이 선언하고 있다.

1848년의 혁명은, 독일의 진보는 아니라 유럽의 진보를 증명하고 있다. 1525년의 혁명에서 이익을 얻은 자는 누구입니까? 제후입니다. 1848년 혁명에서 이익은 얻은 자는 누구입니까? 대제후, 즉 오스트리아와 프로이센입니다. 1525년 소제후들(편협한 속물들)의 배후에는 도시의 하층 중간계급이 있었으며, 그들은 의무적으로 세금을 납

---

4 "Während in England und Frankreich das Emporkommen des Handels und der Industrie die Verkettung der Interessen über das ganze Land und damit die politische Zentralisation zur Folge hatte, brachte Deutschland es nur zur Gruppierung der Interessen nach Provinzen, um bloß lokale Zentren, und damit zur politischen Zersplitterung"(영국과 프랑스의 상공업의 번영은 중앙집권화를 위한 전국적인 연결망이 형성될 수 있도록 기여했지만, 독일은 정치적 분권화의 강화를 통하여 지역별 중심지역을 발전시켰다), Ibid., 331-332; "독일의 총국민생산은 다른 국가들과 비교하여 볼 때, 성장했다고 보기는 어렵다. 농업은 영국와 네덜란드와 비교하여 볼 때, 공업은 이탈리아, 영국, 벨기에의 공업과 비교하여 볼 때, 상황이었다. 해상무역에서는 영국 및 특히 네덜란드가 독일을 능가하기 시작했다"(Der Aufschwung der nationalen Produktion Deutschlands hatte indes noch immer nicht Schritt gehalten mit dem Aufschwung anderer Länder. Der Ackerbau stand weit hinter dem englischen und niederländischen, die Industrie hinter der italienischen, flämischen und englischen zurück, und im Seehandel fingen die Engländer und besonders die Holländer schon an, die Deutschen aus dem Felde zu schlagen), Ibid., 331.

부해야만 하는 상황 속에 존재했습니다. 1850년 오스트리아와 프로이센, 즉 대제후들의 배후에는 근대적인 대부르조아지가 있었으며, 그들은 국채에 의해 대제후를 급속히 굴복시키고 있었습니다. 대부르조와지의 배후에는 프롤레타리아가 존재했습니다.5

엥겔스에 의하면, 1517년 종교개혁 운동이 시작되었을 무렵, 루터를 정치적으로 지지했던 도시시민계급뿐만 아니라, 당시 독일 사회 내의 모든 진보적 역량이 루터를 중심적으로 결집되고 있었다.6 이는 1848년 또한 독일의 자유주의적 도시시민계급 또한 스스로 사회주의자, 공산주의자로 자처하며, 노동계급의 해방을 주장한 것과 유사하다.7 그는 이후 루터가 농민전쟁 기간 동안 그를 지지했던 제후들과

5 "Die Revolution von 1848 beweist, wenn auch nichts für den Fortschritt Deutschlands, doch für den Fortschritt Europas. Wer profitierte von der Revolution von 1525? Die Fürsten. - Wer profitierte von der Revolution von 1848? Die *großen* Fürsten, Östreich und Preußen. Hinter den kleinen Fürsten von 1525 standen, sie an sich kettend durch die Steuer, die kleinen Spießbürger, hinter den großen Fürsten von 1850, hinter Östreich und Preußen, sie rasch unterjochend durch die Staatsschuld, stehen die modernen großen Bourgeois. Und hinter den großen Bourgeois stehn die Proletarier", Ibid., 413.

6 "Als Luther 1517 zuerst gegen die Dogmen und die Verfassung der katholischen Kirche auftrat, hatte seine Opposition durchaus noch keinen bestimmten Charakter... Im ersten Moment mußten alle oppositionellen Elemente vereinigt, mußte die entschiedenste revolutionäre Energie angewandt, mußte die Gesamtmasse der bisherigen Ketzerei gegenüber der katholischen Rechtgläubigkeit vertreten werden"(루터가 1517년 가톨릭교회의 교리와 제도에 대하여 최초로 비판하기 시작했을 때, 그의 저항은 분명한 특성을 소유하지 못했다…. 종교개혁 운동의 초기단계에서는 모든 비판세력이 결집되면서, 결정적인 혁명의 에너지로 활용되어야만 했다. 즉 가톨릭교회의 정통신앙에 반대하는 모든 이단들이 결집되어야만 했던 것이다), Ibid., 347.

7 "Geradeso waren unsere liberalen Bourgeois noch 1847 revolutionär, nannten sich Sozialisten und Kommunisten und schwärmten für die Emanzipation der

정치적으로 타협을 하게 되었던 사건에 대한 해석8과 관련하여, 이와 같은 루터의 행동이 1848년 혁명 이후 도시시민계급이 프롤레타리아 계급에게 승리의 결과를 공유할 것을 요구한 것과 유사한 행동이었다 고 해석한다.9

그럼에도 불구하고 엥겔스는 루터의 종교개혁 운동에 대해 완전 하게 부정적인 평가로만 일관하지 않는다. 그는 루터가 붕괴해가는 봉건사회와 대비시켜, 새로운 사회상을 제공했으며, 독일어 성서번역 을 통하여 도시시민계급에게 강력한 무기를 제공했다고 긍정적으로 평가하기 때문이다.10 뿐만 아니라 루터의 초기 종교개혁 운동은 농

Arbeiterklasse"(1847년 우리의 자유주의적 부르조와지들 또한 혁명적인 성향을 지 니고 있었다. 그들은 스스로 사회주의자, 혹은 공산주의자로서 자처했으며, 열광적으로 노동자 계급의 해방을 주장했다), Ibid., 347.

8 이와 관련하여 엥겔스는 당시 도시시민계급이 주도했던 개혁운동이 평민적, 농민적 특 성을 상실하게 되면서, 루터를 지지했던 제후들에게 권력이 집중되는 상황이었다고 진 단한다. "Wie unter den allgemein gesellschaftlichen und politischen Verhält-nissen der damaligen Zeit die Resultate jeder Veränderung notwendig den Fürsten zugute kommen und ihre Macht vermehren mußten, so mußte die bürgerliche Reform, je schärfer sie sich von den plebejischen und bäurischen Elementen schied, immer mehr unter die Kontrolle der reformierten Fürsten geraten"(당시 일반적인 공동체적-정치적 관계 속에서 진행된 사회적 변화가 제후들 에게 유리하게 작용하였던 것처럼, 도시시민계급이 주도했던 종교개혁 운동은 평면적, 농민적 요소와 결별하게 되면서, 개혁적 제후들의 통제 하에 들어가게 되었다), Ibid., 349.

9 "Geradeso sprachen unsere weiland sozialistischen und philanthropischen Bourgeois, als das Proletariat nach den Märztagen seinen Anteil an den Früchten des Siegs reklamieren kam"(이전에 활동했던 우리의 사회주의적이고 박 애주의적인 부르조와지들은 3월 혁명 이후 프롤레타리아계급이 승리의 열매의 일정한 부분을 부르조와지에게 되돌려 주어야 한다고 주장했다), Ibid., 350.

10 "Luther hatte der plebejischen Bewegung ein mächtiges Werkzeug in die Hand gegeben durch die Übersetzung der Bibel. In der Bibel hatte er dem feudalisierten Christentum der Zeit das bescheidene Christentum der ersten Jahrhunderte, der zerfallenden feudalen Gesellschaft das Abbild einer Gesellschaft entgegengehalten, die nichts von der weitschichtigen, kunst-

민계급을 자극시켜, 농민전쟁이 가능할 수 있는 상황으로 만들어 갔다고 다소 긍정적으로 평가한다.[11] 그러나 이후 엥겔스는 루터가 제후권력과 결탁하게 되면서, 농민계급을 배신했다고 간주하며, 그의 역사적 공헌을 폄하했다. 이와 관련한 그의 진술을 소개하자면, 다음과 같다.

> 루터는 농민의 저항 뿐만 아니라, 이제까지 영적-세속적 권위에 대하여 저항했던 자신의 모습을 부정했습니다. 동시에 민중운동뿐만 아니라 중간계급의 운동까지도 제후에게 팔아넘겼습니다.[12]

마지막으로 뮌처의 신학에 대한 엥겔스의 해석을 소개하고자 한다. 엥겔스는 당시 신학이 단순한 이론이 아니라, 당시 지배담론으로서의 역할을 신학이 수행하고 있었다고 전제[13]하며, 이에 근거하여

---

mäßigen Feudalhierarchie wußte"(루터는 민중운동을 위하여 성서번역을 무기로 제공했다. 그는 당시 봉건적 기독교와 1세기 겸손한 기독교를 대비시키며, 붕괴해가는 중세사회에 새로운 사회상을 제공했다. 이는 서열화되고 인위적인 중세 계급구조와는 다른 사회상이었다), Ibid., 350-351.

11 "Von dem Augenblick an, wo Luthers Kriegserklärung gegen die katholische Hierarchie alle Oppositionselemente Deutschlands in Bewegung gesetzt, verging kein Jahr, in dem nicht die Bauern ebenfalls wieder mit ihren Forderungen hervortraten"(가톨릭교회의 계급구조에 대한 루터의 선전포고가 독일 내의 모든 비판세력들을 움직이도록 만들었을 때, 이후 1년도 지나지 않아, 농민들도 그들의 요구를 제시했다), Ibid., 377.

12 "Nicht nur der Bauernaufstand, auch die ganze Auflehnung Luthers selbst gegen die geistliche und weltliche Autorität war hierin verleugnet; nicht nur die populäre Bewegung, auch die bürgerliche war damit an die Fürsten verraten", Ibid., 351.

13 "Diese Oberherrlichkeit der Theologie auf dem ganzen Gebiet der intellektuellen Tätigkeit war zugleich die notwendige Folge von der Stellung der Kirche als der allgemeinsten Zusammenfassung und Sanktion der

16세기 종교전쟁을 단순한 신학적 논쟁의 산물이 아니라, 계급투쟁의 결과라고 판단한다.[14] 이와 관련하여 루터뿐만 아니라 뮌처에게 큰 영향을 미쳤던 중세 신비주의를 계급투쟁을 위한 하층계급의 종교적 담론이었다고 강조한다.[15] 바로 이 지점에서 엥겔스는 중세 신비주의 전통을 전폭적으로 수용했던 뮌처의 직접적 성령 계시의 개념을 해석하고 있다. 그에 의하면, 뮌처는 직접적 성령 계시를 수용할 수 있는 인식공간으로서의 인간의 이성을 통하여 인간은 신과 동일화된다고 주장했다. 엥겔스는 다음과 같이 뮌처의 신학을 급진적으로 해석한다.

---

bestehenden Feudalherrschaft"(신학이 지적 활동의 전 영역 안에서 이와 같은 지배권을 가지게 된 것은, 교회가 현존하는 봉건적 지배체제를 인준하는 권위로서 존재하기 때문에, 필연적으로 야기된 결과였다), Ibid., 343.

14 "Die deutsche Ideologie sieht, trotz der neuesten Erfahrungen, in den Kämpfen, denen das Mittelalter erlag, noch immer weiter nichts als heftige theologische Zänkereien"(현재의 독일 이데올로기는, 새로운 것을 경험했음에도 불구하고, 중세사회를 몰락시켰던 투쟁을 단지 격렬한 신학적 논쟁으로만 간주한다), Ibid., 342: "Auch in den sogenannten Religionskriegen des sechzehnten Jahrhunderts handelte es sich vor allem um sehr positive materielle Klasseninteressen, und diese Kriege waren Klassenkämpfe, ebensogut wie die späteren inneren Kollisionen in England und Frankreich"(소위 16세기 종교전쟁에서 무엇보다도 문제가 되었던 것은 무엇보다도 매우 긍정적인 의미의 물질적인 계급이해였기 때문에, 이 전쟁들은 계급투쟁이었다. 이와 같이 이후 발발한 영국과 프랑스의 내전 또한 계급투쟁이었다), Ibid., 343.

15 "Die revolutionäre Opposition gegen die Feudalität geht durch das ganze Mittelalter. Sie tritt auf, je nach den Zeitverhältnissen, als Mystik, als offene Ketzerei, als bewaffneter Aufstand. Was die Mystik angeht, so weiß man, wie abhängig die Reformatoren des 16. Jahrhunderts von ihr waren; auch Münzer hat viel aus ihr genommen"(봉건제에 대한 혁명적인 저항운동은 전 중세 시기를 통하여 지속되었다. 이는 당시 시대적 상황에 의거하여, 신비주의 운동 혹은 공공연하게 이단운동이나 무장봉기의 형태로 등장하였다. 신비주의 운동과 관련하여 16세기의 종교개혁자들은 불가피하게 신비주의 운동의 영향을 받았다. 뮌처 또한 마찬가지로 신비주의 운동의 큰 영향을 받았다), Ibid., 344.

본질적으로 살아있는 계시는 이성입니다… 성서를 이성과 대비시키며, (성서만을 계시로서 강조하는 것은) 성서의 문자를 통하여 영을 죽이는 것입니다. 성서가 말하는 이성은 성령으로서, 이는 우리 실존 외부에 존재하는 것이 아닙니다. 신앙이란 인간 안에서 이성이 생명력을 얻는 것으로서, 이교도 또한 (이성을 소유함으로써) 신앙을 가질 수 있습니다. 신앙을 통하여, 즉 살아있는 이성을 통하여 인간은 신과 동화되고, 구원을 받게 됩니다.[16]

III. 본 테제에 대한 개괄적 소개

'초기시민혁명' 테제에 대한 구상은 소련의 역사학자 스미린(Moisej Mendeljewitsch Smirin, 1895-1975)이 1947년에 출판했던 저서 『토마스 뮌처의 민중적 종교개혁과 위대한 농민전쟁』(*Die Volksreformation des Thomas Müntzer und der Große Bauernkrieg*)을 통하여 최초로 시도되었다.[17] 엥겔스의 루터와 뮌처 해석을 전적으로 수용했던 스미린과 달리, 1960년대 동독 역사학계에서 본 테제와 관련된 논쟁을 주도적으

---

16 "Die eigentliche, die lebendige Offenbarung sei die Vernunft, eine Offenbarung… Der Vernunft die Bibel entgegenhalten, heiße den Geist durch den Buchstaben töten. Denn der Heilige Geist, von dem die Bibel spreche, sei nichts außer uns Existierendes; der Heilige Geist ist sei eben die Vernunft. Der Glaube sei nichts anderes als das Lebendigwerden der Vernunft im Menschen, und daher könnten auch die Heiden den Glauben haben. Durch diesen Glauben, durch die lebendig gewordene Vernunft werde der Mensch vergöttlicht und selig." Ibid., 353.

17 Moisej Mendeljewitsch Smirin, *Die Volksreformation des Thomas Müntzer und der Große Bauernkrieg* (Berlin: Dietz Verlag Berlin, 1952), 660.

로 이끌었던 역사학자 막스 스타인메츠(Max Steinmetz, 1912-1990)는 농민전쟁뿐만 아니라, 종교개혁 운동에 대해서 긍정적으로 평가하면서, 이를 초기시민혁명의 두 가지 국면으로 포함시키고자 시도했다.[18]

스타인메츠의 영향을 받았던 상당수 동독 역사학자들은 엥겔스가 그의 저서 『독일농민전쟁』에서 분석했던 16세기 초반 독일의 경제적 상황을 그대로 인용하며, 초기시민혁명 테제에 대한 일관된 해석을 시도했다. 지그프리트 호이어(Siegfried Hoyer, 1928-)의 경우, 그는 맑스주의 경제결정론에 근거하여 16세기 신성로마제국의 경제적 위기를 분석하면서 생산력과 생산관계 사이의 모순이 초기시민혁명을 발발시켰다고 규정한다.[19] 그러나 그는 당시 경제 체제를 일반적 의미의 자본주의 체제라고 간주할 수 없으며, 이보다 귀금속 산업을 중심으로 발전된 일종의 수공업 자본주의 체제였기 때문에 반봉건 혁명을 수행할 수 있는 도시시민계급의 진보적 역량이 구축되지 못했다고 판단하고 있다.[20] 그렇다면, 이 시기 경제시스템은 후기 봉건체제의 구조적 변화와 맞물린 초기 자본주의 체제라고 간주하는 것이 바람직할 것이다. 라우베(Adolf Laube, 1934-)에 의하면, 이 시기는 수공업 자본주

---

18 Max Steinmetz, "Die frühbürgerliche Revolution in Deutschland (1476-1535). Thesen zur Vorbereitung der wissenschaftlichen Konferenz in Wernigerode vom 20. bis 24. Januar 1960," in: *Zeitschrift für Geschichtswissenschaft* 8, (Berlin: Metropol Verlag, 1960), 7-16.

19 Siegfried Hoyer, "Die deutsche frühbürgerliche Revolution 1517-1525/26," in: *Revolutionen der Neuzeit. 1500-1917*, hrsg. von Manfred Kossok (Berlin: Akademie-Verlag, 1982), 20.

20 Ibid., 19: 호이어에 의하면, 이 시기는 독일의 경제적 성장 이면에, 영방제후들과 여타 귀족들의 부의 불법적 획득 그리고 농민들에 대한 착취가 일반화되는 시기였다. Siegfried Hoyer, "Zu den Ursachen des deutschen Bauernkrieges und zu den Problemen seines Verlaufs," in: *Zeitschrift für Geschichtswissenschaft 24* (Berlin: Metropol Verlag, 1976), 664-667.

의 체제의 초기단계로서, 일반적 의미의 자본주의 체제가 형성될 수 없었기 때문에, 농민계급과 귀족 사이의 계급투쟁이 발생할 수밖에 없었다.[21] 필자는 이와 같은 분석된 당시 신성로마제국의 경제적 상황이 맑스주의 역사이론에 근거한 '시민혁명'의 이전 단계로서의 '초기시민혁명' 테제를 창안할 수 있었던 중요한 이론적 근거를 제공할 수 있었다고 생각한다. 이와 같이 당시 경제적 상황, 즉 후기 봉건주의 체제로부터 초기 자본주의 체제로의 이행기를 염두한다면, 종교개혁 운동 또한 농민전쟁처럼, 후기 봉건주의 체제의 척결을 위하여 충분히 공헌할 수 있었다고 평가될 수 있는 이론적 근거가 확보될 수 있다. 이와 관련하여 디트리히 뢰세(Dietrich Lösche)는 다음과 같이 주장한다.

루터의 종교개혁 운동은 기존의 수구적인 가톨릭교회 이데올로기와
의 단절을 가져왔습니다…. 이것이야말로 결정적인 종교개혁 운동의
성과로서, 이를 통하여 세계적 영향력을 지닌 참된 의식혁명을 매우
분명하게 성취했습니다.[22]

초기시민혁명의 핵심과제는 다음과 같이 규정될 수 있습니다. 새로
운 시민계급의 이해와 상응하는 종교적 세계관과 교회제도의 수립,
즉 이것은 시민계급의 해방을 위한 필수적 전제입니다… 따라서 봉

---

21 Adolf Laube, "Bemerkungen zum Zusammenhang von Frühkapitalismus und frühbürgerlicher Revolution," in: *Der deutsche Bauernkrieg 1524/25. Geschichte-Traditionen-Lehren*, hrsg. von Gerhard Brendler und Adolf Laube (Berlin : Akademie-Verlag, 1977), 59.

22 Dietrich Lösche, "Probleme der frühbürgerlichen Revolution in Deutschland," in: *Reformation oder frühbürgerliche Revolution*, hrsg. von Rainer Wohlfeil (München: Nymphenburger Verlagshandlung, 1972), 148.

건체제 속에서의 초기 자본주의 체제의 발전을 위하여, 이를 위한 장애물을 제거하는 것이 급선무였던 것입니다.[23]

이와 같이 도시시민계급의 해방을 위하여 기여했던 종교개혁 운동의 정치적 영향력이 약화되면서 이후 발발한 농민전쟁에 대하여, 호이어는 당시 도시시민계급이 미성숙한 자본주의 체제 안에서 시민혁명을 주도할 수 있는 헤게모니를 완전하게 장악할 수는 없었기 때문이라고 해명한다.[24] 즉 당시 도시시민계급은 농민계급과의 이해관계가 상충하면서 발생하는 갈등상황을 해결할 수 있는 정치적 능력을 구비하지 못했기 때문에, 농민계급이 시민혁명의 주도권을 이양받은 것이었다고 해석할 수 있을 것이다. 결과적으로 도시시민계급의 헤게모니 약화는 이후 농민전쟁이 발발할 수 있는 사회적 조건을 제공하게 되면서, 도시시민계급과 농민계급은 적대적 관계를 형성하게 되었다. 이와 관련하여 스타인메츠는 도시시민계급과 농민계급과의 갈등을 다음과 같이 해명하고 있다.

초기 종교개혁 운동의 국면 속에서는 주로 도시들이 주도적인 역할을 수행했습니다. 특히 부자도시들은 가톨릭교회의 특별한 지위를 박탈하면서, 가톨릭교회의 소유재산과 권리를 양도받기 위하여 주력했습니다. 이를 통하여 도시시민계급의 경제적 이해관계에 상응하는 교회를 설립하고자 시도했던 것입니다… 이후 발발한 농민전쟁은 도시

---

23 Ibid.,149.

24 Siegfried Hoyer, "Zu den Ursachen des deutschen Bauernkrieges und zu den Problemen seines Verlaufs," in: *Zeitschrift für Geschichtswissenschaft* 24, (Berlin: Metropol Verlag, 1976), 675.

상층시민계급이 그들이 새롭게 획득한 권력을 도시의 가난한 사람들, 임금노동자, 소작인, 장인, 교외지역에 거주하는 서민들에게 배분하지 않았다는 사실을 방증하고 있습니다.[25]

여기서 '초기시민혁명'이라는 표현 자체의 논리적 모순이 감지될 수 있다. '농민계급이 주도한 초기시민혁명'은 어법상 논리적으로 성립할 수 없기 때문이다. 이와 관련하여 '도시시민계급의 헤게모니의 약화에 기인한 농민계급의 부상'을 주장하며, 농민계급이 도시시민계급의 역할을 대체했다고 주장한 호이어(Hoyer)의 해석을 소개하자면,

도시시민계급은 혁명의 헤게모니를 장악하기에는 세력이 미약했기 때문에, 가톨릭교회의 이데올로기를 완전히 제거할 수 없었고, 뿐만 아니라 성직자의 부당한 세속정치 개입을 극복하면서, 반봉건적 개혁을 수행할 수 없었기 때문에, 이 상황 속에서 농민전쟁이 초기시민혁명의 과제를 수행할 수밖에 없었던 것입니다.[26]

이와 같은 초기시민혁명으로서의 농민전쟁에 대한 논리적 정당화 작업은 레닌(Wladimir Iljitsch Lenin, 1870-1924)의 저서 『민주주의 혁명에서의 사회민주주의당의 두 가지 전술』(*Zwei Taktiken der Sozialdemokratie in der demokratischen Revolution*)의 핵심내용이었던 '프롤레타리아 계급과 농

25 Max Steinmetz, "Der geschichtliche Platz des deutschen Bauernkrieges," in: *Der deutsche Bauernkrieg 1524/25. Geschichte-Traditionen-Lehren*, hrsg. von Gerhard Brendler und Adolf Laube (Berlin: Akademie-Verlag, 1977), 20.

26 Siegfried Hoyer, "Die deutsche frühbürgerliche Revolution 1517-1525/26," in: *Revolutionen der Neuzeit. 1500-1917*, hrsg. von Manfred Kossok (Berlin: Akademie-Verlag, 1982), 23.

민계급의 혁명적 민주주의 독재를 통한 부르조아지의 헤게모니 대체이론'에 근거하여 시도되었다.27 이는 러시아의 미성숙한 반봉건적 자본주의 체제를 사회주의 체제로 변모시키기 위하여, 맑스의 혁명이론을 수정한 레닌의 전략적 지침이 16세기 신성로마제국의 초기 수공업 자본주의 체제 안에서 발생한 농민전쟁의 특성을 규명할 수 있는 중요한 이론적 근거로서 활용되었다는 사실을 함의할 수 있을 것이다. 맑스주의 역사이론이 제시하는 '시민혁명'의 경우, 이는 19세기 봉건적 잔재가 제거된 일반적 의미의 자본주의 체제의 발전을 전제하고 있기 때문에, 당시 후기 봉건주의 체제로부터 초기 자본주의 체제로의 이행기에 발발했던 1525년 농민전쟁은 맑스주의 역사이론에 근거한 '시민혁명'으로서 해석될 수 없다. 추측하건대, 일군의 동독 역사학자들은 맑스주의 역사이론에 기초하여 본 테제를 구상했음에도 불구하고, 16세기 신성로마제국의 정치-경제적 상황이 러시아의 1917년 사회주의 혁명을 야기한 역사적 컨텍스트와 유사하다는 사실에 착안, 레닌의 혁명이론을 차용하여, '초기시민혁명'의 개념이 내포하고 있는 난제를 극복했다고 생각한다.

　　이상 소개했던 것처럼, 농민계급이 주도했던 농민전쟁을 '초기시민혁명'으로서의 특성을 지닌 혁명적 사건으로서 재규정하고 동시에 종교개혁 운동 또한 농민전쟁과 등가적 의미를 지닌 초기시민혁명의 중요한 국면으로서 해석했던 본 테제는 엥겔스의 『독일농민전쟁』에

---

27 이와 관련하여 최초로 "초기시민혁명" 테제를 주창했던 소련의 역사학자 스미린이 레닌의 혁명이론을 도입하며, '초기시민혁명으로서의 농민전쟁'의 특성을 주장했다는 사실을 염두할 필요가 있다. Moisej Mendeljewitsch Smirin, "Wirtschaftlicher Aufschwung und revolutionäre Bewegung in Deutschland im Zeitalter der Reformation," in: *Sowjetwissenschaft. Gesellschaftswissenschaftliche Beiträge* (Berlin: Verlag Volk und Welt, 1958), 263.

서 피력된 루터에 대한 부정적인 해석과는 다소 상반된 것으로서, 이는 동독 역사학계 '초기시민혁명' 테제가 단순히 엥겔스의 해석을 기계적으로 답습하지 않았음을 증명한다. 스타인메츠는 다음과 같이 선언한다.

> 세계적 영향력을 지닌 종교개혁 운동이 독일에서 시작되었습니다. 독일민족의 역사를 위한 종교개혁 운동의 위대한 성과는 종교개혁 운동이 첫 번째로 우리의 역사 속에서 도시시민계급의 문화운동으로서, 민족적 차원에서 수행되었다는 사실입니다.[28]

이와 같은 종교개혁 운동에 대한 긍정적 평가는 종교개혁 운동을 초기시민혁명의 핵심적 국면으로 부각시키는데 공헌하였다. 이와 관련하여 브렌들러(Gerhard Brendler, 1932-)와 쉴퍼트(Gerhard Schilfert, 1917-2001)는 종교개혁 운동이 신성로마제국의 해체를 가속화시켰던 중요한 역사적 계기로서 간주하기도 했다.[29] 엥겔스는 루터의 종교개

---

28 Max Steinmetz, "Weltwirkung der Reformation," in: *Weltwirkung der Reformation. Internationales Symposium anläaßlich der 450-Jahr-Feier der Reformation in Wittenberg vom 24. bis 26. Oktober 1967, Bd 2. Referate und Diskussionen*, hrsg. von Max Steinmetz und Gerhard Brendler (Berlin: Deutscher Verlag der Wissenschaften, 1969), 29.

29 Gerhard Brendler / Gerhard Schilfert, "Revolutionen in der Epoche des Manufakturkapitalismus," in: *Studien zur Revolutionsgeschichte. Revolutionen der Neuzeit 1500 – 1917*. hrsg. von Manfred Kossok (Berlin: Akademie-Verlag, 1982), 13. 구체적인 예를 들자면, 쉬말칼덴 전쟁(Schmalkaldischer Krieg, 1546-1547) 이후, 작센의 제후 모리츠(Moritz von Sachsen, 1521-1553)가 신성로마제국의 황제 카를 5세를 체포하면서, 프로테스탄트 세력은 승리할 수 있었다. 이를 통하여 아우크스부르크 종교평화협약이 체결되면서, 루터파는 공식적으로 인정을 받게 되었으며, 카를 5세는 퇴위를 하게 되었다. 이는 루터의 종교개혁 운동을 통한 제후세력의 강화가 신성로마제국의 해체를 위하여 기여였다는 사실을 증명하는 중요한 역사적

혁 운동을 통하여 강화된 제후권력, 즉 지방분권화 체제가 농민전쟁의 중요한 실패원인이라고 지적했음에도 불구하고, 이는 오히려 초기 시민혁명의 관점에서 재평가한다면, 신성로마제국의 해체를 위하여 기여했던 결정적인 역사적 계기로서 재해석될 수 있기 때문이다. 그들의 해석은 지방분권화가 독일농민전쟁의 주요 실패 원인이라고 지적했던 엥겔스의 해석을 거부하는 것이나 다름이 없다. 포글러(Güter Vogler, 1933-) 또한 다음과 같이 주장한다. 그의 진술은 종교개혁 운동을 통하여 강화된 제후권력이 중앙집권화된 권력장악을 추구했던 신성로마제국의 해체를 위하여 기여했기 때문에, 이를 충분히 감안한다면, 종교개혁 운동은 충분히 초기시민혁명을 구성하는 중요한 국면으로 수용될 수 있다는 것을 함의할 수 있다.

> 16, 17세기 독일 영방국가들은 아래로부터의 혁명이 아니라 위로부터의 혁명을 통하여 국가적 과제를 완수했습니다… 독일 영방국가의 제후들은 초기 자본주의 체제로부터 획득한 물질적 수단을 활용하면서, 중앙집권적 민족국가처럼, 자신들의 영방국가를 중앙집권화된 국가체제로 변모시켰던 것입니다.[30]

사실이라고 할 수 있을 것이다.

30 Günter Vogler, "Marx, Engels und die Konzeption einer frühbügerlichen Revolution in Deutschland," in: *Reformation oder frühbürgerliche Revolution*, hrsg. von Rainer Wohlfeil (München: Nymphenburger Verlagshandlung, 1972), 711.

V. 동독 역사학계의 엥겔스 수용

엥겔스는 1850년에 독일 함부르크에서 맑스가 편집자로서 재직하던 정치경제평론지 Neue Rheinische Zeitung(신라인신문)에 독일농민전쟁에 관한 자신의 글을 기고했다. 여기서 그는 뮌처를 프롤레타리아 혁명의 선구자로서 추앙하면서, 농민전쟁을 1525년 혁명으로 묘사하였다. 동시에 루터가 주도했던 종교개혁 운동을 도시시민계급의 사회운동으로서 묘사하면서도, 이에 대하여 뮌처 이상의 의미를 부여하지는 않았다. 이와 같은 엥겔스의 해석은 동독 역사학자들에게 있어서 동독 사회주의 체제의 역사적 정통성 확립을 위하여 기여할 수 있는 매우 중요한 역사적 근거를 제공할 수 있었다.

엥겔스는 결론적으로 1525년 독일농민전쟁과 비교하여 1848년 3월 혁명을 맑스주의 역사이론에 근거한 시민혁명으로서 규정하고자 시도했다. 양자 간의 유사성이 발견될 수 있지만, 질적으로 상이하다고 강조하며, 실패했던 1525년 독일농민전쟁과는 달리 1848년 3월 혁명을 매우 긍정적으로 회고한다. 즉 1848년 3월 혁명은 1525년 독일농민전쟁을 계승한 것으로서, 이 또한 역사적 진보를 성취한 사건이라고 간주한다. 이를 위하여 그는 독일농민전쟁에 대한 전통적인 해석, 즉 '종교적인 동기로 인하여 발발한 독일농민전쟁'이라는 해석을 거부하고, 1848년 3월 혁명처럼 정치적인 동기에 의하여 발발한 계급투쟁으로서 해석한다. 일군의 동독 역사학자들 또한 이와 같은 엥겔스의 입장을 수용함으로써, 동독 사회주의 체제가 1525년 발생한 독일민족 혁명전통의 적법한 상속자임을 강조하고자 했던 것이다.

따라서 뮌처의 신학은 공산주의 이념에 근거한 정치적 혁명 프로그럼으로 간주될 수밖에 없다. 동시에 뮌처는 프롤레타리아 계급투쟁을 신학적으로 정당화시킨 종교개혁자로서 해석될 수밖에 없다. 이는 도시시민계급의 정치적 지지를 받았던 루터가 서독 자본주의 체제의 상징적 인물이라면, 뮌처는 동독 사회주의 체제의 역사적 정통성을 확립시켜 줄 수 있는 중요한 독일민족의 역사적 인물로서 간주되었음을 함의할 수 있다. 다음에 소개하는 엥겔스의 뮌처 해석은 일군의 동독 역사학자들에게 중요한 영감을 제공했을 것이다.

> 뮌처의 종교철학이 무신론에 근접했듯이, 그의 정치강령은 공산주의에 접근하고 있었고… 뮌처가 이해하고 있던 신의 왕국이라는 것은 계급차별과 사유재산이 없는, 사회의 구성원에 대항하여 국가권력이 독립적으로 존재하지 않는 사회적 상황이었습니다.[31]

그러나 이미 언급했던 것처럼, 16세기 종교개혁 운동과 농민전쟁을 "초기시민혁명"이라고 규정했던 동독의 역사학자들이 엥겔스와는 달리 루터가 주도했던 종교개혁 운동을 매우 긍정적으로 평가했다는 사실은 엥겔스와 "초기시민혁명" 테제를 주창했던 동독 역사학자들 사이에서 발견되는 중요한 차이점이다. 물론 1950년대 "초기시민혁명" 테제가 회자되기 시작할 때부터, 루터에 대한 긍정적 평가가 존재

---

31 "Wie Münzers Religionsphilosophie an den Atheismus, so streifte sein politisches Programm an den Kommunismus... Unter dem Reich Gottes verstand Münzer aber nichts anderes als einen Gesellschaftszustand, in dem keine Klassenunterschiede, kein Privateigentum und keine den Gesellschaftsmitgliedern gegenüber selbständige, fremde Staatsgewalt mehr bestehen." Friedrich Engels, *Der deutsche Bauernkrieg*, Zweiter Abdruck (Leipzig: Volksstaat, 1870), 353-354.

한 것은 아니었다. 1950년대 소련의 역사학자 스미린의 견해를 동독에 소개하며, 본 테제에 대한 논쟁을 공식화시켰던 모이젤(Alfred Meusel, 1896-1960)의 경우, 초기시민혁명의 두 가지 국면으로서 종교개혁과 농민전쟁을 수용하면서도, 종교개혁이 농민전쟁의 발발원인은 아니라고 주장하며, 루터에 대하여 긍정적인 의미를 부여하지 않았다.[32] 필자는 모이젤의 역사해석이 독일민주공화국(동독) 수립을 통하여 서독 자본주의 체제의 붕괴를 통한 동독 사회주의 체제의 승리를 궁극적으로 추구했던 당시 동독 사회주의 통일당(SED)의 기본적인 전략적 노선과 상응할 수 있다고 생각한다.[33] 루터가 서독 자본주의 체제를 상징하는 독일민족의 역사적 인물로서, 동시에 뮌처는 동독 사회주의 체제를 정당화시키는 중요한 역사적 인물로 간주되었던 당시 시대적 정서를 감안할 필요가 있다. 뿐만 아니라, 제2차 세계대전 이후, 동독 사회주의자들이 제2차 세계대전 동안 독일에 의하여 자행되었던 유대인 학살을 신학적으로 정당화시켰다고 간주되는 루터를 적대시할 수밖에 없었던 상황 또한 고려해야 한다. 동시에 독일민족의 프롤레타리아 혁명의 서두를 장식했던 농민계급의 투쟁을 비판하며, 이에 대한 폭력적 진압을 제후들에게 촉구했던 루터의 모습은 동독 사회주의자들에게 있어서 부정적으로 인식될 수밖에 없었을 것이다.

반면에 이미 소개했던 것처럼, 1960년대 이후 스타인메츠를 비롯한 일군의 동독 역사학자들이 주창했던 '초기시민혁명' 테제는 루터의 종교개혁 운동이 절반의 성공임에도 불구하고, 중세 봉건주의 체제로부터 초기 자본주의 체제로 전환되는 시기에 중요한 역할을 수행했다

---

32 Alfred Meusel, *Thomas Müntzer und seine Zeit* (Berlin, Aufbau-Verlag, 1952), 41.
33 조용석, "독일민주공화국(동독) 수립 이후 루터 이미지의 변천 과정 연구," 『교회사학』 제12권 (2013), 198.

고 강조하며, "초기시민혁명" 테제의 핵심적 내용의 수정을 시도했다. 더 나아가 "초기시민혁명으로서의 종교개혁" 테제를 통하여 루터의 종교개혁 운동이 독일민족의 민족의식을 결정적으로 형성시켰으며, 뮌처는 농민전쟁을 통하여 이를 발전, 계승시켰다고 주장했다. 이 지점에서 레닌의 저서 『민주주의 혁명에서의 사회민주주의당의 두 가지 전술』에서 제시된 도시시민계급의 헤게모니 대체이론을 수용하면서, 독일농민전쟁의 초기시민혁명으로서의 특징을 부각시켰다. 엄밀하게 분석해 본다면, 농민전쟁을 도시시민계급이 주도한(시민)혁명으로 규정한다는 것은 논리적 모순이기 때문이다. 따라서 농민전쟁을 시민혁명으로서 규정하기 위하여, 농민계급이 미약한 도시시민계급의 헤게모니를 대체했다는 논리를 레닌의 혁명이론으로부터 차용했던 것이다.

결론적으로 고찰해 보건대, 필자는 1960년대 이후 루터의 종교개혁 운동에 대한 긍정적 해석을 시도했던 본 테제는 동독 사회주의 체제가 서독 자본주의 체제와의 경쟁관계 속에서 독일 민족의 역사적 정통성을 계승하는 독립국가로서 존속할 수 있도록, 포괄적 차원의 이념적 역사의식의 정립을 위한 것이라고 평가할 수 있을 것이다. 아마도 실제적인 역사적 인물이었던 루터가 독일인들의 민족적 의식을 비로소 각성시킨 중요한 민족적 영웅으로 인식되고 있다는 사실을 동독 역사학자들은 결코 외면할 수 없었을 것이라고 추측된다. 따라서 이를 극복하기 위하여 본 테제는 맑스주의 역사이론에서는 존재하지 않는 '초기시민혁명'의 개념을 고안하면서 농민전쟁을 '시민혁명'의 단계로 고양시켰으며, 동시에 루터의 종교개혁 운동 또한 농민전쟁의 위상과 등가적 의미를 부여함으로써, 동독 사회주의 체제의 역사적 정통성 확립을 시도했던 것이다.

IV. 글을 정리하며: 본 테제에 대한 비판적 고찰

엥겔스가 맑스주의 역사이론에 근거하여 1848년 3월 혁명을 사회주의 사회건설을 위한 중요한 전단계로서의 시민혁명으로 해석했다면, 동독 역사학자들은 레닌의 혁명이론을 차용하여 1525년 농민전쟁을 시민혁명의 전단계, 즉 초기시민혁명으로 규정하며, 후기 봉건주의 체제로부터 초기 자본주의 체제로의 이행기에 발생했던 중요한 혁명적 사건으로서 해석한다. 더 나아가 종교개혁 운동 또한 농민전쟁과 더불어 초기시민혁명을 구성하는 중요한 혁명적 사건으로서 규정한다. 필자는 동독 역사학계의 "초기시민혁명" 테제가 엥겔스의『독일 농민전쟁』에서 피력된 루터에 대한 부정적인 평가를 극복하면서, 뮌처와 거의 동일한 수준으로 루터를 재평가했던 사실이 교회사 연구에 있어서 매우 중요한 시사점을 던져줄 수 있다고 생각한다.

그들은 전통적인 맑스주의 역사이론이 제시하는 '시민혁명'의 개념을 16세기 신성로마제국의 정치-사회적 상황 속에 창조적으로 적용하여 '초기시민혁명' 개념을 창안했다. '시민혁명'이 봉건주의 체제로부터 자본주의 체제로의 전환기에 위치한 중요한 역사적 사건으로서 프롤레타리아 독재의 실현을 위한 과도기를 의미한다면, 그들이 제안했던 '초기시민혁명'은 후기 봉건주의 체제로부터 초기 자본주의 체제로의 이행기에 발발하게 되는 '시민혁명'을 위한 전단계(혹은 과도기)로서 이해될 수 있을 것이다. 이는 '초기시민혁명' 테제가 엥겔스의 루터와 뮌처 해석을 극복했다는 사실을 함의한다.

엄밀하게 비판해 본다면, 필자는 엥겔스의 루터와 뮌처 해석이 1848년 3월 혁명 이후 사회주의 운동의 진로를 긍정적으로 모색하기 위한 일종의 학문적 시도라고 평가하고 싶다. 아울러 독일민주공화국 수립 이후 일군의 동독 역사학자들의 엥겔스 수용 또한 동독 사회주의 체제의 역사적 정통성 확립을 위한 시도였다고 볼 수 있다. 이와 관련하여 필자는 엥겔스와 동독 역사학자들의 루터와 뮌처 해석이 그들이 직면했던 역사적 상황 속에서, 그들이 추구했던 이데올로기를 정당화하기 위하여 시도했던 학문적 작업이었으며, 이는 유럽의 16 세기 시대적 상황에 대한 객관적 판단으로부터 연유된 역사해석은 아니라고 생각한다. 물론 가치중립적이면서도 객관적인 역사해석은 존재할 수 없다. 역사해석의 논리는 역사가의 세계관을 기본적으로 반영하고 있기 때문이다.

그러나 필자는 결론적으로 본 테제가 사회주의 이데올로기가 투영된 종교개혁사 해석임에도 불구하고, 루터의 종교개혁 운동에 대한 긍정적 해석의 가능성을 제시했다는 점에 있어서 본 테제를 다소 긍정적으로 평가하고 싶다. 물론 본 테제가 시도했던 루터에 대한 긍정적 해석 또한 이념화된 해석의 일부로서, 도시시민계급이 수행했던 루터의 종교개혁 운동의 역사적 공헌을 강조한 것이다. 이와 같이 비록 맑스주의 역사이론에 근거하고 있지만, 루터의 종교개혁 운동에 대한 긍정적 평가의 가능성을 제공했던 본 테제는, 역설적으로 주류 종교개혁자 중심의 종교개혁사 해석의 관점을 유지하는 역사신학자 (교회사학자)들이 자신들만의 고유한 신학적 관점을 포기하지 않은 채, 이에 근거하여 뮌처의 급진적 종교개혁 운동을 긍정적으로 재평가할 수 있도록 격려해 줄 수 있다고 생각한다.

이상 진술한 본 연구에 대한 결론에 추가하여, 필자는 다음과 같은 제안을 하고자 한다.

뮌처의 급진적 종교개혁 운동에 대한 긍정적 재평가를 위하여 뮌처의 혁명적 신학과 주류 종교개혁자, 특히 루터의 신학 사이의 유사점과 차이점을 분명하게 인식하는 것, 아울러 루터의 신학적 영향으로부터 뮌처 또한 완전하게 탈피할 수 없었으며, 오히려 이를 하층계급의 사회-경제적 상황 속에서 독특하게 적용했다는 사실을 신학적으로 논증하는 작업이 매우 중요하다고 생각한다. 더 나아가 뮌처가 기본적으로 유아세례를 반대했다는 사실에 근거하여, 성령의 사역을 극단적으로 강조한 신령주의자(Spiritualist) 혹은 열광주의자(Schwärmer)로서 뮌처를 규정했던 기존의 전통적인 해석을 존중하면서도, 동시에 뮌처의 급진적 종교개혁 운동을 당시 유럽 대륙에서 광범위하게 유행하던 재세례파 운동의 한 분파로서 이해하고자 한다. 이를 통하여 당시 유럽 대륙에서 광범위하게 전개된 재세례파 운동의 신학적-역사적 컨텍스트 안에서 뮌처의 종교개혁 운동을 해석해 본다면, 독일농민전쟁의 발발원인에 대한 보다 더 심층적인 신학적 고찰이 가능할 수 있다고 생각한다. 이와 관련하여 바젤(Basel)대학의 교회사 교수를 역임했던 게블러(Ulrich Gäbler)의 재세례파 운동의 역사적-신학적 컨텍스트에 대한 해석을 소개하고자 한다. 게블러는 재세례파 운동과 농민전쟁은 연대기적으로 일치한다고 주장하며 동시에 취리히 재세례파 운동 또한 단순히 취리히 교회에 대한 저항에서 비롯된 것이 아니라, 더 광범위한 사회적, 경제적, 교회적 그리고 신학적 배경을 이해해야 한다고 역설한다.[34] 실제적으로 독일농민전쟁이 발발했던 1524년-1525년 동안 취리히 재세례파 운동이 본격적으로 진행되고 있었

---

34 Ulrich Gäbler, *Huldrych Zwingli. Eine Einführung in sein Leben und sein Werk* (München: C.H. Beck Verlag, 1983), 114.

다는 사실은 게블러의 해석의 역사적 신빙성을 확증할 수 있다.[35]

필자는 이 사실을 방증하기 위하여 뮌처의 신학의 핵심 내용을 간략하게 소개하고자 한다: 뮌처는 참된 성령세례야말로 하나님께서 인간에게 임재하시는 가장 확실한 방법이라고 주장하며, 형식적인 성례전 혹은 문자화된 성서의 권위를 반대했다. 또한 오직 성령만이 그리스도인에게 있어서 최종적인 신앙적 권위로서 존재할 수 있다고 주장하며, 성령 체험 혹은 신앙적 결단이 부재한 유아세례를 비판했다. 유아세례를 비판했던 뮌처의 신학적 입장과 관련하여, 유아세례를 거부하며 성인 재세례를 주장했던 당시 재세례파 운동과 뮌처의 신학의 공통점이 포착될 수 있다. 뮌처의 신학이 스위스 취리히 재세례파 운동 혹은 메노 시몬스(Menno Simons, 1496-1561)가 주도했던 비폭력적-평화적 재세례파 운동과 결정적으로 다른 점은 폭력적 수단을 동반한 천년왕국의 종말론적 비전과 꿈, 환상을 통한 성령의 직접 계시를 강조했다는 점이다.

뮌처가 문자화된 성서의 권위를 부정하며 성령의 직접 계시를 강조했다는 사실은 그가 1520년 5월 루터의 추천을 받아 츠비카우(Zwickau)에서 수공업자, 광부, 직조공들을 대상으로 목회사역을 수행했던 자신의 삶의 경험으로부터 유래하는 그의 신학적 성찰의 결과일 수 있다. 이에 근거하여 그는 츠비카우의 예언자들의 영향을 받아 직

---

35 당시 취리히 재세례파 운동의 지도자 콘라드 그레벨(Konrad Grebel, 1498-1526)은 뮌처와의 서신교환을 통하여 유아세례 거부를 비롯한 중요한 재세례파 운동의 중요한 신학적 논점들을 상호 교환했다. 물론 콘라드 그레벨이 뮌처의 폭력적 수단을 동반한 종교개혁 운동을 지지한 것은 결코 아니었다. Andrea Strübind, *Eifriger als Zwingli. Die frühe Täuferbewegung in der Schweiz* (Berlin: Duncker & Humblot 2003), 203-291.: 농민전쟁의 패배 이후, 얀 반 라이덴(Jan Van Leiden, 1509-1536)의 주도 아래 시도된 뮌스터 재세례파 폭동은 당시 유럽 지역의 재세례파 운동과 농민전쟁의 유사성을 해명할 수 있는 중요한 역사적 실례가 될 수 있을 것이다.

접적인 성령 체험에 근거하여 문자화된 성서의 권위에 의존하는 루터의 종교개혁 운동을 비판하기 시작했다. 이와 관련하여 뮌처가 제시했던 천년왕국의 종말론적 비전은 도시시민계급이 아니라 하층계급의 신앙적 정서와 부합한다는 사실을 고려할 필요가 있다. 이와 관련하여 필자는 뮌처의 신학을 하층계급의 종교적, 사회적 욕구를 수용했던 하층계급의 재세례파 신학으로 규정하고 싶다. 만일 이와 같이 뮌처의 급진적 종교개혁 운동의 신학적-역사적 컨텍스트를 심층적으로 이해할 수 있게 된다면, 그에 대한 엥겔스 및 동독 역사학자들의 이념화된 편협한 해석을 극복할 수 있는 중요한 신학적 단서를 확보하게 될 것이라고 생각한다. 이는 단순한 계급투쟁 혹은 정치적 항쟁으로서 독일농민전쟁을 이해하는 것이 아니라, 16세기 유럽 재세례파 신학운동이 농촌 지역에서 어떻게 이해, 수용되었는가를 공시적으로 고찰하면서, 독일농민전쟁의 발발 원인을 보다 신학적으로 이해하고자 시도하는 것을 의미한다.

제 7 장

독일민주공화국(동독) 개신교회의 "Kirche im Sozialismus" 연구
― 동독 사회주의 체제와의 비판적 협력관계 구축

I. 글을 시작하며

이 글은 독일민주공화국(동독)이 수립된 이후, 시도된 동독 개신교회의 지도급 신학자들이 신중하게 시도했던 동독 사회주의 체제에 대한 신학적 개념규정을 면밀하게 고찰함으로써, 어떻게 동독 개신교회가 사회주의 체제 안에서 교회로서의 자기정체성을 유지하며, 생존할 수 있었는가에 대해 고찰하고자 한다. 구체적으로 이 글은 이와 관련된 동독 개신교회 지도급 신학자들이 표명했던 신학적 진술들에 대한 시기별-컨텍스트적 고찰에 근거하여, 동독 사회주의 체제에 대한 신학적 개념규정이 긍정적으로 변화, 발전되는 과정을 추적해 나갈 것이다. 이를 통하여 동독 개신교회의 자기정체성을 상징했던 대표적인

문구인 "Kirche im Sozialismus"(사회주의 체제 안에 존재하는 교회)가
대두되었던 당시 역사적 상황과 신학적 대응의 논쟁사를 소개함으로
써, 동독 사회주의와 개신교회의 관계에 대한 시대사적-신학적 인식
을 심화시키고자 한다.[1]

　　이를 위한 연구방법론으로서 동독 개신교회의 "Kirche im So-
zialismus" 형성 과정에 대한 이념적 접근이 아니라, 내재적 접근방
식을 활용할 것이다. 왜냐하면 "Kirche im Sozialismus" 전략을 통
하여 동독 개신교회가 기독교 복음과 사회주의 이념의 동일화를 추구
했다고 지적하는 다소 일방적인 평가를 최대한 자제하면서, 오히려
이를 합법적인 교회의 활동 공간을 확보하기 위한 동독 개신교회의 최
선의 생존전략으로 이해하고자 시도하는 내재적 접근방식이 본 논문
의 연구목적에 부합할 것이라고 판단하기 때문이다. 결론적으로 이 글
은 동독 사회주의 통일당(SED, Sozialistische Einheitspartei Deutschlands)과
의 호혜적 협력관계를 구축하면서, 현실 사회주의 체제와의 공존을
모색했던 "Kirche im Sozialismus" 전략으로 인하여 역설적으로 동
독 개신교회가 동독 반전평화운동 및 민주화 운동과 이후 사회주의
체제의 붕괴를 위한 중요한 전략적 거점공간을 제공할 수 있었다는
사실을 강조하고자 한다.[2]

---

1 이를 위한 연구방법론으로서 동독 개신교회의 "Kirche im Sozialismus" 형성과정에
　대한 이념적 접근이 아니라, 내재적 접근방식을 활용할 것이다. 왜냐하면 "Kirche im
　Sozialismus" 전략을 통하여 동독 개신교회가 기독교 복음과 사회주의 이념의 동일화
　를 추구했다고 지적하는 다소 일방적인 평가를 최대한 자제하면서, 오히려 이를 합법적
　인 교회의 활동공간을 확보하기 위한 동독 개신교회의 최선의 생존전략으로 이해하고
　자 시도하는 내재적 접근방식이 본 논문의 연구목적에 부합할 것이라고 판단하기 때문
　이다.
2 독일민주공화국(동독)이 존속했던 역사적 공간은 과거 신성로마제국의 프로테스탄트
　종교개혁 운동의 거점지역이었다는 사실은 동독 사회주의 체제와 동화되지 않으면서도

II. "Kirche im Sozialismus" 개념 규정

소련(Sowjetunion)의 정치적 후원 아래 1949년 10월 7일 독일 동부 지역에 수립되었던 독일민주공화국(Deutsche Demokratische Republik, DDR, 동독)은 1990년 10월 3일 역사의 무대 너머로 소멸될 때까지 교회를 동독 사회주의 체제의 이념적 적대자로서 간주하는 맑스-레닌주의 종교(기독교)정책을 강도 높게 시행했다. 그러나 이는 소련을 비롯한 동유럽 사회주의 국가들의 종교(기독교)정책과 유사하게 교회의 존재 자체를 즉시 소멸시키는 것이 아니라, 예배의식의 시행만을 공식적으로 보장할 뿐, 이외의 교회의 활동공간을 축소, 폐쇄시키면서 시도되었던 것이었다.[3] 예를 들자면, 예배 활동의 자유를 보장하되, 사회생활의 불이익을 제공함으로써, 점진적인 교회의 소멸을 의도한 것이었다고 추측해도 무방하다.[4]

이와 같은 시대적 상황을 염두하여, 동독 개신교회 지도자들은

협력적 관계를 통하여 독자적인 생존을 모색했던 동독의 개신교회의 역사를 해석할 수 있는 중요한 역사적 단서를 제공할 수 있다. 이와 관련하여 필자는 결과적으로 동독의 개신교회가 동독의 민주화 운동과 독일통일을 위하여 기여했다는 역사적 사실을 주목하며, 이를 억압적 공간 속에서 극적으로 표출된 루터의 종교개혁의 정신적 유산이라고 해석하고 싶다. 물론 이는 역사적 사실에 근거한 필자의 주관적-신학적 해석이다.

3 아마도 당시 동독 사회주의자들은 16세기 프로테스탄트 종교개혁 운동의 거점지역이 었던 동독지역의 뿌리깊은 종교적 정서, 특히 개신교회의 신앙적 정서를 진지하게 고려하지 않는다면, 사회주의 체제의 항구적 존속이 불가능할 것이라고 판단했을 것이다.

4 동독 사회주의 통일당(SED)은 기독교는 동독 사회주의 체제와 공존할 수 없는 이질적인 종교단체로서 규정하면서, 사회주의 체제로부터 공산주의 체제로의 이행기에 적합한 점진적인 종교(기독교)소멸전략을 전개했다. 사회주의 이념교육의 이수를 증명하는 '성년식'(Jugendweihe)을 통하여 개신교회 청소년들의 '견진교육'(Konfirmation)의 무력화를 의도했던 동독 사회주의 통일당(SED)의 교육정책은 이와 관련된 구체적인 실례로서 제시될 수 있을 것이다. Arnoldshainer Konferenz (Hg), *Was gilt in der Kirche? Die Verantwortung für Verkündigung und verbindliche Lehre in der Evangelischen Kirche* (Neukirchen:Neukirchener Verlag 1985), 42.

"Kirche im Sozialismus" 전략을 통하여 동독 사회주의 통일당(SED)이 시행했던 교회 활동공간의 축소 및 폐쇄전략에 대항하면서, 정치적 입장의 표명은 유보하되, 교회가 자유롭게 점유할 수 있는 최소한의 사회적 공간을 확보하고자 시도했다. 즉 본 전략을 통하여 교회가 사회주의 체제의 이념적 적대자이지만, 그럼에도 불구하고 비판적 협력자로서 동독 사회주의 체제의 공고화를 위하여 기여할 수 있다는 가능성을 제시하면서, 교회의 사회적 활동공간 확보에 주력했던 것이다. 이후 동독 사회주의 통일당과 동독 개신교회 사이의 긴장관계는 유화국면으로 돌입하게 된다.[5] 그러나 본 전략은 표면상 동독 개신교회의 동독 사회주의 체제로의 편입,[6] 더 나아가 기독교 복음과의 이념적 동일화를 추구했다는 비난 여론에 본격적으로 직면하게 된다.[7]

---

5 이는 스스로를 "디아스포라 교회"(Diasporakirche)라고 정의하며, 동독 사회주의 체제와의 대결 혹은 비판적 협력을 시도하지 않은 채, 일종의 게토로서의 교회(ein kirchliches Ghetto)가 되기만을 희망했던 가톨릭교회와는 전적으로 다른 행동방식을 취한 것이다.

6 동독 사회주의 통일당(SED)의 입장에서 바라볼 때, 본 문구 중 '사회주의'(Sozialismus)의 개념은 이상적인 사회주의가 아니라, 현실 사회주의, 즉 동독 사회주의 체제를 의미했기 때문에, 결과적으로 본 문구(Kirche im Sozialismus)는 개신교회가 동독의 국가권력을 장악한 사회주의 통일당(SED)을 합법적으로 인정한 것으로 이해되었다. Karl-Hermann Kandler, *Die Kirchen und das Ende des Sozialismus. Betrachtungen eines Betroffenen* (Asendorf: MUT-Verlag, 1991), 74: 2012년 3월 18일 제11대 독일연방대통령으로 선출된 요아킴 가우크(Joachim Gauck, 1940-, 동독 개신교회 목사)는 그의 자서전에서 이와 같은 당시 사회적 분위기에 대해 다음과 같이 전해주고 있다. "나를 비롯한 수많은 사람들은 이것(Kirche im Sozialismus)을 단순하게 공간적인 규정으로 이해하기를 원했습니다: 현재 우리는 더 이상 개혁될 수 없는 사회주의 국가인 동독 사회의 교회에 출석하고 있을 뿐입니다"("Viele in meinem Umfeld hielten es wie ich. Wenn, dann wollten die Formel -Kirche im Sozialismus- allein als Ortsbestimmung verstehen: Wir sind Kirche in der DDR, einem unreformierbaren sozialistischen Staat.") Joachim Gauck, *Winter im Sommer - Frühling im Herbst: Erinnerungen* (München: Siedler Verlag, 2009), 146.

7 이는 실제적으로 동독 사회주의 통일당의 수뇌부와 밀월관계를 형성했던 당시 동독 개신교회 지도부를 향한 교회 내부의 비판적 여론이었음을 감안할 필요가 있다. 폴커 레징

이에 대응하여 동독개신교회연맹 의장(BEK, Bund der Evangelischen Kirchen in der DDR, 1969-1981)으로 활동했던 베를린-브란덴부르크 (Berlin-Brandenburg) 지역 주교 알브레히트 쉔헤어(Albrecht Schönherr, 1911-2009)와 에어푸르트(Erfurt) 지역 감독으로서 활동했던 하이노 팔케(Heino Falcke, 1929-)와 같은 동독 개신교회의 주요 지도자들은 다음과 같은 문구들을 착상, 발표하며 "Kirche im Sozialismus" 전략이 사회주의와 기독교 가치의 동일화와는 무관하다는 사실을 강조하고자 했다:

"비판적 간격"(kritische Distanz), "비판적 연대"(kritische Soli- darität), "사회주의 사회 속에서의 성숙한 협력"(mündige Mitar- beit in der sozialistischen Gesellschaft), "보다 향상된 사회주의"(verbesserlicher Sozialismus).[8]

(Volker Resing)이 저술한 독일 총리 앙겔라 메르켈 평전은 당시 개신교회 지도자들의 동독 사회주의 통일당(SED)의 밀월관계, 즉 교회와 권력의 유착관계에 대한 비판적 여론의 분위기를 간략하게 소개하고 있다. Volker Resing, Angela Merkel. Die Protestantin (Leipzig: St. Benno-Verlag, 2009), 57f.: 현재 독일연방대통령인 요아킴 가우크(Joachim Gauck)는 2009년에 출판했던 그의 자서전에서 "Kirche im Sozialismus" 전략에 대한 자신의 평가를 피력하면서, 1971년부터 1984년까지 멕클렌부르크(Mecklenburg) 지역 주교를 역임했던 하인리히 라트케(Heinrich Rathke, 1928-)의 모범적인 사례를 제시하고 있다. 그의 증언에 의하면, 주교 하인리히 라트케는 "Kirche im Sozialismus" 전략의 역사적-신학적 정당성을 분명히 인지했음에도 불구하고, 재임기간 동안 이 문구를 전혀 사용하지 않았으며, 아울러 지역 주교라는 사회적 위치를 이용하여, 동독 사회주의 통일당(SED)과는 일체 접촉을 하지 않았다는 것이다. Joachim Gauck, *Winter im Sommer - Frühling im Herbst: Erinnerungen* (München: Siedler Verlag, 2009), 143-153.

8 지금까지 소개한 내용에 근거한다면, "Kirche im Sozialismus" 개념은 독일민주공화국 수립 이후 동독 사회주의 체제에 대한 동독 개신교회 신학자들의 신학적 개념규정의 긍정적 변화에 의거하여 형성된 개신교회의 자기정체성 인식이다.

부연하자면, 팔케(Heino Falcke)가 1972년 동독 개신교회 연맹 (BEK) 총회연설을 통하여 현실 동독 사회주의 체제보다 "보다 향상된 사회주의"(verbesserlicher Sozialismus)의 실현을 위한 비전(Vision)으로 서의 "Kirche im Sozialismus"의 미래적 의미를 해명했을 때, 이는 동독 사회주의 통일당(SED) 수뇌부의 분노를 야기했다. 왜냐하면 이 는 동독 사회주의 체제의 이념적 적대자로서, 점진적 소멸의 대상으 로서 간주되었던 개신교회가 역설적으로 앞으로 보다 향상된 이상적 인 사회주의 사회를 건설하겠다는 의지를 표명했기 때문이다.9

III. "Kirche im Sozialismus" 형성 과정

독일민주공화국 수립 이후 동독 개신교회는 1949년부터 1961년 까지 동독지역 목회자이었음에도 불구하고 독일 개신교회 협의회 (EKD, Evangelische Kirche in Deutschland) 의장을 역임하면서 동, 서독 개 신교회의 지도자로서 활동했던 오토 디벨리우스(Otto Dibelius, 1880- 1967)의 영향 아래, 동독 사회주의 체제와 대립하며, 배타적인 입장을 고수했다. 그러나 1950년대 말부터 약간의 신학적 인식의 변화가 감 지되기 시작되었다. 즉 교회의 고유한 영역만을 고수하면서, 동독 사 회주의 체제에 대하여 배타적인 입장을 취한다면, 지속적으로 동독 사회 내에서의 교회의 영향력의 축소만을 배태할 수 있다는 공감대가 형성되면서, 이 문제를 극복하기 위하여 일군의 지도급 신학자들은

---

9 Joachim Gauck, *Winter im Sommer - Frühling im Herbst: Erinnerungen* (München: Siedler Verlag, 2009), 146.

동독 사회주의 체제에 대한 긍정적인 신학적 규정을 시도하게 되었던 것이다.

지금까지 이와 같은 일련의 흐름을 "Kirche im Sozialismus"이 라는 문구로 축약하여 표현하고 있다. 뿐만 아니라 이는 1969년에 설 립된 동독 개신교회 연맹(BEK) 의장으로서 설립 당시부터 1981년까 지 활동했던 주교 알브레흐트 쉔헤어(Albrecht Schönherr)의 지도 아래 구상, 추진된 선교전략을 의미하기도 하면서, 동시에 사회주의 체제 와 공존해야만 했던 동독 개신교회를 상징하는 중요한 문구로서 회자 되기도 하였다. 이와 관련된 논쟁사를 다음과 같이 연대기적으로 간 략하게 소개하자면,

1) "동독 사회주의 체제 안에서의 그리스도인"(Christ in der DDR, 1957)

할레(Halle) 지역에서 청년지도목사로 활동했던 요한네스 하멜 (Johannes Hamel)은 1957년 "동독 사회주의 체제 안에서의 그리스도 인"(Christ in der DDR)이라는 글을 발표하면서, 이 글을 통하여 "이데올 로기에 근거하여 수립된 국가조차도 하나님께서 세우신 것"[10]이라고 주장한다. 이는 동독 사회주의 체제에 대하여 최초로 표현된 긍정적 인 견해로서, 중요한 역사적 의미를 지니고 있다. 그럼에도 불구하고, 이와 같은 긍정적인 인식 변화는 동독 사회주의 체제에 대한 전적인 긍정 혹은 순응을 의미한다고 볼 수 없다. 오히려 변화된 현실을 냉철 하게 인식하고, 새로운 교회의 생존전략을 모색해야 한다는 사실을

---

10 "Auch diejenige Obrigkeit, die sich von einer Ideologie her versteht, wird ihrer göttlichen Bestimmung nicht entrinnen können", Johannes Hamel, *Christ in der DDR* (Berlin: Vogt Verlag, 1957), 21.

신학적 진술을 통하여 역설한 것이라고 판단된다.

2) "독일민주공화국 내에서의 복음과 그리스도인의 삶"(Das Evangelium und das christliche Leben in der Deutschen Demokratischen Republik, 1959)

선도적으로 동독 사회주의 체제에 대한 긍정적인 인식의 변화를 촉구했던 하멜(Johannes Hamel) 목사의 입장을 계승하여, 1959년 연합 개신교회(Evangelische Kirche der Union, 루터교회와 개혁교회가 연합한 독일 의 개신교회 교단) 총회는 "독일민주공화국 내에서의 복음과 그리스도 인의 삶"(Das Evangelium und das christliche Leben in der Deutschen Demokratischen Republik) 문건을 발표하면서, 동독 사회주의 체제에 대 한 동독 그리스도인의 적대감 해소를 시도했다.[11]

---

11 본 문건의 핵심적 내용은 다음과 같다. "Unsere Freiheit in Christus erlaubt uns die Bereitschaft, in diesen neuen gesellschaftlichen Formen zu leben, so daß wir uns gegen ihre Durchsetzung - wo es ohne Sünde geschehen kann - nicht trotzig sperren und uns nicht an die bisherigen Besitz- und Berufsverhältnisse klammern. Es ist uns geboten, auch in neuen, und ungewohnten, oftmals beschwerlichen und auch Opfer und Verzicht erzwingenden Formen willig und aktiv mitzuarbeiten, um die Ernährung zu sichern, die Industrieproduktion zu halten und zu steigern, die Erzeugnisse zu verteilen, Häuser zu bauen, den Kranken zu helfen, die Gerichte bei der Findung des Rechts zu unterstützen und also in summa alles zu tun, damit Menschen auch in einer sich ändernden Umwelt in Frieden und Ordnung leben können und jeder das Seine erhalte"(그리스도 안에서 향유하는 우리의 자 유는 새로운 공동체 안에서 삶을 영위할 수 있도록 우리를 준비시키기 위하여 선사된 것입니다. 죄악이 범해지지 않는 한, 우리는 새로운 공동체의 건설을 방해하거나 혹은 지금까지의 기득권에 구속되지 않습니다. 우리에게는 매우 새롭고 생소한 가끔씩 매 우 괴롭고 희생과 포기를 자발적으로 강요하는 체제 안에서 능동적으로 노동을 하면 서, 경제를 성장시키고, 성과물을 분배해야만 하는 현실이 주어졌습니다. 즉 우리는 집을 지어야 하고, 병자를 돌보아야만 합니다. 또한 법원의 재판이 정의롭게 진행되도

3) "이타적 실존: 독일민주공화국 내에서의 말씀의 선포와 기도"(Pro-existenz: Verkündigung und Fürbitte in der DDR, 1959)

동베를린의 개신교 아카데미 학생위원회 위원장으로서 활동하며, 진보적인 평신도 여신학자로서 활동했던 엘리자베스 아들러(Elisabeth Adler, 1926-1997)는 1960년에 "이타적 실존 – 독일민주공화국 내에서의 말씀의 선포와 기도"(Pro-existenz-Verkündigung und Fürbitte in der DDR, 1960)라는 글을 발표했다. 그녀는 이 문건을 통하여 동독 사회주의 체제에 대한 무조건적 정당화가 아니라, 오히려 동독 그리스도인들이 삶을 영위해야만 하는 현실적인 삶의 환경이라고 간주하며, 새로운 그리스도인으로서의 삶을 모색하고 있다.[12] 그녀에 의하면, 비그리스

록 노력해야 하는 것입니다. 사람들이 변화된 세상 속에서 평화롭고 정돈된 삶을 영위하고, 그들의 재산이 보호받을 수 있도록 우리는 할 수 있는 모든 일을 해야만 하는 것입니다), Handreichung der Evangelischen Kirche der Union, *Das Evangelium und das christliche Leben in der Deutschen Demokratischen Republik* (Wittern/Ruhr, Als Manuskript gedruckt, 1959), 40f.

12 본 문건의 핵심적 내용을 소개하자면, 다음과 같다. "Wir wollen nicht die atheistische Bewegung als dämonische Allmacht überwerten, aber wir glauben an die königschaft des Christus über alle Bereiche unseres Lebens und dieser von ihm geliebten Welt. Daher versuchen wir ernst zu machen mit dem Wort aus Jeremia: Suchet der Stadt Bestes, Die umstrittene These von der Ko-Existenz wollen wir beantworten durch eine praktische Pro-Existenz. An die Stelle der theoretischen Auseinandersetzung mit dem Marxismus setzen wir die Bemühung, den Marxisten in seinem Denken und Wollen, in seinem positiven Handeln und in seiner Gebundenheit zu verstehen"(우리는 무신론자들의 활동을 악마의 권세의 흔적이라고 생각하고 싶지 않습니다. 그러나 우리는 모든 삶의 영역을 통치하시는 그리스도와 그분께서 이 세상을 사랑하신다는 사실을 믿습니다. 따라서 우리는 예언자 예레미야의 말씀을 진지하게 수용합니다. -너희는 내가 사로잡혀 가게 한 그 성읍의 평안을 구하고 그를 위하여 여호와께 기도하라- 우리는 타자를 위한 존재가 됨으로써, 논쟁 중에 있는 사회주의 체제와의 공존에 대해 응답을 하고자 합니다. 맑스주의와의 이론적 논쟁 대신 우리는 맑스주의자의 사고와 의지 그리고 정치적 행동과 한계를 이해하고자 합니다), Elisabeth Adler,

도인, 특히 공산주의자들과의 만남은 더 이상 교회의 활동공간을 위축시키지 않으며, 오히려 교회로서의 자기정체성을 강화한다.[13]

4) "동독 사회주의 체제 안에서의 그리스도인"(Der Christ in der DDR, 1960)

1960년대부터 동독 개신교회 지도자들은 로마서 13장에 대한 루터의 전통적인 해석에 근거하여 동독 사회주의 체제에 대한 긍정적 인식을 공식적으로 표명하기 시작했다. 1960년 독일 루터교회 연맹은 "동독 사회주의 체제 내에서의 그리스도인"(Der Christ in der DDR)이라는 문건을 발표하면서 동독 사회주의 체제를 동독 그리스도인들이 순종해야만 하는 국가권력이라고 묘사했다. 물론 이는 사회주의라는 이념에 대한 무조건적 긍정을 의미한다고 볼 수 없다. 오히려 사회주의 체제 내에서 인내해야만 하는 그리스도인의 삶의 자세를 강조하고 있다고 판단하는 것이 바람직할 것이다.[14] 이는 1960년 10월 4일에

Pro-Existenz - Verkündigung und Fürbitte in der DDR (Berlin: Vogt, 1961), 8f.

13 "Man hat gelernt, daß es in der DDR nicht darum gehen kann, als Christ zu überwintern, die Kirche hindurchzuretten durch eine Zeit atheistischer Angriffe... Man hat gelernt, daß man die Gemeinschaft mit Kommunisten und Halbkommunisten, mit Ängstlichen und Indifferenten außerhalb der Kirche nicht abbrechen darf, sondern sie suchen muß. Man hat gelernt, daß man keine Angst haben muß vor dem Kommunisten, ... sondern Angst vor der Sterilität der Kirche, vor dem Sterben der Kirche durch sie selbst"(우리는 무신론자들의 시대를 맞이하여 동독 그리스도인으로서 지금의 혹한기를 이겨내는 것이 중요한 것이 아니라는 사실을 배웠습니다…. 우리는 교회 외부의 영역 안에서 공산주의자들을 비롯한 타인들과의 사귐을 중단해서는 안 된다는 사실을 배웠습니다. 더 나아가 우리는 공산주의자들에 대하여 어떠한 걱정을 하지 말아야 하며, 오히려 교회가 무력하게 되거나, 소멸되는 것을 두려워한다고 배웠습니다), Ibid., 9.

14 본 문건의 핵심적 내용은 다음과 같다. "Der Christ hat untertan zu sein und durch

개최된 동독 최고인민회의에서 서기장으로 선출되었던 발터 울브리히트(Walter Ulbricht, 1893-1973)의 개회연설 중 인상적 발언("기독교와 사회주의가 추구하는 인도주의적 목표는 상호 대립되지 않는다")[15]으로 인하여 고무된 신학적 응답이었다고 판단된다.

1963년 개최된 동독 개신교회 컨퍼런스에 모인 독일 개신교회 지도자들이 1960년에 발표된 독일 루터교회연맹의 공식적 입장을 계승하여, 동독 개신교회의 지도자들이 "교회의 자유와 봉사에 대한 10개 조항"(Zehn Artikel von Freiheit und Dienst der Kirche, 1963)을 발표하면서, 사회주의 사회 또한 교회가 복음을 증언해야 하고 봉사해야 하는 공간이라는 사실을 강조했다.[16] 아마 1961년 베를린 장벽의 설치로 인

Erfüllung seiner bürgerlichen Pflichten zu dienen... Diese Haltung bedeutet nicht politischen Widerstand and auch nicht Republikflucht, sondern in christlichem Glauben und in christlicher Geduld ausharren in der Lage, in die Gott den Christen hineingestellt hat"(그리스도인은 시민으로서의 의무를 성실히 수행하면서, 섬기며 순종해야 합니다…..이와 같은 태도는 정치적 저항 혹은 서독으로의 이주를 의미하지 않습니다. 오히려 우리는 기독교 신앙을 통하여 하나님께서 그리스도인들에게 허락하신 상황 속에서 인내할 뿐입니다.), *Der Christ in der DDR*, Handreichung der Vereinigten Evangelisch-Lutherischen Kirche Deutschlands, Hg. vom Lutherischen Kirchenamt, Berlin 1961, 29f.

15 "Christentum und die humanistischen Ziele des Sozialismus sind keine Gegensätze." http://www.ekmd.de/geschichte/chronikkirchenddr/1951_1960/ (접속일자 2013. 9. 15).

16 본 문건의 핵심적 내용은 다음과 같다. "Wir haben in den jeweiligen gesellschaftlichen Verhältnissen zu prüfen, was Gott von uns will, und haben das nach seinem Willen Gute zu tun... In der Freiheit unseres Glaubens dürfen wir nicht von vornherein darauf verzichten, in der sozialistischen Gesellschaftsordnung zu unterscheiden zwischen dem gebotenen Dienst an der Erhaltung des Lebens und der gebotenen Verweigerung der atheistischen Bindung"(우리는 사회적 관계 안에서 하나님께서 우리에게 무엇을 원하시는가를 검증해야 하며, 그의 뜻에 따라 선한 일을 해야 합니다… 우리의 신앙의 자유 안에서 우리는 사회주의 사회 안에서 생명을 보존하기 위한 봉사의 삶과 무신론적인 강압적 전략에 대한 거부를 구별하여 신중하게 행동해야 할 것입니다), Kirchliches

하여 확산된 동독 사회 내의 절망적 분위기를 극복하면서, 동독 개신 교회 스스로 독자적 생존의 길을 모색해야만 했던 상황에 직면하면서, 동독 개신교회 지도자들의 해법으로 등장했을 것이다. 이를 통하여 동독 사회주의 체제와의 비판적 협력체계를 구축해야 한다는 개신교회 지도자들 사이의 공감대가 광범위하게 형성되었다.

5) "Kirche im Sozialismus" 선언

동독 사회주의 통일당(SED)은 1949년에 독일민주공화국 출범당시 바이마르(Weimar)공화국 헌법의 핵심적 내용을 계승했던 헌법을 보다 사회주의적인 요소를 가미하여 수정하는 작업에 착수, 그 해 4월 9일에 수정된 헌법을 공표한다. 이와 같은 사회적 상황 속에서 동독 개신교회 주교회의는 이에 관한 찬반투표를 실시하면서, 변화된 동독 사회의 현실을 긍정적으로 인정하는 공동의 입장을 표명하게 되었다. 이와 더불어 1945년부터 1970년까지 동독 튀링엔(Thüringen)주 주교를 역임했던 모리츠 미첸하임(Moritz Mitzenheim, 1891-1977)[17]이 1950년대부터 과감하게 주장했던 소위 "튀링엔의 길"(Thüringer Weg)이 개신교회 진영 내부에서 광범위한 공감대를 형성하기 시작했다. 동독 개신교회와 사회주의 통일당(SED) 사이의 상호협력을 과감하게 주장

Jahrbuch für die Evangelische Kirche in Deutschland 1963 (Gütersloh: Gütersloher Verlagshaus, 1963), 182.

17 그는 다음과 같이 자신의 목회자로서의 정체성을 표현하기도 했다. "Man nennt mich einen ‚roten Bischof'. Das ist recht so. Denn es gibt auch ein Rotes Kreuz"(사람들은 나를 붉은 주교라고 부른다. 이 말은 정당하다. 왜냐하면 십자가는 붉은 색이기 때문이다.), Peter Franz (Hrsg.), *Hinter der Mauer und doch frei* (Schkeuditz: GNN-Verlag, 1997), 14

했던 그의 교회정치적 전략은 1968년 동독의 새 헌법을 찬성했던 동독 개신교회 주교회의 선언문의 주제와도 일맥상통했다. 이 시기 동독 개신교회의 생존전략을 상징하는 "Kirche im Sozialismus" 문구가 본격적으로 회자되기 시작했다. 동독 개신교회 주교회의 선언문의 핵심적 내용을 다음과 같이 소개하자면,

> 사회주의 국가의 시민으로서 우리는 정의로운 공존의 삶의 형태로서의 사회주의 이념을 현실화시켜야만 하는 과제를 가지고 있습니다.[18]

6) 동독 개신교회연맹(BEK)의 신학적 인식

1969년 동독 사회주의 통일당에 의하여 강압적으로 독일개신교회협의회(EKD)로부터 동독 개신교회가 분리되면서, 동독개신교회연맹(BEK)이 창립되었다. 이후 서독 개신교회와의 공식적인 교류가 중단되는 상황에 직면하게 되면서, 동독 개신교회 연맹은 독자적 생존을 모색하며, 다음과 같이 설립목적을 명확하게 명시한다. 그중 1항을 소개한다면,

> 동독 개신교회연맹의 설립 목적은 1) 개교회와 총회 간의 관계의 심화, 2) 주 예수 그리스도의 뜻에 따른 그리스도인의 증언과 봉사를 공동으로 실천하며, 개교회 간의 협력관계 강화, 3) 왜곡된 교리에

---

18 "Als Staatsbürger eines sozialistischen Landes sehen wir uns vor die Aufgabe gestellt, den Sozialismus als eine Gestalt gerechteren Zusammenlebens zu verwirklichen", Kirchliches Jahrbuch für die Evangelische Kirche in Deutschland 1968 (Gütersloh: Gütersloher Verlagshaus, 1968), 181.

대한 공동대처.19

여기서 두 번째 설립 목적이 동독개신교회연맹의 주요한 관심사로서 부상하면서, 1970년에 개최된 동독 개신교회연맹은 이 사항을 중점적으로 부각시킨다. 이는 하나님의 말씀이 선포되어야만 하는 동독 사회주의 체제 안에서 교회는 증언과 봉사의 공동체로서 존재해야 한다는 당위적 현실을 함의한다.

동독 개신교회 연맹(Bund)은 교회가 동독 사회주의 사회 안에 존재하는 증언과 봉사의 공동체라는 사실을 증명해야만 할 것입니다.20

7) 최종적 입장: 순종과 저항을 넘어서

이상 소개한 내용에 근거한다면, "Kirche im Sozialismus" 전략

---

19 Artikel I Ordnung des Kirchenbundes
(1) Ziel des Bundes der Evangelischen Kirchen in der DDR ist, die diesen Kirchen vorgegebene Gemeinschaft und ihre in der Konferenz der Evangelischen Kirchenleitungen in der DDR geübte Zusammenarbeit zu vertiefen.
(2) Der Bund als ein Zusammenschluß von bekenntnisbestimmten und rechtlich selbständigen Gliedkirchen strebt an, in der Einheit und Gemeinsamkeit des christlichen Zeugnisses und Dienstes gemäß dem Auftrag des Herrn Jesus Christus zusammenzuwachsen.
(3) Mit seinen Gliedkirchen bejaht der Bund die von der ersten Bekenntnissynode in Barmen getroffenen Entscheidungen... Er hilft ihnen zur gemeinsamen Abwehr kirchenzerstörender Irrlehre. Hans-Jürgen Röder, "Kirche im Sozialismus", Die evangelischen Kirchen in der DDR, Reinhard Henkys (Hg.), (München: Chr. Kaiser, 1982), 69f.
20 "Der Bund wird sich als eine Zeugnis- und Dienstgemeinschaft von Kirchen in der sozialistischen Gesellschaft der DDR bewähren müssen", epd Dokumentation, 28/1970, 12.

은 동독 사회주의 체제 내에서 개신교회가 게토화되는 것을 방지하면서, 교회는 사회주의가 추구하는 궁극적인 이상사회 실현을 위하여 기여할 수 있으며, 이를 위하여 맑스주의자와 그리스도인이 상호 동반자가 될 수 있다고 천명한 것이라 다름이 없다. 다시 말하면, 사회주의 체제가 본래적인 이념적 이상향을 실현할 수 있도록 개신교회가 협력할 수 있다는 사실을 선언한 것이라고 해석해 볼 수도 있다. 그럼에도 불구하고 교회가 추구하는 하나님 나라와 사회주의 체제는 결코 동일화될 수 없다. 1971년 아이제나흐(Eisenach)에서 개최된 동독 개신교회 연맹총회에서 선언되었으며, 이후 쉔헤어(Albrecht Schönherr)가 선언했던 다음의 문장은 "Kirche im Sozialismus"가 추구하는 이념적 중립의 가치를 명쾌하게 해명하고 있다.

> 우리는 교회가 사회주의 체제와 함께, 혹은 사회주의 체제와 대립하여 존재하는 것이 아니라 사회주의 체제 안에 존재하기를 희망할 뿐입니다(Wir wollen Kirche nicht neben, nicht gegen, sondern Kirche im Sozialismus sein).[21]

뿐만 아니라 이와 관련하여 막데부르크(Magdeburg) 주교 베르너 크루세(Werner Krusche, 1917-2009)의 견해를 소개하고 싶다. 그에 의하면, 각자 지향하는 목표는 상이하지만, 진행과정 속에서 일시적으로 형성된 잠정적인 협력관계는 가능할 수 있다. 이와 관련하여 그가 1976년 할레(Halle)에서 개최된 교회의 날(Kirchentag) 행사에서 선언한 내용은 다음과 같다.

---

21 epd Dokumentation 34/1971, 14.

정치적 영역에서 우리의 협력이 기대되고 있다는 인상을 받습니다. 이는 우리가 본질적인 그 무엇인가를 수행해야 한다는 의미는 결코 아닙니다. 우리만이 할 수 있는 사회적 공헌 또한 우리만의 독특한 동기부여를 통하여 이루어지는 것입니다. 즉 우리는 당이 노동자 계급에게 요구하는 것과는 다른 동기를 가지고 협력해야 합니다. 결과적으로 우리는 다른 사람들처럼 행동해야 하는 것입니다. 이를 위하여 복음은 실천을 위한 자극을 주기도 하지만, 우리가 고려해야만 하는 범주와 주안점을 제공해 줍니다. 이는 내용적인 해법과 결단으로 인도합니다. 우리는 이와 같은 전제 위에서 맑스주의자와의 만남을 가졌지만, 그럼에도 불구하고 항상 이는 유효한 것만은 아닙니다.[22]

---

22 "Im Bereich des Politischen haben wir oft den Eindruck, daß unsere Mitarbeit durchaus erwünscht ist, aber nicht in dem Sinne, daß wir substantiell etwas Eigenes beizutragen hätten. Was wir als eigen einbringen dürfen, ist unsere eigengeartete Motivation; und es wird als selbstverständlich angesehen, daß wir mit dieser anderen Motivation dann doch genau das tun, was die Partei der Arbeiterklasse festgelegt hat. Im Ergebnis sollen wir dasselbe tun wie die anderen, nur daß es anders motiviert ist. Das Evangelium gibt aber nicht nur Impulse zum Handeln, sondern auch Kriterien und Sachgesichtspunkte, die bei unserem Handeln berücksichtigt sein wollen. Das kann dann in Ergebnis durchaus zu inhaltlich denselben Lösungen und Entscheidungen führen, wie sie die Marxisten aufgrund ihrer Voraussetzungen getroffen haben, muß aber nicht." Werner Krusche, Gottes Wege führen weiter, epd Dokumentation 12/1977, 13: 이미 1972년에 동독 개신교회연맹 총회에서 하이노 팔케(Heino Falcke)는 "해방자 예수"(Christus befreit)라는 제목의 강연을 통하여 이와 유사한 내용을 언급했다. 핵심적인 내용을 소개하자면 다음과 같다. "Wir dürfen glauben, daß auch die sozialistische Gesellschaft unter der Herrschaft des befreienden Christus ist... Weder von sozialisten noch von Antikommunisten können wir es uns nehmen lassen, unsere Gesellschaft im Licht der Christusverheißung zu verstehen. So werden sir frei von den Fixierung auf ein Selbstverständnis des Sozialismus, das nur noch ein pauschales Ja oder ein ebenso pauschales Nein zuläßt. Christus befreit aus der lähmenden Alternative zwischen prinzipieller Antistellung und unkritischem Sich-vereinnahmen-lassen zu konkret unterschiedener Mitarbeit"(우리는 우리를

이는 동독 사회주의 체제에 대한 절대적 긍정 혹은 부정, 즉 무비판적 순응 혹은 급진적 거부를 의미하지 않는다. 부연하자면, 독일민주공화국(DDR)의 사회주의 이념과 복음이 추구하는 가치와 공유될 수 있는 부분이 발견된다면, 양자 간의 비판적 상호협력의 가능성은 존재할 수 있지만, 그럼에도 불구하고 사회주의 이념과 기독교 복음은 상호 혼동될 수 없다는 사실을 천명한 것이다. 이와 관련하여 쉔헤어(Albrecht Schönherr)는 1979년 베를린-브란덴부르크 지역에서 개최된 독일 개신교회연맹(BEK) 총회 개회연설에서 다음과 같이 주장했다.

체제 순응은 매우 위험스럽습니다. 정치권력은 교회가 무력해지도록 유혹할 수 있기 때문입니다. 반면에 체제거부 또한 위험스럽습니다. 왜냐하면 현 정부가 전체주의를 추구하는 무신론자들로 구성되어 있고, 잘못된 교조주의에 사로잡혀 있다는 왜곡된 신념에 근거한 것이기 때문입니다.[23]

해방시키시는 그리스도의 통치 아래 사회주의 사회가 존재한다고 믿을 수 있습니다. 사회주의자 혹은 반공주의자들을 통하여 그리스도의 약속의 빛 속에 존재하는 우리 사회를 바라보지 않습니다. 따라서 우리는 경직된 사회주의 이념으로부터 해방되었습니다. 이에 대하여 예와 아니오로 대답할 따름입니다. 그리스도께서는 우리를 원칙적인 반대와 무비판적인 수용 중에 선택해야만 하는 무기력한 상황으로부터 이와 구별된 구체적인 행위를 할 수 있도록 해방시켜 주셨습니다), Heino Falcke, *Christus befreit—darum Kirche für andere*, epd Dokumentation 30/1972, 10.

23 "Die Gefahr der Anpassung ist darum so groß, weil die Macht gerade eine machtlos gewordene Kirche verlocken könnte... Die Gefahr der Verweigerung beruht auf der falschen Überzeugung, daß ein im Kern atheistisches und totalitäres Regime überall und immer nur Falsches hervorbringen könne", Albrecht Schönherr, "Auftrag und Weg der Kirche Jesu Christi in der sozialistischen Gesellschaft der DDR", epd Dokumentation 37/1979, 6: 이와 관련하여 1975년 쉔헤어(Albrecht Schönherr)는 독일이 1933년-1945년 동안 히틀러가 주도했던 국가사회주의 독일노동자당(Nationalsozialistische Deutsche Arbeiterpartei: NSDAP)의 독재체제로부터 해방된 역사적 사건을 기념

IV. "Kirche im Sozialismus"에 대한 역사적-신학적 성찰

콘스탄티누스 대제의 기독교 개종 이후 정착된 유럽 대륙의 전통적인 국가교회 체제는 현재까지도 종교적 중립을 표방하는 헌법조항에도 불구하고 존속하고 있다. 특히 유럽 대륙에 있어서 국가교회 제도는 결코 포기될 수 없는 중요한 사회제도로서 지금까지도 간과할 수 없는 사회적 영향력을 발휘하고 있다. 이와 관련하여 본 논문이 시도하는 독일민주공화국(DDR) 존속기간(1949-1990) 동안 불가피하게 생존을 모색하며 스스로 국가교회로서의 정체성을 포기해야만 했던 동독 개신교회의 "Kirche im Sozialismus" 전략 연구는 그 전제로서 기본적으로 유럽사회 안에 정서적으로 뿌리 깊게 정착된 국가교회 제도에 대한 이해를 요구할 수밖에 없다. 왜냐하면 당시 동독 개신교회가 직면했던 역사적 상황은 동독 사회주의 통일당(SED)의 맑스-레닌주의 종교(기독교)정책으로 인하여, 전통적인 국가교회로서의 사회적 위치를 포기하게 되면서 소수파로서 생존해야만 했던 위기상황이었기 때문이다.[24] 쉔헤어(Albrecht Schönherr)는 다음과 같이 당시 상황을

하는 30주년 기념식에서 다음과 같이 선포하며, 동독 사회주의 체제에 대한 현실적 긍정과 사회주의 이데올로기의 전폭적 수용은 상호무관하다는 사실을 천명하고 있다. "Wenn es um eine gerechtere, friedlichere und freundliche Welt geht und wenn wir wissen, daß daran mitzuwirken Gottes Wille ist, dann brauchen wir die Grenzen der Ideologie nicht ernster zu nehmen als die gemeinsame Aufgabe"(만일 우리가 정의롭고 평화로운 그리고 우리에게 친근한 세상 만들기에 관심을 가진다면 그리고 이를 위하여 하나님의 뜻에 따라 행동해야 한다는 사실을 알고 있다면, 우리는 이데올로기를 진지하게 수용하지 않아야 할 과제를 가지고 있습니다), Albrecht Schönherr, "Erinnerung und Vermächtnis", *Horizont und Mitte* (Leipzig, Evangelische Verlagsanstalt, 1979), 269.
24 독일민주공화국 수립되었을 때, 전체 인구의 약 80%에 육박했던 기독교 인구는 1989

묘사하고 있다.

> (동독) 그리스도인들은 (과거 국가교회로서 향유했던) 기득권을 포
> 기하고 (겸손한) 사역의 방식을 습득해야 합니다…..그들은 이전과
> 는 달리 사회적 영향력을 상당부분 상실한 소수그룹으로 전락했습니
> 다.[25]

이상 기술된 내용에 대한 이해를 돕기 위하여, 동독 개신교회가 국
가교회로서의 기득권을 포기해야만 했던 역사적 배경에 대해 다음과
같이 대략적으로 살펴보고자 한다. 독일민주공화국(DDR) 헌법에 의
하면, 표면상 동독 시민들은 신앙과 양심의 자유를 소유할 수 있었지
만, II장 서두에서 이미 언급한 것처럼, 예배 참석 이외에 실질적인 종
교의 자유를 향유할 수 없었다. 뿐만 아니라 독일 개신교회가 2차 세
계대전 동안 국가사회주의자들의 전쟁범죄를 방조 그리고 지지했다
는 사실 또한 동독 사회주의 체제와 공존할 수 없는 이념적 적대자로
서 간주될 수 있는 충분한 역사적 근거를 제공했다. 이와 같은 상황
속에서 동독 개신교회는 독일민주공화국이 수립된 이후, 극단적 저항
의 대상으로 간주할 수밖에 없었다. 따라서 그 시기를 월동기로서 파
악하고, 혹한의 시기를 인내하며 극복한다면, 조만간 분단된 독일이
통일이 되어 새로운 희망의 시대가 도래할 것으로 기대했다.[26] 그러

년 동독 사회주의 체제가 붕괴될 때에는 10%에 불과할 정도로 대폭적인 감소가 이루
어졌다.

25 "Sie müssen lernen, ohne Privilegien zu leben... Die Christen sind eine
Gruppe geworden, die sich leichter als früher dahin stelln kann, wohin sie
gehört – zu den Ohnmächtigen", Albrecht Schönherr, Kirche als Gemein-
schaft von Lernenden, epd Dokumentation, 52/1974, 92.

나 베를린 장벽 설치 이후 이와 같은 희망의 실현가능성이 희박해지면서, 동독 개신교회 지도부는 동독 사회주의 체제 내에서의 독자적 생존의 가능성을 모색하게 되면서, "Kirche im Sozialismus" 전략을 구상하게 된다. 이는 "Kirche im Sozialismus"의 시대사적 의미를 해명할 수 있는 중요한 컨텍스트적 단서가 될 수 있다고 생각한다.27

그럼에도 불구하고 동독 개신교회의 "Kirche im Sozialismus" 전략을 단순하게 위기국면을 타개하기 위한 전략적 시도라고 평가할 수만은 없다. 오히려 이는 기독교인이 사회주의 체제 하에서 그들의 신앙의 권리에 대한 침해 없이 성숙한 동독 사회의 구성원으로 삶을 영위할 수 있을 것인가에 대한 신학적 질문으로서 이해되어야 한다. 즉 동독 사회주의 체제 하에서 교회의 자기정체성을 유지하면서, 동시에 타자, 즉 이질적인 사회주의 체제를 긍정하도록, 그리스도인의 삶의 방식을 현실화시키고자 했던 동독 개신교회의 불가피했던 생존 전략으로 간주하는 것이 바람직하다고 생각한다.

뿐만 아니라 이는 복음의 선포가 교회라는 폐쇄적인 공간 너머 교회 외부의 영역, 즉 사회공동체의 영역으로 확대되어야 한다는 사실

26 Hans-Jürgen Röder, "Kirche im Sozialismus", Die evangelischen Kirchen in der DDR, Reinhard Henkys (Hg.), (München: Chr. Kaiser, 1982), 63: 당시 독일 개신교회 협의회(EKD)를 통하여 서독 개신교회의 밀접한 관계를 유지했던 동독 개신교회는 사회주의화된 독일 동부지역 현실인식을 시도하지 않고 독일의 전통적인 국가교회의 위상을 고수하면서, 오로지 마지막 날(Tag X)을 기다리는 인내의 자세만을 강조했던 것이다. Martin Fischer, Wegemarken. Beiträge zum Kampf um unseren Weg (Berlin: Lettner Verlag, 1959), 387.

27 과거 동독 개신교회연맹(BEK) 사무총장을 역임했던 만프레드 스톨페(Manfred Stolpe, 1936-)에 의하면, 이는 독일민주공화국 수립 이후 격화된 동독 사회주의 통일당(SED)과 개신교회의 갈등을 봉합하기 위하여 착상된 개념으로서, 약화된 국가교회로서의 위상을 극복하기 위한 교회정치적 전략이었다. Heino Falcke, "Kirche im Sozialismus", Kirchen in der Diktatur. Drittes Reich und SED-Staat. Fünfzehn Beiträge (Göttingen: Vandenhoeck und Ruprecht, 1993), 259-281.

을 함의할 수 있다. 왜냐하면 교회가 사회주의 체제를 이념적 적대자로서 지속적으로 간주한다면, 복음의 선포는 교회라는 폐쇄적 영역 안에서만 유효하게 되며, 결과적으로 교회의 대사회적 영향력 축소로 귀결되기 때문이다. 오히려 교회와 세계를 구분하는 이분법적 논리로부터 탈피하여, 교회 외부의 세계 또한 하나님께서 통치하시는 공간으로 이해하며, 그 안에서 교회가 기여할 수 있는 긍정적인 역할을 모색하는 것이야말로 무신론자들의 세계 안에서 교회의 자기위축을 극복할 수 있는 유일한 해법일 수 있다. 이와 관련하여 1973년 쉬베린(Schwerin)에서 개최된 동독 개신교회 연맹총회의 선언문은 매우 중요한 의미를 내포할 수 있다.

> 사회주의 체제 안에 존재하는 교회는 기독교 시민과 교회가 사회주의 사회 안에서 확고한 신앙의 자유 안에서 전체 모든 사람들을 위하여 최선의 것을 추구할 수 있는 길을 발견할 수 있도록 도와줍니다.[28]

여기서 다음과 같은 진지한 질문이 제기될 수 있다. 어떻게 교회가 무신론자의 입장을 견지하며 기독교에 적대적인 동독 사회주의 체제를 상대적으로 긍정할 수 있는가? 이는 기독교에 적대적인 맑스-레닌주의의 종교(기독교)관의 근본적 폐기를 요구하지 않는 채, 실제적인 삶의 영역 안에서 기독교가 추구하는 보편적인 삶의 가치와 사회주의

---

28 "Kirche im Sozialismus wäre die Kirche, die dem christlichen Bürger und der einzelnen Gemeinde hilft, daß sie einen Weg in der sozialistischen Gesellschaft in der Freiheit und Bindung des Glaubens finden und bemüht sind, das Beste für alle und für das Ganze zu suchen." epd Dokumentation 25/1973, 4.

가 궁극적으로 추구하는 가치가 공유되는 한, 사회주의 체제와의 비판적인 협력적 관계를 구축할 수 있다는 것을 의미할 수 있다. 다시 말하면, 이는 사회주의 체제 내에서의 기독교 복음의 증언과 봉사의 사역을 수행하기 위한 새로운 신학적 시도라고 이해되어야 한다. 기독교 복음의 본질적 왜곡이 아니라, 사회주의 체제 또한 기독교 복음이 선포되어야만 하는 삶의 영역이라는 사실을 현실적으로 체감한 것이다.

쉔헤어(Albrecht Schönherr)에 의하면, 동독 사회주의 체제 내에서 개신교회는 국가교회로서의 권위와 기득권을 포기한 채, 하나님과 이웃을 향한 그리스도인의 삶의 방식을 모색해야 한다.[29] 즉 증언과 봉사의 공동체로서의 개신교회는 더 이상 국가교회로서의 지도적 위치를 점유하는 것이 아니라, 비국가교회로서 국가를 선교의 대상으로서 간주하며, 동시에 효과적인 선교사역을 위하여 사회적 여론을 수시로 경청하는 겸손한 배움의 자세를 습득해야만 하는 상황에 직면한 것이다.[30] 이와 관련된 하이노 팔케(Heino Falcke)의 발언을 소개하자면 다음과 같다.

---

[29] "Wir bejahren die im Bericht der Kirchenleitungen gegebene Auftragsbestimmung für den Bund der Evangelischen Kirchen in der DDR, die mit den Stichworten Umkehr zu Gott, Hinwendung zum Nächsten und Verzicht auf Privilegien gekennzeichnet wird." Albrecht Schönherr, epd Dokumentation, 28/1970, 12.

[30] 이와 관련하여 쉔헤어(Albrecht Schönherr)가 1977년 11월 6일 서독 자브뤼켄 (Saarbrücken)에서 개최된 독일 개신교회 협의회 총회에 참석하여 남긴 명언은 매우 의미심장하다. "Auch ein Staat, der sich ausdrücklich zum Marxismus-Leninismus bekennt, ist kein weißer Fleck auf der Landkarte seiner Erde"(맑스-레닌주의를 신봉하는 국가 또한 그(하나님)의 지도 안에서는 결코 숨겨진 땅이 아닙니다.), epd Dokumentation 5/1978, 5.

세속화된 사회 속에서 교회는 더 이상 전폭적인 신뢰를 받을 수 없으며, 제도적 권위 또한 소유할 수 없습니다. 우리는 삶을 영위하는 동안 오직 사회적 여론을 경청할 뿐입니다.[31]

이상과 같이 공식적으로 표명된 신학적 견해 속에서 대부분 루터교회로 구성된 동독 개신교회가 전통적으로 견지했던 루터의 두 왕국론[32]의 사상적 흔적이 발견될 수 있다. 이는 세계(율법)와 교회(복음) 공간은 하나님의 통치방식이 상이할 뿐, 하나님의 통치의 영역 안에 존재한다는 루터의 교회-국가 이론이 동독 사회주의 체제 안에서 "Kirche im Sozialismus"의 형태로 새롭게 부활한 것이라고 해석할 수 있다.[33] 아울러 바르트와 본회퍼의 신학적 영향 또한 간과할 수 없다. 1934년 바르트의 주도 아래 작성, 선언된 바르멘 선언(Barmer Theologische Erklärung)에서 표명된 국가적 이념으로부터 독립된 교회상과 성숙한 세계 안에서의 비종교적 기독교(Religionsloses Christentum) 이념 및 "Kirche für andere"(타자 혹은 이웃을 위한 교회)라는 이상적인 교회상을 주장했던 본회퍼의 신학사상이 "Kirche im Sozialismus" 전

---

31 "In unserer säkularen Gesellschaft kann sich die Kirche nicht Vorschuß an Vertrauen und eine Vorgabe an institutioneller Autorität stützen. Nur was wir selber leben, wird Gehör finden." Heino Falcke, Christus befreit - darum Kirche für andere, epd Dokumentation 30/1972, 9.

32 "루터의 두 왕국론"이라는 개념규정 자체는 부적합한 표현이다. 왜냐하면 루터는 현실적인 정치적 문제에 직면하여, 율법과 복음으로 통치되는 세계와 교회에 대하여 언급했을 뿐, 체계적으로 이론화시키지 않았다. "두 왕국론"은 20세기에 이르러 통용된 신학적 개념이다.

33 Detlef Pollack, "Kirchliche Eigenständigkeit in Staat und Gesellschaft der DDR," Evangelische Kirche im geteilten Deutschland (1945-1989/1990), Claudia Lepp / Kurt Nowak (Hg.), (Göttingen: Vandenhoeck und Ruprecht, 2001), 188f.

략 구상의 중요한 신학적 동기가 되었기 때문이다. 특히 후자(본회퍼)
의 경우, 동독 개신교회가 직면했던 매우 이질적인 사회주의 체제를
신학적으로 긍정할 수 있는 중요한 해석학적 단서를 제공하면서, 보
다 향상된 사회주의 사회 건설을 위한 동독 개신교인들의 자발적 참
여 및 비기독교인들과의 만남과 협력의 가능성을 제시해 주었다.34
이와 관련하여 1956년 독일 개신교회 협의회(EKD) 총회에서 표명된
코트부스(Cottbus) 지역 감독 귄터 야곱(Günter Jakob, 1906- 1993)의 신학
적 입장은 동독 개신교회가 직면한 시대적 상황에 대해 분명하게 설
명하고 있다.

> 예수 그리스도의 교회가 걸어가야 할 참된 길, 즉 미래에 대한 질문은
> 후기 콘스탄티누스 시대(기독교를 공인했던 콘티탄티누스 대제로
> 인하여 정착된 국가교회제도가 붕괴된 이후)와 관련하여 동, 서독 사
> 회 내에서 공통으로 중요한 의미를 지닐 수밖에 없습니다. 특히 동독
> 사회 내에서 우리는 더 이상 과거 전통적인 국가교회 모델에 집착해
> 서는 안 됩니다.35

---

34 Hans-Jürgen Röder, "Kirche im Sozialismus", Die evangelischen Kirchen in
   der DDR, Reinhard Henkys (Hg.), (München: Chr. Kaiser, 1982), 71f.
35 "Die der Zukunft zugewandte Frage nach dem echten Weg der Kirche Jesu
   Christi in einer solchen nach konstantinischen Epoche muß uns also als
   Frage gemeinsam im Osten und im Westen bewegen. Im Osten sollten wir
   uns nicht mit einer reaktionären Haltung an die Modelle der Vergangenheit
   fixieren", Günter Jakob, Der Raum für das Evangelium in Ost und West,
   Kirchliches Jahrbuch für die Evangelische Kirche in Deutschland 1956
   (Gütersloh: Bertelsmann, 1957), 10.

V. 글을 정리하며

동독 사회주의통일당(SED)은 동독 개신교회의 "Kirche im Sozialismus" 전략을 개신교회의 사회주의 체제로의 순응이라고 이해하면서, 이를 통하여 동독 개신교회를 사회주의 사회의 건설을 위한 협력자로서 간주하게 되었다.36 동독 개신교회의 소위 위기국면 출구전략으로서 구상, 시행되었던 "Kirche im Sozialismus"는 동독 사회주의통일당(SED)의 종교(기독교) 정책을 실용적으로 변화시키는 중요한 계기가 되었기 때문이다.37 그럼에도 불구하고 동독 사회주의통일당(SED)은 동독 개신교회와의 이념 갈등 극복을 위한 본질적 의미의 상호소통, 예를 들자면, '기독교와 맑시즘의 대화'와 같은 대화 프로그램은 시도하지 않았다. 오히려 동독 개신교회가 사회주의 사회건설을 위하여 기여할 수 있도록, 실제적인 사회적 사안과 관련된 협력만을 요구했다. 이와 관련된 실례로 동독 개신교회는 디아코니아(Diakonia, 사회

---

36 Hans-Jürgen Röder, "Kirche im Sozialismus", *Die evangelischen Kirchen in der DDR*, Reinhard Henkys (Hg.), (München: Chr. Kaiser, 1982), 78.

37 이와 같은 동독 사회주의 통일당의 점진적 입장변화는 1978년 3월 동독 서기장 에리히 호네커(Erich Honecker, 1912-1994)와 동독 개신교회 연맹 지도자와의 간담회에서 분명하게 피력되었다. 간담회에 참여했던 당시 동독 개신교회연맹(BEK) 사무총장이었던 만프레드 스톨페(Manfred Stolpe, 1936-)는 간담회 결과를 다음과 같이 요약했다. "Der Kirche ist heute als eigenständiger Größe in aller Form gesellschaftliche Bedeutung und Mitspracherecht zuerkannt worden. Ihre eigene Mitverantwortung für die Zukunft aller ist unbestritten. Die Kirche wird demzufolge heute nicht als Institution des Klassengegners, sondern als eigenständige gesellschaftliche Kiraft gewesen"(교회는 중요한 사회적 사안과 관련하여 공동결정권을 가진 독자적인 영역을 확보한 공간으로서 인정받았습니다. 즉 미래를 향한 교회의 사회적 책임은 결코 부정될 수 없기 때문에 오늘날 교회는 노동자 계급의 적이 아니라, 독자적인 사회적 영향력을 가진 기관이 된 것입니다), Manfred Stolpe, "Kirche, Staat und Welt. Kirche im Sozialismus," *Sonderheft zum Hamburger Kirchentag, Juni, 1981* (Gütersloh: Gütersloher Verlagshaus, 1981), 15.

봉사) 사역을 통해 사회주의 사회 건설을 위한 중요한 종교기관으로서의 고유 역할을 수행했다. 아울러 개신교회가 독자적인 종교기관으로서 동독 사회 내에서 합법적으로 인정받게 된 후, 공식적인 교회 언론기관을 활성화시킴으로, 내부적인 소통망을 안정적으로 구축했다.

결과적으로 동독 개신교회의 "Kirche im Sozialismus" 전략은 이후 동독 사회주의 체제의 붕괴를 위하여 결정적인 기여를 하게 된다. 왜냐하면 본 전략을 통하여 1970년대 독자적인 활동공간을 확보했던 동독 개신교회는 1980년대 이후 본격적으로 시작된 반전평화운동 및 동독 민주화 운동을 위하여 중요한 조직적 기반을 제공할 수 있었기 때문이다. 베를린 장벽 붕괴 이후 1989년 12월 7일 혼란한 민심 수습을 위하여 과도기적 민간통치기구로서 결성되어 1990년 3월 18일 자유선거가 실시될 때까지 동독 정국을 주도했던 중앙원탁회의(Zentraler Runder Tisch)에 동독 개신교회 지도자들이 대거 참여했다는 사실38 또한 이를 방증한다.

마지막으로 1990년 3월 18일 실시된 자유선거를 통하여 선출된 동독의 마지막 총리 로타 드메지에르(Lothar de Maizière, 1940-)가 베를린 장벽이 붕괴된 지 20년이 지난 2009년에 지난날을 회고하며, 동독 개신교회에 대하여 언급했던 내용을 소개하고자 한다. 그는 동독 사회주의 통일당(SED)의 블록정당(Blockpartei)이었던 동독 기독민주당(CDU) 출신으로서 개신교회를 조직적 기반으로 활용하면서 정계에 입문했던 동독 정치인이었기 때문에, 그의 역사적 회고는 이 글과 관련하여 매우 중요한 역사적 통찰을 제시해 줄 수 있을 것이다. 왜냐하면 사회주의 이념과 기독교적 가치를 동시에 추구했던 한 동독 정치

---

38 Rudolf Mau, *Der Protestantismus im Osten Deutschlands (1945-1990)* (Leipzig: Evangelische Verlaganstalt, 2005), 208-210.

인의 "Kirche im Sozialismus" 전략에 대한 객관적 평가가 자연스럽게 반영되어 있기 때문이다.

동베를린 주재 서독 상주대표부 초대연락관이었던 귄터 가우스(Günter Gaus)는 동독 사회주의 체제를 '빈 공간이 존재하는 사회'(Nischengesellschaft),[39] 즉 폐쇄적인 조직체계로 구성되어 있음에도 불구하고 내부에는 개인의 사상과 표현의 자유를 향유할 수 있는 사회적 공간이 존재하는 곳이라고 정의했습니다. 동독 사회주의 체제 내부에 존재했던 자유로운 사회적 공간 중 하나는 교회였습니다. 동독지역이 다른 지역보다 기독교 전통이 깊게 뿌리 내린 곳이었기 때문에, 동독 사회 내에서 교회는 중요한 역할을 수행했습니다… 600만 명의 동독 그리스도인들이 없었다면 동독 사회주의 사회는 건설될 수 없었을 것입니다. 오늘날 우리는 이와 같은 상황을 사회주의 체제 안에 존재하는 교회(Kirche im Sozialismus)의 모습이라고 말하고 있습니다… 사회주의 체제가 한 인간의 자유로운 삶의 공간을 위협하는 상황 속에서 교회사역은 과감하게 수행되었습니다….[40]

---

39 동독 신학자 에어하르트 노이베르트(Ehrhart Neubert)는 동독 사회주의 체제 내에서의 교회의 존재 의미를 다음과 같이 규정했다. "동독 사회 내에서 교회는 개인의 종교성이 살아 숨쉬는 빈 공간(Nische) 및 피난처였으며, 특별한 문화적 공간이었다." Ehrhart Neubert, *Eine protestantische Revolution* (Osnabrück: KONTEXTverlag, 1990), 79.

40 Volker Resing, *Angela Merkel. Die Protestantin* (Leipzig: St. Benno-Verlag, 2009), 6f.

제3부

츠빙글리의 종교개혁에 대한 역사적-신학적 탐구

제 8 장

츠빙글리의 역병가(Pestlied)* 연구

I. 글을 시작하며

스위스 종교개혁자 츠빙글리는 1519년 1월 1일 스위스 취리히 그
로스뮌스터 성당의 주임사제로 취임하면서, 전통적인 로마-가톨릭
교회의 교회력에 따른 성서일과를 준수하지 않고, 신, 구약성서 주해
설교를 시도함으로써, 자신만의 독특한 차별화를 시도했다. 그러나
그때까지 츠빙글리가 자신을 종교개혁자로서 명확하게 자기정체성
을 확신했다고 볼 수 없다. 이와 관련하여 통상적으로 츠빙글리 연구

---

* Pest(독일어)를 '역병'(疫病)이 아니라 '흑사병'(黑死病)으로 번역하고, 아울러 본 논
  문의 제목을 '흑사병(黑死病, Pest)을 극복한 이후의 찬양시(Pestlied)'라고 수정하는
  것이 본 논문이 논증하고자 시도하는 핵심적 내용을 고려하여 볼 때, 바람직하다고 생각
  한다. 그러나 필자는 Pestlied의 번역과 관련하여, 츠빙글리의 종교개혁 신학을 소개할
  때 일반적으로 통용되고 있는 '역병가'라는 표현이 언어적 관습상 좀 더 적합하다고 판
  단하였다.

가들은 그의 역병가를 통하여 고찰하여 볼 때, 그의 종교개혁자로서의 전향이 1519년 여름 스위스 전역을 휩쓸었던 흑사병에 전염된 후, 투병과정 속에서 실현되었다고 판단한다. 그러나 이 글은 이에 대하여 다소 회의적인 입장을 표출하며, 역병가 작성연대에 대하여 의문을 제기했던 아르투어 리히(Arthur Rich)의 견해를 중점적으로 소개하며, 루터의 탑체험과 대비되는 그의 흑사병 극복의 체험과 그의 종교개혁자로서의 전향과정 사이의 연관성에 대하여 당시 역사적 컨텍스트를 염두하며 추적하고자 한다.

　필자는 츠빙글리가 루터의 종교개혁 사상의 직접적 영향을 받은 것이 아니라, 자신만의 고유한 신학사상을 착상, 발전시켰다는 사실을 전제한 후 본 연구를 전개하고자 한다. 즉 루터의 종교개혁 사상의 핵심적 주제가 인간의 의와 대비되는 '하나님의 의'의 발견이었다면, 츠빙글리에게 있어서 핵심적인 신학적 화두는 '하나님의 섭리와 그의 도구로서의 인간'이었음을 논증하고자 한다. 이 글은 에라스무스의 기독교 인문주의 운동의 사상적 영향을 받은 츠빙글리가 루터와는 상이한 방식으로 이를 창조적으로 극복했는가에 대하여 1519년 12월에 작성된 그의 역병가를 중심으로 고찰할 것이다. 최종적으로 츠빙글리는 로마서 9장에서 하나님의 섭리와 관련되어 표현된 '토기' 메타포를 그의 역병가의 핵심 개념으로 활용하면서, 절대자 하나님을 향한 피조물 인간의 전적인 신뢰를 강조하고 있다. '토기' 메타포는 이후 그의 저서 속에서 지속적으로 활용되면서, 그의 종교개혁 사상의 핵심적 주제어로서 부상되었다. 지금까지 제시했던 주요 논점을 역사적-신학적으로 고찰하기 위하여 이 글은 다음과 같은 논리적 순서를 통하여 전개될 것이다.

II. 역병가의 내용과 구조

1517년 유럽 대륙에서 발병한 흑사병은 1519년 스위스 전역으로 확산된 후, 그 해 8월 취리에서 전염자가 최고치에 육박했으며, 1520년 2월초까지 흑사병이 사라지지 않았다. 당시 역사기록에 따르면, 당시 취리히 인구는 약 7000명이었는데, 흑사병으로 인하여 약 25%의 인구가 감소했다고 한다. 츠빙글리는 그 해 9월말 흑사병에 전염되어, 10월경에는 죽음의 위기를 맞이했다. 그러나 11월 중순경 회복되었다. 그는 1519년 12월 31일 그의 친구 오스발트 미코니우스(Oswald Myconius)에게 편지를 보내, 다시 건강이 회복되었으며, 상처부위에 발랐던 반창고를 제거했다고 말했다. 1520년에는 그의 형제 안드레아스(Adreas)가 흑사병으로 생을 마감하게 되면서, 그에게 있어서 이 사건은 중요한 영향을 미치게 되었다. 이와 같은 경험을 통하여 작사된 그의 역병가는 오늘날까지 스위스와 독일 개신교회 찬송가집에 수록되어 있다.

이와 관련하여 발터(Andreas Walther)는 1901년 츠빙글리의 역병가를 "1519년 츠빙글리의 신앙적 정서를 비교적 확고하게 표명하는 확실한 증거"[1]라고 정의한 바 있으며, 이에 근거하여 1905년 당시 츠빙글리 전집의 편집자 에밀 에글리(Emil Egli)는 츠빙글리의 역병가 작성 연대를 1519년 후반이라고 기재했다.[2] 후대에 편집된 것으로 판단되는 츠빙글리의 역병가는 3절로 구성되어 있다. 1절은 투병초기, 2절은 투병기간 동안, 3절을 투병생활을 마감하고 건강을 회복하게 되면서 느끼는 신앙적 감회를 시적으로 표현한 것이다. 본 논문의 지면을 통하여 그의 역병가 전체 원문 번역을 소개하고자 한다(중세 독일어 원문은 필자가 번역한 것이다).

1절(투병 초기, Im anfang der Kranckheit)[3]

주 하나님이여, 곤경 속에 있는 나를 도와주소서. 죽음이 문 앞에 온 것만 같습니다(Hilff, herr gott, hilff. Ich mein, der Tod sig an der thür).
그리스도여, 당신은 죽음에 대항하여 이기셨습니다(Stand, Christe, für, dann du in überwunden hast!)
저는 당신에게 부르짖습니다. / 이것이 당신의 뜻인지(Zů dir ich gilff. / Ist es dein will),
저를 죽이고 있는 / 이 화살을 빼 주시기를(züch uß den pfyl, / der mich verwundt).
제가 살 수 있는 한 시간의 여유도 없습니다. 저에게 안식을 주시기를

---

1 Andreas Walther, *Zwinglis Pestlied. Ein Beitrag zur Dogmengeschichte der Reformationszeit*, in: Neue Kirchliche Zeitschrift 12, 1901, 813.

2 *Gebetslied in der Pest* (1519), Z I, 63.

3 Ibid., 67.

(nit laßt ein stund. mich haben weder růw noch rast!)

당신은 저를 죽게 만들시려고 하십니까?(Wilt du dann glych tod haben mich)

저는 삶의 한 가운데서 (어떤 것이라도) 긍정할 수 있습니다(in mitz der tagen min, so sol es willig sin).

당신이 원하시는 대로 하시길 / 모든 것을 수용할 수 있습니다(Thů, wie du wilt; / mich nüt befilt).

저는 당신의 그릇입니다./ 만드시든지, 아니면 부수어 버리소서!(Din haf bin ich; / mach gantz ald brich!)

설령 당신이 이 땅에서 제 영혼을 가져가신다고 하더라도(Dann, nimpst du hin den geiste min von dieser erd),

당신은 제 영혼의 상태를 더 악화시키지 않게 하실 것이며(thust du's, dass er nit böser werd),

혹은 다른 사람들의 삶에 오점이 남겨지지 않도록 하실 것입니다(ald andem nit / befleck ir läben fromm und sit).

2절(투병하는 동안, In der mitten der Kranckheit)[4]

주 하나님이여, 위로하여 주소서 / 병환이 더 심각해졌습니다(Tröst, Herr Gott, tröst! / Die kranckheit wachsst).

통증과 압박이 내 영혼과 육체를 사로잡습니다(wee und angst faßt min seel und lyb).

저의 유일한 위로가 되시는 분이시여, 저를 도와주시고, 은총을 베풀

---

4 Ibid., 68.

어 주소서(Darumb dich schyb gen mir, einiger trost, mit gnad).

당신을 향하여 열망하고 바라는 모든 이들을 구원시켜 주셨습니다 (die gwüß erlöst / ein yeden, der).

그들에게는 이 세상의 유익과 손해가 어떠한 의미도 없습니다(sin hertzlich bgär und hoffung setzt in dich, verscherzt / darzu diss zyt all nutz und schad).

이제 마지막이 다가옵니다(Nun ist es umm).

제 혀는 침묵하고 / 어떠한 말도 하지 못합니다. / 저의 육신의 감각은 거의 마비되었습니다(Min zung ist stumm, / mag sprechen nit ein wort. / Min sinn sind all verdort).

이제 당신이 저의 투쟁을 인도하실 시간이 다가 왔습니다(Darumb ist zyt, / dass du min stryt fuerist fürhin).

나는 미쳐 날뛰는 무법자 악마에게 저항할 힘이 없습니다(so ich nit bin so starck, dass ich mög dapfferlich / tun widerstand / des tüfels facht und fränner hand).

그럼에도 불구하고 저는 당신만을 신실하게 의지합니다(Doch wirt min gmuet / stät blyben dir, wie er ioch wuet).

3절 (건강이 회복되며, In der Besserung)[5]

주 하나님이여 건강을 주소서! / 다시 원상태로 회복되는 것 같습니다(G'sund, Herr Gott, gsund! / Ich mein', ich ker schon wi-

---

5 Ibid., 69.

drumb her).

그렇습니다. 당신은 이 땅에서 더 이상 죄가 지배하지 않도록 하실 것이기에(Ja, wenn Dich dunckt, der sünden funck werd nit mer bherrschen mich uff erd)

제 입술은 당신을 찬양합니다. 앞으로 당신의 가르침을 이전보다 더 많이 선포하렵니다(so muss min mund din lob und leer / us-sprechen mer / denn vormals ye).

어떠한 속임수도 없이 순수하게 항상 가능했던 것처럼(wie es ioch gen, / einfaltigklich on alle gferd)

얼마나 제가 죽음의 형벌로 인하여 고통을 받았는지 / 엄청난 고통이 있습니다(Wiewol ich muss dess todes buss erleyden zwar ein mal / vilicht mit grösserm qual).

지금보다 더 고통스러웠습니다. / 그 때 저는 죽은 것이나 다름이 없었습니다(dann yetzund wer dann yetzund wer / so ich sunst bin nach gfaren hin).

앞으로 저는 하늘의 보상에 기뻐하며, 이 세상 안에서 저항할 것입니다(so wil ich doch den trutz und boch in diser wält / tragen frölich umb widergelt).

오직 당신의 도움으로 인하여, 완전해 질 수 있는 것입니다(mit hilffe din, on den nüt mag vollkommen sin).

츠빙글리의 역병가는 로마서 9장에 기록된 토기장이와 토기의 비유를 사용하여 중심적으로 전개되고 있다. 이 비유는 바울에게 있어서 하나님의 선택을 의미하는 것으로서, 츠빙글리에게 있어서는 그의 고유한 신학적 원칙, '하나님과 피조물 인간의 전적인 차이'를 지시하는 비유로 활용되었다. 그가 이 비유를 사용했다는 사실은 이전에 그에게 영향을 미쳤던 스위스 인문주의 운동(Christianismus renascens)의 신학적 문법, 즉 인간에 대한 낙관적 이해를 극복했음을 시사한다. 에라스무스가 주도했던 알프스 이북 기독교 인문주의 운동은 성서 원문 연구를 강조하며, 이는 예수 그리스도를 인간의 도덕적 개선의 최종적 모델로서 설정하면서 윤리화된 기독교의 이상을 추구했다. 물론 본 역병가에서 에라스무스의 인문주의적 신학적 성향은 발견되지 않는다. 오히려 임박한 죽음에 대한 공포, 흑사병으로 인한 고통 그리고 하나님께 대한 인간의 전적인 신뢰가 표현되어 있을 뿐이다. 시적인 표현 그 자체에만 주목한다면, 본 역병가는 츠빙글리의 종교개혁자로의 전향 과정에 대한 신학적 단서를 제공하지 않는다. 이는 1519년 전후의 츠빙글리가 직면했던 역사적 컨텍스트와 에라스무스 및 루터와의 관계 속에서 입체적으로 조명되어야 할 필요가 있다. 만일 그렇게 연구를 진행한다면, 츠빙글리가 에라스무스 인문주의 운동의 영향을 받았음에도 불구하고, 그를 극복하기 위하여 루터와 공동의 목표를 지향했지만, 색다른 어감을 지니고 전개시켰던 자신만의 고유한 종교개혁 신학의 단초가 본 역병가에서 발견될 수 있을 것이다. 필자는 3장과 4장에서 이에 관하여 역사적-신학적으로 논증할 것이며, 이를 위한 전단계로서 이상 소개된 그의 역병가 원문에 대한 기본적인 해제작업을 다음과 같이 시도하고자 한다.

1절은 하나님의 절대주권과 대비되는 인간의 모습을 '그릇'(haf)으로 비유하면서, 인간의 삶에 대한 창조주 하나님의 절대적 권한을 부

각시키고 있다. 2절은 연약한 피조물로서의 인간의 하나님을 향한 절
대적 신뢰를 부각시키면서, 임박한 죽음의 공포를 직감한 화자의 심
정을 표현하고 있다. 여기서 "나의 혀"(Min zung)와 "나의 육신"(Min
sinn)으로 표현되는 화자가 "당신"(du)로 전환되고 있다는 사실에 세심
하게 주목한다면, 그의 역병가의 본래적인 신학적 의도를 정확하게
파악할 수 있는 중요한 단서를 발견할 수 있다고 생각한다. 3절은 건
강이 회복되는 시기, 삶의 위기를 극복했던 화자의 신앙적 감회를 표
현하고 있다. 전체적으로 고찰해 본다면, 본 역병가는 서서히 다가오
는 죽음의 그림자로부터 해방된 한 신앙인의 삶의 고백으로 이해될
수 있다. 이와 같이 츠빙글리의 흑사병 극복의 체험이 시적으로 표현
된 역병가는 그가 후기 저작을 통하여 원죄를 '질병'(morbus)이라고 묘
사했던 사실과 관련된 중요한 문헌적 근거를 제공할 수 있다고 생각
한다.6

    이와 관련하여 아우구스트 바우르(August Baur)는 츠빙글리의 역병
가는 하나님과 그리스도에 대한 그리스도인의 절대적 의존의 감정을
다루고 있으며, 이는 하나님의 은총의 선택(예정)에 대한 확신을 표현
하고 있다고 주장한다.7 이는 그의 역병가와 섭리-예정론적 사유의
밀접한 상관성을 지시하는 신학적 진술로서, 그의 흑사병 극복의 체
험이 중요한 그의 신학적 범주형성에 기여했다는 사실을 의미한다.
아울러 철학적 개념어와 성서적 언어가 복합적으로 혼용되어 전개되
는 1530년 츠빙글리의 "섭리에 대하여"(Sermonis de providentia dei anam-

---

6 "Conveniemus ante omnia de nominibus istis: peccatum et morbus." *De
  peccato originali declaratio ad Urbanum Rhegium* (1526), Z V, 370.

7 August Baur, *Zwinglis Theologie. Ihr Werden und ihr System II*, Halle, 1889;
  Nachdruck: Hildesheim/Zürich/New York 1983.

nema) 문헌을 심층적으로 이해하기 위한 신학적 시도일 수도 있다. 왜 냐하면 고도로 사변화 혹은 철학화된 기독교의 교리적 개념을 이해하 고자 할 때, 직접적인 삶의 체험이 수반되지 않는다면, 기독교신학이 변증하고자 하는 궁극적 진리의 생명력을 올바로 파악할 수 없기 때 문이다.

III. 역병가 작성연대
— 아르투어 리히(Arthur Rich)의 견해를 중심으로

스위스의 저명한 츠빙글리 연구가 아르투어 리히(Arthur Rich)는 1949년 스위스 취리히 대학에 제출했던 "초기 츠빙글리 신학"(Die An-fänge der Theologie Huldrych Zwinglis)에서, 츠빙글리의 역병가와 1520 년 7월 24일 그의 친구 오스발트 미코니우스(Oswald Myconius)에게 보 낸 편지 내용 중 동일한 메타포가 사용되었다고 발표하면서, 통상적 으로 알려진 츠빙글리의 역병가 작성 연대에 대한 의문을 제기했다. 그 편지 내용 중에는 츠빙글리 역병가의 핵심 주제인 '토기장이와 토 기' 메타포가 사용되고 있다는 사실은 역병가 작성연대에 대한 실제적 파악을 가능하게 하는 중요한 신학적 단서가 될 수 있기 때문이다. 이 메타포는 츠빙글리의 전체 신학사상의 핵심을 관통하는 중요한 신학 적 주제로서, 절대자 하나님과 피조물로서의 불완전한 피조물의 명백 한 차이를 지시하며, 하나님의 절대적 주권과 이를 향한 피조물 인간 의 전적인 신뢰를 암시하는 핵심적인 메타포이다.

오스발트 미코니우스(Oswald Myconius)에게 보낸 편지

저는 한 분이신 그리스도께 제가 용기를 품고 모든 것을 인내할 수 있도록 도와주시기를 간구합니다. 그리스도께서는 자신이 원하시는 대로 그분의 그릇(토기)인 저를 부수어 버리시거나, 튼튼하게 만드실 수 있습니다.[8]

_ 츠빙글리의 역병가 1절

저는 당신의 그릇(토기)입니다./ 만드시든지, 아니면 부수어 버리소서!(Din haf bin ich; / mach gantz ald brich!)

1519년 역병가와 1520년 그의 친구 오스발트 미코니우스에게 보낸 편지에서 동일하게 사용된 '토기장이와 토기'의 비유와 관련하여, 아르투어 리히는 츠빙글리가 1520년 7월 24일 미코니우스에게 편지를 보낼 때, 1519년 흑사병 극복의 체험을 1520년 중반 자신에게서 발생했던 종교개혁적 전향의 사건의 결정적 계기라고 간주한 이후, 이를 회상을 통하여 표현한 것이라고 주장한다.[9] 1519년 말 흑사병을 완전히 극복하고 건강을 회복했을 때, 츠빙글리는 그때까지도 에라스무스 기독교 인문주의 운동의 이념을 적극적으로 지지했던 사람이었다는 사실은 1519년 후반 그의 흑사병 극복의 체험이 그의 종교개혁

---

8 "hoc unum Christum obtestans, masculo omnia pectore ferre donet et me, figulinum suum, rumpat aut firmet, ut illi placitum sit." *Zwingli an Oswald Myconius, Zürich, 24. Juli* (1520), Z VII, 344.

9 Arthur Rich, *Die Anfänge der Theologie Huldrych Zwinglis* (Zürich: Zwingli-Verlag, 1949), 111.

자로의 전향을 해명할 수 있는 결정적인 계기가 되지 않았다는 사실을 방증할 수 있기 때문이다. 그는 1519년 12월 31일 그의 친구 미코니우스에게 보낸 편지에서 다음과 같이 언급한다.

> 우리는 외롭지 않습니다. 취리히에는 약 2000명 정도의 합리적으로 생각할 수 있는 사람들이 존재하기 때문입니다.[10]

그러나 츠빙글리는 1520년 중반 루터의 종교개혁 운동이 위기에 봉착하고 있다는 상황에 직면하면서, 돌파구를 모색하게 된다. 교황 레오 10세가 1520년 6월 15일 루터에 대한 파문칙서인 "Exsurge domine"(주여 일어나소서)를 공포한 후, 10월과 11월 뢰벤과 퀼른에서 그의 서적들이 소각되었을 때, 이에 대한 보복조치의 일환으로 루터는 12월 10일 비텐베르크 성문 앞에서 상당한 분량의 교회법전과 파문칙서를 불태웠다. 이에 분노한 교황청은 1521년 1월 3일 루터의 파문을 공식발표했다. 이때 루터는 그의 3대 저작인 『그리스도인의 자유』(De libertate christiana), 『바벨론 포로가 된 교회』(De captivitate Babylonica ecclesiae), 『독일 그리스도인 귀족에게』(An den christlichen Adel deutscher Nation von des christlichen Standes Besserung)를 발표하면서, 자신의 고유한 종교개혁 사상을 전개하기 시작했다. 역병가의 내용을 고려하여 볼 때, 츠빙글리는 이와 같은 루터의 종교개혁 운동의 위기상황에 직면하면서, 이를 흑사병으로 인한 죽음의 위기라고 비유하여 생각한 후, 자신의 종교개혁자로서의 전향의 계기로서 수용했을 가능

---

10 "Non enim soli sumus: Tiguri plus duobus millibus parvulorum et rationalium." *Zwingli an Oswald Myconius, Zürich, 31. Dezember* (1519), Z VII, 245.

성이 매우 높다. 그러나 이는 루터의 종교개혁 사상의 전면적 수용이 아니라, 자신에게 중요한 신학적 영향을 미쳤던 에라스무스의 기독교 인문주의 운동의 한계를 돌파하고자 하는 신학적 시도를 통하여 수용되었다고 결과적으로 판단해 볼 수 있다. 즉 그는 당시 교황의 파문칙서 "Exsurge domine" 반포 이후, 루터의 종교개혁 운동이 좌초될 것이라고 예상하면서, 새로운 차원의 기독교 인문주의 운동을 이의 대안으로 제시하고자 했을 것이다. 다시 말하면, 츠빙글리는 죽음의 공포가 아니라, 자신이 추구했던 에라스무스적인 기독교 인문주의 운동이 좌초될 가능성에 대하여 근심했으며, 이의 대안으로서 하나님의 절대적 주권에 근거한 새로운 차원의 기독교 인문주의 운동을 구상했던 것이다. 이와 관련하여 리히는 역병가 2절 중 "이제 당신이 저의 투쟁을 인도하실 시간이 다가 왔습니다"(Darumb ist zyt, / dass du min stryt fuerist fürhin)에서 'stryt'(원형: Streit, '투쟁'이라는 뜻)을 기독교 르네상스(Renaissance des Christemtums, 기독교 인문주의) 이념의 실현을 위한 그의 투쟁이었다는 의역을 시도한다.[11] 이는 츠빙글리가 흑사병 극복의 체험 이후에도 자신의 기독교 인문주의 운동을 위한 신학적 신념을 포기하지 않았으며, 오히려 이의 창조적 실현을 시도했다는 사실을 의미할 수 있다.

만일 이와 같은 역사적 가설이 신빙성이 있다면, 아마도 츠빙글리는 1519년 후반기 자신의 흑사병 극복의 체험을 신학화시키면서, 자신의 실존적 결단을 1520년 7월 24일 그의 친구 미코니우스에 보내는 편지를 통하여 피력했던 것이다.[12] 즉 역병가를 통하여 표현된 투

---

11 Arthur Rich, *Die Anfänge der Theologie Huldrych Zwinglis* (Zürich: Zwingli-Verlag, 1949), 114f.
12 Ibid., 119. 그러나 마르쿠스 예니(Markus Jenny)는 1966년 츠빙글리의 역병가가

병의 기록은 1520년에 발생했던 그의 종교개혁자로의 전향의 사건을 증명하는 일종의 문헌적 증거로서의 역할을 수행했을 것이다. 이는 스위스 기독교 인문주의 운동의 이상, 즉 '도덕적 완성의 모델로서의 그리스도상'을 이를 에라스무스가 주장하는 자유의지가 아니라, 피조물과 하나님의 전적인 차이에 근거한 하나님의 주권을 통하여 추구하고자 했던 그의 신학적 입장을 의미했다. 여기서 인간의 도덕적 변화와 구원의 체험을 연관시키는 츠빙글리의 종교개혁 신학의 중요한 특징이 드러난다. 양자를 극단적으로 구별하는 루터와는 달리 츠빙글리는 양자를 긴밀하게 연결시키며 개혁교회의 중요한 신학적 전통으로 계승되었던 '성화'의 문제를 집중적으로 제기한다.

IV. 츠빙글리 종교개혁 신학의 독자적 발전
: '토기' 메타포와 종교개혁자로서의 전향 과정

필자가 판단하건대, 츠빙글리의 역병가에서 그의 흑사병 극복의 과정을 시적으로 표현했던 단순한 신앙시의 특성을 지니고 있으면서도, 그의 종교개혁자로서의 전향 과정에 대한 핵심적인 신학적 단서를 제공할 수 있는 구절이 발견될 수 있다. 이는 다음과 같은 두 가지

1525년 상반기에 작성된 것이라고 주장했다. 그는 츠빙글리가 "예언"이라는 성서연구 모임을 결성한 이후 작사했던 시편찬송 중 자주 언급된 문장과 역병가의 문장의 구조와 사용된 단어들이 매우 유사하다는 사실을 발견했기 때문이다. Markus Jenny, "Des Reformators Kampf und Sieg. Zur Datierung und Deutung von Zwinglis Pestlied," in: *Neue Zürcher Zeitung*, 6. 11. 1966, 5f. 소개하자면, 다음과 같다. 시편찬송: "Wil ich mit gsangk und grossem danck din lob und eer stätz prysen mer..." *Bereimung des 69. Psalms*, Z VI/V, 393.
역병가: "... so muß min mund din lob und leer ußsprechen mer..."

로 요약, 압축된다.

1) 1절: '토기장이와 토기'의 메타포, 2) 2절: 종교개혁 신학의 공통
적 모토의 사용

'토기장이와 토기'의 메타포를 통하여 하나님의 절대적 주권이 부
각된 1절에 이어, 투병생활 중간에 체험했던 그리스도의 은총이 묘사
된 2절이 역병가의 본래적인 신학적 의도를 해명할 수 있는 중요한
단서가 될 수 있다. (저의 유일한 위로가 되시는 분이시여, 저를 도와 주시고,
은총을 베풀어 주소서. Darumb dich schyb gen mir, einiger trost, mit gnad). 여기
서 그는 은총(gnad)과 더불어, '그리스도'라는 표현 대신에, '유일한 위
로'(einiger trost)라는 표현을 삽입함으로써, sola gratia, solus Chris-
tus라는 종교개혁 신학의 공통적 모토를 은유적으로 표현하고 있다.
뿐만 아니라 "당신을 향하여 열망하고 바라는 모든 이들에게"(sin hert-
zlich bgär und hoffung setzt in dich)라는 표현은 sola fide의 모토를 연상
하도록 유도한다. 신앙은 '하나님을 열망하고 바라는' 것이기 때문이
다. 이에 근거하여 판단한다면, 츠빙글리는 자신의 역병가를 통하여
최소한 두 가지 목표를 제시하고자 시도했다고 추측해 볼 수 있다: 1)
루터의 종교개혁 운동의 취지에 동조하면서도, 2) 동시에 자신만의
고유한 종교개혁 프로그램을 구상하고 있었다는 사실이다.
　이에 근거하여 유럽 대륙 독일어권 사용지역에서 발발했던 두 가
지 형태의 종교개혁 운동의 윤곽을 신중하게 유추해 볼 수 있다. 루터
의 경우, 칭의론이 중요한 교리적 담론으로 제시되었으며, 츠빙글리
의 경우, 섭리-예정론이 핵심적인 신학적 화두로서 부각되었다는 사

실을 우선적으로 전제한다면, 여기서 '토기장이와 토기'의 메타포에 대해 주목할 필요하다고 생각한다. 뿐만 아니라 루터와 츠빙글리가 에라스무스의 기독교 인문주의 운동의 영향을 받아, 성서원문연구에 근거하여 로마-가톨릭교회의 신학을 비판할 수 있게 되었던 능력을 구비하게 되었지만, 결정적으로 에라스무스의 영향으로부터 각자 고유한 방식으로 탈피하게 되면서, 종교개혁자로서 전향을 했다는 사실을 상기할 필요성 또한 존재한다.

결론적으로 표현하자면, 1517년 이전 루터의 탑체험(Turmerlebnis)이 그의 칭의론적 사유형성의 핵심적 단초를 제공했다면, 1519년 츠빙글리의 역병가를 통하여 표현된 그의 신앙적 체험은 이후 전개될 섭리-예정론적 사유의 핵심적 근간을 형성하고 있다. 양자의 신학적 공통분모는 그들이 공통적으로 신학적 영향을 받았던 에라스무스의 낙관적 인간이해에 대한 거부로서, 이는 1525년 루터의 논문 "노예의 지론"(De servo arbitrio)과 츠빙글리의 '토기장이와 토기' 메타포에서 드러난다. 인간이라는 피조물로서의 연약한 존재가 토기장이의 손에 의지할 수밖에 없다는 그의 인식은 하나님의 절대적 주권과 그분의 섭리에 대한 강한 확신의 근간이 된다. 이와 관련하여 츠빙글리의 역병가는 종교개혁 사상의 중요한 골격을 형성시켰던 그의 섭리-예정론적 사유를 위한 중요한 신학적 단초를 제공했다. 즉 그는 하나님의 선택을 의미하는 로마서 9장의 토기장이 비유[13]에 근거하여, 역병가를

---

13 [20]이 사람아 네가 누구이기에 감히 하나님께 반문하느냐 지음을 받은 물건이 지은 자에게 어찌 나를 이같이 만들었느냐 말하겠느냐 [21]토기장이가 진흙 한 덩이로 하나는 귀히 쓸 그릇을, 하나는 천히 쓸 그릇을 만들 권한이 없느냐 [22]만일 하나님이 그의 진노를 보이시고 그의 능력을 알게 하고자 하사 멸하기로 준비된 진노의 그릇을 오래 참으심으로 관용하시고 [23]또한 영광 받기로 예비하신 바 긍휼의 그릇에 대하여 그 영광의 풍성함을 알게 하고자 하셨을지라도 무슨 말을 하리요 [24]이 그릇은 우리니 곧 유대인 중

통하여 자신의 섭리-예정론적 구상을 시적으로 표현한 것이다. 이후 츠빙글리의 '(토기장이와) 토기' 메타포는 1523년 "67개 논제의 해제" (Auslegen und Gründe der Schlußreden)부터 1530년 "섭리에 대하여" (Sermonis de providentia dei anamnema)까지 전개되는 그의 전체적인 신학적 사유의 윤곽을 파악할 수 있는 중요한 성서적 메타포로서 역할을 수행한다. 이후 루터의 탑체험과 대비되는 츠빙글리의 흑사병 극복의 체험을 통하여 착상된 그의 섭리-예정론적 사유는 이후 개혁교회의 신학적 전통의 중요한 토대가 되면서, 개혁교회의 신학을 상징하는 핵심적 교리로서 등장하게 된다. 두 개의 문헌 중에서 중요한 한 문장씩 발췌하여 다음과 같이 소개하자면,

1) 67개 논제에 대한 해제(1523, Auslegen und Gründe der Schlußreden)

하나님께서는 실제적으로 그분의 정의가 손상됨이 없이, 우리를 다루십니다… 하나님께서는 자신이 원하시는 대로 우리 인간을 자신의 그릇(토기)로 만드십니다. 하나님께서는 자신의 구원사역을 위하여 한 부류를 선택하시기도 하시며, 그들이 (그분의 도구로서 활용되도록) 적합하게 만드십니다. 반면에 그는 다른 부류의 사람들을 선택하지 않으십니다. 하나님께서는 원하시는 대로 그의 피조물들을 만드시기도 하시며, 부수어 버리시기도 합니다(Also warlich handlet got mit ons on verletzen siner grechtigkeit… Darumb ordnet er sine gschirr, das ist: uns menschen, wie er wil. Einen er-wellet er, das er zu sinem werck und bruch gschickt wirdt,

---

에서뿐 아니라 이방인 중에서도 부르신 자니라.

den anderen wil er nit. Er mag sine gschöpfft gantz machen und brechen, wie er wil).[14]

2) 섭리에 대하여(1530, Sermonis de providentia dei anamnema)

바울은 다음과 같이 말합니다: "토기장이가 다양한 형태의 토기를 만들 수 있지 않느냐?", "하나님께서는 영혼과 진흙을 결합시킬 수 있지 않으셨느냐?"(An non licet figulo ex eadem massa fingere diversi generis vasa? An non licuit deo spiritum et lutum coniungere?)[15]

아울러 그의 역병가에서 '그릇'의 메타포가 '보상하다'(widergelt)라는 표현과 결합되어 사용된다는 사실을 주목한다면(앞으로 저는 하늘의 보상에 기뻐하며, 이 세상 안에서 저항할 것입니다, so wil ich doch den trutz und boch in diser wält / tragen frölich umb widergelt), 이는 '전적인 죄인에게 선사되는 칭의의 은총'과 관련된 의미가 아니라, '선행에 상응하는 보상'이라는 의미를 내포하고 있음을 주목할 필요가 있다. 그렇다면, 이는 루터가 배격했던 로마-가톨릭교회의 영광의 신학의 담론, 즉 '인간의 공로에 의한 구원'의 모티브와 동일한 것인가? 아니면, 루터와는 또다른 츠빙글리의 종교개혁 사상의 핵심적 화두인가? 물론 그의 '토기' 메타포는 로마-가톨릭교회 혹은 에라스무스의 낙관적 인간이해를 함의한다고 볼 수 없다. 왜냐하면 토기장이 하나님의 손에 의하여 좌우

---

14 *Auslegen und Gründe der Schlußreden*, Z III, 180.
15 *Sermonis de providentia dei anamnema* (1530), Z VI/III, 124.

되는 연약하고 무력한 토기로서의 인간의 존재를 기본적으로 전제하고 있기 때문에, 여기서 인간에 대한 낙관적 이해는 개입될 수 없기 때문이다. 뿐만 아니라 루터가 일관적으로 주장했던 인간의 공로와 무관한 하나님의 구원사역(칭의의 은총)의 의미와 동일시한다면, 이는 츠빙글리 종교개혁 신학의 독창성을 폄하하는 것일 수 있다.

이와 관련하여 리히는 '보상하다'(widergelt)라는 동사의 의미를 주목하여 볼 때, 츠빙글리의 역병가는 그의 종교개혁자로서의 신학적 입장의 전향, 즉 실존적(existentiell)— 하나님 중심적(theozentrisch) 신학적 입장으로의 전향사건을 반영하고 있지만, 그럼에도 불구하고 에라스무스 성서 인문주의 운동의 사상적 영향으로부터 완전하게 탈피하지 못한 흔적을 지니고 있다고 주장한다.[16] 아울러 그의 역병가는 루터의 칭의론적 통찰, 즉 '신앙의 의 (Glaubensgerechtigkeit)에 대한 담론'에 대하여 침묵하고 있으며, 오히려 루터가 배격했던 '인간의 공로에 대한 담론'(Verdienstgedanken)을 강조하고 있다고 파악하고 있다.[17] 이와 관련하여 필자는 츠빙글리가 절대자 하나님과 그분을 향한 피조물 인간의 전적인 신뢰의 관계를 '토기장이와 토기'라고 표현하며, 이를 '보상하다'(widergelt)라는 표현과 결합시키고 있다는 사실에 주목하여, 루터와는 의미상 상이한 그의 종교개혁 신학의 독창성을 파악하는 것이 매우 중요하다고 판단한다. 그렇다면, 에라스무스 성서 인문주의 운동의 사상적 흔적을 지니고 있지만, 그럼에도 불구하고 이를 종교개혁자로의 전향과정을 통하여 극복했던 츠빙글리 종교개혁 신학의 윤곽을 다음과 같이 묘사해 볼 수 있을 것이다.

---

16 Arthur Rich, *Die Anfänge der Theologie Huldrych Zwinglis* (Zürich: Zwingli-Verlag, 1949), 119.

17 Ibid.

츠빙글리는 인간의 도덕적 선행을 함의하는 '보상하다'라는 동사의 활용을 통하여 에라스무스 성서 인문주의 운동이 추구했던 윤리화된 기독교의 이상을 포기한 것이 아니라, 오히려 인간의 구원의 체험을 기독교 인문주의 운동의 도덕적 이상과 연관시키면서도, 이를 인간의 자유의지가 아니라 하나님의 절대주권의 영역 안에서 실현하고자 시도했다.[18] 부연하자면, 그는 하나님의 전적인 선택과 섭리 가운데 거룩하게 된 피조물로서의 인간의 책임적 행위(혹은 도덕적 선행)가 역병가를 통하여 암시, 부각했던 것이다.

정리하자면, 츠빙글리는 하나님의 섭리 및 선택(예정)에 관한 자신의 신앙적 확신을 표현하기 위하여, 로마서 9장의 '토기장이와 토기'의 비유를 차용했으며, 동시에 '보상하다'(widergelt) 동사의 활용과 관련하여 '성화'(Heiligung)의 삶의 실현을 향한 그의 열망이 내포된 것이라고 추측할 수 있다. 그럼에도 불구하고 인간은 자신의 선행을 통하여 하나님의 구원사역에 결코 협력할 수 없다. 단지 인간은 하나님의 절대적 주권의 실현을 위한 그분의 도구로서, 하나님의 구원사역은 인간의 공로와 무관하게 인간을 자신의 섭리를 통하여 선택하시며, 인간을 성화의 삶으로 인도하실 뿐이다. 이는 루터가 인간의 의와 대비되는 하나님의 의를 부각시키며, 하나님의 구원사역과 관련하여 인간의 공로에 대하여 폄하시키는 것과 동일한 의미를 내포한다. 이후

---

18 루터가 칭의의 열매로서의 성화(신앙의 열매로서의 선행)하면서도, 우선적으로 칭의의 은총을 강조했던 것과는 달리, 성화의 삶을 강조했던 츠빙글리의 신학적 입장이 여기서 시적으로 표현되면서, 그의 '토기' 메타포는 생애 전반에 걸쳐 진행된 저술작업 속에서 핵심적인 신학적 주제로서 수용되었다. 이는 이후 칭의와 성화를 하나님의 이중적 은총으로 이해하면서, '성화'의 중요성을 그의 신학적 체계의 핵심적인 화두로서 수용했던 칼빈을 통하여 개혁교회의 중요한 신학적 범주로서 정립되었다.

이 메타포에 근거하여, 츠빙글리는 자신의 신학사상을 중세 스콜라철학의 개념어 활용을 통하여 그가 생애 전반에 걸쳐 견지했던 핵심적인 신학적 원칙, '하나님과 피조물의 명백한 차이'를 규명하고자 지속적으로 시도했다. 대표적인 실례를 제시한다면, 1530년 출판된 그의 논문 "섭리에 대하여"(Sermonis de providentia dei anamnema)는 이 주제에 대하여 다소 난해하고 고도로 사변화된 철학적 언어를 사용하며 전개하고 있다. 그럼에도 불구하고 츠빙글리의 '토기' 메타포가 루터의 종교개혁 사상의 영향을 받았다고 판단하기에는 매우 무리가 있다. 오히려 양자가 동일한 신학적 주제를 상이한 방식으로 전개시켰다고 간주하는 것이 좀 더 바람직하다고 생각한다. 이와 관련하여 노이저(Wilhelm H. Neuser)는 통합적 견해를 제시하고 있다. 노이저에 의하면, 1514년부터 에라스무스의 성서 인문주의 및 평화주의 사상의 영향을 받기 시작했던 츠빙글리는 1520년 루터의 종교개혁 운동이 위기에 직면했을 때, 에라스무스의 영향권으로부터 탈피하여 성찬논쟁 이전까지 루터를 공개적으로 지지하면서도 동시에 자신의 독자적인 신학적 노선을 강조했다.[19]

V. 글을 정리하며

츠빙글리는 1513년 노바라(Novarra) 전투 및 1515년 마리그나노(Marignano) 전투에 군종사제로서 참전하게 되면서, 전쟁의 참상을 직

---

19 Wilhelm H. Neuser, *Die reformatorische Wende bei Zwingli* (Neukirchen-Vluyn: Neukirchener Verlag, 1982), 95-99.

접 목격하게 된 이후, 성서 인문주의 운동을 주도했던 에라스무스의 평화주의 사상에 전폭적으로 수용하게 되었다. 이후 1516년-1518년 동안 아인지델른(Einsiedeln)교회 사제로서, 또한 스위스 기독교 인문주의 그룹에 소속된 소장파 신학자로서 활동하면서, 그리스도의 평화의 복음에 근거하여 용병제도 폐지에 대한 확고한 신념을 가지게 되었다. 이와 같은 그의 삶의 이력으로 인하여, 1515년 마리그나노(Marignano)전투의 패배 이후, 스위스 연방의 친프랑스 정책에 반감을 표출하며, 친합스부르크가 및 로마 교황청 외교노선을 지지했던 취리히 시회의는 주요 용병수출국이었던 프랑스 왕실에 대한 비판적 입장을 견지하고 있었던 츠빙글리를 그로스뮌스터 성당 주임사제로서 초빙했다. 그가 청빙을 수락했을 때, 그는 로마-가톨릭교회 내에서 활동하고 있던 소장파 인문주의적 신학자로서 분명한 자신의 신학적 정체성을 지니고 있었다. 이때까지 그는 로마-가톨릭교회와 극명하게 대립하지 않았으며, 취리히 시의회의 반프랑스 외교정책을 지지하는 입장을 지니고 있었다.

1519년 후반에 취리히에 창궐했던 흑사병에 전염된 후, 고통스러웠던 투병 과정을 경험했음에도 불구하고, 그의 에라스무스적인 기독교 인문주의 운동에 대한 신학적 신념은 변화되지 않았다. 그러나 1520년 루터의 종교개혁 운동의 위기상황을 목격하면서, 그는 자신의 과거 흑사병 극복의 체험을 자신의 종교개혁자로서의 전향을 위한 중요한 신앙적 원체험으로서 간주하고자 시도했다. 더 나아가 리히가 이해했던 것처럼, 루터가 직면했던 종교개혁 운동의 위기가 그에게 있어서 흑사병과 같은 '죽음의 위기'로서 이해되었을 가능성도 존재한다.[20] 물론 츠빙글리의 역병가는 그 내용을 고려하여 볼 때, 투병생활에 대한 신앙적 감회를 서술한 일반적인 신앙시 혹은 간증문과 구별되는 특이한 사항이 발견되지 않는다. 왜냐하면 그가 역병가에 기술된 투병기간 동안의 신앙적 체험은 신앙인이라면 누구든지 질환으로부터 회복되었을 경우, 불가능한 사안이 아니기 때문이다. 따라서 인간의 의와 대립되는 하나님의 의를 체험했던 루터의 영적 시련처럼, 츠빙글리의 흑사병 투병기는 그 자체만으로는 특별한 신학적 의미를 내포한다고 간주할 수는 없다.

뿐만 아니라 그의 역병가는 하나님 앞에서의 인간의 자유의지에 관한 그의 신학적 단초를 보여주고 있다는 사실을 주목할 필요가 있다. 그가 추구했던 신학적 이념은 인간의 자유의지를 긍정했던 에라스무스와는 달리, 이를 부정했던 루터의 신학적 입장을 기본적으로 공유하고 있지만, 양자의 의미상 차이점도 존재한다: 루터가 하나님의 의의 발견을 통하여 에라스무스의 견해를 극복하고 있다면, 그와는 달리 츠빙글리는 하나님의 절대적 주권과 하나님과 피조물 인간의 명백한 차이 및 절대자 하나님을 향한 피조물 인간의 전적 신뢰를 강조하며, 인간의 자유의지를 강조했던 에라스무스의 신학적 입장을 거부하고 있다. 이와 같은 츠빙글리의 신학적 사유는 1519년 12월에 작성된 것으로 추정되는 역병가를 통하여 본격적으로 시작된다. 이와 같은 관점에서 바라볼 때, 츠빙글리 역병가 작성연대에 관한 신학적 논쟁은 루터와 대비되는 그의 독창적인 종교개혁 신학의 단초를 파악하기 위한 중요한 학문적 시도로서 평가될 수 있다.

그럼에도 불구하고 츠빙글리에게 있어서 에라스무스의 윤리화된

---

20 Arthur Rich, *Die Anfänge der Theologie Huldrych Zwinglis* (Zürich: Zwingli-Verlag, 1949), 112.

기독교의 구현은 결코 폐기될 수 없는 중요한 신학적 이상으로 존재했다. 오히려 그는 에라스무스를 추종했던 스위스 인문주의자들의 윤리적 이상이 하나님의 절대적 주권의 확립을 통하여 실현되어야 한다고 주장했다. 이와 관련하여 그가 추구했던 참된 종교(vera religio)는 인간의 자유의지가 아니라, 초월적 절대자 하나님과 피조물 사이의 명백한 차이 및 하나님과 그분을 향한 피조물 인간의 전적인 신뢰에 근거하여 실현되는 윤리화된 기독교로서, 이는 이미 논증했던 것처럼, 에라스무스의 윤리화된 기독교의 이상을 창조적으로 구현하고자 했던 츠빙글리의 종교개혁자로서의 신학적 시도이다.

제 9 장

성찬의 상징화와 말씀의 예배로의 전환
— 츠빙글리 성찬론 연구

I. 글을 시작하며

로마-가톨릭교회의 반펠라기우스적 구원론을 비판하며 전개되었
던 루터(Martin Luther, 1483-1546)의 칭의론이 루터의 종교개혁 신학을
대변하고 있는 것과는 달리, 츠빙글리(Huldrych Zwingli, 1484-1531)의
종교개혁 신학과 관련하여 성찬론은 그의 전체적인 신학사상을 상징
하는 핵심적 교리로서 간주되고 있다. 그의 성찬론은 빵과 포도주로
서 표현되는 표지와 실제적인 그리스도의 몸을 의미하는 실체와의 명
백한 분리를 강조하며, 표지와 실체의 일체화를 시도했던 로마-가톨
릭교회의 화체설을 극단적으로 거부했다. 이와 관련하여 그에게 있어
서 루터 또한 표지와 실체의 엄격한 분리를 주장했음에도 불구하고,
그가 주장했던 그리스도의 실제적 몸의 임재는 결과적으로 화체설이

강조하고자 했던 왜곡된 신학적 의미와 상통하는 것으로 이해될 수밖에 없었다.

이와 같은 츠빙글리 성찬론의 구상은 자신만의 고유한 신학적 범주들—영혼과 물질의 분리, 하나님의 절대적 주권의 보존, 하나님과 피조물의 전적인 차이 등—을 고안, 적용하면서, 제1차 취리히 논쟁이 시작된 1523년부터 그가 카펠전투(Kappelerkrieg)에서 전사했던 1531년까지 시기별로 변화, 발전하였다. 그는 약 8년 동안의 격렬한 신학적 논쟁을 경험하면서, 자신이 일관적으로 견지했던 기본적인 신학적 원칙에 의거하여, 피조성을 신성으로 오인하며 본질적인 하나님의 거룩함을 박탈했던 로마-가톨릭교회 및 루터교회의 성례전 개념의 변화를 시도했다. 그에 의하면, 로마-가톨릭교회와 루터교회의 성찬론은 우상숭배화된[1] 성찬의 인간화를 시도한 것으로서, 성찬의 신성화와는 무관하다. 본질적인 성찬의 신성화는 성찬의 두 요소, 즉 빵과 포도주의 신적인 변용을 중지하는 것으로서, 빵과 포도주 그 자체를 단순한 물질적 요소로서 파악하는 것으로부터 시작한다. 이후 단순한 물질적 요소로서의 빵과 포도주는 신앙의 강화를 위한 도구이며, 그리스도의 몸을 상징하는 성찬의 표지일 뿐이다. 궁극적으로 그

---

1 츠빙글리는 1523년 7월 과거 자신의 스승 토마스 비텐바하(Thomas Wittenbach)에게 보낸 편지에서 로마-가톨릭교회의 화체설이 우상숭배라고 비판한다: "Metuo nobis omnibus vehementer ab idololatria, quam nimirum isti cum sua trans-substantiatione pepererunt; panis enim si illic tantum est, ubi nos corpus et sanguinem Christi esse docemus, in conservaculis dico, in quibus panem consecratum tenemus, panem igitur adorent necesse est, qui adorant, quod illic est"(저는 화체설이 우상숭배라고 생각하기 때문에, 매우 두렵습니다. 우리에게 그리스도의 몸과 피가 존재하는 것을 가르치는 곳에서, 우리는 그의 몸과 피를 간직하고 있는 성직자들을 통하여 성별된 빵을 가지고 있습니다. 빵 안에 있는 것을 경배하는 사람들은 빵을 경배해야만 합니다), *Zwingli an Thomas Wittenbach* (1523), Z VIII, 88.

리스도의 몸의 상징으로서의 빵과 포도주가 감각적으로 신앙의 강화를 위하여 기여할 수 있도록, 성령의 주도적 개입과 활동은 강조될 수밖에 없다. 그러나 로마-가톨릭교회와 루터교회의 신학자들은 이와 같은 츠빙글리의 견해가 거룩한 성례전을 탈신성화시키는 것이라고 비난한다.

여기서 필자는 시기별로 변화, 발전된 그의 성찬론의 핵심 개념을 상징화된 성찬이라고 파악하며 그리고 이를 전제한 후, 상징화된 성찬 개념이 암묵적으로 말씀의 예배로의 전환을 위한 중요한 신학적 근거를 제공하고 있음을 논증하고자 한다.[2] 물론 그는 상징화된 성찬 개념이 말씀의 예배를 위한 중요한 신학적 근거라는 구체적인 진술을 표명하지 않는다. 그럼에도 불구하고 성찬의 상징화는 말씀의 예배를 위한 필수적인 전단계라는 사실은 1525년 가톨릭 미사예식의 폐지와 말씀의 예배로의 전환을 시도했던 취리히 개혁교회의 혁신적 조치를 통하여 간접적으로 증명될 수 있다.[3] 본 연구는 이와 같이 양자 사이의 신학적-컨텍스트적 상관성을 자세한 원문 연구를 통하여 파악하고자 한다.

---

2 슈바이처(J. Schweizer)의 츠빙글리의 성찬론 연구서 "Reformierte Abendmahls-gestaltung in der Schau Zwinglis"가 필자에게 본 연구를 위한 중요한 신학적 동기와 단서를 제공했다. 그에 의하면, 츠빙글리는 기존의 전통적인 관념에 구속되지 않고, 말씀의 선포를 예배예식의 중요한 부분으로 설정하며, 말씀의 선포가 전제가 된 성찬식 순서를 삽입시키면서, 중세말기 가톨릭 미사예식을 개혁했다. Julius Schweizer, *Reformierte Abendmahlsgestaltung in der Schau Zwinglis* (Basel, Reinhardt, 1954), 45-52.

3 루터 또한 말씀의 예배를 지향했지만, 츠빙글리의 입장에서 바라볼 때, 그가 시도했던 가톨릭 미사예식의 개혁은 그의 성찬론(공재설)이 로마-가톨릭교회의 화체설의 흔적을 완전하게 제거시키지 못했던 것처럼, 매우 불충분한 것으로 이해되었을 것이다.

II. 츠빙글리의 성찬론 발전사 개요

그의 성찬론의 핵심 주제어는 '기념'과 '상징'으로서,[4] 전자(기념)는 로마-가톨릭교회의 화체설의 신학적 토대가 되는 희생제로서의 미사 개념에 대한 대항담론의 역할을 수행했으며, 후자(상징)는 루터와의 성찬론 논쟁 시 빈번하게 사용되었던 개념이다. 그럼에도 불구하고 성찬론과 관련된 전통적인 신학적 화두인 그리스도의 '임재'를 거부한 것은 결코 아니다. 그리스도의 임재에 관한 신학적 관심은 초기 기념 설을 주장했던 취리히 사역 초기(1523년경)와 그리스도의 영적 임재를 주장했던 후기(1531년경)에 드러난다. 전자의 경우, 신앙을 통한 그리스도의 임재의 체험을 강조하고, 후자의 경우, 신앙의 묵상에 기여하는 그리스도의 영적 임재로서의 성찬 개념을 강조한다.

반면에 1524년 9월 츠빙글리가 네덜란드 인문주의자 호엔(Honius)이 그에게 보낸 편지를 읽은 후, 호엔의 신학적 영향을 받아 1524년 11월 그의 동료 마테우스 알베루스(Matthäus Alberus)에게 보낸 편지에서, 그리스도의 성찬 제정사 중 "이것이 내 몸이다"에서 '이다'(est)를 '의미하다'(significat)라고 해석하며 상징설을 주장하기 시작한다.[5] 상징설은 성례 그 자체에 대한 신앙고백적 특성을 강조하는 것과 아울러, 그의 성찬론을 대변하는 중요한 신학적 개념이 되었으며, 1525년

---

4 츠빙글리 성찬론의 핵심주제어로서 소개되는 '기념'은 '기억의 현재화'로, '상징'은 '실체 와 분리된 표지에 부여되는 상징적 의미'라고 이해한다면, 좀 더 명확하게 그의 성찬론 의 신학적 의도를 파악할 수 있을 것이다.

5 "videlicet in hoc verbo, cuius significantia non perpetuo pro esse accipitur, sed etiam pro significare"(동사 'est'-이다-는 'esse'-존재하다-가 아니라 'signi-ficare'-의미하다-를 뜻한다), *Ad Matthaeum Alberumde coena dominica epistola* (1524), Z III, 345.

부활절에 폐지된 미사예식을 대체했던 말씀의 예배로의 전환을 위한 중요한 신학적 토대를 형성한다. 이와 같은 상징화된 성찬 개념과 아울러 성찬을 포함한 성례 그 자체를 그리스도인의 교회공동체 입회를 위한 서약6으로서 이해하게 되면서, 그의 성찬론은 로마-가톨릭교회 뿐만 아니라 루터와도 극명하게 대립되는 독특한 내용을 지니게 된다. 1529년 분열된 개신교회 진영의 일치를 위하여 헤센의 필립 공작 (Philipp I, 1504-1567)이 주최했던 마르부르크(Marburg)회담은 루터와 츠빙글리의 결코 합의될 수 없는 성찬론의 핵심적 주제를 공식적으로 노출시키는 계기가 되었다. 이를 통하여 루터의 경우, 츠빙글리를 성찬이 지니고 있는 구원의 능력을 무시하는 칼슈타트(Andreas Karlstadt)와 같은 열광주의자라고 공식적으로 정죄했으며, 츠빙글리 또한 루터를 가톨릭주의자와 동일화시켜 정죄했다.

　　1529년 마르부르크회담(Marburger Religionsgespräch)이 결렬된 후, 루터 및 그의 지지자들은 칼 5세가 소집한 아우크스부르크 제국의회에 참석, 츠빙글리주의자들을 배제한 채, 독자적인 개신교회 진영의 대표자로서 활동하면서, 아우크스부르크 신앙고백(Confessio Augustana,

---

6 "Sunt ergo sacramenta signa vel ceremoniae…….quibus se homo ecclesiae probat aut candidatum aut militem esse Christi, redduntque ecclesiam totam potius certiorem de tua fide quam te. Si enim fides tua no aliter fuerit absoluta, quam ut signo ceremondiali ad confirmationem egeat, fides non est. Fides enim est, qua nitimur misericordiae dei inconcusse, firmiter et indistracte, ut multis locis Paulus habet"(성례전은 표지 혹은 예식이다… 이를 통하여 인간은 그리스도의 군사가 되고자 하거나 혹은 그리스도인의 군사라는 사실을 교회공동체가 신뢰하게 만든다. 즉 성례전은 당신보다 전체 교회가 당신의 신앙에 대해 확신하게 만드는 것이다. 당신의 신앙이 이와 같은 방식으로 증명을 위한 표지를 필요로 하지 않는다면, 이는 신앙이 아니다. 왜냐하면 바울사도가 수많은 곳에서 언급했던 것처럼, 신앙은 흔들림 없는 하나님의 자비 위에 근거하고 있기 때문이다), *De vera et falsa religione commentarius* (1525), ZIII, 761.

1530)을 작성, 제출한다. 반면에 루터주의자들에게 의하여 공식적으로 배제된 츠빙글리는 『신앙의 해명』(Fidei ratio, 1530)과 『기독교 신앙의 주해』(Fidei christianae expositio, 1531)를 출판하며 나름대로의 독자적인 신학적 입장을 피력했다. 그러나 여기서 츠빙글리 성찬론의 점진적 변화과정이 드러나고 있다. 성찬을 통한 그리스도의 영적 임재와 신앙의 묵상에 기여하는 성찬의 개념은 1524년 이후 전개된 그의 상징설의 점진적 변화의 흔적으로 이해될 수 있다.

여기서 다음과 같은 약간 과감한 질문을 제기해 볼 수 있다. 1524년 츠빙글리는 네덜란드 인문주의자 호엔의 편지를 읽은 후, 단순히 그의 신학적 영향만을 받아 상징설을 주장하게 되었는가? 이에 관한 컨텍스트적 논거가 존재하는가? 이와 관련하여 츠빙글리에게 있어서 핵심적인 종교개혁 프로그램이 무엇이었던가에 관하여 기본적으로 살펴볼 필요가 있다. 1519년 1월 1일 취리히 그로스뮌스터 성당 주임사제로 부임하면서, 그가 기존 로마-가톨릭교회의 교회력을 무시하고, 마태복음부터 순차적으로 시도했던 강해설교부터 시도했다. 이는 그의 사역의 주안점을 암시하는 것으로서, 성서연구 및 설교의 중요성은 그의 목회사역의 핵심 과제로서 그 역할을 수행했다. 루터가 1517년 95개조 면벌부 반박문 발표 이후 칭의에 대한 자신의 신학적 확신을 다양한 문건을 통하여 발표했던 것과 달리, 츠빙글리는 하나님의 말씀의 선포에 대한 중요성을 일련의 논문들을 통하여 강조하고 있다는 사실을 주목해야 할 필요가 있다.

이와 관련하여 츠빙글리의 상징설이 본격적으로 피력된 1524년 취리히의 상황에 대해 간략하게 살펴볼 필요가 있다. 1523년 1, 2차 취리히 논쟁을 계기로 츠빙글리의 종교개혁 프로그램이 공식적으로

채택되면서, 1524년은 그의 핵심적인 종교개혁 프로그램인 성상파괴 및 가톨릭 미사예식 폐지의 움직임이 본격적으로 시작되었던 시기였다. 1525년까지 그의 취리히 사역은 성공적으로 마감되면서, 1526년부터 스위스 연방 전체를 향하여 시야를 확대, 취리히 종교개혁 프로그램의 확대를 시도했다. 1528년의 베른논쟁(Berner Disputation)의 성공으로 인하여 베른은 취리히와 더불어 스위스 개신교회 칸톤(Kanton)의 중심도시가 되었다. 정리하자면, 1524년은 1519년 1월 1일 츠빙글리가 취리히 그로스뮌스터(Grossmünster)성당 주임사제로 부임한 이후 강조했던 설교사역의 중요성을 성상 파괴 및 가톨릭 미사예식의 폐지를 통하여 실제적으로 구체화시키기 시작했던 시기였다고 정의해 볼 수 있다. 즉 상징설과 설교사역의 중요성, 즉 말씀의 예배로의 전환은 양자 간의 상호 밀접한 관련성을 지니고 있음을 충분히 추측할 수 있다. 이와 같은 역사적 컨텍스트 속에서 발전된 그의 성찬론 변화 과정을 다음과 같이 3단계로 논리화시켜 표현해 볼 수 있다.

1. 유일회적인 그리스도의 십자가 희생에 대한 기념으로서의 성찬[7] 및 신앙을 통한 그리스도 임재의 체험의 강조.[8]

---

7 1523년 1월에 개최된 취리히 1차 논쟁에서 그는 본 논쟁을 위하여 제시했던 67개 논제 중 제18항에서 다음과 같이 언급한다. "DAS CHRISTUS SICH SELBS EINEST UFFGEOPFFERET. IN DIE EWIGHEIT EIN WÄREND UND BEZALEND OPFFER IST FÜR ALLER GLEUBIGEN SÜND; DARUSS ERMESSEN WÜRT. DIE MESS NIT EIN OPFFER, SUNDER DES OPFFERS EIN WIDERGÄCHTNUS SIN UND SICHERUNG DER ERLÖSUNG. DIE CHRISTUS UNS BEWIESEN HAT"(자신을 단번에 희생하신 그리스도는 언제까지나 모든 믿는 자들의 죄를 위한 확실하고도 분명한 희생이다. 여기서 자연스럽게 미사는 희생이 아니라 희생에 대한 기억이며 그리스도가 우리에게 주신 구원에 대한 보증이 되는 것이다), *Auslegen und Gründe der Schlußreden* (1523), Z II, 111.

8 그는 1523년 7월 과거 자신의 스승 토마스 비텐바하(Thomas Wittenbach)에게 보낸

2. 성찬의 상징화를 통한 신앙으로의 집중[9] 및 말씀의 예배로의 전환

3. 성찬을 통한 그리스도의 영적 임재 및 신앙의 묵상에 기여하는 신앙의 묵상[10]

이상 3단계의 성찬론 발전 과정에 대해 통합적 이해를 시도한다면, 세 번째 성찬론의 변화된 내용은 두 번째 성찬론의 내용, 즉 성찬의 상징화와 말씀의 예배로의 전환에 대한 성령론적 차원의 부록일 뿐이다. 즉 말씀의 예배를 성령론적 전망 속에서 정당화한 것으로서, 이를 위하여 성찬은 영적인 차원에서 효력을 발휘한다. 그러나 여기서 성찬의 상징화는 말씀의 예배로 전환될 수밖에 없다고 주장하는 그의 진술은 발견되지 않는다. 이는 문헌상 추적 및 컨텍스트적 근거

편지에서 신앙 안에서 빵과 포도주를 통하여 그리스도께서 임재하신다고 강조한다: "ignem non esse in silice, nisi, dum excutitur... sic sub panis specie Christum non teneri, nisi, dum fide allic queritur ac petitur"(부싯돌이 서로 충돌할 때에만 불이 발생하는 것처럼… 신앙 안에서 그리스도를 만나고자 할 때에만 빵과 포도주를 통하여 그리스도를 만날 수 있다) *Zwingli an Thomas Wittenbach* (1523), Z VIII, 88.

9 그는 *De vera et falsa religione commentarius* (참된 종교와 거짓 종교에 대한 주해, 1525)에서 성찬의 상징화는 신앙을 주목할 수밖에 없다고 다음과 같이 주장한다: "Ponitur ergo nostro judicio hoc verbum „est" hic pro „significat". Quamvis hoc inducium non nostrum, sed aeterni dei sit... quandoquidem fides ab invisibili deo sit, et ad invisibilem deum tendat, ac prorsus res sit ab omni sensu alienissima"(우리의 판단에 따른다면, '이다'는 '의미하다'이다. 이는 우리의 생각이 아니라, 영원하신 하나님의 뜻이다… 신앙은 보이지 않는 하나님으로부터 유래한 것으로서, 보이지 않는 하나님을 추구한다. 신앙은 모든 감각적인 것과 분리된 것이다), *De vera et falsa religione commentarius* (1525), ZIII ,798.

10 "quod in sacra eucharistiae (hoc est: gratiarum actionis) coena verum Christi corpus adsit fidei contemplatione"(감사의 행위인 성찬 속에서 참된 그리스도의 몸은 신앙의 묵상을 통하여 현존한다), *Fideiratio*, Z VI/II, 806: "sit verum corpus non tamen reale aut naturale, sed suo modo spiritual, qui modus nobis ignotus est"(참된 그리스도의 몸이 실제적적으로, 혹은 자연적으로 현존하는 것이 아니라, 우리에게 알려지지 않은 채, 영적인 방식으로 현존한다), *Fidei expositio*, ZVI/V, 78.

를 통한 추측을 통하여 파악될 수 있는 신학적 고찰의 산물로서, 간접적으로 증명될 수 있는 사안일 뿐, 츠빙글리는 상호간 관계에 대한 직접적인 해석을 제시한 바 없다.

III. 신성의 보존을 위한 성찬의 상징화

츠빙글리의 성찬론은 로마-가톨릭교회의 화체설이 내포하고 있는 피조물의 신격화에 대한 일종의 극단적 저항담론으로서 이해되어야 할 필요가 있다. 이는 그의 신학사상의 근본 원칙, '하나님과 인간의 명백한 차이'가 핵심적으로 관통하는 중요한 교리적 개념이기 때문이다. 빵과 포도주가 그리스도의 몸으로 직접적으로 변용된다면, 이는 피조물의 신격화를 상징하는 중요한 우상숭배 행위일 수밖에 없다. 이와 같은 피조물의 신격화가 실현되는 성찬은 '하나님과 인간의 명백한 차이'를 강조하는 그에게 있어서 결코 용납될 수 없는 사안으로서 인식되었을 것이다. 따라서 그는 빵과 포도주를 일종의 그리스도의 몸의 상징으로서 이해하면서, 화체설이 내포하고 있는 우상숭배적 특성을 제거하고자 시도한다. 그의 신학적인 근본 원칙과 화체설 비판을 간과한 채 그의 상징설을 이해하고자 한다면, 올바로 파악될 수 없다. 이와 관련하여 그는 *Fidei christianae expositio*(『기독교 신앙의 주해』, 1531)에서 다음과 같이 주장한다.

(성례전을 믿는 사람들에 의하면) 성례전은 하나님을 형상화시켜야 합니다(성례전이 하나님이 되도록 만들어야 합니다). (그렇게 된다

면) 성찬의 성례전 및 세례와 안수의 성례전 자체가 하나님인 것입니다."11

빵과 포도주와 이에 전가된 하나님의 신성의 분리는 그가 지향해야만 하는 신학적 목표, 즉 하나님의 절대적 주권 및 신성의 보존과 상응한다. 그렇다면, 빵과 포도주는 단순한 물질로 존재할 수밖에 없다. 바로 이 지점에서 츠빙글리의 영적인 성찬론이 전개된다. 그리스도의 영적 현존이야말로 빵과 포도주 그 자체만으로 존속하는 물질적 의미를 보존해 줄 수 있기 때문이다. 피조물과 하나님의 위치가 역전, 혼합된 경우, 피조물 자체에 신적인 능력이 함유되기 때문에 결코 피조물과 하나님을 매개하는 성령의 능력이 개입될 수 없다. 피조물과 하나님의 신성이 분리되면서, 그리스도께서 승천 이전 약속하셨던 성령의 임재가 실현될 수 있는 공간이 확보되는 것이다. 그리스도의 승천 이후, 그리스도께서는 천상에 거주하시기 때문에. 결코 육신의 존재로서 목격될 수 없다. 오직 유한한 시·공간 속에서 활동하시는 성령의 능력만이 그리스도의 영적인 현존을 목격하게 할 뿐이다.

또한 그의 성찬론은 빵과 포도주 그리고 그리스도의 실제적 몸과의 엄격한 분리를 주장하며 전개된다. 이와 같은 성찬에 대한 그의 신학적 입장은 전통적인 그리스도의 두 가지 본성 사이의 관계에 대한 규정과 무관하지 않다. 안디옥 학파의 네스토리우스(Nestorius, 381-451)가 분리된 그리스도의 신성과 인성을 강조하며, 인성을 부각시키게 되면서, 그는 431년 에베소 공의회에서 이단으로 판결된다. 츠빙

---

11 "iam sacramenta deum esse oportet, ut non tantum eucharistie sacramentum, sed et baptismus manuumque impositio deus sit", *Fidei expositio*, Z VI/V, 56.

글리는 네스토리우스처럼 분리된 신성과 인성을 강조하지만, 그와는 달리 인성이 아니라 신성을 주목한다. 동시에 그리스도의 인성과 신성이 결합되어 있지만, 철저하게 분리된 채 상호교류를 하지 않는다고 주장함으로써, 훼손되지 않는 신성의 고유성을 보존하고자 시도한다.[12] 이는 빵과 포도주 그리고 그리스도의 몸의 분리를 주장했던 그의 성찬론의 핵심적 내용과 상응하는 그리스도론적 이해라고 할 수 있다. 빵과 포도주로 상징되는 그리스도의 인성과 그리스도의 몸으로서 상징되는 신성의 철저한 분리화 작업은 최종적으로 그리스도의 신성의 보존을 지향한다. 이를 위하여 그리스도의 신성과 인성은 상호교류하지 않은 채, 분리되어 있으면서도 결합되어 있다.

이와 같은 그의 성찬론의 구상은 성찬의 상징화 작업을 수반할 수밖에 없다. 왜냐하면 상징화 작업은 성찬의 표지와 실체의 분리를 필수적으로 요청하기 때문이다. 즉 성찬의 상징화는 표지와 실체의 분리의 논리적 귀결로서, 빵과 포도주가 그 자체의 물질적 의미만을 지니고 있다고 간주한다면, 성찬식의 신학적 의미는 상실되기 때문에, 표지에 대한 의미화 작업이 요청될 수밖에 없다. 실체는 과거 십자가에 달리시고 부활하셨으며, 승천하신 예수 그리스도로서, 표지는 실체를 가리키며, 또한 상징하는 역할을 수행할 수밖에 없다. 이는 다음과 같은 두 가지 과제로 분류될 수 있다.

---

12 "ich weiß, das man hierinn umb der beden nature willen, die aber nun ein Christus sind, offt uff die andren redt, das doch der einen allein ist. Es müß qber nütz deß minder die eigenschaft yeder natur unversert bliben, und iro allein eigenlich zügelegt warden, das ir eigen ist"(나는 두 본성이 하나의 본성을 이룬다는 사실로 인해 하나의 본성에 말해지는 것들이 종종 다른 본성에 적용된다는 사실을 알고 있다. 그럼에도 불구하고 각 본성의 고유한 성격은 온전히 남아 있으며, 우리는 한 본성의 고유한 것을 그 본성에 연관시켜야 한다), *Eine klare Unterrichtung vom Nachtmahl Christi* (1526), Z IV, 828.

1. 신성을 보존하기 위한 표지와 실체의 분리
2. 표지에 신학적 의미를 부여하기 위한 상징화 작업

정리하자면, 표지의 상징화 작업은 신성을 보존하기 위한 표지와 실체의 분리에 근거하고 있기 때문에, 양자는 상호 밀접한 관련성을 지닐 수밖에 없다. 결과적으로 이는 성찬식의 과감한 의미축소를 동반하며, 동시에 성찬식이 아닌 다른 예배예식의 중요성을 부각시키게 된다. 이는 하나님 말씀이 선포되는 설교예식으로서, 여기서 상징화된 성찬은 설교를 통하여 선포되는 예수 그리스도를 향한 신앙을 효과적으로 강화시키는 기능을 수행하게 된다.

IV. 말씀의 예배로의 전환을 위한 성찬의 상징화

로마-가톨릭교회는 반복되는 희생제사의 개념에 근거하여, 빵과 포도주를 하나님께 봉헌하는 제물로 이해했다. 따라서 미사예식 중 분배되는 빵과 포도주는 이미 하나님께 봉헌되었다고 간주된 이후, 미사 참석자들이 상호교감 속에서 시식하는 희생제사 음식으로서 이해될 수 있다. 이와 같은 미사 개념을 감안한다면, 로마-가톨릭교회가 주장하는 화체설은 충분한 이론적 근거를 지니고 있는 논증가능한 교리로서 이해될 수 있다. 과거 인신공양으로부터 동물(어린 양)의 봉헌으로, 동물의 봉헌으로부터 하나님의 독생자 예수 그리스도의 희생으로 대치된 성서적 제사개념을 변천 과정을 전제한다면, 반복되는 희생제사로서의 미사 개념과 그리스도의 몸으로 간주된 빵과 포도주의 봉헌은 당연한 논리적 결과일 수 있기 때문이다. 여기서 사제의 축성은 빵과 포도주가 그리스도의 몸으로 변용되는 직접적 과정을 현실화시키는 중요한 수단으로서 등장한다. 오직 교황의 신적인 안수를 받은 사제의 축성만이 빵과 포도주라는 물질을 그리스도의 몸으로 변화시킬 수 있다는 것이다. 이와 같이 화체설을 구성하는 중요한 세 가지 요소를 정리하자면, 다음과 같다.

반복되는 희생제사
그리스도의 몸으로 변용되는 빵과 포도주라는 물질적 요소
사제의 축성

그러나 츠빙글리에게 있어서 이상과 같이 사제의 축성을 통하여 빵과 포도주가 직접적으로 그리스도의 몸으로 변용된다고 주장하는 화체설은 피조물과 하나님의 위치를 역전시키는 일종의 우상숭배로서 이해될 수밖에 없었음을 주목할 필요가 있다. 더 나아가 화체설에 대한 전적인 거부와 성상 파괴 그리고 미사예식의 혁신적 개혁 또한 그가 강조했던 구약성서의 우상숭배 금지조항과 상응하는 실천적인 조치라고 평가할 수 있다. 동시에 화체설이 내포하고 있는 희생제사로서의 미사 개념을 거부하며, 동시에 과거 예수 그리스도의 십자가 희생은 유일회적 희생제사였기 때문에, 성찬식은 이 사실을 신앙을 통하여 현재화시켜 기억하는 것이라고 주장한다.[13] 이는 미사예식에

---

13 츠빙글리가 종교개혁자로서 등장하기 이전부터 루터는 위 내용을 이미 주장한 바 있다. 그러나 그는 루터를 통하여 이를 알게 되기 이전부터, 이미 위 내용에 대하여 생각하고 있었다고 주장한다: "hab ich das essen und tricken des fronlychnams uund blůtes Christi genent ein widergedächtnus des lydens Christi, ee ich den

서 봉헌되는 희생제물로서의 그리스도의 몸이 불필요하다는 사실을 확증하는 것이 다름이 없다. 성찬은 십자가 구원사건에 대한 기억을 가능케 하는 물질적 수단으로서 간주되면서, 빵과 포도주는 영혼의 양식으로서의 기능을 상실한다. 그에 의하면, 성찬식과 유월적 예식 은 내용상 의미하는 사항은 상이할 수 있지만, 논리적 형식와 관련하여 과거의 사건을 회상한다는 점에 있어서, 상호간 유사하다.

> 유월절 예식은 그들(이스라엘 백성)이 그들을 이집트의 노예생활로 부터 자유롭게 해 주신 하나님께 감사를 표현하는 성대한 기념(회상, 기억, commemoratio)의 축제입니다.[14]

이와 같은 화체설에 대한 전적인 거부 및 이에 대한 대안으로서의 기념설은 가톨릭 미사예식의 혁신적 개혁을 위한 중요한 신학적 작업 으로서, 이는 그가 지향했던 말씀의 예배의 중요한 신학적 근거가 된 다. 이를 위하여, 과거 희생제사의 핵심적 순서였던 성체성사의 의미 를 '기념'의 의미로 대폭적으로 변용시켜, 이후 성찬의 상징화 작업을 시도한다. 여기서 기념설과 상징설은 양자 간의 밀접한 논리적 연관 성을 지니고 있음을 파악할 필요가 있다. 성찬식이 유일회적 희생제 사에 대한 기억을 현재화시키기 위하여 시행되어야만 한다면, 성찬식

Luter ie hab ghört nennnen. Und hat der Luter den fronlynam und blůt Christi ein testament genennet"(루터로부터 이 내용을 듣기 이전부터, 그리스도의 살과 피 를 시식하고 마시는 것이 그리스도의 고난을 현재화시켜 기억하는 것으로 정의했다. 지금 루터는 이를 '언약'이라고 정의한다), *Auslegen und Gründe der Schlußreden* (1523), Z II, 150.

14 "Pascha commemoratio et celebris festivitas erat, qua ex Aegyptiaca servitude se liberatos esse domino gratulabantur." *De vera et falsa religione commentarius* (1525), ZIII, 803.

의 물질적 요소인 빵과 포도주에 대한 상징적 의미부여의 작업을 필수적으로 요청되고 있기 때문이다. 따라서 양자를 일종의 신학적 논리의 발전단계로서 간주하는 것이 바람직하다고 생각한다.

뿐만 아니라 이미 소개한 것처럼 1523년에 표명된 그의 초기 기념설은 신앙을 통한 그리스도의 임재 체험을 강조하고 있지만, 1524년부터 주장된 그의 상징설은 빵과 포도주에 대한 올바른 인간의 이해 방식을 해명하고 있을 뿐, 구체적으로 그리스도의 임재방식에 관한 진술을 표명하지 않고 있다는 사실 또한 주목할 필요가 있다. 그럼에도 불구하고 그가 말년에 이르러 성찬식에 영적으로 임재하는 그리스도에 대하여 언급하며, 성찬이 신앙의 묵상을 위하여 기여한다고 표명하고 있다는 사실을 감안한다면, 성찬론의 핵심주제가 그리스도의 임재와 관련된 것임을 그 또한 결코 부정할 수 없었다고 판단해 볼 수 있을 것이다. 그렇다면 다음과 같은 문제제기가 가능할 수 있다. 그렇다면, 상징설 또한 그리스도 임재에 관한 간접적 암시를 하고 있지는 않을까? 다음과 같이 정리해 본다면,

빵과 포도주가 실제적인 그리스도의 몸으로 변용되는 화체설의 그리스도 임재방식을 거부한 것일 뿐, 그리스도의 임재 그 자체를 부정하지 않는다. 오히려 그는 새로운 임재방식을 자신의 성찬론을 통하여 제시하고 있지는 않을까?

이와 관련하여 필자는 츠빙글리에게 있어서 상징설의 핵심적 주제는 화체설이 함의하는 것처럼 빵과 포도주로서의 그리스도가 아니라, 말씀으로서의 그리스도를 강조하기 위한 것이었으며, 그리스도의

임재는 성찬이 아니라 말씀을 통하여 가능할 수 있다는 사실을 성찬의 상징화 작업을 통하여 피력한 것이라고 생각한다. 즉 하나님 말씀의 선포를 통한 그리스도의 임재가 그의 상징설이 내포하는 핵심적인 의미일 수 있는 것이다. 이를 위하여 빵과 포도주를 그리스도의 몸을 상징하는 일종의 은유적 표현의 수단으로 간주할 뿐이다. 물론 그가 말년에 주장했던 그리스도의 영적인 임재는 자신의 상징설을 보완하는 것일 뿐, 말씀으로서의 그리스도의 임재에 대한 확신은 말씀의 예배로의 전환을 통하여 분명하게 암시되고 있다고 판단할 수 있다. 왜냐하면 서론에 언급한 것처럼, 츠빙글리의 취리히 사역 시기, 1524년-1525년 사이 시도되었던 성찬의 상징화 작업과 가톨릭 미사예식의 폐지 및 말씀의 예배로의 전환조치가 연속적으로 시행되었기 때문에, 여기서 충분히 컨텍스트적 개연성이 확보될 수 있다. 1523년 67개 논제를 통하여 표명된 초기 기념설 또한 신앙을 통한 그리스도 십자가 고난의 회상을 추구하기 때문에, 결과적으로 신앙을 강화시키기 위한 하나님 말씀을 부각시킬 수밖에 없다. 츠빙글리가 1519년 1월 1일 취리히 그로스뮌스터 성당 주임사제로 취임하여, 전통적인 로마-가톨릭교회의 교회력을 무시하고 마태복음부터 강해설교를 시작한 이후, 1522년에 출판된 그의 *Von Klarheit und Geweißheit des Wortes Gottes*(하나님 말씀의 명료성과 확실성, 1522)은 설교사역의 중요성에 대한 그의 신학적 확신을 과감하게 표현하고 있다. 핵심적 결론을 두 가지 사항을 소개하자면,

우리는 하나님의 말씀을 공경하는 마음으로 읽어야 하며, 하나님 말씀이 그의 영으로부터 온 것임을 인정해야 합니다. 따라서 다른 말을

하나님 말씀처럼 신뢰해서는 안 된다. 하나님 말씀은 확실하며, 결코 오류를 범하지 않습니다.15

우리가 성경에 대해 전체적으로 확실하게 파악하지 않는다면, 사제가 더러운 욕망의 개입 없이 진리를 순수하게 가르치고 있는가에 대하여 확실할 수 있겠는가?16

전체적으로 고찰한다면, 실제적인 그리스도의 몸의 제공을 의미하는 성체성사의 상징화 작업은 말씀의 예배로의 전환을 위한 필수적인 조치로서, 이는 다음과 같은 논리적 귀결을 내포할 수 있다: 성찬의 핵심적 주제는 그리스도의 육체의 시식이 아니라, 그리스도를 향한 신앙이며 이의 주체적이며 자발적인 고백의 행위이다. 이와 관련하여 그가 격렬하게 거부한 사항은 그리스도의 몸의 육체적 시식, 즉 그리스도의 실제적 몸으로 변용된 빵과 포도주의 시식으로서, 이는 그리스도의 유일회적인 대속적 죽음을 불필요하게 만들며, 희생제사로서의 미사를 강행하는 로마-가톨릭교회에 대한 우회적 비판이다. 최종적으로 그의 비판은 로마-가톨릭교회의 수장으로서, 그리스도의 대리자라고 자처하는 교황에 대한 비판으로 외연이 확장된다.17 즉 반

---

15 "Entlich, damit wir uffhörind wellen eim ieden uff alle gegenwürff hie antwurt geben, ist das unser meinung, das das wort gottes von uns sol inn höchsten eeren gehalten werden – wort gottes verstand allein, das vom geist gottes kumpt – und gheinem wort sölicher gloub gegeben als dem." *Von Klarheit und Geweißheit des Wortes Gottes* (1522), Z I, 382.

16 "Und sydmal sy in der gschrift nit belesen sind, wie sy mögen mercken, ob der lerend priester die warheit luter, ungemengt mit sinen eygnen anfechtungen darthüye." Z I, 383.

17 "Einen, das damit nit bewärt ist, das, wenn der pfaff oder der mensch also

복되는 희생제사의 시행주체를 서열화된 성직자 계급으로서 간주하는 한, 미사예식에 대한 비판은 궁극적으로 교황에 대한 비판과 직결될 수밖에 없는 것이다. 또한 그는 성찬의 상징화 작업을 시도하면서, 루터의 공재설을 강도 높게 비판한다. 왜냐하면 그는 루터가 로마-가톨릭교회의 화체설을 비판하고 있음에도 불구하고, "이것이 내 몸이다"를 문자적으로 해석하고 있다고 판단했기 때문이다.[18]

이와 같이 화체설과 공재설을 비판하는 그의 신학적-논리적 근거 중에서 가장 핵심적인 사안은 표지와 실체의 극단적 분리, 즉 표지를 실체를 의미하는 것일 뿐, 결코 동일화될 수 없다는 논리가 성찬의 상징화를 위한 필수적인 근거가 된다. 그렇다면, 다음과 같은 질문을 제기해 볼 수 있다. "왜 성찬의 상징화를 시도하는가?" 그것은 성찬에

---

spreche: „Das ist min lychnam", das darumb der lychnam Christi da sye. Dann so du glych sprichst: „Er hatt geredt: ‚tůnds min ze gedencken', hierumb so ist sin lychnam da", so hilfft es nütz; dann der pfaff spricht nit: „Das ist der lychnam Christi", sunder: „Das ist min lychnam", so wär des pfaffen lychnam da"(첫 번째는 교황이나 다른 자가 '이것은 내 몸이다'라고 말할 때, 그리스도의 몸이 필연적으로 계시다고 믿을 이유가 없다는 점이다. 그리스도께서 친히 "이것을 행하여 나를 기념하라"고 말씀하셨으며, 따라서 그리스도의 몸이 거기에 있다고 말하는 것도 아무 소용이 없다. 왜냐하면 교황은 "이것이 그리스도의 몸"이라고 말하지 않고, "이것이 내 몸이다"라고 말하기 때문이다. 따라서 오직 교황의 몸만이 있을 뿐이다), *Eine klare Unterrichtung vom Nachtmahl Christi* (1526), Z IV, 796.

18 "Der ander irrtumb, der hie harfürzogen wirt, ist glych ouch die ander meinung, die wir zum ersten habend anzeigt, namlich die Do spricht: „man esse den lychnam Christi in oder under dem brot, doch daß das brot blybe. Dann wirt diß wörtlin „ist" substantive das ist: wesenlich, genomen, so ist ein offner frävel, daß sy spricht, das brot blybe brot, und transsubstantionen verlöugnet, das ist: die verwandlung der substanz des brots in's fleisch"(문자적 해석에 기인하는 두 번째 오류는 우리가 첫 번째 오류에 따라 언급했던 두 번째 견해 -즉 우리는 빵 안에 혹은 빵 아래 그리스도의 몸을 먹고, 빵은 빵으로 남아있다-이다. 우리가 '이다'라는 단어를 문자적으로 받아들이면, 빵은 빵으로 남아있고, 빵의 실체가 육체의 실체로 변용된다는 화체설을 부인하는 것은 명백한 오류이다), Z IV, 798.

대한 신앙이 아니라, 그리스도에 대한 신앙을 강조하기 위한 것으로서, 즉 이는 그리스도인이 빵과 포도주를 시식하는 것은 십자가에 달리신 그리스도를 향한 신앙을 의미한다는 사실을 강조하기 위한 것이다.[19] 즉 '이것은 내 몸이다'에서 '이다'가 '의미 혹은 상징하다'를 의미하게 된다면, 성찬수령자는 빵과 포도주를 통하여 과거에 십자가에 달리시고, 부활, 승천하신 실제적인 그리스도의 몸을 신앙을 통하여 바라볼 수밖에 없다는 것이다. 이와 관련하여, 그는 다음과 같이 그리스도의 고난에 대한 감사와 기억의 현재화를 통한 그리스도와의 사귐을 위하여 빵과 포도주를 시식, 시음한다고 강조하며, 신앙을 위하여 기여하는 성찬식의 기능을 해명한다.

우리는 그리스도께서는 하나님 아버지 우편에 좌정하고 계시지만,

---

19 이는 성찬과 관련된 아우구스티누스의 명문장(credere est edere)을 재해석한 것으로서, 그의 진술을 그리스도 몸의 실제적 시식으로 해석하는 로마-가톨릭교회의 입장을 반박하며, 오히려 그의 빵과 포도주 시식은 빵과 포도주를 통하여 그리스도와의 사귐에 참여하는 것으로서, 이는 그리스도를 향한 신앙과 밀접한 관련이 있음을 의미한다고 다음과 같이 언급한다: "Er spricht erstlich: „in inn vertruwen." Damit wirt gelernet, daß hie „vertruwen" oder „glouben" nit uff's brot oder fleisch reichen mag, sunder allein uff Christum. Danach spricht er: „In Christum vertruwen", das sye das brot und den Wyn ässen."... Welcher in Christum vertruwt, der gat recht zů der gmeind, die das brot und den wyn mit einander ißt... Christum lyplich essen nütz anders weder: vertruwen uff den sun gottes, des lychnam für uns in in'n todt ggeben ist. Hie redend die mißverstendigen aber: „dann in inn vertruwen, das ist das brot und den wyn essen"(그-아우구스티누스-는 "그분을 믿으라"고 말하면서, 신뢰 혹은 신앙의 대상이 빵이나 몸이 아니라, 오직 그리스도라고 가르친다. 이후 그는 다음과 같이 말한다. "그리스도를 믿는 것은 빵과 포도주를 시식하는 것이다." … 그리스도를 믿으면 빵과 포도주를 시식하며, 그리스도와의 사귐에 참여한다. … 그리스도의 몸을 양식으로 먹는 것은 우리 대신에 죽으신 그분을 믿는 것이다. 그러나 이를 잘못 이해한 사람들은 -로마가톨릭교회 신학자- 그분을 믿는 자가 그분의 살과 피를 양식으로 시식하는 것이라고 말한다), Z IV, 808.

그분의 몸이 우리를 위하여 죽으셨다는 사실에 대하여 감사하고 이를 기억 속에서 현재화시키면서 그리스도와 교제하기 위하여, 성례, 즉 살아계신 거룩한 그리스도의 몸의 표징을 시식하는 것입니다.[20]

이를 통하여 미사예식(Missa) 중 가장 중요한 예식으로서의 성찬 개념인 반복적 '희생제사'(Opfer)가 폐기되고, 과거 유일회적인 십자가 희생사건에 대한 감사와 기억의 현재화로서의 성찬식이 강조된다면, 필연적으로 말씀의 예배가 핵심적 사안으로 대두되는 것이다. 1525년부터 취리히 개혁교회는 가톨릭 미사예식이 폐지하고, 말씀의 예배로 전환하면서, 실제적으로 성찬식은 일 년에 네 번씩 시행하였다. 이와 관련된 67개조 논제 해제 중 제18항 해설 중 한 문장을 소개한다면,

미사는 희생제사가 아니라, 희생제사에 대한 기억의 현재화이며, 그리스도께서 우리를 위하여 행하신 구원을 확신하는 것입니다.[21]

더 나아가 츠빙글리에게 있어서 말씀의 예배로의 전환은 성령의 사역이 배제된 예배구상이 결코 아니다. 성찬과 같은 물질적 요소에 의존하지 않는 성령의 사역으로 인하여 그리스도를 향한 신앙이 선사되며, 성령의 주도적 역할 아래 하나님의 말씀이 선포되어, 신앙을 강

---

20 "denn der fronlychnam Christi sitzt an der grechten des vatters, aber das sacrament, das ist: zeichen des fronen, läbendigen lychnams wirt by uns zů dancksagung und gedechtnus, daß der fronlychnam für uns gestorben ist, in der gemeind Christi geessen", Z IV, 855.

21 "DIE MESSE NIT EIN OPFFER. SUNDER DES OPFERS EIN WIDER-GEDÄCHTNUS SIN UND SICHERUNG DER ERLÖSUNG; DIE CHRISTUS UNS BEWISEN HAT", *De vera et falsa religione commentarius* (1525), Z II, 119.

화시킨다. 그에 의하면, 성령은 성서 혹은 성례전을 통하여 자신의 사
역을 전개하지만, 그럼에도 불구하고 성령의 자유는 성서22 혹은 성
례전23에 구속되지 않는다. 그렇다면, 성령의 사역은 설교를 통하여
선포되는 예수 그리스도에 대한 근본적인 신앙의 동력일 수밖에 없다.

V. 글을 정리하며

결론적으로 이 글에서 주장하는 핵심적인 세 가지 테제를 다음과
같이 세 가지로 정리하고자 한다.

---

22 "Und wo du ja von einem apostel das euangelium Christi Jhesu hortist,
 wurdestu im nit gevölvig, der himellisch vatter leere dich dann durch sinen
 geyst und zühe dich. Die wort sind clar, die ler gots sz clar erlücht, lert,
 macht gwiß on aller menschlichen Wyßheit züschu. Werdend sy nun von got
 glert, so werdend sy ie clarlich gwüß uund wol gelert"(당신이 사도로부터 예수
 그리스도의 복음을 듣는다고 하더라도, 하늘에 계신 하나님 아버지께서 성령으로 당
 신을 가르치시지 아니하시고, 당신을 인도하지 않으신다면, 당신은 복음을 따라 살 수
 가 없다. 말씀은 분명하다. 하나님의 가르침은 말씀의 의미를 분명하게 해 주며, 인간
 의 지혜 없이도 확신을 선사한다. 신앙인이 하나님에 대해 배우게 된다면, 그들은 분명
 하고 확실하게 이에 대해 배우게 된다), *Von Klarheit und Geweißheit des Wortes
 Gottes* (1522), Z I, 366-367.
23 "Cornelius enim et sui spiritum sanctum acceperant, priusquam aqua
 tingerentur: Certi ergo gratiae dei fuerant ante baptismum. ... quae putat
 sacramenta talia esse signa, ut, cum exerceantur in homine, simul intus fiat,
 quod sacramentis significetur. Nam hac ratione libertas divini spiritus
 alligata esset, qui dividit singulis, ut vult, id est: quibus, quando, ubo vult"(코
 넬리우스가 물세례를 받기 전에 성령이 임했다. … 성례전을 다음과 같이 이해하는
 것, 즉 성례전이 집행되는 동안만, 표지로서의 성례전은 인간의 내면 안에서 동시적으
 로 역사한다고 한다면, 이는 근거가 매우 빈약한 것이다. 이와 같은 방식으로 항상 자
 신이 원하는 곳으로 가기를 원하는 성령의 자유는 구속될 수 있다. 성령의 역사는 내적
 으로 이루어지지만, 외적인 표지와 관련되어 있다면, 성령은 표지에 구속된 것이다),
 De vera et falsa religione commentarius (1525), Z III, 761.

1. 신성을 보존하기 위한 표지와 실체의 분리
2. 표지(성찬의 물질적 요소)의 상징화
3. 말씀의 예배로의 전환

이상 세 가지 테제는 각자 분리된 테제가 아니라, 논리적 연관성을 지닌 채, 단계적으로 발전하는 성찬론의 내적 변화과정으로 파악하는 것이 바람직하다. 이와 같이 단계적으로 이해한다면, 성찬의 상징화를 통하여 성찬식의 신비적 요소를 제거하며, 성찬식을 신앙공동체를 위한 성숙한 신앙고백의 예식으로서 간주했던 츠빙글리의 신학적 시도는 결코 인간적인 시도라고 폄하될 수 없다. 오히려 이는 플라톤주의와 결합했던 기독교 신학의 전통을 전적으로 고수, 계승하는 것으로서, 종교개혁적 확신을 가지고 성찬식의 의미를 새롭게 조명한 것이라고 평가되어야 한다. 뿐만 아니라 그가 자주 사용했던 신학적 개념을 사용하여 다음과 같은 해석도 시도해 볼 수 있다.

빵과 포도주가 실제적인 그리스도의 몸으로 변용된다고 주장한다면, 이는 피조물과 비교, 대치될 수 없는 창조주이시며 구원자이신 하나님의 절대적 주권을 부인하는 것과 다름이 없다. 따라서 영혼과 물질의 무분별한 혼합을 감행했던 로마-가톨릭교회의 화체설이야말로 매우 비기독교적인 교리로서, 훼손되지 말아야 할 그리스도의 신성을 침해하는 신성모독의 교리일 뿐이다.

츠빙글리의 성찬론의 구상은 시기별 변화 과정 속에서도 이상의 세 가지 테제가 함축하는 신학적 의미를 일관적으로 구현하고 있다.

그의 사역 초기 및 말기에 주장했던 그리스도의 영적 임재는 상징설이 누락하고 있는 그리스도 임재방식에 관한 진술을 보완했을 뿐, 신성을 보존하기 위한 표지의 상징화 및 이를 통한 말씀의 예배로의 전환은 그의 성찬론을 통하여 주장하고자 했던 종교개혁적 신학적 구상의 핵심을 보여주고 있다. 비록 상징설이 그리스도의 임재를 주장하고 있지 않지만, 관련 문헌상 고찰하여 볼 때, 말씀으로서의 그리스도를 강조하며, 설교사역의 중요성을 부각시켰다는 점은, 상징설이 화체설과 상이한 방식의 그리스도의 임재방식을 간접적으로 피력했다는 점을 우회적으로 증명할 수 있다고 생각한다. 이와 관련하여 츠빙글리의 상징설을 비판적으로 이해하고 있는 2세대 제네바 종교개혁자 칼빈은 성찬의 상징화와 동시적으로 수행된 말씀의 예배를 전적으로 수용, 계승하여 개혁교회의 가장 중요한 예배예식으로 발전시킨다. 결과적으로 개혁교회가 주장하는 말씀의 예배는 칼빈을 통하여 전적으로 수용된 츠빙글리의 신학적 유산이라고 과감하게 정의할 수 있을 것이다.

최종적으로 필자는 이와 같이 츠빙글리가 화체설 및 공재설과는 상이한 방식의 성찬론을 구상할 수밖에 없었던 이유에 관하여 질문을 제기하고 싶다. 루터와 동일한 문제의식을 가지고 출발했으면서도, 이와는 상이한 방식으로 전개되었던 그의 성찬론에 대하여 인문주의자로서의 츠빙글리의 신학적 사유의 면모를 보여주고 있다는 평가도 가능할 수 있다. 그럼에도 불구하고 서두에 언급했던 것처럼 루터의 경우, 칭의론을 통하여 로마-가톨릭교회의 반펠라기우스적인 구원론을 전면적으로 비판하며, 츠빙글리의 경우 그의 기념 및 상징설을 통하여 로마-가톨릭교회의 화체설을 본격적으로 비판하면서, 자신의 종교개혁 신학의 윤곽을 제시하고 있음을 간과해서는 안 된다.

그렇다면, 왜 츠빙글리는 루터와는 달리 로마-가톨릭교회의 반펠라기우스적 구원론이 아니라, 우상숭배행위에 주목했는가에 관하여 질문을 제기해 볼 수 있다. 루터의 경우, 면벌부 판매를 그의 칭의론이 피력될 수 있었던 컨텍스트적 근거라고 추측할 수 있지만, 츠빙글리의 경우, 그의 성찬론의 컨텍스트적 근거에 대해 루터처럼 컨텍스트적 근거를 명확하게 제시할 수 없는 난점이 존재한다. 루터는 로마-가톨릭교회와의 분리가 아니라, 이의 내부적 개혁운동의 일환으로서 자신의 종교개혁 운동을 전개했지만, 츠빙글리의 경우, 루터와는 달리 로마-가톨릭교회의 미사예식의 과감한 폐지를 시행하면서, 이와의 극단적 분리를 시도했으며, 동시에 용병제도의 철폐와 관련하여 스위스 연방 개신교회 칸톤과 가톨릭 칸톤과의 무력충돌 또한 거부하지 않고 독려했다는 사실과 그의 성찬론 구상을 연관시켜 본다면, 대략적인 컨텍스트적 근거에 대한 추측이 가능할 수 있다. 즉 츠빙글리의 핵심적인 종교개혁 프로그램이 성공적으로 관철되었던 개신교회 칸톤의 반가톨릭적인 신학적 정서가 가장 집약되어 있는 지점이 화체설에 대한 비판일 수 있다는 추측을 해 볼 수 있다. 왜냐하면, 의회와의 밀접한 협력관계를 통하여 스위스 종교개혁 운동을 실질적으로 주도했던 츠빙글리에게 있어서 화체설이야말로 피조물과 하나님의 위치를 역전시켜 그리스도로 둔갑된 인간 교황의 존재를 신학적으로 정당화시켰던 반기독교적-반성서적인 대표적인 로마-가톨릭교회의 우상숭배교리였기 때문이다.

물론 화체설과 교황에 대한 비판을 직접적으로 연관시켜 표명했던 그의 신학적 진술은 자주 발견되지 않는다. 오히려 그는 화체설의 신학적 오류에 대한 비판을 매우 정교하게 이론화시켜 표현하고자 시도하면서, 우회적으로 교황권에 대한 강한 거부감을 드러냈다고 간주하는 것이 바람직할 것이다. 예를 들자면, 그는 *De vera et falsa religione commentarius*(참된 종교와 거짓 종교에 대한 주해, 1525)에서 화체설의 분명한 신학적 오류 두 가지를 다음과 같이 지적한다. 그에 의하면, 성찬을 기념, 혹은 상징으로 이해하지 않고, 오히려 반복적인 희생제사의 봉헌으로서의 성찬을 통하여 죄악의 임의적 제거를 지향하는 기독교가 존재한다면, 이는 거짓 종교일 뿐이다.

> 이와 같은 상징화된 빵이 죄악을 말소시킨다고 가르치는 종교가 있다면, 이는 거짓 종교입니다. … 일상적인 미사에 봉헌되는 희생제사의 제물로서의 빵이 우리의 죄악을 보상할 수 있다고 가르치는 종교가 있다면, 이 또한 거짓 종교입니다.24

---

24 "Falsa ergo religio est, quae docuit huius symbolici panis usum peccata delere; nam Christus solus delet peccata, qum moritur... Falsa est religio, quae docuit hunc panem opus aut oblationem esse, quae quotidie oblate peccata nostra expiet", *De vera et falsa religione commentarius* (1525), Z III, 803-804.

제 10 장

츠빙글리와 교회
― 사회적 영역으로의 통합

I. 글을 시작하며

본 논문은 16세기 스위스 종교개혁자 츠빙글리 교회론의 사회적 지평을 탐구하여, 이를 통하여 그의 정치활동과 밀접하게 결합된 목회사역이 그의 교회론적 구상 속에 투영되어 있음을 주장하고자 한다. 즉 예언자적 감수성에 기반한 국가와 교회에 대한 통합적 이해, 원시 교회, 그리스도인의 총합으로서의 일치된 교회라는 그의 교회론적 표상은 취리히 국가교회가 시도할 수 있는 최선의 비그리스도인 포용방식으로서, 이와 관련하여 국가와 교회의 관계에 대한 통합적 이해는 그가 국가를 또 다른 교회로 간주하고 있음을 함의한다. 또한 그는 하나님 중심적 전망 속에서 교회와 비기독교 영역과의 통합을 위하여, 전통적인 교회 개념의 재해석을 시도한다. 요약한다면, 하나님의 정의와 상응하는 인간의 정의를 실현하는 국가는 일종의 확장된 교회로서 인정되며, 이와 같이 인간의 정의가 실현되는 교회로서의 국가 이해는 비그리스도인들을 교회 안으로 포용하는 다양한 교회론적 구상을 통하여 종결된다.

최종적으로 이 글은 이와 같은 츠빙글리의 구상과 실천이 17세기 유럽 대륙의 경건주의 운동 이후 시도된 국가교회 체제의 '사회적 선교' 사역방식과 상응하는 종교개혁 프로그램인가에 관하여 질문하며, 동시에 근, 현대적 의미의'사회적 선교' 개념과 상응할 수 있다는 가능성을 제시하고자 한다. 이상의 내 용을 논증하기 위하여, 이 글은 다음과 같은 네 가지 논리적 단계로 전개된다.

역사적 배경
교회와 국가의 관계에 대한 통합적 이해
전통적인 교회 개념에 대한 재해석
컨텍스트적 논증과 영향 사적 고찰을 통한 종합적 평가

II. 교회와 국가에 대한 통합적 이해

통합적인 사회공동체적 전망을 내포하는 그의 교회론은 의회권력 또한 하나님의 통치의 직접적인 도구로서 활용하면서, 종교개혁 운동의 관철을 시도했던 그의 목회사역 및 정치, 외교활동과 밀접한 관련이 있다. 또한 이는 제후의 권력을 존중하며, 두 왕국론을 주장했던 루터와는 달리 츠빙글리가 목격했던 스위스 연방 내부의 시민사회의 성장 및 스위스 연방의 민족의식 고취라는 당시 직면했던 시대적 과제와 밀접한 관련이 있음을 시사한다.

1. 16세기 취리히의 정치 구조

1291년부터 쉬비츠, 우리, 운터발덴(Schwyz, Uri und Unterwalden) 칸톤(Kanton)의 결합으로 시작된 스위스 연방은 1513년에 이르러 10개의 칸톤을 소유하게 되면서, 영토가 확장되었다. 각 칸톤은 독립된 통치 체제를 갖춘, 일종의 독립국가 체제를 유지했다. 그럼에도 불구하고 10개의 칸톤은 한 연방 체제를 유지하면서, 연방으로부터 이탈하지 않았다.[1] 연방 전체의 정치적 사안과 관련하여, 10개 칸톤의 의회의 전체적인 동의는 중요한 정치적 절차로서 간주되었기 때문에, 이는 가능했다고 판단된다. 그럼에도 불구하고, 각 칸톤은 고유한 정치적 영역을 통치하며, 이와 동시에 고유한 교회 정책을 집행할 수 있었다는 사실은 간과되어서는 안 된다. 따라서 교회정책과 관련된 각 칸톤의 독립적 입장은 스위스 연방 내의 정치적 갈등을 야기하는 중요한 요인으로 작용했다고 볼 수 있을 것이다. 이를 염두하면서, 츠빙글리가 관철시킨 취리히 종교개혁 프로그램을 이해하는 것이 바람직할 것이다. 그는 취리히 그로스 뮌스터(Grossmünster)대성당 주임사제로서 부임한 이후, 이와 같은 정치구조 내에서 사역을 수행했다. 기본적으로 각 칸톤의 정치권력의 핵심인 의회의 정책결정과정에 참여하면서, 그의 종교개혁 운동은 관철되었다고 볼 수 있다. 의회 권력을

---

1 Gottfried Wilhelm Locher, *Die Zwinglische Reformation in Rahmen der europäischen Kirchengeschichte* (Göttingen/ Zürich: Vandenhoeck & Ruprecht, 1979), 18.

활용하여, 취리히 도시 내부에 잔존하는 로마-가톨릭교회의 흔적을 제거하고자 했기 때문에, 교회적 차원의 논쟁적 사안은 항상 정치적으로 비화될 수밖에 없었다.

16세기 당시 취리히 의회는 대의회와 소의회로 구성되었다. 엘리트 중심으로 구성된 소의회는 중요한 정치적 사안을 취급했음에도 불구하고, 츠빙글리의 종교개혁 운동은 중소 상공업자들을 중심으로 구성된 대의회의 지지를 받으면서, 관철되었다. 이와 관련하여 당시 취리히 소의회와 대의회의 정치적 갈등의 상황 또한 간과해서는 안 될 것이다. 그러나 츠빙글리는 소의회와 대의회에 직접적인 정치적 영향력을 행사하지는 않았다. 그는 소위 비밀위원회의 일원으로 참여하면서, 의사결정 과정에 중요한 영향력 을 행사했을 따름이다.[2] 이 최고위원회는 취리히 종교개혁 운동을 성공시킨 중요한 기관이었다.[3] 여기서 츠빙글리가 이해한 국가와 교회의 관계의 전모가 드러난다. 그는 교회가 취리히 의회와 밀접한 관계를 지녀야 하며, 교회정책의 결정과정 중에 의회가 최종적으로 개입해야 한다고 생각했음에도 불구하고, 의회와 교회는 상호존중의 관계를 유지해야 한다고 판단했다.[4]

의회의 적극적 협력 속에서 종교개혁 운동을 추진했던 그의 개혁적 의지는 교회와 국가의 엄격한 분리를 주장했던 급진적인 재세례파들과의 논쟁을 통하여 강화되었다고 볼 수 있다. 특히 재세례파 운동

---

2 Ulrich Gäbler, Huldrych Zwingli, *Eine Einführung in sein Leben und sein Werk* (München: C.H. Beck, 1983),134.

3 Gottfried Wilhelm Locher, *Die Prädestinationslehre Huldrych Zwinglis, in: Huldrych Zwingli in neuer Sicht. Zehn Beiträge zur Theologie der Zürcher Reformation* (Zürich: Zwingli Verlag, 1969), 21.

4 Jaques Courvoisier, *Zwingli als reformierter Theologe* (Neukirchen-Vluyn: Neukirchener Verlag, 1966), 128.

이 간과할 수 있는 교회의 사회적 책임을 강조하면서, 취리히 교회의 국가교회적 특성을 부각, 강화시켰다.5 1531년 카펠 전투에 종군사제로서 참전했던 츠빙글리의 모습은 그가 이해했던 국가와 교회와의 관계를 추측하게 한다.6 알프레드 파너(Alfred Farner)는 이와 같은 그의 교회정치적 이념을 "예언자적 신정 정치"(prophetische Theokratie)라고 규정한다.7 그의 의회 비밀위원회에서의 정치적 활동과 그로스뮌스터(Grossmünster) 대성당에서의 목회사역을 통하여 발휘되었던 예언자적 카리스마는 당시 로마-가톨릭교회의 성직자 중심주의적인 권위와는 질적으로 상이한 것이다. 왜냐하면 그의 예언자적 신정정치는 민주화된 의회를 통하여 구현되었기 때문이다. 그러나 오늘날의 민주주의 개념에 비추어, 당시 민주주의 개념을 이해해서는 안 된다. 츠빙글리가 활동하던 16세기 당시에는 플라톤적 전통에 입각하여 민주주의는 폭력적 소요로서 간주되었기 때문이다.8 귀족정치를 통하여 기독교적 시민 양성을 추구했던 츠빙글리의 정치적 성향은 그의 이사야 주석에 드러난다.

죽을 수밖에 없는 인간에게 있어서 확고하게 불변하는 것은 존재하지 않습니다. 우리는 폭군정치를 패역한 귀족정치로서 간주하기 때문

---

5 Thomas Kaufmann, *Reformatoren* (Göttingen: Vandenhoeck & Ruprecht, 1998), 55.

6 Wilhelm Neuser, "Dogma und Bekenntnis in der Reformation. Von Zwingli und Calvin bis zur Synode von Westminster. Abschnitt 1. Zwingli und Zwinglianismus," *HDThG²* (Göttingen: Vandenhoeck & Ruprecht, 1998/1999), 192.

7 Alfred Farner, *Die Lehre von Kirche und Staat bei Zwingli* (Tübingen: Paul Siebeck, 1930), 123-124.

8 *Jesaja-Erklrung*, Z XIV, 5.

에, 타락한 폭군정치가 우리를 덮치지 않기 위하여, 어떠한 방식으로 올바른 귀족정치를 보존할 것인가를 알려 주어야 합니다. 즉 하나님을 경외하는 귀족정치가 정의롭기 때문에, 우리는 올바른 귀족정치의 본연의 모습을 실현해야 합니다.9

츠빙글리에게 있어서 올바른 귀족정치(Aristokratie)의 실현과 오늘날의 의회 민주주의 제도는 상응 할지도 모른다. 더 나아가 민주화된 취리히 의회는 그의 정치적 활동을 가능케 하는 교회적 공간으로 활용되었음을 간과해서는 안 된다. 만일 의회 안에서 예언자적 활동이 부재하다면, 오늘날의 의회 민주주의와 상응할 수 있는 민주적인 귀족정치의 실현은 불가능해지며, 이를 통하여 귀족정치는 폭군정치(Oligarchie)로 타락할 수도 있을 것이다. 이사야 주석에서 그는 예언자 이사야를 예로서 제시하며, 다음과 같이 선언한다.

예언자 이사야는 우리를 위하여 율법을 보존하시는 분이십니다! [….] 당신의 종, 예언자를 통하여 당신께서 축복하신 제후, 도시, 백성들에게 주님의 말씀을 선포하게 하라! 10

---

9 "Veruntamen ut inter mortales nihil solidum, firmum ac immutabile reperitur et ipsi agnovimus aristocratie primam pestem esse oligarchiam, docendum haud dubie est, qua ratione munienda et servanda sit aristocratia, ne oligarchiae morbus eam invadat. Redimus ergo ad fontes ipsos et religione ac aequitate putamus cum aristocratiam tum potestatem omnem servari oportere", Z XIV, 12.

10 "Autor ergo et nomophylax prophetiae Isaias et nobis et nostris prophetis sit! [...] O beatos principes, urbes ac populos, apud quos dominus libere per servos suoa prophetas loquitur!", Z XIV, 14.

예를 들자면, 용병제도[11]의 철폐와 관련하여, 이를 취리히 종교개혁 운동의 가장 중요한 선결과제이며 핵심적인 복음의 실천과제로서 인식했던 츠빙글리는 의회제도를 적극적으로 활용할 필요가 있었다. 의회와의 우호적 협력관계를 통하여 그는 스위스 연방 및 유럽 대륙 전체로 자신의 종교개혁 프로그램을 확대, 적용하고자 했으며, 이로 인하여 불가피하게 루터와 대립하게 된다. 즉 츠빙글리는 루터와는 달리 취리히 의회원으로서, 정치활동을 목회사역의 일환으로 이해하며, 종교개혁 운동을 추진했던 것이다. 그는 루터의 종교개혁 프로그램을 이미 채택, 수용했던 독일지역의 도시들이 루터가 아니라 자신의 종교개혁 프로그램의 신학적 정당성을 인정, 수용해 줄 것을 기대

---

11 16세기 스위스 연방의 각 칸톤들은 점차적으로 고용기회를 잠식하고 있었던 인구과잉의 문제에 직면했다. 이 문제를 해결하기 위하여 스위스 각 칸톤의 지도자들은보병충원이 시급했던 주변 열강들(프랑스, 오스트리아, 로마 교황청 등)이 원활하게 전쟁을 수행할 수 있도록 용병을 모집, 파병함으로써, 인구증가로 인하여 심화된 경제적 빈곤의 문제를 해결하고자 시도했다. 왜냐하면 용병제도는 파병의 대가로 용병뿐만 아니라 용병모집을 담당하는 각 칸톤의 상류층 지도자들에게 재정적 보상을 약속했기 때문이다. 그러나 용병제도는 다음과 같은 정치적-사회적 차 원의 부정적인 결과들을 산출했다.

1. 각 칸톤들은 자신들의 철저한 이익계산이 반영된 용병 및 연금제도의 계약조건에 민감하게 반응했기 때문에, 스위스 연방 전체적으로 일관된 외교정책을 수립, 시행할 수 없었다.

2. 1년 단위의 정산 방식 때문에, 용병제도를 통하여 국내로 유입되는 재정적 수입은 연금(Pensionswesen)이라고 지칭되었다. 그러나 용병의 참전으로 인하여 용이하게 국내로 유입된 화폐의 증가는 인플레이션 현상 및 도덕적 타락을 야기시켰다.

결과적으로 이는 스위스인들의 민족주의적 감정을 자극하게 되면서, 용병, 연금제도를 통한 주변 열강의 스위스 연방에 대한 간접적 지배에 대한 비판이 광범위한 호소력을 지니게 되었다. 이와 같은 정치적 비판은 스위스 인문주의자 그룹 안에서 본격적으로 시작된 것으로서, 츠빙글리에 미친 인문주의 운동의 영향 또한 이와 무관하지 않을 수 없다. 이와 관련하여 츠빙글리는 이와 같은 용병제도를 예수 그리스도의 복음과 대립된 사안으로 이해하면서, 스위스 종교개혁 운동의 핵심적 프로그램으로 제시했다. (취리히 의회는 츠빙글리의 제안에 의하여 1522년 용병제도 철폐를 결의했다. 최종적으로 스위스 연 방은 1859년 용병 제도를 폐지하였다.)

하면서, 헤센(Hessen)의 필립(Philipp) 공작과의 우호적인 정치적 관계를 유지해 나갔다. 그러나 이의 성과로서 개최된 1529년 마르부르크(Marburg)종교회담은 츠빙글리의 기대감을 충분하게 만족시키지는 못했다. 또한 그의 1525년 저서『참된 종교와 거짓 종교에 관한 주해』(De vera et falsa religione commentarius)를 프랑스 프랑소와 1세에게 헌정했다는 사실은 그가 프랑스 제국이 자신의 종교개혁 프로그램을 수용하기를 희망했음을 의미한다. 전체적으로 조망하여 볼 때, 이와 같은 그의 모든 목회적 실천 및 신학적 작업은 당시 상황 속에서 일종의 정치적-외교적 차원의 사안으로서 인식되었다고 볼 수 있다.

2. 교회 개념의 외연적 확대 — 하나님의 정의와 상응하는 인간의 정의의 실현을 위한 교회의 확장된 영역으로서의 국가

츠빙글리의 "예레미야 주석"에서 국가와 교회에 대한 통합적 이해가 드러난다. 그에 의하면, 그리스도교적 도시국가는 기독교 교회이다.[12] 왜냐하면 육체와 영혼은 한 인간의 인격을 구성하는 것처럼, 국가와 교회는 하나이기 때문이다.[13] 이는 그리스도 신앙이 올바른 국가설립의 정신적 근거라는 사실을 함의한다.[14] 왜냐하면 가시적 교회뿐만 아니라 기독교 국가는 하나님 나라의 건설을 위한 매우 중요한 도구이기 때문이다.[15] 이와 같은 국가와 교회에 대한 통합적 이해는

---

12 "urbem Christianam nihil quam ecclesiam Christianum esse", *Jeremia-Erklrungen*, Z XIV. 424.

13 "Ut homo carne et animo constat, o Christiani cives, sic ecclesia, sic regnum, sic res publica spiritu et corpore", Z XIV, 417.

14 Heinrich Schmid, *Zwinglis Lehre von der gttlichen und menschlichen Gerechtigkeit* (Zürich: Zwingli Verlag, 1959), 233.

그의 예언자직 이해와 상응한다. "하나님의 정의와 인간의 정의에 대하여"에서 기독교 국가는 예언자직과 동일시된다. 그는 다음과 같이 말한다.

> 그리스도의 교회 안에서 국가는 예언자직과 동일하게 필수불가결합니다. 이는 인간의 육체가 중요하지 않다고 하더라도 인간이 영혼과 육체로 구성된 것과 동일합니다. 국가권력이 교회와 하나님의 영과 친화적이지 않으며, 교회를 돌보거나 관리하지 않더라도 국가권력 없이 교회는 존재할 수 없습니다."[16]

"하나님의 정의와 인간의 정의에 대하여"에서 츠빙글리의 국가 이해가 명확하게 표명된다. 그에 의하면 국가는 인간의 정의가 실현되는 공간으로서, 공권력의 사용이 이를 증명한다.[17] 그러나 하나님의 정의를 완전하게 실현할 수 있는 공간은 결코 아니다. 왜냐하면 인간적인 것은 불완전하지만, 신적인 것은 완전하기 때문이다.[18] 그럼에

---

15 Alfred Farner, *Die Lehre von Kirche und Staat bei Zwingli* (Tübingen: Paul Siebeck, 1930), 44.

16 "In ecclesia Christi eque necessarius est magistratus atque prophetia, utcumque illa sit prior. Nam sicut homo non potest constare nisi ex anima et corpore, quantumvis corpus sit humilior pars atqueabiectior, sic et ecclesia sine magistratu constare non potest, utcunque magistratus res crassiores et a spiritu alieniores curet ac disponat", *Fidei expositio*, Z VI/V, 115.

17 "Die menschlichen grechtikeit oder obergheit ist ghein andere weder der ordenlich gwalt", *Von der göttlichen und menschlichen Gerechtigkeit*, Z II, 497.

18 "Wiewol die menschlich ouch von got gbotten, ist sy doch nit der volkummenheit, die got erfordret, sunder ist sy erst gebotten uff unser zerbrochnen natur, als got gesehen hat, das unser anfechtung und begird sinem willen nit volgen noch nachkummen ward"(하나님께서 인간적 정의를 부여하셨음에도 불구

도 불구하고 인간의 정의는 하나님의 정의에 상응하도록 노력해야 한다. 그는 재세례파와 같이 세속적인 질서를 거부하는 분리된 교회공동체의 건설만을 지향하지 않는다. 오히려 국가의 질서는 완전한 하나님의 정의를 실현할 수는 없지만, 최대한 이에 부합하도록 복음의 정신에 의거하여 수립되어야 한다. 즉 인간의 자율적 이성이 아니라, 하나님의 말씀에 의거하여 국가질서의 신적인 합법성이 확보되어야 한다. 정리하자면 다음과 같이 표현될 수 있다: 국가는 하나님의 정의에 상응하는 인간의 정의가 실현되는 공간으로서, 상대적인 규범으로서의 인간의 정의는 절대적인 규범으로서의 하나님의 정의, 즉 그의 말씀에 순종해야 한다. 따라서 하나님 말씀에 순종하지 않는 인간의 정 의는 무의미하다. 그는 다음과 같이 말한다.

그리스도께서는 우리가 인간의 정의와 국가에 순종할 것을 명령하십니다.[19]

이를 통하여 하나님의 의를 가르쳐야만 하는 의무가 있음이 증명됩니다. 어떠한 국가권력도, 그 국가권력이 기독교적이라는 전제 아래, 이를 금지하지 않습니다.[20]

하고, 이는 완전하지 않다. 오히려 하나님께서는 우리의 타락한 본성을 고려하여 이를 부여하셨던 것이다. 왜냐하면 우리의 마음이 그의 뜻에 온전하게 순종하지 않기 때문이다), Z II, 493.

19 "Diser menschlichen grechtikeit oder oberkeit heit uns Christus gehorsam sin. Von der göttlichen und menschlichen Gerechtigkeit", Z II, 498.

20 "Also ist nun gng von der gtlichen grechtigkeit gseit und bewrt, das man die schuldig ist by verdamnus ze leren, das ouch kein oberghheit vermag slichs verbieten, so sy christenlich wil sin", Z II, 497.

하나님의 말씀에 순종해야 하는 국가는 하나님의 통치의 대상으로서, 그는 하나님의 봉사자이다.[21] 따라서 국가가 무죄한 자를 징벌한다면, 국가는 성서에 기록된 하나님 말씀에 따라 심판받을 수밖에 없다.[22] 따라서 한 사회 공동체 안에서 하나님의 정의의 실현을 위하여 교회가 필수적으로 존재해야 하는 것처럼, 국가 또한 예언자직의 수행의 일환으로서 존재해야 한다. 왜냐하면 하나님 말씀은 모든 인간을 통치하기 때문이다.[23] 그럼에도 불구하고 츠빙글리가 견지하는 근본적인 신학적 범주인 하나님과 피조물의 전적인 차이로 인하여, 교회 또한 완전한 하나님의 정의가 실현된 공간으로 간주될 수 없다. 확대하여 해석한다면, 교회는 하나님의 정의의 완전한 실현을 추구하는 인간적 정의의 공동체일 뿐이다.

하나님의 봉사자로서 존재하는 국가의 존재와 교회를 포함한 한 사회 공동체가 하나님의 말씀에 순종해야 한다는 사실은 교회의 영역이 사회 공동체로 확장되어야 한다는 사실을 함의한다. 따라서 국가는 대규모 사회적 피해가 발생하지 않는 한, 하나님 말씀을 거역하는 행위가 발생하지 않도록 노력해야 할 의무를 가지게 된다.[24] 국가와 이와 같은 의무를 수행하지 않을 경우, 즉 그리스도께서 제시하신 기준에 입각하여 통치자가 자신의 임무를 수행하지 않을 경우, 국가의 존재 의미는 상실된다.

---

21 "die oberhand ist ein diener gottes", Z II, 506.

22 "aller Obergheit wrdt in aller geschrifft treffenlich getreuwt, wenn sy die unschuldigen mgend oder straffend", Z II, 507.

23 "Das gtlich wort sol ber alle menschen herschen", Z II, 521.

24 "Sy ist ouch schuldig alle sliche ungttliche beschwrden hinzenemmen, so verr es one grsseren schaden beschehen mag", Z II, 520.

국가통치자가 의무를 망각하고, 그리스도께서 제시하신 기준에 입각하여 통치하지 않을 경우, 하나님의 뜻에 따라 국가는 패망합니다.[25]

실제적으로 그에게 있어서 중요한 국가기관이 의회라는 사실을 감안하여, 그의 국가론을 이해할 필요가 있다. 그는 하나님 말씀에 입각하여 의회의 공권력을 사용하면서, 취리히의 불합리한 사회구조를 개혁하기 위하여 노력했다. 구체적인 예를 들자면, 이미 언급한 용병제도의 철폐, 불합리한 이자 및 십일조 제도에 대한 비판, 수도원의 해체 및 사회복지 기관의 설립과 같은 정책적 실천이 의회와 교회 사이의 밀접한 상호협력 속에서 시도되었다는 사실은 예언자적 신정정치로 표현되는 그의 신학적-정치적 신념이 현실화되었음을 의미한다. 이와 같은 공동체 개혁 프로그램이 관철된 당시 스위스 연방의 모습은 현대적 의미의 사회민주주의 국가의 형태와 상응한다고 평가될 수 있다.[26] 결론적으로 국가를 또 하나의 교회로서 이해하는 것처럼, 스위스 연방공동체를 위하여 필수적으로 해결되어야만 하는 정치적 사안을 자신의 중요한 목회적 과제로서 간주했던 그의 신학적 사유구조를 이해하지 않는다면, 사회공동체의 개혁을 중점적으로 지향했던 그의 종교개혁 프로그램의 본질을 제대로 파악할 수 없을 것이다.

---

25 "SO SY ABER UNTRÜLICH UND USSER DER SCHNŮR CHRISTI FAREN WURDIND, MÖGEND SY MIT GOT ENTSETZT WERDEN", *Auslegen und Gründe der Schlußreden*, Z II, 342.

26 Wilhelm Neuser, "Dogma und Bekenntnis in der Reformation. Von Zwingli und Calvin bis zur Synode von Westminster. Abschnitt 1. Zwingli und Zwinglianismus," *HDThG*[2] (Göttingen: Vandenhoeck & Ruprecht, 1998/1999), 191.

III. 전통적 교회 개념에 대한 재해석

하나님의 정의와 상응하는 인간의 정의의 실현의 공간으로서의 교회로서의 국가이해는 교회의 국가적 영역으로의 확장을 추구한다. 동시에 이는 전통적인 교회론의 언어를 사용하면서 비그리스도인들을 교회 안으로 포용하는 이론적 작업을 통하여 종결된다. 그는 교회의 영역을 초월하는 새로운 교회론적 표상을 전통적인 교회론의 언어를 통하여 다음과 같이 제시하며, 이를 통하여 교회의 사회적 영역으로의 확대라는 목표에 접근한다. 그에 의하면, 유일신 신앙의 흔적을 소유하고 있는 구약시대의 족장들과 그리스-로마 철학자들을 위한 교회 공간이 제공된다. 동시에 그리스도인 부모 아래 출생했지만, 세례를 받지 못하고 생을 마감한 유아들 또한 하나님의 선택으로 인하여 구원받는다.

유일신 신앙을 소유했던 구약 시대의 족장들을 위한 교회 공간의 제공은 기독교의 전통적인 교회론적 표상이지만, 세례 받지 못한 유아들을 위한 '원시 교회' 개념은 매우 익숙하지 않은 새로운 교회론적 표상으로서, 이는 재세례파와의 논쟁을 염두하여 이해하는 것이 바람직할 것이다. 그는 "섭리에 대하여"에서 세례 받지 못한 유아들이 저주를 받을 것이라는 견해를 배척하며, 자신의 견해를 정당화하기 위하여 유기보다 선택이라는 의미가 내포된 '예정'이라는 전통적인 교의학적 개념을 차용한다. 더 나아가 여기서 그는 경건한 이방인의 구원의 가능성 또한 '예정'이라는 개념을 통하여 논증한다. 그들에게 주어지는 교회 공간의 명칭은 구체적으로 표현되고 있지는 않지만, 추측하건대, 비그리스도인과 그리스도인이 공존하는 '그리스도인의 총합으로서의 일치된 교회'라고 생각된다. 당시 16세기 종교적 세계관 속에서는 실제적인 무신론자가 존재할 수 없었음을 가정한다면, 비그리스도인은 경건한 이방인, 즉 유일신을 신봉하는 경건한 그리스-로마 철학자들 또한 의미할 수 있다. 여기서 유일신 신앙에 근거하여 그는 기독교와 이질적인 것으로서 간주되었던 그리스-로마 문명세계를 기독교 안으로 포용하고자 했다고 평가해 볼 수도 있을 것이다. 여기서 부각되는 신학적 패러다임은 그리스도 중심주의가 아니라 하나님 중심주의로서, 그리스도 중심주의가 야기할 수 있는 종교적 비관용 및 배타주의와는 상이한 하나님 중심주의의 포용성이 강조된다.

이와 같은 츠빙글리의 신학적 포용성은 그가 정의한 일반적 의미의 교회 개념 속에서도 분명하게 드러난다. 그리스도를 향한 '참된 신앙고백'(vera confessio)만이 유일한 교회 표지라고 강조하면서, 이를 소유하고 있는 교회라면, 다양한 외적인 교회형태에도 불구하고 그리스도의 교회로서 인정된다: 개교회 또한 하나님께서 선택한 사람들이 모여 있는[27] 일치된 보편적 교회의 일부로서,[28] 참된 신앙고백이 존재

---

27 "ecclesiam in scripturis varie accipi; pro electis istis, qui dei voluntate destinati sunt ad vitam eternam··· Cum autem multi sind electi, qui fidem nondum habent··· At istud neque ex fide neque revelatione sciebant"(성서 안에서 교회라는 단어는 다양한 의미로 사용된다. 첫째, 하나님께서 자신의 뜻에 따라 영원한 생명을 획득하도록 결정하신 선택된 사람들을 위한 교회···둘째, 그럼에도 불구하고 신앙을 소유하고 있지 않는 수많은 이들이 선택된다···그러나 그들은 이 사실을 신앙 혹은 계시에 근거하여 인식하지 않는다), *Fidei ratio*, Z VI/II, 800-801.

28 "Capitur postremo ecclesia pro quovis particulari coetu huius universalis ac sensibilis ecclesiae, ut ecclesia Romana, Augustana, Lugdunensis"(최종적으로 교회라는 단어는, 로마교회, 아우크스부르크 교회, 리옹교회라는 명칭처럼, 보편적-가시적 교회에 소속된 개교회와 관련되어 사용된다), Z VI/II, 801f.; Hic igitur credo unam esse ecclesiam eorum, qui eundem habent spiritum, qui eos certos reddit, quod veri filii familiae die sint"(따라서 나는 동일한 영을 소유한 하나님의 집의 자녀들이 존재하는 하나의 교회를 믿는다), Z VI/II, 802.

하는 곳이다.(Credo et universalem sensibilem unam esse, dum veram confessionem istam.)29

나는 하나님 말씀의 계명과 약속에 따라 신앙을 고백하는 모든 사람들이 교회에 소속되어 있다고 믿습니다.30

1. 원시 교회(primitiva ecclesia)

"섭리에 대하여"에서 츠빙글리는 두 가지 부류의 그리스도 신앙을 수용하지 않은 사람들이 하나님 의 약속을 통하여 소속하게 된 '원시 교회' 개념을 제시한다: 그리스도인 부모 아래 태어났지만, 세례받지 못하고 죽은 유아들과 선택된 히브리인 족장들을 위한 교회.31 왜냐하면 인간의 구원을 위한 하나님의 약속은 모든 것에 선행하기 때문이다. 이는 유일신 신앙의 흔적인 잔존하는 비그리스도인들의 구원의 가능성을 암시한다. 그리스도인 부모 아래 태어났지만, 세례 받지 못하고 죽은 유아들의 구원가능성의 피력은 유아세례를 부정하는 재세례파에 대한 일종의 반박으로서, 그리스도인으로서의 자발적인 신앙

---

29 Z VI/II, 802.

30 "Credo etiam de hac ecclesia esse, quicunque nomen illi dant iuxta verbi dei prescriptum et promissionem", Z VI/II, 802.

31 "Si autem infans initiandus est, iam cum ipse fateri fidem nequeat, necesse est, ut promissionem habeat, quae illum intra ecclesiam numerat. Ea est: gentes, cum numinis cognitionem ac religionem adeptae sint, perinde fore de ecclesia et populo dei atque Hebraeos"(하나님께서 신앙을 고백하지 않은 유아에게 구원을 약속하셨기 때문에, 그들은 신앙이 없이도 교회에 소속된다. 또한 신성을 인식한 채, 신적인 종교를 소유한 이방인들도 히브리인처럼 교회와 하나님의 백성에 소속된다), Z VI/II, 802.

고백을 할 수 없는 유아들의 경우, 자발적으로 세례를 받지 않았기 때문에, 구원받을 수 없다는 재세례파의 비판을 반박하고, 이와 무관하게 하나님께서 그들을 선택하셨으며, 그리스도인 부모들의 신앙이 가시적 보증의 역할을 한다고 주장한다. 부연하자면, 그리스도인 부모 아래 태어났지만, 세례를 받지 못하고 생을 마감한 유아들을 정죄하는 것은 하나님을 모독하는 행위와 다름이 없기 때문에(impie ac prae-sumptuose facere indicem, qui Christianorum infantes diris devovent)[32] 하나님의 은총의 선택의 가시적 증거로서 유아세례는 폐지될 수 없다. 또한 선택받은 히브리인들의 경우, 하나님과 아브라함과의 계약은 그들이 그리스도의 원시 교회에 입회할 수 있는 필수적인 자격조건이 된다고 주장함으로써, 반유대주의의 극복을 위한 신학적 단초를 제공한다. 뿐만 아니라 이와 관련하여 원시 교회에 포함되는 히브리 인들을 향한 하나님의 구원의 약속은 참된 교회의 근거가 되는 참된 신앙고백과 등가적 가치를 지닌다. 정리하자면, 그리스도 신앙을 아직 고백하지 못한 히브리인 및 그리스도인 부모들의 자녀들을 향하여 그리스도의 구원의 은총의 범위는 확장되는 것이다. "섭리에 대하여"에서 츠빙글리는 다음과 같이 언급한다.

> 히브리인의 자녀들이 그들의 부모들과 함께 이미 교회에 소속되어 있고, 그들을 향한 하나님의 약속이 확고하기 때문에, 그리스도인들의 자녀들이 그들의 부모와 동일하게 교회에 소속되어 있는 것과 다름이 없습니다.[33]

---

32 Z VI/II, 800.

33 "Cum igitur Hebraeorum infantes semper sint intra ecclesiam censi cum parentibus et promissio divina firma sit, constat infantes Christianorum non

교회공동체가 한 어린이를 수용하고자 한다면, 그는 아직 그리스도 신앙을 고백하지 않았기 때문에, 이를 위하여 하나님의 약속을 필요로 합니다. 뿐만 아니라 하나님의 신성과 참된 종교를 인식한 이방인 또한 하나님의 백성으로서 교회에 소속됩니다.[34]

이와 같은 히브리인들을 향한 구원의 약속은 이미 그리스도 신앙을 고백하는 세례가 베풀어지지 않았음에도 불구하고, 그들이 이미 하나님의 백성이 되었다는 사실을 증명하는 가시적 표지가 된다.

세례가 시행되는 동안 하나님의 약속이 주어지는 것이 아닙니다. 오히려 하나님의 약속이 수세자에게 미리 주어진 후, 그는 선하신 하나님을 통하여 하나님의 백성이 되었다는 가시적 표식으로서 세례식에 참여하는 것입니다.[35]

츠빙글리는 사도행전에서 묘사되고 있는 기독교 초기 사도적 공동체를 지칭했던 소위 '원시 교회'(primitiva ecclesia)의 개념을 통하여 교회의 외연을 확장한다. 여기서 아브라함, 이삭, 야곱을 비롯한 경건한 히브리인 족장들 또한 예수 그리스도의 교회 안에 포괄될 수 있다

---

minus esse de ecclesia Christi quam parentes", Sermonis de providentia dei anamnema, Z VI/III, 174.

34 "Si autem infans initiandus est, iam cum ipse fateri fidem nequeat, necesse est, ut promissionem habeat, quae illum intra ecclesiam numerat. Ea est: gentes, cum numinis cognitionem ac religionem adeptae sint, perinde fore de ecclesia et populo dei atque Hebraeos", Z VI/III, 174.

35 "Quae promissio non adfertur in baptismo, sed is, cui olim facta est, baptizatur, ut signo visibili testetur se esse ex eorum numero, qui per dei bonitatem vocantur populus dei", Z VI/III, 174.

고 주장한다. 이는 이스라엘의 계약의 파트너로서 수용하신 하나님의 구원의 역사를 주장함으로써, 이스라엘과 교회의 신학적 상관성을 지시한다. 물론 이를 츠빙글리의 반유대주의 극복을 위한 완벽한 논증으로 간주할 수는 없다. 오히려 구약과 신약의 내용적 통일성을 주장하는 그의 계약신학적 사유가 교회론의 영역에서도 관철되고 있다고 이해하는 것이 바람직할 것이다.

2. 일치된 교회(una ecclesia): 전체 그리스도인들의 총합

1525년 그가 출판한 『참된 종교와 거짓 종교에 관한 주해』에서 전체 그리스도인의 총합으로서의 교회이해가 드러나고 있다. 그에 의하면, 전체 그리스도인의 총합으로서의 교회는 일치된 신앙의 백성, 혹은 교회로서[36] 그리스도의 통치의 영역 안에 존재한다.[37] 그러나 구약 및 신약성서에 의하면, 교회 안에는 그리스도인과 비그리스도인이 공존하기 때문에[38] 타인의 하나님의 선택 여부에 대한 임의적 판단은

---

36 "universa multitudo Christianorum, quae se fidelem censet, simul unus fidelis populus, una ecclesia", *De vera et falsa religione commentarius*, Z III, 744.

37 "His testimoniis manifeste docemur, quod per Christum nobis via perpetuo patet ad deum [cf. Eph. 2.18], ut qui sit super domum, hoc est: ecclesiam dei, perpetuus sacerdos constitutus et propiciator; sed hac ratione, ut fidei confessio inconcussa maneat. Hi ergo sine ruga sunt et macula, qui in Christo sunt; is enim solus eas abstergere potest"(이 증언들은 그리스도를 통하여 영원한 하나님께 도달하는 길이 개방되었다고 우리에게 가르친다.—에베소서 2:18—, 그리스도께서는 영원한 사제이시며 화해자로서, 하나님의 집, 즉 그의 교회를 위하여 존재하신다. 우리의 굳건한 신앙고백 가운데, 우리는 그리스도 안에서 무흠하게 존재한다. 왜냐하면 오직 그리스도께서 우리의 불결함을 정화시키셨기 때문이다), Z III, 746.

38 "tam in vetere quam novo testamento, ecclesiam tam ex fidelibus quam infidelibus", Z III, 745.

금지된다. 그럼에도 불구하고, 츠빙글리는 교회는 결코 무흠하지 않다고 선언한다.[39]

교회 안에 그리스도인과 비그리스도인이 공존하기 때문에, 교회의 영역은 확장되고, 세계적 지평 안에서 수많은 지체들을 확보한다. 즉 교회의 영역이 확장될수록, 교회의 모습은 아름다워진다.[40] 세계적 지평 속으로 확장되는 교회에 대한 츠빙글리의 비전을 다음과 같이 정의할 수 있다: 그리스도인과 비그리스도인이 공존하는 교회 공간은 세속적인 공간일 수 있어도 그리스도론적인 차원 속에서는 거룩하며 무흠한 공간이다. 즉 사회적 차원에서는 교회는 그리스도인과 비그리스도인이 공존하는 그리스도의 몸이지만 그리스도론과 관련하여 교회의 머리는 예수 그리스도이시기 때문에[41] 교회는 무흠하다. 츠빙글리에 의하면, 변절자 유다 또한 그리스도의 교회에 소속된다는 사실은 비그리스도인과 그리스도인이 공존하는 교회를 위하여 성서적 정당성을 부여한다.[42] 이는 그가 어거스틴의 신학적 전통, 즉 도나투스파와의 논쟁 속에서 어거스틴이 제시한 개념, Corpus Christi Permixtum(죄인과 의인이 공존하는 그리스도의 몸으로서의 교회)의 교회

---

39 "neque adhuc talem, cui neque ruga haereat neque macula", Z III, 745.

40 "per universum orbem sese extendens ubique membra sumit, et quanto vastior ac amplior, tanto et speciosior est", Z III, 745.

41 "Ecclesia peculiaris impudentem item reiicit, ac poenitentem rursus in gratiam accipit, sed non alia vi, quam quod membrum ecclesiae Christi est" (교회는 죄인의 참여를 배제하고 있음에도 불구하고, 그가 참회한다면, 하나님의 은총의 능력을통하여 죄인을 다시 수용한다. 이와 같이 사역하는 교회 또한 그리스도의 교회의 한 지체이다), Z III, 756.

42 "reprobi multi sint inter eos"(수많은 유기된 사람들이 그들-선택된 사람들-과 공존한다), *Fidei ratio*, Z VI/II, 801: Sic Judas erat de ecclesia Christi et omnes ii, qui retro pedem a Christo retulerunt"(그리스도로부터 떠난 유다와 모든 사람들 또한 교회에 소속된다), *De vera et falsa religione commentarius*, Z III, 756.

론적 의미를 계승하고 있음을 암시한다.43

　이와 같이 비그리스도인과 그리스도인의 공존이 가능한 일치된 교회에 대한 츠빙글리의 신학적 구상 또한 교회의 영역을 초월한 국가적 영역을 또 다른 교회로서 간주하는 그의 예언자적 신정정치 이념과도 부합하는 것이라고 평가할 수 있다. 다시 말하면, 이는 그의 교회론의 사회적 지평이 감지될 수 있는 그의 핵심적인 교회론의 화두로서, 여기서 비그리스도인과 그리스도인이 공존하는 한 사회공동체를 하나님 말씀의 권위 아래 종속시키고자 했던 그의 목회사역의 기본적인 입장이 드러난다. 하나님의 정의와 상응하는 불완전한 인간의 정의가 교회의 영역이 확장된 국가적 영역 안에서 실현될 때, 이 안에서 비그리스도인과 그리스도인이 공존할 수밖에 없음을 두 가지 교회 개념을 통하여 주장한 것이다.

---

43 어거스틴의 신학적 영향 아래 획득한 츠빙글리의 종교개혁적 확신에 대한 이해 없이, 그의 신학적 구상의 근간을 올바로 파악할 수는 없다. 1519년 취리히 뮌스터 대성당 주임사제로서 부임한 이후, 흑사병에 전염되고 극적으로 살 아나면서, 하나님의 섭리를 체험하고, 이후 이에 대한 절대적 신뢰를 표명하면서 진행된 그의 신학적 사유의 변 천과정은 어거스틴의 신학에 대한 심취로 종결된다. 즉 어거스틴 문헌에 대한 탐독을 통하여 종교개혁적 확신에 도 달한다. 그는 다음과 같이 자신의 심정을 토로한다: "Nam de me ipso coram deo testor, euangelii vim atque summam cum Joannis Augustinique tractatuum lectione didici, tum diligenti Graecani-carum Pauli epistolarum, quas hisce manibus ante undecim annos exscripsi [...]"(나는 사도요한과 어거스틴 문헌의 탐독을 통하여 복음의 능력과 개념을 파악했다고 하나님과 자신 앞에서 증언한다. 특히 11년 전부터 내가 직접 옮겨 적은 바울서신에 대한 연구가 큰 도움을 주었다), *Amica... exegesis ad Martinum Lutherum*, Z V, 713-714.

IV. 글을 정리하며

이상의 논증을 통하여 그의 교회론은 교회의 사회적 영역으로의 통합이라는 개념어로서 정의될 수 있다. 이는 예언자적 신정정치의 방식에 근거한 국가와 교회의 관계에 대한 통합적 이해 및 전통적 교회론의 언어를 사용하면서 전개되는 비그리스도인의 교회 안으로서의 포용방식을 통하여 드러난다.[44]

전자의 경우, 즉 국가와 교회에 대한 통합적 이해는 중세 말기 길드 중심의 사회공동체적 도시국가 이상에 근거하여 기독교 사회공동체를 수립하고자 했던 그의 신학적 의도를 반영한다. 바로 이 지점에서 바라볼 때, 츠빙글리의 교회론은 교회와 국가의 영역을 명확하게 분리시킨 루터와는 달리 중세적 전통과 더 밀접하게 관련되어 있다고 판단할 수 있다. 왜냐하면 교황의 권위를 최종적인 교회공동체 존속을 위한 궁극적 권위로서 인정하며, 교회와 국가를 동일시했던 중세 시기 국가 및 교회이해의 형식을 외형 그대로 수용하고 있기 때문이다. 동시에 중세 시기 조합주의, 즉 길드 중심으로 결합되어 있는 사회조직의 운영 원리와 같이 국가와 교회의 관계를 통합적으로 이해하고 운영하고자 했던 츠빙글리의 정치적 이념이 내재되어 있다고도 생각할 수 있을 것이다. 그러나 여기서 분명하게 전제해야 할 점은, 츠빙글리가 사역했던 스위스 취리히 개혁교회는 국가교회라는 사실이며, 이에 근거하여 그는 의회를 종교개혁 운동을 관철시킬 수 있는 중요한 도구로서 이해하고, 예언자적 신정정치의 이념에 의거하여 의회에서

---

44 Bernd Moeller, *Geschichte des Christentums in Grundzügen* (Göttingen, Vandenhoeck & Ruprecht, 1987), 242.

의 정치적 행위와 교회에서의 목회사역을 통합적으로 수행했다는 사실이다. 이와 관련하여 전통적 교회론의 개념들을 사용하여, 교회의 외연을 확장하는 츠빙글리의 신학적 작업은 교회를 사회적 영역으로 통합시키고자 했던 그의 목회적 실천이 이론화되는 과정을 보여주고 있다.

후자의 경우, 예를 들자면, 츠빙글리는 재세례파의 세계관 속에서 누락될 수 있는 어린 시절 생을 마감한 그리스도인 부모의 자녀의 구원의 가능성을 '원시 교회' 개념을 통하여 피력함으로써, 그들 또한 그리스도교 중심적 세계관 속에서 포함시키고자 시도했다. 국가교회 체제를 부정하고, 자발적 성인세례를 주장했던 재세례파에게 있어서 비그리스도인은 자발적으로 그리스도 신앙을 고백해야만 하는 대상으로서만 존재할 뿐이지, 그들에 대한 신학적 배려는 존재하지 않는다. 또한 그가 이스라엘과 교회의 관계를 재정립하며, 이스라엘 백성 또한 하나님의 선택받은 백성이라는 사실을 강조하면서, 이를 통하여 구약성서 보다 신약성서, 특히 바울서신을 중심으로 전개되는 루터의 칭의론의 약점을 보완하고자 노력 했다는 사실이 그의 '원시 교회' 개념을 통하여 간접적으로 증명될 수 있다.

동시에 츠빙글리와 동시대 종교개혁자이며, 그의 적대자였던 루터 또한 자신의 고유한 방식으로 교회를 사회적 영역으로 통합시키고자 노력했음을 주목할 필요가 있다. 로마-가톨릭교회의 교황권을 비판하면서도 신성로마제국의 왕권을 기본적으로 긍정하며, 루터의 종교개혁 운동을 전폭적으로 지지한 선제후의 제후 교회 체제를 신학적으로 정당화하기 위하여 고안된 그의 두 왕국 이론은 새로운 시대를 맞이하여 교회를 제후가 통치하는 사회적 영역으로 확장을 시도한 것이라고 생각해 볼 수 있다. 뿐만 아니라 교회청(Konsistorium)의 역할을 강하게 부각시키며, 제네바 의회와 갈등을 야기시켰던 칼빈의 목회정책 또한 기독교 중심적 세계관 속으로 모든 제네바 시민들이 포용되도록 노력했던 일종의 목회적-신학적 실천이라고 판단할 수도 있을 것이다. 이는 중세 봉건사회 로마-가톨릭교회의 정치이념이었던 교권 중심의 기독교 국가체제(Corpus Christianum)가 형식적인 변화를 경험하지 않은 채, 내용적인 변화를 경험 하고 있음을 증명한다. 다시 말하면, 전통적인 국가교회 체제의 형식적인 변화가 아니라, 내용적인 변화, 즉 종교개혁 사상이 함의하고 있는 개인으로서의 인간의 신앙과 양심의 자유(루터), 스위스 연방공동체 자유(츠빙글리), 교회의 자유(칼빈)이념이 로마-가톨릭교회의 통치이념을 대치하게 되었음을 의미한다. 여기서 주목해야 할 부분은 츠빙글리가 루터와 칼빈처럼 하나님의 국가 및 교회통치이론을 통하여 교회의 사회적 영역으로의 통합을 시도했음에도 불구하고, 그들과는 달리 비그리스도인의 교회 안으로의 포용의 가능성, 즉 구원의 가능성을 신학적으로 타진하고 있다는 사실 이다. 이는 하나님의 정의와 상응하는 인간의 정의가 실현되는 공간으로서의 국가를 또 다른 교회 공간으로 이해하는 그의 신학적 신념으로부터 비롯된 것이라고 생각한다.

그러나 종교개혁 시기까지 유지되었던 유럽 대륙 국가교회 체제는 경건주의 운동 이후 붕괴되기 시작한다. 경건주의 운동이 발흥하던 시기, 국가교회 내에 존재했던 Collegia Pietatis(경건한 그리스도인의 모임)은 일종의 반국가교회적 신앙운동의 징후로서, 이는 칼빈주의 전통에 근거하여 이를 현실화시킨 청교도 운동과 병렬적으로 이해할 수 있으며, 현대 복음주의 운동의 기폭제가 된 요한 웨슬리의 신앙운동 및 영어권 복음주의 운동에 결정적으로 영향을 미쳤다고 할 수 있다. 그러나 경건주의 운동 이후 국가교회 체제로부터 이탈하고자 했던 비국가교회(자유교회) 운동, 즉 복음주의 운동 또한 소위 교회의 사회적 영역으로의 통합을 포기하지 않는다. 이는 개신교회 영역에서 경건주의 운동 이후부터 본격적으로 시작된 '선교' 사역을 통하여 시도되었다. 비국가교회에 있어서 '선교'는 비기독교 국가 안에서의 교회의 대사회적 입장을 표명하는 중요한 신학적 개념으로서, 최종적으로 비기독교 국가의 기독교화를 지향하지만, 결코 국가종교로서의 기독교를 추구하지 않는다. 동시에 전통적인 국가교회 체제를 유지하면서, 근ㆍ현대 시기를 맞이했던 독일어권 개신교회 또한 경건주의 운동의 영향을 받아 복음전도의 사역으로서의 해외선교 사역을 시도하면서, 동시에 '선교'라는 단어를 동일하게 사용하며, 나름대로의 고유한 사회적 선교의 사역, 즉 내방선교(Innere Mission)로 대변되는 사회봉사(Diakonie)를 시행했다. 이와 이후 파생된 근ㆍ현대적 의미의 '사회적 선교' 개념은 결코 상호 무관하지 않다. 이와 관련하여 국가교회 체제와 비국가교회 체제가 어떠한 방식으로 교회의 사회적 영역으로의 통합을 시도하는가에 대하여 주목하는 것이 필요하다고 생각한다.[45] 최

---

45 이는 결코 국가교회가 복음전도를, 비국가교회가 사회적 선교를 포기해야 한다는 사실을 함의하지 않는다. 그 럼에도 불구하고, 양자가 시도할 수 있는 최선의 선교방식과 관련된 신학적 단서를 제공할 수는 있을 것이다. 이와 관련하여 필자는 다음과 같은 견해를 피력하고 싶다: 비국가교회(자유교회)의 복음전도의 사역과 결합된 사회적 선교는 국가교회의 사회적 선교방식과는 동일화될 수 없다. 정리하자면, 기독교를 국교화시킨 국가교회 체제는 비기독교 국가 안에서 존재하는 교회를 위한 복음전도로서의 선교개념과는 달리, 기본적으로 국가공동체의 기독교화의 실현을 전제한 후 교회의 사회적 영역으로의 통합을 위한 선교사역을 시도한다. 이와 관련하여 20 세기 중반 이후 격 렬하게 논쟁된 세계교회협의회(World Council of Churches)과 세계복음주의연맹(World Evangelical Alliance)의 선교신학의 경우, 국가교회와 비국가교회의 선교방식의 충돌이라고 과감하게 정의하고 싶다. 이 문제를 극복하기 위하여 양 선교

종적으로 판단하여 보건대, 지금까지 소개한 그의 교회론적 구상과 관련하여 다음과 같은 질문이 가능할 수 있다: 국가와 교회에 관한 통합적 이해 및 사회적 영역으로의 교회의 통합을 주장한 츠빙글리의 교회론적 구상은 국가교회 체제가 시도할 수 있는 근·현대적 의미의 사회적 선교 개념과 상응하며, 또한 종교개혁 시기 스위스 연방체제 안에서 시도될 수 있는 최선의 교회와 국가의 공동체적 통합모델을 제시하고 있지는 않을까?

신학의 컨텍스트를 주목하며, 양자를 창조적으로 통합, 실천할 수 있는 새로운 신학적 패러다임이 구상, 제시되어야 한다고 생각한다.

제 11 장

츠빙글리와 칼빈의 실천적 삼단논법 연구
― 칼빈의 실천적 삼단논법에 대한 영향사적 고찰

I. 글을 시작하며

칼빈의 예정론은 루터의 칭의론이 궁극적으로 주장하는 것처럼, 행위가 아닌 하나님 은총과 신앙을 통한 인간의 구원의 가능성을 피력하고 있다는 점에서 바라볼 때, 루터와 동일하게 구원론적 전망 속에서 해석되어야 한다. 중세기 스콜라신학을 지배했던 존재론적 사유로부터 종교개혁 신학의 구원론적 사유로의 전환은 루터의 칭의론과 칼빈의 예정론을 통하여 극명하게 드러난다. 루터의 칭의론은 오직 하나님의 은총과 신앙이라는 모토 아래 일종의 실존적인 신앙적 결단을 요구하는 반면, 칼빈의 예정론은 하나님의 절대 주권에 근거한 그의 구원사역을 독특한 논리적 체계 및 엄밀한 논리성을 통하여 해명하고 있다. 그럼에도 불구하고 양자는 율법의 실천으로서의 선행을 결코 포기하지 않으며, 오히려 칭의와 예정의 논리에 입각하여 새롭게 선행의 의미를 규정한다. 루터에게 있어서 성화(선행)는 칭의의 결과로서 이해되지만, 칼빈에게 있어서 성화는 칭의와 분리되면서도 밀접하게 결합된 하나님의 두 가지 은총 중의 하나로서 간주된다. 물론 예정과 선행의 관계에 대한 루터의 견해가 피력되지 않은 것은 아니다.[1] 그러나 루터에게 있어서 실천적 삼단논법의 단초는 발견되지만, 정형화된 삼단논법의 형식으로 그의 견해는 표현되지 않는다. 반면에 츠빙글리 및 칼빈의 실천적 삼단논법은 루터가 이해하는 칭의와 성화의 관계를 예정의 논리에 입각하여 엄밀하게 재규정한 것이라고 판단된다. 그러나 츠빙글리의 경우, 하나님의 예정이 그의 섭리의 표지라는 사실이 추가되어 있다는 점에 있어서, 츠빙글리와 칼빈의 실천적 삼단논법은 유사하면서도 상이하다고 볼 수 있다.

따라서 본 연구는 칼빈과 츠빙글리의 삼단논법의 유사성에 주목하고, 칼빈의 루터의 칭의론적 사유 구조를 어떻게 예정론적 사유와 결합시키는 과정 속에서, 츠빙글리의 삼단논법을 형식적으로 수용했음을 원문 중심의 연구를 통하여 해명하고자 한다. 더 나아가 자본주의적 합리성 및 이를 유발시킨 청교도 적인 세계내적 금욕주의의 신학적 근거라고 간주되었던 소위 칼빈의 실천적 삼단논법이 츠빙글리

---

1 "Gute Werke, die man tut, seien .ein gewiss Zeichen des Glaubens. [...] Darum erkennt der Mensch aus seinen Fr.chten, was er für ein Baum ist, und an der Liebe und den Werken wird er gewiss, dass Christus in ihm ist. [...] Wenn ihr euch frisch .bt in guten Werken, so werdet ihr gewiss und k.nnt nicht zweifeln, dass euch Gott berufen und erwählt hat"(인간이 행하는 선행은 신앙의 표지이다…인간은 나무의 열매를 보고 나무를 판단한다. 사랑과 선행 속에서 그리스도께서 함께 계심을 확신한다…. 너희가 선행을 베푼다면, 하나님께서 너희들을 부르시고 선택하였음을 의심하지 않고 확신하게 될 것이다.), *WA*(루터전집) 10/I 4421 (Münchner Ausgabe, Ergänzungsband 4, 35).

의 삼단논법의 형식을 수용한 예정론적 사유에 근거하고 있다고 논증한 후, 이와 관련하여 왜곡된 칼빈의 실천적 삼단논법이 아니라 이의 원형을 발견, 제시해 보고자 한다. 개혁교회의 역사와 신학에 있어서 츠빙글리의 신학 없이 칼빈의 신학을 올바로 이해할 수 없기 때문에, 츠빙글리와 칼빈신학의 내적 연관성을 추적하는 작업은 매우 중요하다고 생각한다.

뿐만 아니라 본 연구는 저명한 독일의 칼빈신학 연구가 빌헬름 니젤(Wilhelm Niesel)이 주장한 것처럼, 칼빈에게 있어서 삼단논법의 논리적 사유구조가 존재하지 않는가,[2] 혹은 존재하는가에 관하여 논증하는 것이 아니라 종교개혁자들의 실천적 삼단논법의 사유 구조가 루터가 이해한 칭의와 성화의 관계를 예정론적, 섭리론적 지평 속에서 재해석하기 위한 신학적 장치였으며, 이는 인간의 구원을 가능하게 하는 하나님의 절대주권을 극명하게 부각시키기 위한 것이었음을 증명, 강조하고자 한다. 전체적으로 조망하여 볼 때, 츠빙글리와 칼빈의 실천적 삼단논법은 선행을 통한 구원의 확신을 중요한 테마로서 다루고 있을 뿐, 선행을 통한 구원의 가능성과는 무관하다.[3] 이에 근거하여 칼빈주의와 자본주의 사이의 선택적 친화성을 강조하며, 칼빈주의적 윤리가 경제적 성공을 추구했다고 주장했던 막스 베버의 종교사회학적 통찰[4]을 비판적으로 성찰할 수 있다. 이와 같은 테제를 논증하기

---

2 Wilhelm Niesel, *Die Theologie Calvins*, 2. Aufl. (München: Chr. Kaiser Verlag, 1957), 172-182.

3 Matthias Zeindler, *Erwählung: Gottes Weg in der Welt* (Zürich : Theol. Verl. 2009), 58.

4 Max Weber, "Die protestantische Ethik und der Geist des Kapitalismus (1904/1906)," *Die protestantische Ethik* Bd. 1, hg. v. Johannes Winckelmann (Hamburg: Siebenstern-Taschenbuch-Verlag, 1973), 27-278. 에른스트 트뢸치

위하여 본 논문은 다음과 같이 전개된다: 칼빈의 실천적 삼단논법의 영향사적 근거로서의 츠빙글리의 실천적 삼단논법, 칼빈의 실천적 삼단논법의 구조와 내용, 미래의 삶에 대한 묵상(meditatio futurae vitae)를 통한 칼빈의 실천적 삼단논법의 현실화 및 이의 청교도적 수용.

뿐만 아니라 칼빈이 실천적 삼단논법을 구사하는가에 관한 질문 너머, 루터와 츠빙글리와의 비교를 통한 그의 실천적 삼단논법의 원형의 재발견하며, 이를 통하여 종교사회학자 막스 베버의 연구대상이었던 17세기 이후 칼빈주의자(청교도)들의 신앙적 관습, 즉 선행의 실천, 더 나아가 경제적 성공 여부에 따라 하나님의 선택을 확신하는 신학적 논리구조는 결코 칼빈이 제시했던 본래적 의미의 실천적 삼단논법이 아니었음을 주장하고자 한다.

II. 츠빙글리의 실천적 삼단논법

서론에서 이미 언급한 것처럼, 루터가 이해한 칭의와 성화의 관계는 츠빙글리와 칼빈의 실천적 삼단논법의 내용적 근거가 된다. 하지만 실천적 삼단논법의 형식과 관련하여 츠빙글리와 칼빈의 유사성이 관찰되기 때문에, 여기서는 츠빙글리의 실천적 삼단논법을 소개하고자 한다. 그의 실천적 삼단논법(Syllogismus practicus)은 하나님의 섭리에 근거하여 선택, 신앙과 선행의 논리적 연관성을 명확하게 지시한다. 그에 의하면, 신앙은 마치 열매를 맺은 나무처럼 그의 행위를 통하

또한 막스 베버와 동일하게 칼빈주의와 자본주의와의 관계를 규정한다. E. Troeltsch, *Die Soziallehren der christlichen Kirchen und Gruppen*, Ges. Schriften, Bd. 1, Tübingen 1912, 706,709 1995, 74–101.

여 그가 하나님 안에서 충만한 영적 존재(qui enim dei voluntatem faciunt, iam factis tanquam fructibus ostendunt se deo plenos esse)[5]라는 사실을 증거한다. 이를 통하여 신앙인의 행위가 신앙의 증거이며, 신앙은 하나님의 선택의 증거라는 논리로 귀결된다.[6]

우리는 행위를 통하여 그리스도의 형제가 되는 것이 아니라, 하나님의 선택을 통하여 그리스도를 인식하고 사랑합니다.[7]

그에 의하면, 섭리는 예정의 아버지(est autem providentia praedestinationis veluti parens)[8]로서, 예정은 섭리로부터 출생된다(nascitur autem praedestinatio... ex providentia).[9] 또한 신앙은 인간이 하나님의 선택받았다는 확신의 증거로서 인간에게 주어지는 하나님의 선물(fides dei donum sit)이다.[10] 이와 같은 하나님의 선택의 표지로서의 신앙(fides electionis signum est)[11]은 성령의 내적 설교, 즉 하나님의 내면적 동기부여[12]로서, 이의 가시적 표시는 율법의 실천 즉 선행으로서 간주된

---

5 *Sermonis de providentia dei anamnema*, Z(츠빙글리 전집) VI/III, 186.

6 Z VI/III, 186.

7 "Nam faciendo non reddimur fratres Christi, sed per electionem illum cognoscendo et amplectendo", Z VI/III, 186.

8 *De vera et falsa religione commentarius*, Z III, 843

9 Z III, 843.

10 *Sermonis de providentia dei anamnema*, Z VI/III, 177.

11 Z VI/III, 181.

12 "eodem modo viciniori et nobis notiori causae tribuit, quod solius est spiritus, non externae praedicationis, quemadmodum sacramentarii fere contendunt"(바울은 이와 동일한 방식으로 오직 성례전주의자들이 선포하는 외적 설교가 아니라 오직 성령이 가장 중요한 원인이 되어야 한다고 언급한다), Z VI/III, 186; "Est enim et apostoli opus a dei manu, sed medium. Ipse vero tractus

다.[13] 여기서 신앙은 행위, 신앙, 은총의 선택, 하나님의 섭리 간의 관계를 규정, 중재하는 핵심적인 개념으로서 등장하며, 이는 삼단논법의 형태로 전개된다.

즉 하나님의 섭리를 통하여 구원받은 인간을 세계 창조 이전에 선택하셨기 때문에, 선택을 확신할 수 있도록 인간에게 신앙이라는 선물이 선사되며, 이 신앙은 선행을 가능하게 한다. 따라서 선행은 신적인 근원으로 소급되면서, 율법 또한 신적인 근원으로부터 유래된 것으로 이해된다. 즉 신적인 율법은 선택의 표지로서의 신앙으로부터 유래된 선행, 즉 율법의 실천과 관련된 것이다. 그렇다면 율법은 하나님 의지가 계시된 것으로서,[14] 하나님의 율법을 고려하지 않은 인간의 선행은 하나님의 의지 및 신앙과 무관하게 된다(Ea opera, que sine voluntate dei facta sunt, etiam sine fide sint facta).[15] 더 나아가 예정은 섭리로 소급되기 때문에, 결과적으로 선행은 섭리론적 지평에서 이해될 수밖에 없다. 이와 같은 그의 율법의 실천으로서의 선행에 관한 이해는 하나님의 절대주권의 지평에서 섭리론 및 예정론적 전망 속에서 전개되는 개혁교회의 전통적인 신학적 윤리학의 시초로서, 그의 실천적 삼단논법을 통하여 전개되고 있다. 노이저(Wilhelm Neuser)에 의하면,

---

internus immediate operantis est spiritus"(하나님의 손길을 통하여 수행되는 사도의 사역은 간접적이지만, 성령의 효력은 직접적인 내면적 압박이다), Z VI/III, 187.

13 "fides autem electionem sic sequatur, ut qui illam habeant, sciant se veluti per sigillum ac pignus electos esse, Sic, qui fidei opera faciunt"(인간은 하나님의 선택 이후 신앙을 소유한다. 자신이 선택 받았다고 알고 있는 사람들은 신앙의 선행 -신앙에 근거한 선행-을 행한다.) Z VI/III, 184.

14 "Que igitur sine lege, hoc est sine verbo et voluntate dei fiunt, non sunt ex fide. Que «non sunt ex fide, peccatum sunt»" (율법은 하나님의 영원한 뜻이다. 율법이 없다면, 신앙이 없는 것이다. 즉 하나님의 말씀과 뜻이 부재한 것과 다름이 없다. 신앙 없는 선행은 죄이다.) Fidei expositio, Z VI/V, 120.

15 Z VI/V, 120.

츠빙글리는 칼빈처럼 성화(Heiligung) 개념을 제시하고 있지는 않지만, 그럼에도 불구하고 그의 실천적 삼단논법을 통하여 성화 개념과 유사한 내용을 전개하고 있다고 평가한다.[16] 왜냐하면 그의 실천적 삼단논법의 목적이 하나님의 섭리 및 예정에 근거하여 신적인 율법의 실천, 즉 선행을 신학적으로 정당화시키는 것이기 때문이다. 그는 다음과 같이 말한다.

> 하나님을 인식하는 자는 그의 명령에 근거하여 삶을 영위한다. 또한 신앙을 소유한 자는 하나님께서 그를 선택하셨다는 사실을 알고 있습니다. 그러나 이 사실을 알고 있으며, 하나님의 선택을 받은 자는 율법이 금지하는 사항을 위반하지 말아야 할 것입니다[17]

하나님의 선택의 확신은 그리스도 신앙에 근거한 율법의 구체적 실천을 통하여 강화된다. 여기서 츠빙글리가 율법의 실천, 즉 선행을 강조하는가에 관한 이유에 대해 진지하게 질문할 필요가 있다. 왜냐하면 그는 루터의 종교개혁 운동의 핵심 모토인 '하나님의 은총과 신앙을 통한 칭의'를 부정하기 위한 것이 아니라, 자발적인 율법의 실천을 통하여 이의 완성을 추구했기 때문이다. 부연하자면, 그는 하나님의 절대주권 사상에 근거하여 종교개혁적 확신과 인간의 도덕적 변화

---

16 Wilhelm Neuser, "Dogma und Bekenntnis in der Reformation. Von Zwingli und Calvin bis zur Synode von Westminster. Abschnitt.1. Zwingli und Zwinglianismus", *HDThG²* , (Göttingen: Vandenhoeck & Ruprecht 1998/1999), 190.

17 "Qui enim dei cognitionem habent, sciunt vitam esse componendam ad nutum dei, qui vero fidem, sciunt se esse electos. Electi autem, qui hoc sciunt, non possunt non videre, quod, quaecunque lex vetat, ab eis abstinendum esse", *Sermonis de providentia dei anamnema*, Z VI/III, 223.

를 결합시키며 종교개혁 프로그램을 구상, 관철했다. 그는 인간의 도덕적 변화가 인간의 고유한 도덕적 능력에 기인하지 않는다고 생각했기 때문에, 펠라기안주의자로서 비판받지 않을 수 있었다.[18] 더 나아가 이 사실은 그가 스위스 인문주의자 그룹의 기독교 갱신운동(Christus renascens)의 영향을 받았음을 암시할 수 있다. 리히(Arthur Rich)에 따르면, 그가 참여했던 스위스 기독교 갱신운동(Christus renascens)은 청년 츠빙글리 신학사상의 전모를 파악할 수 있는 중요한 신학적 단서로서, 이는 성서의 복음을 교육학적 의미로 변용시켜 이해했던 스위스 기독교 인문주의자들의 공동체의 도덕적 갱신을 향한 열정과 의지를 반영한다.[19] 그러나 그는 청년 시절 추종했던 인문주의자 에라스무스처럼 인간의 자유의지를 긍정하는 것이 아니라, 인간의 타락한 자유의지로서의 노예의지 및 하나님의 절대주권을 전제한 후, 이에 근거하여 인문주의 운동이 지향했던 인간의 도덕적 변화를 추구했다는 점에 있어서, 스위스 기독교 인문주의자 그룹과는 결정적으로 구분될 수 있다. 이와 같은 그의 인문주의적인 종교개혁적 확신에 근거한 그리스도론을 다음과 같이 표현 할 수 있다: 인간이 지향해야 할 도덕적 모범으로서 인간이 되신 하나님, 즉 예수 그리스도.

이는 개혁교회의 윤리적 신학의 전통으로서 간주될 수 있는 개혁교회의 역사상 최초의 신학적 진술로서, 하나님의 섭리가 함의하는 하나님의 절대주권 사상에 기인한 예정론과 율법론의 기본적인 윤곽을 제공하며, 더 나아가 그가 강조하는 율법의 신적인 근원은 개혁교

---

18 Ulrich Gäbler, *Huldrych Zwingli. Eine Einführung in sein Leben und sein Werk* (München, Verlag C H Beck, 1983), 82.

19 Arthur Rich, *Die Anfänge der Theologie Huldrych Zwinglis*, Diss. Theol. (Zürich, Zwingli Verlag, 1949), 15.

회의 전통적인 성화론의 신학적 근거로서 활용된다. 이와 관련하여 스위스 바젤(Basel)대학 종교개혁사 교수를 역임했던 츠빙글리 연구가 게블러(Ulrich Gäbler)는 율법의 신적인 근원으로서의 섭리와 예정을 강조하며, 최종적으로 선행의 중요성을 부각시키는 츠빙글리의 신학적 견해가 율법을 복음의 수용의 전단계로서 해석하는 루터와는 달리 그가 지향하는 율법 개념의 사회공동체적 의미를 우회적으로 암시하고 있다고 주장한다.[20] 물론 그가 자신의 신학적 논리를 실천적 삼단논법이라고 구체적으로 명시하지 않았음에도 불구하고, 그의 삼단계의 논리적 구조가 구체적인 신앙적 실천을 지향하고 있기 때문에, 이를 실천적 삼단논법(Syllogismus practicus)이라고 좀 더 세심한 개념규정을 시도해 볼 수도 있다. 다음과 같이 세 단계의 논리적 구성을 통하여 표현해 보고자 한다.

1. 하나님 선택은 그의 섭리의 표지(증거)이다.
2. 신앙은 하나님 선택의 표지(증거)이다.
3. 선행은 신앙의 표지(증거)이다.

이와 같이 섭리 개념으로부터 추론되는 예정으로서의 선택, 신앙과 선행에 관한 논리적 구조를 다음과 같이 표현할 수 있다: 그리스도의 은총을 통하여 하나님 앞에서 의롭게 된 인간은 하나님의 선택을 받았으며, 이의 증거로서 신앙을 소유한다. 하나님의 자유로운 결정으로서의 그의 선택은 인간의 선행과는 무관하다. 하나님께서 세계 창조 이전 자유롭게 구원받을 인간을 선택하셨기 때문에, 선행은 인간의

---

20 Ibid., 64.

구원을 위하여 기여하지 않는다. 그럼에도 불구하고 섭리-선택-신앙의 결과로서의 인간의 선행은 구원의 확신을 강화하는 하나님의 은총의 표지이다. 여기서 섭리는 선택을, 선택은 신앙을, 신앙은 선행을 현실화시키는 중요한 하나님의 구원사역이다.

III. 칼빈의 실천적 삼단논법: 구원론적 논리의 삼단계

칼빈 또한 츠빙글리처럼 명확하게 논리적으로 표현된 삼단논법을 구사하지 않는다. 그럼에도 불구하고 그의『기독교 강요』III권 중 예정론에 관하여 해명한 부분이 삼단논법의 논리적 구조에 따라 자신의 신학적 입장을 전개하고 있음은 부정할 수 없다. 그는 츠빙글리의 실천적 삼단논법 중에서 두 번째 단계, 즉 신앙은 은총의 선택의 표지라는 사실을 적극적으로 강조하면서, 동시에 첫 번째와 세 번째의 논리적 단계, 은총의 선택의 섭리의 표지이며, 선행의 신앙의 표지라는 사실은 생략하거나 새롭게 변형시킨다. 그는 츠빙글리 실천적 삼단논법의 두 번째 단계를 그의 예정론의 핵심테제로서 제시하며, 루터를 통하여 수용한 칭의론적 통찰을 예정론적으로 변형한다. 여기서 신앙은 하나님의 선택의 결과로서, 후자는 전자에 의존하지 않으며, 오히려 전자를 가능케 하는 원인으로서 작용한다.[21] 행위를 통하여 구원받을 수 없다는 루터의 칭의선언은 그의 예정론을 통하여 다음과 같이 새

---

21 "Sed ubi eam nobis patefecit Deus, altius conscendere oportet, ne effectus causam obruat"(하나님께서 그의 결정을 우리에게 밝히 보이실 때, 우리는 더욱 높은 곳으로 올라가야 하며, 결과가 원인을 압도 하지 않도록 해야 한다), *Inst*(1559). III, XXIIII,3 (OS-칼빈선집- IV, 413).

롭게 표현된다.

> 하나님의 은총을 통하여 성도가 거룩하게 된다는 생각과 성도의 행위
> 로 인하여 선택받았다는 생각은 상호 일치할 수 없습니다.[22]

> 하나님께서 각 사람의 행위를 고려하여 그의 백성을 선택하신다면,
> 이는 하나님의 값없는 은총이 아닐 것입니다.[23]

첫 번째 논리적 단계의 경우, 칼빈이 츠빙글리와는 달리 예정론을
신론으로부터 독립시키면서, 예정과 섭리의 관계는『기독교 강요』에
서 더 이상 논증되지 않는다. 반면에 세 번째 논리적 단계의 경우, 칼
빈은 루터와 츠빙글리와 동일하게 선행이 신앙의 표지, 즉 칭의 사건
이 결과가 선행이라는 사실에 동의하면서도, 이를 창조적으로 새롭게
변형시킨다. 칭의와 성화는 구분되면서도 분리되지 않는 동시적인 하
나님의 은총이기 때문에, 선행은 단순히 신앙의 결과가 아니라, 하나
님 앞에서 인간을 의롭게 하는 은총으로서의 신앙처럼, 인간을 거룩
하게 만드시기 위하여 인간에게 주시는 하나님의 은총이다. 칼빈은
다음과 같이 언급한다.

> 그리스도를 소유하면서 그의 거룩함에 참여하지 않을 수 없습니다…
> 그는 동시에 이 두 가지 은총을 우리에게 주셨습니다. 전자는 후자

---

22 "Pugnant enim inter se haec duo, habere pios ab electione ut sancti sint, et
ad eam ratione operum pervenire", *Inst*(1559). III, XXII,3 (OS IV, 382).

23 "Certa Dei gratia non sola praedicari in electione nostra meretur, nisi haec
gratuita sit", *Inst*(1559). III, XXII,3 (OS IV, 382).

없이 존재하지 않습니다… 따라서 우리가 의롭게 되는 것은 행위와 분리되지 않으면서도 행위에 의한 것이 아니라는 사실은 분명합니다. 우리는 그리스도 안에 참여함으로써 의롭게 되며, 동시에 이는 우리가 그의 거룩함에 참여한다는 사실을 의미합니다.[24]

정리하자면, 칼빈의 경우, 츠빙글리의 실천적 삼단논법 중 두 번째의 논리적 단계를 부각시키며, 세 단계의 논리적 구조를 가지고 자신의 신학적 입장을 개진한다. 츠빙글리의 세 번째 논리적 단계인 선행은 신앙의 표지라는 신학적 진술 대신 칭의와 성화의 두 가지 은총을 강조하면서, 선행은 오직 하나님의 은총을 선포하며 이로부터 벗어날 수 없다고 선언한다.[25] 여기서 간과하지 말아야 할 부분은 칼빈에 의하면, 하나님의 선택의 결과가 신앙이지만, 선택받은 그리스도인이 신앙을 소유하기 위하여 필수적으로 하나님의 부르심이 동반된다는 사실이다. 여기서 하나님의 부르심은 선택하신 자들에게만 선택의 증거로서 나타나는 것으로서,[26] 말씀의 선포와 성령의 조명을 통하여 실현된다.[27] 이와 같은 성령의 역사에 의거한 하나님의 내적인 부르

---

24 "possidere autem non potes quin fias sanctificationis eius particeps… utrunque simul largitur: alterum nunquam sine altero. Ita liquet quam verum sit nos non sine operibus, neque tamen per opera iustificari: quoniam in Christi participatione, qua iustificamur, non minus sanctificatio continetur quam iustitia", *Inst*(1559). III, XIIII, 19 (OS IV, 237).

25 "Denique sic Die beneficia praedicant ut tamen non deflectant a gratuito Dei favore", *Inst* III, XVI , 1 (OS IV, 249).

26 "electionem… vocatione demum sua Deus manifestat; quam ideo appellare proprie licet eius testificationem"(하나님께서는 부르심을 통하여 그가 구원받을 인간을 선택하셨음을 선포하신다. 따라서 부르심을 선택의 증거라고 부르는 것이 바람직할 것이다.), *Inst*(1559).III, XXIIII 1(OS IV, 410)

27 "non sola verbi praedicatione, sed et spiritus illuminatione constat. *Inst*

심은 하나님의 선택과 구원의 보증이 된다.

하나님께서는 자신의 영광을 나타내시기 위하여 악인들에게는 그의
영의 효과적인 사역을 허락하시지 않습니다. 따라서 이와 같은 내적
인 소명은 우리를 기만할 수 없는 구원의 보증입니다.[28]

이와 같은 성령의 조명을 통하여 실현되는 하나님의 내적인 부르
심이 선택의 원인, 역으로 표현하자면, 선택이 하나님의 내적인 부르
심의 결과라고 칼빈은 주장한다.[29] 하나님의 내적인 부르심의 결과인
선행을 통하여 자신들이 하나님의 은총의 선택을 받았음을 확신하는
것은 선행이 하나님의 은총의 선물이라는 대전제 없이 올바로 이해될
수 없다. 하나님의 선택과 무관한 인간의 선행은 단지 하나님의 은혜
를 선포하기 위한 도구일 뿐, 성도들의 구원의 확신의 결정적 근거는
아니다.[30] 최종적으로 이와 같이 성령론적 전망 속에서 전개되는 칼
빈의 선택과 부르심, 신앙과 선행에 관한 신학적 입장은 다음과 같이
그리스도 중심적으로 수렴된다.

(1559). III, XXIIII 2 (OS IV, 412).

28 "Atque etiam eus, gloriae suae causam spiritus sui efficaciam ab illis
subducit. Interior igitur haec vocatio pignus est salutis quod fallere non
potest", *Inst*(1559).III, XXIIII 2 (OS IV, 412).

29 "a fructibus vocationis se in filiorum locum a Domino cooptatos esse
reputant"(그들은 하나님의 부르심의 결과로서 자신들이 주의 자녀로서 선택받았다
는 사실을 확신한다.), *Inst*(1559).III, XIII 19 (OS IV, 237).

30 "non aliter quam Dei dona intuentur, unde eius bonitatem recognoscent, non
aliter quam vocationis signa unde electionem reputent"(그들의 행위는 오직 하
나님의 선을 인식시키는 하나님의 선물이며, 자신들의 선택을 인식하게 하는 하나님
의 부르심의 표지이다.), *Inst*(1559). III, XIII 19 (OS IV, 238).

하나님께서 자녀로서 입양하신 사람들은 그들 존재 자체로 인하여 선택된 것이 아니라, 그리스도 안에서 선택된 것입니다…. 그렇다면 그리스도는 우리가 우리의 선택을 바라보아야 하는 거울입니다.[31]

지금까지의 논증을 종합하여 볼 때, 칼빈의 실천적 삼단논법의 원형으로서의 구원론의 삼단계 논리는 다음과 같이 요약될 수 있다.

1. 성령의 조명을 통한 하나님의 내적인 부르심은 그의 선택의 표지이다.
2. 하나님의 선택의 표지인 신앙에 근거한 그리스도 은총으로서의 칭의와 이를 확신케 하는 그리스도의 은총인 성화(선행)는 하나님의 부르심의 표지이다.
3. 그리스도 안에서의 하나님의 선택을 인식할 때, 하나님의 부르심과 이에 근거한 신앙과 선행의 의미가 해명된다.

IV. 미래의 삶에 대한 묵상(meditatio futurae vitae)과 실천적 삼단논법

칼빈은 자신의 성화론의 구체적인 표상을 십자가를 짊어지는 자기부정의 삶으로 표현하며, 이를 위하여 미래에 다가올 삶을 묵상하며 현실 속에서 순례자로서의 삶을 영위할 것을 권고한다. 이는 칼빈

---

31 "Proinde quos Deussibi filios assumpsit, non in ipsis eos dicitur elegisse, sed in Christo suo... Christus ergo speculum est in quo electionem nostram contemplari convenit", *Inst*(1559). III, XXIIII 5 (OS IV 415-416).

의 실천적 삼단논법을 구체적으로 신앙생활 속에서 적용시키는 것으로서, 청교도적 엄숙주의를 야기하는 중요한 동인으로서 작용한다. 미래에 성취될 하나님의 구원을 약속을 묵상하는 신앙생활은 하나님의 선택과 이의 표지로서의 성령의 조명을 통한 그의 내적인 부르심을 확신하는 거룩한 삶의 표상으로서, 이는 칼빈의 종말론의 특성을 지시한다. 플라스거(G. Plasger)에 의하면, 『기독교 강요』 III권 9장 "미래의 삶에 대한 묵상"(meditatio futurae vitae)은 종말을 기대하는 금욕주의적인 삶이 아니라, 삶을 긍정하는 종말론적 특성을 보여준다.[32] 즉 다가올 미래의 삶에 대한 묵상은 현실적 삶이 하나님의 은총의 선물이라는 사실을 각성하기 위한 것으로서, 현실적 삶의 허무성에 대한 인식을 통하여 비로소 시작되지만, 현실적 삶을 경멸하는 극단적인 금욕적 경향으로 발전하지 않기 때문이다.[33] 오히려 현실적 삶을 인내하기 위한 중요한 신앙생활의 일부로서, 미래에 실현될 하늘나라의 영광을 예비하는 삶으로서, 최종적으로 십자가를 짊어지는 자기부정의 삶의 방식으로서 수행되어야 한다. 이를 통하여 결과적으로 그리스도인은 자신의 구원을 위하여 현실적 삶을 종말론적 전망 속에서 새롭게 긍정하게 된다. 이와 같은 미래의 삶에 대한 묵상은 죽음에 대한 공포심을 극복하며, 동시에 그리스도인을 위로한다. 그는 다음과

---

32 Georg Plasger, "Calvins lebensbejahende Eschatologie," Matthias Freudenberg / J. Marius J. Lange van Ravenswaay (Hg.), *Calvin und seine Wirkungen*. Vorträge der 7. Emder Tagung zur Geschichte des reformierten Protestantismus, (Neukirchen, Neukirchener Verlag, 2009), 84-88.

33 "Ergo si cum caelesti vita terrena comparetur, non dubium quin facile et contemnenda et proculcanda sit. Odio certe habenda nunquam est, nisi quatenus nos peccato tenet obnoxios", (이 땅 위에서의 삶과 하늘의 삶을 비교한다면, 전자는 경멸해도 된다. 그러나 우리를 죄에 구속시키지 않는 한, 전자를 증오해서는 안 된다). *Inst*(1559). III IX 4 (OS IV 174).

같이 언급한다.

> 현실 속에서의 삶은 하나님께서 주신 복의 일부로서 간주해야 하며…
> 이는 신앙인의 구원을 촉진하기 위하여 기여하기 때문에, 하나님의
> 선을 증거하는 것으로서 이해해야 할 것입니다.[34]

이와 관련하여 그는 여기서 자신의 죽음과 종말의 부활을 기다리
지 않는 사람은 진보하지 않는 퇴행적인 사람이라고 과감하게 정의한
다.[35] 스스로 자신의 종말론적 완성을 기대하지 않는다면, 이는 현실
에 집착하는 퇴행적 행위를 의미하는 것으로서, 유일한 삶의 위로를
거부하는 것이나 다름이 없다. 따라서 그리스도인의 종말론적 완성을
지향하는 미래의 삶에 대한 묵상은 현실 극복을 위한 중요한 수단을
제 공할 수 있으며, 동시에 종말론적 희망의 현재화를 실현할 수 있다.
　또한 칼빈에 의하면, 현실적 삶의 성화로 귀결되는 미래의 삶에 대
한 묵상은 종말론적 삶의 방식을 준수하게 하며, 이를 통하여 가난한
생활을 인내하게 한다.[36] 따라서 천상의 삶을 향하여 이 땅 위에서 순

---

34 "Siquidem haec vita… Dei benedictiones… Praesertim vero fidelibus
testimonium esse debet divinae benevolentiae: quando ad salutem eorum
promovendam tota est destinata", *Inst*(1559). III, IX 3 (OS IV 173).

35 "Hoc tamen habeamus constitutum, nemenem bene in Christi schola pro-
fecisse, nisi qui et mortis et ultimae resurrectionis diem cum gaudio
expectet"(그리스도의 학교 안에서 그의 가르침을 받고 있으면서도 자신의 죽음과 부
활의 날을 기쁨으로 고대하지 않는다면, 그는 진보하지 않는 사람이다), *Inst*(1559).
III, IX 5 (OS IV 175).

36 "Sed nulla certior aut expeditor via est quam quae nobis fit a praesentis vitae
contemptu et caelesis immortalitatis meditatione… Deinde ut non minus
placide ac patienter penuriam, quam moderate abundantiam ferre
noverintrint"(가장 확실한 길은 현재의 삶을 멸시하고 하늘의 불멸의 삶을 명상하는

례자의 삶을 영위하는 그리스도인들은 극단적 금욕주의와 방종의 삶의 방식을 극복한 청지기적 자세를 가지고 자신에게 주어진 삶의 재화를 보조적으로 활용하며, 이에 집착하지 말아야 한다.37 여기서 간과하지 말아야 할 부분은 하나님께서 다양한 삶의 재화를 선사하신 목적이 우리의 유익을 위한 것임을, 또한 단순한 이용가치를 초월하여 아름다움 그 자체를 창조하셨음을 인식하는 것이다.

> 금과 은과 상아와 대리석에 그것들을 다른 금속이나 돌보다 더 귀중하게 만드는 아름다움을 주시지 않았는가? 주님께서는 필요한 이용가치를 초월하여 우리가 보기에 아름다운 것들을 많이 창조하시지 않았는가?38

이에 근거하여 루터의 직업소명설을 다시금 새롭게 정의한다. 성화의 삶을 지향하는 미래의 영원한 삶에 대한 묵상은 각 사람을 부르신 하나님의 뜻에 부합하여 다양한 삶의 방식으로 드러나야 하며, 이를 통하여 근면검소한 삶의 방식이 실현되어야 한다. 여기서 하나님의 부르심은 그리스도인의 삶의 방식, 즉 직업생활로서 표현되고 있

것이다…. 이를 위하여 빈곤을 조용하게 견디며, 부유함을 절제해야 한다), *Inst* (1559). III X 4 (OS IV 179).

37 "Omnes illas eic esse datas nobis Dei benignitate et in commodum nostrum destinatas, ut sint velut deposita quorum reddenda sit olim ratio"(이 원칙은 하나님께서 자비로운 하나님께서 우리에게 맡겨주신 모든 것을, 우리는 언젠가 돌려주어야 한다는 것이다), *Inst* III, X 5 (OS IV 180).

38 "annon auro augento, ebori ac marmori gratiam attribuit, qua prae aliis aut metallis aut lapidibus pretiosa redderentur? Denique annon res multas, citra necessarium usum, commendabiles nobis reddidit?", *Inst*(1559). III, X 2 (OS IV 178).

다.39 더 나아가 미래의 삶에 대한 묵상은 하나님의 구원의 약속을 묵상하는 것으로서, 이를 통하여 미래에 대한 불안으로부터 해방된다.40 칼빈에 의하면, 하나님의 견인의 은총을 첨가하지 않는다면, 하나님의 부르심과 인간의 신앙은 가치를 상실하지만, 그럼에도 불구하고 모든 인간은 이와 같은 하나님의 견인의 은총을 수령할 수 없다.41 오직 그리스도를 통하여 미래에 대한 불안으로부터 해방된 그리스도인만이 미래에 이루어질 구원의 약속을 하나님의 선택과 견인의 은총에 근거하여 확신, 신뢰할 뿐이다.

정리하자면, 칼빈은 루터의 직업소명설에 근거하여 모든 그리스도인들이 자신의 직업 세계 속에서 미래의 삶에 대한 묵상(meditatio futurae vitae)을 수행함으로써, 각자의 삶 속에서 하나님의 은총의 선택이 확신될 수 있도록, 절제된 현실에서의 삶을 영위해야 한다고 강조한다. 그러나 칭의의 은총과 성화의 은총이 상호간 결합되어 있음에도 불구하고, 후자를 전면적으로 부각시키며, 율법의 실천을 적극적으로 강조했던 청교도운동이 이와 같이 칼빈이 주장했던 미래의 삶에 대한 묵상(meditatio futurae vitae)을 근면성실한 직업생활과 결합시키면서, 그의 실천적 삼단논법의 청교도적 변형은 시작된다. 즉 구원의 원인

---

39 "Ac nequis temere suos fines transiliret, eiusmodi vivendi genera vocationes appellavit. Suum ergo singulis vivendi genus est quasi statio a Domino attributa, ne temere toto vitae cursu circumagantur"(자신의 한계를 초월하지 않도록, 하나님께서는 각자의 삶의 방식-직업-을 소명-부르심-이라고 부르신다. 즉 하나님께서는 인간이 방탕한 삶을 살지 않도록, 각자에게 적합한 삶의 방식-직업-을 지정하셨다), Inst(1559). III, X 6 (OS IV 180).

40 "Sed enim ista sollicitudine liberavit nos Christus; nam in posterum certe respiciunt istae promissiones", Inst(1559). III, XXIIII 6 (OS IV 417).

41 "Denique ipsa experientia satis docemur, parvi esse vocationem ac fidem, nisi accedat perseverantia, quae non omnibus contingit", Inst(1559). III, XXIIII 6 (OS IV 417).

보다 구원의 결과가 더 강조되면서, 자본주의적인 합리적 노동의 방식과 상응하는 것으로서 이해되었던 청빈과 근면의 삶의 방식이 하나님의 은총의 선택의 증거로서 간주되었기 때문이다. 막스 베버에 의하면, 이와 같은 프로테스탄트적인 윤리적 단초는 루터의 직업소명설이 미래의 삶에 대한 묵상(meditatio futurae vitae)을 통하여 형성된 청교도적인 삶의 방식의 합리화 과정과 결합되면서 형성된 것으로서, 이는 현실 세계를 상대적으로 긍정하는 세계내적 금욕주의의 동인이다.[42] 이와 같은 19-20세기 전반 서구사회 개신교인의 신앙 형태와 자본주의 발전 사이의 상관관계에 대한 막스 베버의 객관적-사회학적 분석은 칼빈의 삼단논법의 형태로 전개되는 구원론적 단초가 아니라, 오히려 경제적 성공과 부의 축적을 하나님의 선택의 증거로서 이해하는 근·현대 칼빈주의자(청교도)들의 삶의 방식을 주목한다.

이와 같은 막스 베버의 사회학적 고찰은 종교개혁 이전 하나님의 부르심의 개념을 수도원적 이상의 실현으로서 간주했던 중세 시기의 종교적 관념의 변화, 즉 수도원적 일상으로부터 일상적 삶의 세계로의 전환 속에서 형성된 부르심의 관념을 전제로 한다. 세계 외적(außerweltlich)으로 표현되는 수도원적 삶의 방식과 세계 내적(innerweltlich)으로 표현되는 일상적인 직업세계에서의 삶의 방식의 차이는 선행에 대한 개념 규정을 통하여 명확하게 드러난다. 하나님께서 명령하신 선행과 인간 스스로 시도되는 선행 사이의 대립은 종교개혁 시기 시대적 여건상 일상적 직업 세계와 수도원적 삶의 세계 사이의 대립을 의미상 내포할 수밖에 없다. 칼빈이 하나님의 선택의 관념으로부터

---

42 Max Weber, *Gesammelte Aufsätze zur Religionssoziologie I* (Tübingen: Mohr Siebeck, 1986), 163.

기인하는 성령의 사역으로서의 하나님의 부르심을 강조하며, 이를 루터의 직업소명설의 부연설명으로서 제시하고 있다는 점은 바로 이 사실을 충분히 증명한다.

V. 글을 정리하며

결론적으로 칼빈의 실천적 삼단논법은 소위 자본주의적 합리성과 관련된 청교도적인 세계 내적 금욕주의와는 무관하다. 물론 청빈과 근면, 성실을 강조했던 근·현대 자본주의적인 합리적 생활방식을 실천하기 위하여, 칼빈의 실천적 삼단논법과 이의 현실화로서의 미래의 삶에 대한 묵상(meditatio futurae vitae)이 매우 유용한 수단으로서 사용될 수 있었음은 결코 부정할 수는 없다. 이와는 달리 칼빈의 실천적 삼단논법의 의미는 하나님의 선택에 근거한 구원의 확신의 강화로서 이해되어야 한다. 이를 위하여 그는 하나님의 은총의 선택과 성령의 조명을 통한 내적인 부르심을 강조하며, 그리스도 중심적 전망 속에서 구분되지만 분리되지 않은 칭의와 성화의 결합을 주장한다.

종교개혁 신학의 근간을 형성한 루터, 츠빙글리 그리고 칼빈이 2세대 종교개혁자로서 양자의 신학을 변증법적으로 통합시켰다는 역사적-신학적 평가를 참고하고,[43] 본 연구가 논증한 것처럼 원문 연구

---

43 "칼뱅은 루터의 정(thesis)과 츠빙글리의 반(antithesis)을 조화시켜 하나의 합(synthesis)을 만들고자 하였다." 박경수, 『교회사 클래스』(서울: 대한기독교서회, 2010), 179; Matthias Freudenberg, *Karl Barth und die reformierte Theologie. Die Auseinandersetzung mit Calvin, Zwingli und den reformierten Bekenntnisschriften während seiner Göttinger Lehrtätigkeit* (Neukirchener Theologische Dissertationen und Habilitationen, Bd. 8), Neukirchen-Vluyn 1997, 207.

에 근거하여 츠빙글리와 칼빈의 삼단계 논리 구조를 비교한다면, 칼빈은 루터가 이해한 칭의와 성화, 즉 신앙과 선행의 관계에 근거하여 츠빙글리와 유사하지만 상이한 신학적 논리를 구사하고 있음을 유추할 수 있다. 다시 말하면, 그는 츠빙글리의 실천적 삼단논법이 전제하고 있는 섭리론적 전망을 생략한 채, 예정론적 논리만을 수용하며 자신만의 독특한 삼단논법, 즉 그리스도론적-성령론적 전환을 시도하고 있으며, 최종적으로 미래의 삶에 대한 묵상(meditatio futurae vitae)을 통하여 이를 일상적인 삶의 영역으로 견인하고 있다. 여기서 츠빙글리가 제시했던 섭리와 예정의 관계 대신에, 예정과 성령의 조명을 통한 하나님의 부르심을 삽입한 것은 일종의 성령론적 전환이라고 평가할 수 있다. 뿐만 아니라 칭의와 성화를 그리스도의 두 가지 은총이라고 정의하며, 신앙과 선행의 구분되면서도 분리되지 않은 상호관계를 주장한 점 그리고 선택의 거울로서의 그리스도를 명시하며, 예정론과 관련된 모든 논증을 그리스도 중심적으로 수렴한 그의 논리 전개 또한 칼빈의 실천적 삼단논법의 독특성이라고 간주할 수 있을 것이다. 여기 서 그리스도론-성령론적 전망 속에서 루터와 츠빙글리의 신학을 비판적-창조적으로 계승, 종합한 칼빈의 고유한 신학적 논리를 파악할 수 있다.

'섭리' 개념이 그리스도가 아니라 성부 하나님의 사역과 관련된 것이라는 사실을 감안한다면, 츠빙글리의 실천적 삼단논법은 그리스도 중심적 전망을 초월하여 하나님 중심적 전망 속에서 전개되고 있음을 감안해야 한다. 그러나 이와 같이 '섭리' 개념을 통하여 보편적인 하나님 이해에 기반한 일종의 포괄적 구원론을 주장하는 츠빙글리와는 달리 그리스도 중심적으로 표출되는 칼빈의 실천적 삼단논법의 구 원론적 집중은 그의 교회중심적-목회적 관심을 반영하고 있다.[44] 뿐만 아니라 칼빈이 섭리를 보편적 신론의 속성으로 이해했던 전통적인 관념과는 달리, 섭리를 세계를 향한 일반 섭리와 교회를 향한 특별 섭리로 분류하고, 최종적으로 교회를 하나님의 섭리의 도구로서 이해하고 있다는 사실은 그가 '섭리' 개념 또한 그리스도 중심적인 구원론적 전망 속에서 이해하고 있음을 충분히 함의한다.

또한 하나님의 은총으로서의 칭의 및 성화의 사건이 아니라, '선택-부르심-선행'의 논리적 단계로 구성된 칼빈의 실천적 삼단논법의 외형적 형식만을 주목한다면, 예정론과 성화의 관계를 칼빈주의와 자본주의 정신의 밀접한 상관성, 즉 경제적 관념과 행위의 상관성으로 명확하게 재해석한 막스 베버의 객관적 판단[45]을 충분히 수긍할 수 있다. 그의 객관적 고찰이 칼빈의 예정론을 교의학적으로 연구한 것이 아니라, 이와 관련된 청교도들의 종교적 관념과 경제활동 사이의 상호작용 및 윤리적 결과를 주목했다는 점에서 학문적 타당성은 결코 훼손되지 않는다. 그러나 칼빈에게 있어서 하나님의 은총으로서의 선행(성화)은 하나님의 선택을 증명하는 수단이라는 사실을 상기한다면, 자본주의적인 합리적 노동방식을 강화하는 종교적 이데올로기로서의 칼빈의 실천적 삼단논법은 존재할 수는 없다. 오히려 하나님의 선택 과 부르심의 표지로서의 신앙과 선행에 대한 신앙고백적 수용만이 존재할 뿐이다. 여기서 가시적 사건은 하나님의 비가시적인 구원사역을 증명하는 일종의 표지로서 활용된다. 이와 관련하여 니젤의 판단

---

44 조용석, "16세기 개혁교회 프로테스탄트주의 및 현대 교파간 대화에 대한 에큐메니칼적 해석",「연세대학교 신학논단」62집(2010), 252.

45 박경수, "칼빈은 자본주의의 창시자인가?: 베버 논지에 대한 재평가",「칼빈연구」8집 (2011), 220.

을 주목할 필요가 있다. 그에 의하면, 칼빈은 소위 실천적 삼단논법을 가르치지 않지만, 이와 유사한 삼단계 구원론적 논리, 즉 예정, 칭의, 성화의 관계를 논리적으로 규정한다. 그럼에도 불구하고 이를 통하여 도달된 결론은 어떠한 학문적인 정당성을 획득할 수 없다.[46]

---

46 Wilhelm Niesel, *Die Theologie Calvins*, 2. Aufl. (München: Chr. Kaiser Verlag, 1957), 180.

제4부

칼빈의 종교개혁에 대한
역사적-신학적 탐구

제 1 2 장

16세기 프랑스 종교개혁 운동과
왕실(귀족)여성
─ 마가레타 당굴렘과 쟌 달브레 및 르네 드 프랑스를
중심으로

I. 글을 시작하며

이 글은 16세기 프랑스와 스페인 접경지역에 위치했던 나바라 (Navarra) 왕국의 왕비 마가레타 당굴렘(Marguerite d'Angoulême, 1492-1549) 및 당굴렘의 딸 쟌 달브레(Jeanne d'Albret, 1528-1572) 그리고 북부 이탈리아 지역에 위치했던 페라라(Ferrara) 왕국의 공작부인 르네 드 프랑스(Renée de France, 1510-1575)가 프랑스인 망명자 신분의 스위스 제네바 종교개혁자 칼빈(Johannes Calvin, 1509-1564)과 더불어 프랑스 종교개혁 운동을 위하여 결정적인 공헌을 했다는 사실에 대한 역사적-신학적 조명을 시도하고자 한다. 다시 말하면, 이는 프랑스 종교개혁 운동을 바라보는 역사적 관점, 혹은 이에 대한 구조적 파악을 시도하는 것으로서, 프랑스 종교개혁 운동이 신성로마제국의 종교개혁 운동과 유사한 정치적 구조 내에서 진행되었으며, 신성로마제국의 프로테스탄트 제후와 같은 역할을 위에 언급한 세 명의 왕실(귀족) 여성이 주도적으로 수행했다는 사실을 부각시키고자 한다.

그들은 프랑스 종교개혁 운동의 모태가 되었던 가톨릭교회의 소장파 신학자 중심의 성서인문주의(Bibelhumanisme) 운동과 중세 신비주의 전통을 동시에 수용하면서, 당시 가톨릭 가문이 주도했던 왕실 권력의 통치 이데올로기에 암묵적으로 저항했다. 뿐만 아니라 칼빈과 협력적 관계를 유지하면서 프랑스 왕실 및 주류 가톨릭 가문의 종교개혁 운동 탄압에 대항하여 위그노 교도들을 위한 피난처를 제공하기도 했다. 다른 측면에서 이 사실을 고찰한다면, 이 글에서 소개하고자 하는 세 명의 왕실(귀족) 여성의 삶의 공간은 16세기 프랑스 국내의 정치적 상황, 즉 가톨릭 기즈(Guise) 가문과 프로테스탄트 부르봉(Bourbon) 가문 사이의 권력투쟁과 밀접하게 연루되어 있다. 왜냐하면 프랑스 종교개혁 운동이 프랑스 종교전쟁, 즉 위그노 전쟁을 통하여 프로테스탄트 가문과 기즈(Guise) 가문으로 대표되는 가톨릭 가문 사이의 권력투쟁으로 비화되면서, 내전상태에 돌입하게 되었기 때문이다. 그렇다면, 다음과 같은 신성로마제국과 프랑스 종교개혁 운동의 공통점을 유추해 볼 수 있을 것이다.

신성로마제국의 프로테스탄트 제후들에 의하여 정치적인 보호를 받았던 루터의 종교개혁 운동이 슈말칼덴 전쟁 및 아우크스부르크 종교협약을 통하여 신성로마제국의 황제의 정치적 영향력을 약화시키고,

종교개혁진영을 사수했던 것처럼, 프랑스 왕실(귀족)여성들의 정치적 후원을 받았던 칼빈의 종교개혁 운동 또한 이후 위그노 전쟁(종교전쟁, guerres de religion) 및 낭트칙령(Édit de Nantes, 1598)을 통하여 프랑스 내에서의 개신교회의 입지를 구축하였다. 뿐만 아니라 프랑스 일부 고위층 왕실(귀족)여성이 소속되었던 프로테스탄트 가문과 주로 중산층 시민계급으로 구성된 위그노 교도들이 프랑스 왕국의 중앙집권체제에 균열을 야기했다.

이상 진술한 내용을 구체적으로 논증하기 위하여, 본 논문은 다음과 같은 세 가지의 논리적 단계를 통하여 전개될 것이다: 1) 본 연구를 위한 역사적-신학적 전제(프랑스 종교개혁 운동의 전개과정), 2) 프랑스 왕실(귀족)여성들을 통한 종교개혁 운동의 확산, 3) 프랑스 왕실(귀족)여성들과의 협력적 관계를 구축하기 위한 칼빈의 전략적 조치.

II. 본 연구를 위한 역사적-신학적 전제: 프랑스 종교개혁 운동의 전개 과정

1517년 10월 31일 루터의 면죄(벌)부(indulgentia) 비판을 통하여 종교개혁 운동이 발발한 이후, 1519년부터 그의 논쟁적인 저서들이 프랑스에 반입되면서, 에라스무스(Erasmus von Rotterdam, 1466-1536)의 성서 인문주의 운동의 영향을 받고 있었던 **가톨릭교회 소장파 신학자** 그룹을 통하여 라틴어로 출판된 루터의 저서와 프랑스어 번역판이 광범위하게 유통되면서 프랑스의 종교개혁 운동은 본격적으로 시작되었다. 당시 프랑스의 종교개혁 운동의 모태가 되었던 성서인문주의 운동의 정신적 지도자는 모(Meaux) 지역의 주교로서 활동했던 파버 스타프렌시스(Faber Stapulensis 혹은 Jacques Lefèvre d'Étaples, 1455-1536)와 기욤 브리소네(Guillaume Briçonnet, 1470-1534)였다. 파버 스타프렌시스의 경우, 루터와 별개로 에라스무스 기독교 인문주의 운동의 영향을 받아 성서원문을 독자적으로 연구하면서, 1512년에는『바울서신 주석』을 출판했다는 사실을 고려하여 볼 때, 루터의 종교개혁 사상이 유입되기 이전부터, 프랑스 국내에서는 독자적인 종교개혁 운동의 움직임이 존재했다고 사실을 의미할 수 있을 것이다.[1]

이 시기 프랑스와 지리적으로 근접한 고지대 독일 지역 지역에서 활동하고 있던 개혁자들은 프랑스 종교개혁 운동을 배후에서 후원하면서, 그들의 정치적 영향력을 확대하고자 노력했다. 예를 들자면, 스위스 취리히의 개혁자 츠빙글리(Huldrych Zwingli, 1484-1531)는 1525년 라틴어로 서술된『주석』(Commentarius)을 프랑스 왕 프랑소아 1세(François I, 1516-1562)에게 헌정했던 뿐만 아니라, 동시에 제네바(Genève)에서 활동하고 있었던 프랑스인 개혁자 기욤 파렐(Guillame Farel, 1489-1565)의『요약』(Sommaire, 1525) 또한 프랑스 가톨릭 소장파 인문주의자들에게 영향을 미쳤다. 스트라스부르(Straßburg)의 개혁자 볼프강 카피토(Wolfgang Capito, 1478-1541)는 호세아서 주석을 마가레타 당굴렘(Marguerite d'Angoulême, 1492-1549)에게 증정하기도 했다.

이와 같이 루터의 종교개혁 운동의 영향을 받아 시작된 프랑스 종교개혁 운동은 1533년-1534년에 발생했던 다음과 같은 두 가지 사

---

1 Eberhard Gresh, *Die Hugenotten: Geschichte, Theologie und Wirkung* (Leipzig: Evangelische Verlagsanstalt, 2005), 26.

건을 통하여 누이 마가레타 당굴렘의 영향을 받아 종교적 관용의 원
칙을 최소한 견지했던 프랑수아 1세의 종교정책은 변화된다. 당시 프
랑수아 1세는 성서 인문주의를 장려했으며, 종교적 관용의 원칙을 피
력하면서, 성서 인문주의자 모임을 제한적으로 인정했지만, 최종적으
로 점차 세력을 확장하고 있었던 종교개혁 운동을 차단하기로 정치적
입장을 정리하게 되었던 것이다. 국가통합의 중요한 정치적 토대로서
간주되었던 로마-가톨릭교회의 봉건적 이념과 조직기반을 활용하고
자 이와 같이 판단했던 것으로 추측된다. 부연하자면, 성서인문주의
운동이 지향하는 히브리어 및 헬라어 성서독해는 로마-가톨릭교회의
미사예식과 신학의 문헌적 근거가 되는 불가타(Vulgata) 성서본문을
비판적, 문헌학적으로 엄밀하게 이해하고자 시도하는 한, 이는 왜곡
된 성서번역에 근거하여 형성된 로마-가톨릭교회의 신학과 미사예식
에 대한 잠재적인 비판으로 간주될 수 있었다는 사실을 주목할 필요
가 있다.[2]

1. 니콜라스 콥(Nicolas Cop, 1501-1540)의 파리대학 학장 취임 연설

1533년 11월 1일 만성절에 파리대학 예비과정 교수로서 재직했
던 의학자 니콜라스 콥(Nicolas Cop, 1501-1540)이 학장 취임 연설을 하
게 되었을 때, 당시 루터의 영향을 받은 프랑스 성서인문주의자들의
신학적 입장을 대변했던 예수의 산상설교의 팔복 선언에 관한 성서

---

2 Peter Opitz, *Leben und Werk Johannes Calvins* (Göttingen: Vandenhoeck & Ruprecht, 2009), 5.

주석을 그의 취임 연설로서 대치하면서, 일대 소란을 일으켰다. 대학 예비과정과 의학부는 콥을 지지했지만, 법학, 신학부는 그의 학장 취임을 반대하면서 콥을 지지했던 이들이 곤경에 처했기 때문이었다. 칼빈 또한 그의 취임 연설문 작성에 관여했다는 혐의로 추적을 받게 되었다. 프랑스 의회는 콥의 체포를 지시하고, 며칠 뒤에는 그의 추방을 결의하는 사건이 발생하게 되면서, 콥과 칼빈은 파리로부터 도주하였다.

2. 벽보사건(l'Affaire des placards)

콥의 파리대학 학장 취임 연설 이후 칼빈이 소속하여 활동했던 성서 인문주의자 그룹이 해체되었음에도 불구하고 개신교를 반대하는 프랑스 정부의 최종적인 정치적 입장은 결정되지 않았다. 그러나 소위 '벽보사건'(l'Affaire des placards) 이후에 이는 결정되었다. 1534년 10월 17일과 18일 사이 한밤에 프랑수아 1세 침실 입구에 다음과 같은 벽보가 부착되었던 사건이 발생했던 것이다. 이 사건을 통하여 프랑소아 1세의 종교개혁 운동에 대한 다소 중립적이었던 정치적 입장은 변화된다. 당시 프랑스의 유명한 인문주의자였던 기욤 부데(Guillaume Budé, 1468-1540)가 루터의 종교개혁 사상의 영향을 받은 성서 인문주의자들을 본격적으로 비난하게 되면서,3 프랑소아 1세는 종교개혁 운동을 금지하고, 전통적인 가톨릭교회의 신학적 이념 및 봉건적 교회 제도를 존속시키고자 하는 정책을 실시하게 된다. 벽보사건으로 인하여 종교개혁 운동을 지지하던 일부 성서인문주의자들이 체포, 처형을

---

3 Josef Bohatec, *Budé und Calvin* (Graz: Böhlau, 1950), 100f.

당하게 되면서, 칼빈은 프랑스를 떠날 것을 결심했다. 그는 자신과 더불어 성서 인문주의 운동에 함께 동참했던 친구 두 틸레(Jean du Tillet, ?-1570)와 더불어 스트라스부르를 경유, 1535년 1월 바젤(Basel)에 도착했다. 스위스 의학자였던 콘라드 게스너(Conrad Gessner, 1516-1565)가 츠빙글리의 후계자 불링거(Heinrich Bullinger, 1504-1575)에게 알려준 당시 벽보 내용은 다음과 같다.

> (그들이 주장했던) 테마는 왜곡된 로마-가톨릭교회의 미사예식과 그리스도의 육체적 현존을 주장하는 (화체설)을 거부한다는 내용이 었습니다(Thema erat contra missae abusum et praesentiae corporis in eucharistia negatio).[4]

이와 같이 1534년 벽보사건(l'Affaire des placards)이 결정적인 계기가 되어, 가톨릭교회 내부에서 개혁운동을 주도하던 소장파 성서 인문주의자들이 탄압을 받게 되고, 프랑스의 종교개혁 운동은 더 이상 활로를 발견할 수 없게 되면서, 프랑스 국내의 종교개혁 운동의 추진력이 상실된 이후, 망명자 파렐과 칼빈이 주도했던 스위스 제네바의 종교개혁 운동이 프랑스 위그노 교도들의 결집과 저항을 위한 중요한 국제정치적 토대를 제공하게 되었다.[5]

---

4 CO (Ioannis Calvini opera quae supersunt omnia) 10/2, *Gesnerus Bullingero* (1534년 12월 27일 편지), 43.

5 이와 관련하여 칼빈의 모든 신학적 작업, 예를 들자면 『기독교 강요』 저술 작업이 제네바 및 프랑스의 상황을 염두하고 진행되었다는 사실에 주목할 필요가 있다. 더 나아가 그는 1559년 5월 파리 개신교회 회의에서 가결된 갈리아 신앙고백(Confessio Gallicana)을 기획, 수정하였으며, 이를 통하여 제네바 교회 규정을 모방한 프랑스 개신교회의 교회규정(Discipline ecclésiastique)이 작성되었다. 칼빈의 신학적 입장을 고려하여 볼 때, 이는 프랑스 개혁교회를 제네바 개혁교회규정에 종속시킨 것이 아니라,

이후 1562년 발발한 위그노전쟁(종교전쟁, guerres de religion)을 시작으로 1598년 낭트칙령(Édit de Nantes)이 반포될 때까지 프랑스의 가톨릭 왕실과 위그노 시민계급 사이의 내전 상황이 지속되는 동안, 위그노 교도들은 종교적 관용의 원칙을 표방했던 일부 왕실(귀족) 여성들의 정치적 후원을 받으며, 프랑스의 저항세력으로 지속적으로 성장했다. 이와 관련하여 그들이 종교개혁적인 입장을 전적으로 지향했다고 표현하는 것보다, 오히려 종교적 관용의 원칙을 표면적으로 내세우면서, 봉건왕조 체제의 이념적 토대를 직접적으로 제공했던 가톨릭 교회를 지지하며, 프랑스 왕실 권력을 장악하고자 시도했던 가톨릭 가문과 대립했다고 파악하는 것이 좀 더 정확한 상황파악이라고 판단된다. 이와 같은 상황 속에서 프랑스 왕실(귀족) 여성들이 칼빈과 연대하며, 위그노 교도들에게 피난처를 제공해 주었던 것은 당시 프랑스 왕실 권력 장악과 관련된 개신교 가문과 가톨릭 가문 사이의 정치적 역학관계에 대한 명확한 인식 없이는 쉽게 이해할 수 없을 것이다. 더 나아가 프랑스 종교전쟁(위그노전쟁) 또한 신앙의 자유를 수호하기 위한 프랑스 개신교회의 투쟁과 밀접하게 결합된 정치적인 권력투쟁으로서, 프랑스 왕실권력 장악과 관련된 프로테스탄트와 가톨릭 가문 사이의 갈등과 깊이 연루되어 있다는 사실을 주목할 필요가 있다.

그러나 칼빈은 이와 같은 당시 프랑스 위그노 교도들의 폭력적 저항 방식에 동의하지 않았다. 이와 관련하여 그가 주장했던 '양심과 신앙의 내면적 저항'과 이에 근거하여 폭군의 임의적인 권력 행사를 제어하기 위한 관료들의 저항권 이론은 종교개혁 운동을 탄압하는 프랑스 왕실의 독재정치(Tyrannie)에 대한 대안으로서 이해될 수 있는 충분

교회의 자율권을 존중했던 신학적 시도였다.

한 가능성이 존재한다. 이와 같이 칼빈이 올바른 정치권력 수립에 대한 정당한 신학적 근거를 제시하게 되면서, 앙트완 드 부르봉(Antoine de Bourbon, 1518-1572)과 그의 형제인 루이스 드 콩데-부르봉(Louis de Condé-Bourbon,1530- 1569)을 비롯한 프로테스탄트 귀족들은 개신교 신앙을 사수하기 위한 정치적, 군사적 전술을 깊이 있게 고민할 수 있는 계기를 확보하게 되었던 것이다.[6] 이와 관련된 칼빈의 신학적 진술(『기독교 강요』 최종판, 1559)을 소개하자면, 다음과 같다.

> 양심이 필수적으로 강요된 율법을 준수하는 것이 아니라, 율법의 굴레로부터 해방된 양심이 자발적으로 하나님의 뜻에 순종해야 합니다.[7]

> 만일 지금 왕들의 욕망을 제어할 목적으로 임명된 백성의 관리들이 있다면… 그들이 왕들의 횡포에 대하여 자신의 직책에 부합하게 항거하는 것을 금지하지 않습니다. 오히려 그들이 폭군들의 통치에 대해 무관심하다면, 나는 그들의 위선을 매우 극악한 배신행위라고 선언할 것입니다. 그들은 하나님의 명령에 의하여 백성의 자유를 보호하는 자로서 임명되었다는 사실을 알고 있으면서도, 그 자유를 보호하지 못하는 부정직한 사람이기 때문입니다.[8]

---

6 Peter Opitz, *Leben und Werk Johannes Calvins* (Göttingen: Vandenhoeck & Ruprecht, 2009), 133.

7 "conscientuae non quasi Legis necessitate coactae, Legi obsequantur: sed Legis ipsius iugo liberae, voluntati Dei ultro obedient", OS (Ioannis Calvini Opera Selecta) IV, *Institutio Christianae Religionis*, 283

8 "Nam siqui nunc sint populares magistratus ad moderandum Regum libidinem constituti... adeo illos ferocienti Regum licentiae pro officio intercedere non veto, ut si Regibus impotenter grassantibus et humili plebeculae insultantibus

지금까지 소개했던 당시 프랑스의 정치적 상황을 고려한다면, 프랑스의 종교개혁 운동을 단순히 가톨릭교회 내부의 개혁운동으로만 간주할 수는 없다. 왜냐하면 당시 프랑스 종교개혁 운동의 핵심적 모토였던 '가톨릭교회의 미신적 관습의 타파'는 가톨릭교회의 신학적 이념에 의하여 지탱되고 있었던 중세 봉건제도에 대한 비판을 우회적으로 의미할 수 있기 때문이다. 이와 관련하여 신성로마제국의 경우, 황제와 제후 사이의 정치적 긴장 관계 속에서 촉발된 루터의 종교개혁 운동이 황제의 권력을 견제하고자 했던 제후들의 정치적 후원을 받아 진행된 것처럼, 프랑스의 경우 또한 중앙집권체제임에도 불구하고, 일부 프로테스탄트 가문 왕실(귀족) 여성들의 도움을 받았다는 역사적 사실은 상호 비교가 가능할 수 있다. 그들을 통하여 정치적 탄압의 대상이었던 프랑스의 개신교인, 즉 위그노 교도들은 안전한 은신처를 제공받을 수 있었으며, 이는 이후 위그노 교도들의 정치세력화를 위한 결정적 계기가 되었기 때문이다.

III. 프랑스 왕실(귀족) 여성들을 통한 종교개혁 운동의 확산

칼빈이 1536년부터 스위스 제네바에서 종교개혁자로서 활동하면서, 마가레타 당굴렘(Marguerite d'Angoulême, 1492-1549)과 그의 외동딸

---

conniveant, eorum dissimulationem nefaria perdifia non carere affirmem: quia populi libertatem, cuius se Dei ordinatione tutores positos norunt, fraudulenter produnt", OS (Ioannis Calvini Opera Selecta) V, *Institutio Christianae Religionis*, 501.

잔 달브레(Jeanne d'Albret, 1528-1572) 및 이탈리아 페라라 왕국의 공작 부인이었던 르네 드 프랑스(Renée de France, 1510-1575)에게 프랑스 종교개혁 운동에 대한 지지를 호소하며, 상호협력적 관계를 형성해 갔다. 이 세 명의 왕실(귀족) 여성은 16세기 프랑스 종교개혁사에 있어서, 중요한 위치를 차지하고 있다. 프랑스 종교개혁 운동을 위한 그들의 신학적-정치적 공헌에 대하여 다음과 같이 간략하게 소개하고자 한다.

1. 마가레타 당굴렘(Marguerite d'Angoulême, 1492-1549)

프랑수아 1세의 누이이며, 나바라 왕국의 왕비였던 종교적 관용의 원칙을 표방했던 마가레타 당굴렘은 남동생 프랑수아 1세의 신임을 얻어, 파리궁전에서 기거하면서 직접적으로 정치에 개입했을 때, 보수적인 소르본느(Sorbonne)대학의 가톨릭 신학자들은 그의 종교적 성향에 대하여 비판하면서, 우회적으로 그의 직접적인 정치개입을 비난했다. 이와 관련된 두 가지 사건을 소개하자면, 다음과 같다.

1. 1531년 성서 인문주의자 그룹의 수장으로서 활동했던 주교 파버 스타프렌시스의 제자인 제라르 루셀(Gérard Roussel, 1500-1550)이 나바라 왕국의 왕비 마가레타 당굴렘을 위한 사순절 궁전 설교자로 임명되면서, 양 진영의 격렬한 논쟁이 점화되었다.

2. 1533년 마가레타 당굴렘이 중세 신비주의 사상의 영향을 받아 "죄악으로 물든 영혼의 거울"(Le miroir de l'âme pécheresse)[9]이라는 저서

를 출판했을 때, 소르본느 대학 신학부 교수들이 신학자들이 이 저서
를 금서로 지정했다.

이상 소개된 두 가지 사건은 루터의 종교개혁 사상의 신학적 영향
을 받았던 프랑스 가톨릭 성서 인문주의자 그룹이 마가레타 당굴렘의
정치적 후원에 힘입어 소르본느(Sorbonne)대학 신학부 교수들과 대립
했던 당시 상황을 반영하고 있다고 볼 수도 있다. 이와 같이 프랑스
왕실의 정치적 지지를 확보하기 위하여 대립했던 양진영은 이후 가톨
릭과 프로테스탄트 가문의 권력투쟁으로 확대된다.

1527년 나바라 왕국의 왕 앙리 달브레(Henri d'Albret, 1503-1555)와
결혼하면서, 외동딸 쟌 달브레를 출산했던 그는 공식적으로는 국가에
대한 충성심의 표현으로서 가톨릭 신앙을 고수하였지만, 그럼에도 불
구하고 사적인 차원에서 종교개혁 운동에 대한 신학적 관심을 표현하
였다. 예를 들자면, 그는 1521년 루터의 저작들이 프랑스 국내에 대
중적으로 유포될 수 있도록, 루터 저작의 프랑스어 번역작업을 측면
에서 후원하였으며, 모(Meaux) 지역에서 활동했던 성서 인문주의자들
과 서신교환을 통하여 상호간 신학적 공감대를 형성하고자 노력하면
서, 동시에 그들을 정치적으로 안전하게 신변을 보호해 주었다.10 뿐

---

9 Marguerite de Navarre, *Le miroir de l`ame pecheresse. Edition critique et
commentaire suivis de la traduction faite par la princesse Elisabeth, future reine
d`Angleterre: The Glasse of the Synnefull Soule*. Annales Academiae Scientiarum
Fennicae. Par Renja Salminen (Helsinki: suomalaninen Tiedeakatermia, 1979);
이외에 마가레타 당굴렘의 유명한 저서로서 "Heptaméron"(헵타메론, 7일 동안 일어
난 72가지의 이야기)가 있다. 당굴렘의 사후 1558년에 출판된 이 저서에는 평신도 여성
과 교회개혁에 대한 그의 다소 진보적인 견해가 피력되어 있다. Margarete von
Navarra, *Das Heptameron* (München: Deutscher Taschenbuch Verlag, 1999).
10 특히 신약성서 희랍어 원문을 프랑스어로 번역했던 파버 스타프렌시스가 소르본느 대

만 아니라 칼빈이 니콜라스 콥의 파리대학 학장 취임 연설문 작성에 참여했다는 혐의가 포착된 이후, 본격적인 망명의 길에 오르게 되었을 때, 그에 대한 법정소송이 취하될 수 있도록 조치하기도 하였다.[11] 그러나 1534년 10월 17-18일 사이에 발생했던 소위 '벽보사건'(l'Aff-aire des placards)으로 인하여 프랑스 왕실이 종교개혁 운동에 대한 탄압 방침을 확고하게 결정했을 때, 그는 이전처럼 종교개혁 세력을 정치적으로 보호할 수 없게 되면서, 나바라 왕국으로 귀환하여, 자신이 종교적 신념, 즉 종교적 관용의 원칙을 지속적으로 견지하며, 칼빈의 제네바 종교개혁 운동을 우회적으로 지원하였다.

2. 쟌 달브레(Jeanne d'Albret, 1528-1572)

마가레타 당굴렘의 외동딸 쟌 달브레는 그의 어머니와는 달리 공식적으로 자신의 신앙이 프로테스탄트라고 천명하면서, 프랑스 위그노 교도들의 최고지도자로서 등극했을 때, 1962년 3월 바시(Vassy)에서 예배드리던 위그노 교도들이 유력 가톨릭 기즈 가문에 의하여 집단적 학살당하는 사건이 벌어지면서, 위그노 전쟁이 시작되었다. 이때 그는 어머니 마가레타 당굴렘의 종교개혁적 활동을 계승하여, 나바라 왕국 안에서 칼빈의 제네바 종교개혁 프로그램이 관철될 수 있

학 신학부 교수들의 정죄를 받아 처형을 당하게 되었을 때, 그를 적극적으로 변호하며, 구명운동을 전개했다. 뿐만 아니라 1534년 이후 프랑스 종교개혁 운동에 대한 대규모 박해가 시행되었을 때, 위기를 직감했던 그는 북부 이탈리아 지역 페라라(Ferarra) 왕국의 공작부인 르네 드 프랑스가 박해받은 프랑스 성서인문주의자들을 위한 은신처를 제공할 수 있도록 조치하기도 했다.

11 Pierre Jourda. *Marguerite d'Angoulême, duchesse d'Alençon, reine de Navarre (1492-1549). Etude biographique et littéraire* (Paris: Librairie ancienne Honoré Champion, 1930), 186

도록 노력하면서, 위그노 교도들을 측면에서 지원했다. 그러나 위그노 전쟁 중에 그의 남편이며 나바라 왕국으로 왕으로서 재위했던 앙트완(Antoine de Bourbon, duc de Vendôme, 1518-1562)이 가톨릭 기즈 가문과 전략적으로 제휴하면서, 그는 난관에 봉착하게 되었지만, 1562년 위그노 전쟁에서 남편이 전사한 이후, 나바라 왕국의 통치권을 회복하게 되면서, 다시 종교개혁 정책을 일관적으로 추진할 수 있게 되었다. 1563년 교황 피우스 4세(Pius IV)는 1563년 이와 같이 확고한 프로테스탄트 신앙을 고수했던 그를 이단이라고 규정, 파문시키기 위한 전단계 조치로서 경고장을 보냈을 때, 그는 교황의 특사였던 다르마냑(d'Armagnac)에게 다음과 같은 내용의 편지를 보내며, 자신의 신념을 포기하지 않았다.

> 저는 포(Pau)에서 그리고 레스카(Reska)에서 시작한 종교개혁을, 하나님의 은혜에 힘입어 지금 제가 관할하고 있는 이 베아른(Béarn) 지역 전체에 계속 밀고 나가기로 결심하였습니다…. 당신이 주장하듯이 제가 새로운 종교를 정착시키고자 하는 것은 아니고, 단지 몰락한 초대교회의 신앙을 다시금 세우려 한 것이며, 그 계획 가운데 저는 행복한 결과가 있을 것이라고 생각합니다…. 저는 어떤 것도 강제로 하지 않습니다. 저는 누구도 사형시키거나 투옥하지 않습니다.[12]

위그노 교도의 여성지도자로서 활동했던 나바라 왕국의 왕비 쟌 달브레의 정치적 후원 아래 성장했던 위그노 교도의 정치적 영향력은

---

12 Nancy Lyman Roelker, *Queen of Navarre: Jeanne d'Albret, 1528-1572* (Cambridge MA: Harvard University, 1968), 219.

프랑스 내에서 프로테스탄트 세력과 가톨릭 세력이 상호간 세력균형을 이룰 수 있도록 결정적으로 기여했다. 그의 아들 앙리 4세(Henri IV, 1553-1610)와 앙리 2세의 왕비 카트린 드 메디시스(Catherine de Médicis, 1519-1589)의 딸 마가레타 드 발루아(Marguerite de Valois, 1553-1615)의 결혼은 프로테스탄트 가문이 가톨릭 가문과의 정치적 관계에 있어서 우위를 점했다는 사실을 우회적으로 증명한다.[13] 왜냐하면 이는 위그노 전쟁을 통하여 정치적 영향력이 대폭적으로 강화된 프로테스탄트 부르봉(Bourbon) 가문이 가톨릭 기즈 가문을 흡수통합하면서, 왕실권력을 장악하고 부르봉 왕조의 시대를 개막시켰다는 정치적 의미를 함의하고 있었기 때문이다. 그러나 이에 대해 불만을 품었던 가톨릭 세력이 앙리4세와 마가레타 드 발루아의 결혼식 직후 8월 24일 성 바르톨로뮤 축일에 파리에서 수천 명의 위그노 교도들을 학살(Massacre de la Saint-Barthélemy)하게 되면서, 프랑스의 종교개혁 운동은 내전 상황으로 확대되었다. 그러나 앙리 4세가 가톨릭으로 개종하면서 이와 동시에 위그노 교도에게 신앙의 자유를 허락하는 것을 주요 골자로 공포되었던 낭트칙령(Édit de Nantes, 1598)을 통하여 프로테스탄트와 가톨릭 가문의 세력균형이 안정적으로 확보된 왕실 권력 체제가 확립되었다.

---

13 부연하자면, 당시 프랑스 왕이었던 샤를 9세(Charles IX, 1550-1572)는 프랑스의 국론의 분열을 극복하기 위하여 스페인과의 전쟁을 모색하는 동안, 동시에 그의 어머니 카트린 드 메디치는 위그노 전쟁으로 인하여 수세에 처한 가톨릭 가문의 국면전환을 위하여 쟌 달브레의 아들 나바라 왕국의 왕 앙리 IV세와 자신의 딸 마가레타 드 발루아의 결혼을 성사시키며, 가톨릭과 프로테스탄트 세력의 사이의 물리적 충돌을 잠정적으로 지연시켰다.

3. 르네 드 프랑스(Renée de France, 1510-1575)

1510년 루이 12세와 브르타뉴의 안 사이에서 둘째 딸로 태어났던 르네 드 프랑스는 프랑스 왕실의 계획 아래 북부 이탈리아 지역 페라라 공국의 공작 에콜 에스테(Ercole d'Este, 1508-59)와 1528년 정략결혼을 하게 되었다. 나바라 왕국의 왕비 마가레타 당굴렘의 사상적 영향을 받았던 르네가 페라라 왕국에서 거주하는 동안 칼빈과 예수회 창시자 로욜라(Ignacio de Loyola, 1491-1556)의 압력을 동시에 받았지만, 공개적으로 자신의 프로테스탄트 신앙을 표명하지는 않았을 뿐만 아니라 가톨릭 신앙에 대한 공개적인 지지를 하지도 않았다. 그럼에도 불구하고 박해받는 위그노 교도들을 보호하면서, 칼빈과의 관계를 지속적으로 유지해 나갔다.

1559년 르네의 남편 에콜이 생을 마감하고, 아들 알폰소 2세(Alphonse II d'Este, 1533-1597)이 페라라 왕국의 왕으로 즉위했을 때, 그는 어머니 르네에게 칼빈주의의 신학적 이념을 포기할 것을 요구하고, 만약 그렇게 하지 않는다면 페라라 왕국을 떠나라고 요청했다. 이로 인하여 1560년 9월에 페라라 왕국을 떠나 몽타르지(Montargis)에 가서 그 곳에서 "몽타르지의 귀부인"(la Dame de Montargis)라고 불리면서 통치했다. 르네는 그 곳에서 자신이 추구했던 종교적 관용의 원칙에 따라 위그노 교도와 가톨릭 교도에게 신앙의 자유를 허락했다. 르네의 딸 안나(Anna d'Este, 1531-1607)가 가톨릭 기즈(Guise) 가문의 프랑소아 드 로렌(François de Lorraine, duc de Guise, 1519-1563) 공작과 결혼하면서, 르네는 양측의 지지와 비난의 대상이 되었다. 왜냐하면 르네의 사위였던 프랑소아 드 로렌은 당시 가톨릭 세력의 지도자로서, 1562년 바시(Vassy)에서 위그노 교도들의 대량학살을 진두지휘하면서, 위그노 전쟁을 촉발시켰기 때문이다. 급기야 르네는 이로 인하여 위그노 교도들에 의하여 암살당하게 되면서, 사위의 암살에 연루되었다는 의혹에 대해 자신을 변호해야만 하는 상황에 직면하기도 했다. 정리해 보자면, 쟌 달브레와 달리 르네는 프로테스탄트와 가톨릭 진영 사이에서 복잡한 정치적 관계 속에서 삶을 영위해야만 했다. 즉 내적으로는 분명하게 종교개혁적 확신을 가지고 있었지만, 가톨릭 기즈 가문과 프로테스탄트 부르봉 가문 사이에서 항상 신중하게 대처했기 때문에, 심각한 위기 상황에 직면하지는 않았다.

IV. 프랑스 왕실(귀족) 여성들과의 협력적 관계를 구축하기 위한 칼빈의 전략적 조치

칼빈은 1533년 니콜라스 콥의 파리대학 학장 취임 연설 사건에 연루되었을 때, 나바라 왕국의 왕비 마가레타 당굴렘의 도움을 받아 검거되지 않고 피신할 수 있게 된 이후, 그가 종교개혁자로서의 활동을 마감할 때까지 프랑스 종교개혁 운동을 위하여 고위직 왕실(귀족) 여성들의 역할이 매우 중요하다는 사실을 확신하고,[14] 그들과의 협력적 관계를 구축하기 위하여 노력했다. 이를 위하여 다음과 같이 전략적인 조치를 취하게 되었다: 서신 교환 및 목회자 파송을 통한 관계 지속 등.

---

[14] Jules Bonnet (Hg.). *Lettres de Jean Calvin recueillies pour la première fois et publiées d'après les manuscrits originaux. Lettres françaises*, Bd. 2, 1854, *CALVIN A LA DUCHESSE DE FERRARE* (1561년 1월 16일 편지), 370.

칼빈이 중점적으로 관계를 유지했던 세 명의 왕실(귀족) 여성, 마가
레타 당굴렘, 쟌 달브레, 르네 드 프랑스 중에서 쟌 달브레를 제외한
두 명은 공개적으로 종교개혁 진영에 대한 정치적 지지를 표명하지
않았다. 부연하자면, 중세 여성 신비주의 전통의 영향을 받았던 마가
레타 당굴렘은 보수적인 가톨릭교회 내에서 종교적 관용의 원칙의 강
조하면서도 루터의 종교개혁 사상에 공감했던 인문주의자로서, 칼빈
이 주도했던 종교개혁 운동에 상당 부분 공감했다고 평가하는 것이
좀 더 바람직할 것이다. 이와 관련하여 프랑스 프로테스탄트 역사학
자 레오나르(Émile G. Léonard, 1891-1961)는 마가레타 당굴렘에 대하여
다음과 같이 표현한다.

> 마가레타 당굴렘은 루터적인 영혼을 지니고 있고(루터의 종교개혁
> 사상에 공감하고), 인문주의자의 정신을 소유하고 있으며, 가톨릭적
> 인 (신앙적) 감수성을 지닌 여인입니다.[15]

칼빈의 영향을 받았던 페레라 왕국의 공작부인 르네 또한 당굴렘
과 동일한 입장을 취했다. 반면에 마가레타 당굴렘의 외동딸 쟌 달브
레는 공식적으로 종교개혁 운동을 지지하면서, 나바라 왕국 안에서
칼빈의 종교개혁 프로그램을 철저하게 관철시켰다. 쟌 달브레는 자신
에게 종교개혁 운동을 추진해야만 하는 사명이 있다고 확신하며, 다
음과 같이 역설한다.

---

15 Émile G. Léonard, *Le Protestant français*, 2. Aufl. (Paris: Editions P.U.F. 1955),
   202.

생존하는 군주들 중에 예수 그리스도의 통치 아래 백성들을 위하여 자신의 모든 권력을 사용해야 할 의무를 가지지 않은 군주는 아무도 없습니다. 왜냐하면 영원하신 하나님 아버지께서 그분에게 하늘과 땅의 모든 권세를 주셨고, 그분의 모든 피조물에게 모든 것 위에 그분을 따라가라고 명하셨기 때문입니다…. 그러므로 주님의 명령에 복종하기 위하여, 그리스도인의 의무를 다하기 위하여, 하나님께서 우리에게 주신 소명에 응답하기 위하여, 우리 백성들의 구원을 획득하기 위하여, 우리 통치자들의 일치와 공공의 평화를 확보하기 위하여, 선한 군주와 왕들의 모범을 따라가기 위하여… 앞에서 말한 나라의 모든 백성이 신분, 상황, 성별, 계급 여하에 상관없이 우리가 여기서 교리와 선지자들과 사도들의 저작에 확실하게 기초를 두고 우리의 권위를 가지고 공포하는 신앙고백을 공개적으로 고백하게 하는 것이 우리의 뜻입니다.16

정리하자면, 당굴렘과 르네는 종교적 관용의 원칙을 견지하면서, 내적으로는 칼빈의 신학적 입장을 지지했다. 예를 들자면, 당굴렘은 신비주의자 및 자유주의자들(Libertins)을 초대하여 수용적인 태도를 지니고 공개적인 토론도 개최하기까지 했으며, 더 나아가 가톨릭교회의 미사예식을 거행하기도 했다. 칼빈은 당굴렘이 초대했던 신비주의자들이 위험한 분파라고 공격하기도 했다. 그럼에도 불구하고 당굴렘과 칼빈의 관계는 일종의 전략적인 정치적 동맹의 관계를 유지했다. 당굴렘의 입장에서는 칼빈 및 프랑스 개신교인들의 지지에 근거하여,

---

16 Nancy Lyman Roelker, *Queen of Navarre: Jeanne d'Albret, 1528-1572* (Cambridge MA: Harvard University, 1968), 430-431.

가톨릭 가문을 제어해야만 했던 입장에 있었으며, 반면에 칼빈은 그의 정치적 후원을 통하여 박해받는 개신교인들을 보호하면서, 이후 종교개혁 운동의 동력을 유지해야 했기 때문이다. 뿐만 아니라 칼빈의 시각으로 바라볼 때, 르네의 우유부단한 태도 또한 극복되어야만 했던 핵심적 사안이었다. 왜냐하면 르네는 칼빈의 신학적 입장을 지지하면서도, 가톨릭교회와의 정치적 관계를 우호적으로 유지했기 때문이다. 그럼에도 불구하고 칼빈은 르네와의 협력적 관계를 유지하기 위한 노력을 포기하지 않았다. 그가 3년 동안 스트라스부르에서의 프랑스 피난민 교회의 목회사역을 마치고 1541년 제네바로 복귀하면서 르네에게 쓴 편지에 의하면, 르네는 칼빈에 있어서 프랑스 종교개혁 운동의 성패를 좌우할 수 있는, 절대로 포기 수 없는 중요한 여성지도자로서 간주되었다. 이 편지 중 내용의 일부를 소개한다면,

하나님께서 당신에게 주신 지위과 탁월함을 생각해볼 때, 선하신 주님께서 부르신 거룩한 말씀의 사역자들이 당신과 관계를 형성하는 일을 중요하게 여겨야만 한다는 사실은 매우 중요합니다. 왜냐하면 당신의 평민의 신분에 있는 사람들보다 훨씬 더 하나님의 나라를 증진시킬 수 있기 때문입니다.[17]

1562년 제1차 위그노 전쟁이 발발했을 때, 칼빈은 르네가 자신이 통치하던 몽타르지 지역에 가톨릭 기즈 가문이 지휘하는 프랑스 군대가 침입하지 않도록 조치했던 것에 대하여 극구 칭찬했다.[18] 그는 남

---

17 CO (Ioannis Calvini opera quae supersunt omnia) 11, *CALVIN A LA DUCHESSE DE FERRARE*, 325-326.

18 Jules Bonnet (Hg.). *Lettres de Jean Calvin recueillies pour la première fois et*

성뿐만 아니라 여성지도자에게도 하나님께서 부여하신 통치의 권리가 존재한다고 생각했기 때문에 르네 드 프랑스가 통치자로서의 충분한 자격을 소유하고 있다고 그에게 보낸 서신을 통하여 언급했다.[19] 이와 같이 칼빈은 르네와 같은 왕실(귀족) 여성에게 비교적 온건하게 편지를 통하여 자신의 입장을 피력했지만, 평범한 프랑스인 개신교인들에게는 비타협적인 자세로 종교개혁 신앙을 사수할 것을 강력하게 권고했다. 예를 들자면, 1563년 7월 31일 앙리 2세의 왕비였던 가톨릭 교도 카트린 드 메디시스와 그의 아들 샤를 9세(Charles IX de France, 1550-1574)가 랑그독(Languedoc) 지역을 방문했을 때, 칼빈은 그 지역 행정관이었던 앙트완 드 크루솔(Antoine de Crussol, 1528-1573)에게 보낸 편지에서 비록 자신의 사회적 지위가 박탈되고 생명의 위험이 감지된다고 하더라도, 카트린 드 메디시스의 압박으로 인하여 로마-가톨릭교회의 미사에 결코 참석해서는 안 된다고 조언하기도 했다.[20]

또한 칼빈은 1561년 르네가 통치하던 몽타르지 지역으로 목회자 프랑소아 드 모렐(François de Morel)을 파송하여, 르네가 추진했던 종교

---

publiées d'après les manuscrits originaux. *Lettres françaises*, Bd. 2, 1854, CALVIN A LA DUCHESSE DE FERRARE (1563년 5월 10일 편지), 513-517.

19 앞의 책, *CALVIN A LA REINE DE NAVARRE* (1561년 12월 24일 편지), 439: 이와 관련하여 여성에 대한 칼빈의 신학적 견해가 드러난 서신의 일부내용을 소개하고자 한다. 그는 1557년 9월 4일 파리에서 예배드리던 개신교인들이 체포, 구금된 후, 사형집행을 기다리고 있을 때, 죽음을 기다리고 있었던 여성에게 다음과 같은 구절이 포함된 편지를 발송했다. "하나님께서는 남성처럼, 여성인 당신 또한 부르셨습니다. 물론 하나님 앞에서 남성만이 아니라 여성 또한 가치 있는 존재입니다. 따라서 당신들은 본분을 다하여 위대한 영웅들처럼 하나님께서 선사하신 은총의 분량에 따라 하나님을 영화롭게 해야 할 것입니다." CO (Ioannis Calvini opera quae supersunt omnia) 16, *CALVIN AUX PRISONNIÈRE DE PARIS*, 632-634.

20 CO (Ioannis Calvini opera quae supersunt omnia) 20, *CALVIN A CRUSSOL*, 111-113

개혁 정책을 측면에서 지원하고자 시도했다. 물론 이전에도 이와 같은 칼빈의 시도가 부재했던 것은 아니다. 1541년 르네가 가톨릭교회 주교를 역임했던 프랑수아 리카르도(François Richardot, 1507-1574)를 궁전 설교자로서 임명하게 되면서, 종교개혁 운동이 좌초되고 있다고 보고받았다. 그 보고에 의하면, 르네 드 프랑스가 임명했던 궁전 설교자 프랑수아 리카르도는 페레라 왕국의 시민들이 비록 개신교회로 전향했다고 하더라도, 가톨릭교회의 미사에 참석할 수 있으며, 고해성사도 가능할 수 있다고 르네를 설득했다.[21] 이때 칼빈은 르네에게 편지를 보내어 더 이상 페레라 왕국 궁전 안에서 불경스러운 사건이 벌어지면 안 된다고 자신의 의사를 조심스럽게 전달했다.[22] 이 편지를 받은 후 르네는 가톨릭 미사에 참석하는 것을 주저했으나. 그럼에도 불구하고 궁전 설교자 프랑수아 리카르도를 해임하지는 않았다.

V. 글을 정리하며

스위스 제네바 종교개혁자 칼빈은 종교적 관용을 표방했던 프랑스 왕실의 귀족 여성들과의 협력적 관계의 구축을 통하여, 자신의 조국 프랑스 국내의 종교개혁 운동을 후원했다. 아울러 당시 일부 왕실 (귀족) 여성들은 칼빈의 도움을 받으며, 가톨릭 가문이 장악했던 왕실 권력 내부에서 종교개혁 운동의 근거지를 제공하면서, 이후 위그노

---

21 Èmile Doumergue. *Jean Calvin. Les hommes et les choses de son temps*, Bd. 2 (Lausanne: G. Bridel & cie, 1899), 78.

22 CO (Ioannis Calvini opera quae supersunt omnia) 11, *CALVIN A LA DUCHESSE DE FERRARE*, 323

전쟁이 발발할 수 있도록 시대적 여건을 조성했다. 그럼에도 불구하고 일부 왕실(귀족) 여성들만이 당시 프랑스 종교개혁 운동을 위하여 기여했다고 단정하는 것은 매우 바람직하지 못하다. 예를 들자면, 1557년 9월 4일 포브르-생-자크(Faubourg-Saint-Jacques) 거리에서 체포되어 사형당했던 상당수의 개신교인들 중에서 21명이 여성이었다는 사실은 당시 종교개혁 운동을 위하여 헌신했던 여성들의 모습을 분명하게 증명해 줄 수 있기 때문이다.[23] 물론 일부 고위층 왕실(귀족) 여성들의 개인적인 신학적 입장이 그 해답이 될 수도 있겠지만, 그렇게 간주할 수만은 없다.

좀 더 심층적으로 판단해 본다면, 당시 프랑스 왕실은 이와 같이 정치적 측면에서 가톨릭교회 조직을 통한 통일적 통치 전략을 구사했을 뿐, 왕실 가문 구성원, 특히 여성들에 대한 획일적인 이념적 통제를 실시하지는 않았던 것으로 보인다. 그들은 칼빈과의 돈독한 관계를 유지했지만, 그럼에도 불구하고 이는 가톨릭교회의 전통으로부터 완전한 탈피를 의미하는 것이라고 볼 수는 없다. 추측하건대, 프랑스 왕실의 입장에서 바라본다면, 개신교회와 가톨릭교회의 신학적 이념에 대한 찬반 여부보다 오히려 효율적 통치수단으로서 적합한 종교 이데올로기를 선택하는 문제가 더 중요한 정치적 사안으로서 등장했을 것이다.

필자는 신성로마제국 프로테스탄트 제후들의 정치적 지지에 근거하여 관철된 종교개혁 운동이 신성로마제국의 황제에 대항하는 저항운동으로 발전되었기 때문에 프랑스 왕국의 중앙집권체제의 붕괴를

---

23 Émile G. Léonard, *Le Protestant français*, 2. Aufl. (Paris: Editions P.U.F. 1955), 48.

우려했던 프랑스 왕실은 이와 같은 종교개혁 운동을 미리 차단할 필요가 있었다고 생각한다. 즉 교황을 정점으로 고안된 가톨릭교회의 위계질서는 봉건적인 사회질서를 유지를 위한 기본적인 모델을 제시하고, 이를 지지하고 있다고 판단되었기 때문에, 가톨릭교회가 구비했던 통일적인 사회조직을 국정 운영을 위하여 효율적으로 활용하고자, 다소 분권화된 정치체제를 지향했던 종교개혁 운동을 탄압했을 가능성도 존재할 수 있다. 그렇다면 가톨릭 제후들의 지지를 받았던 황제와 프로테스탄트 제후 사이의 절묘한 정치적 세력 균형을 형성하며, 황제의 권한을 무력화시켰던 신성로마제국 루터의 종교개혁 운동과 유사하게 프랑스 종교개혁 운동에 대한 역사적 평가를 다음과 같이 시도해 볼 수 있을 것이다.

> 프로테스탄트 제후들의 정치적 후원을 받았던 1세대 종교개혁자 루터 및 스위스 연방 프로테스탄트 칸톤(Kanton) 시민의회의 지지를 받았던 츠빙글리처럼, 2세대 주류 종교개혁자 칼빈은 스위스 제네바 시민의회와 프랑스 국내 일부 고위층 왕실(귀족) 여성들과의 전략적 차원의 협력적 관계유지를 통하여 16세기 종교개혁 운동의 주요 특징이었던 소위 관료적 종교개혁 운동(Réforme magistrale)을 전개했다.

이후 위그노 교도가 프랑스의 중요한 정치적인 세력으로 등장하게 되면서, 왕실 권력 장악을 위한 프로테스탄트와 가톨릭 가문 사이의 갈등은 위그노 전쟁으로 확대되었다. 앙리 4세와 마가레타 드 발루아의 결혼 이후, 1598년 4월 15일 반포된 낭트칙령을 통하여 위그노 교도들은 합법적으로 신앙의 자유를 보장받을 수 있었다. 그러나 1685년 루이 14세가 퐁텐블루칙령(Édit de Fontainebleau)을 반포하면서, 위그노 교도에 대한 박해가 본격적으로 다시 시작되고, 이로 인하여 상공업에 종사했던 대다수 위그노 교도들이 해외로 망명하게 되었다. 따라서 프랑스 내에서는 종교개혁 운동을 통한 체제 저항운동이 동력을 상실하게 되었지만, 그럼에도 불구하고 역사적인 상상력을 발휘하여 프랑스 왕실 권력을 장악했던 봉건적인 가톨릭 세력에 대한 프로테스탄트 세력의 저항이 이후 1789년 프랑스 시민혁명으로 계승되었다는 평가를 과감하게 시도해 본다면, 이는 매우 개연성이 높은 역사적 가설일 수 있다.[24]

---

24 바르톨로메 대학살(Massacre de la Saint-Barthélemy, 1572.8.24) 이후, 칼빈주의자로서 분류되는 알트지우스(Johannes Althusius, 1563-1638), 호트만(Francois Hotman, 1524-1590), 베자(Theodore Beza, 1519-1605), 모네이(Phipippe Duplessis-Mornay, 1549-1623)는 군주제와의 투쟁을 통하여 칼빈의 저항권 이론을 민주주의적으로 구체화시켰으며, 그들의 이론은 통치자의 무제한적 권력의 남용을 견제하는 서구사회 의회민주주의 확립을 위하여 중요한 공헌을 했다. 일반의지의 시행을 통한 국민 주권의 확립이라는 프랑스 시민혁명의 궁극적 목표를 제시했던 루소(Jean-Jacque Rousseau, 1712-1778)의 경우, 그가 제네바 출신 위그노 교도의 후손이라는 사실이라는 점을 감안한다면, 프랑스 시민혁명에 미친 칼빈주의의 영향을 충분히 추측해 볼 수 있을 것이다. Hans Scholl, *Verantwortlich und frei. Studien zu Zwingli und Calvin, zum Pfarrerbild und zur Israeltheologie der Reformation* (Zürich: Theologischer Verlag, 2006), 135-158 : 독일 개혁 신학자이며 역사신학자인 훈더스하겐(Karl Bernhard Hundeshagen, 1810-1872)는 칼빈주의 안에 이미 내재되어 있는 공화국 이념이 근대 프랑스 국가를 형성했다고 주장한다. Karl Bernhard Hundeshagen, *Calvinismus und staatsbürgerliche Freiheit. Hubert Languet: Wider die Tyranen* (Zürich: Evangelischer Verlag AG. Zollikon, 1946), 25-26.

제 1 3 장

칼빈의 성찬론 발전사 연구

I. 글을 시작하며

이 글은 칼빈의 성찬론 형성 과정을 시기별 문헌학적 비교 고찰을 통하여 추적함으로써, 루터와 츠빙글리의 성찬론이 비판적-창조적으로 종합되어가는 과정을 논리적으로 파악하고자 한다. 본 연구과제를 수행하기 위하여, 필자는 우선적으로 그의 성찬론 발전사를 다음과 같이 대략적으로 세 시기로 구분하여 파악하고자 한다.[1] 제1기: 『기독교 강요』 초판(1536) 및 『제네바교리문답』(1542), 제2기: 『취리히 합의신조』(1549), 제3기: 『기독교 강요』 최종판(1559). 본론에서 전개

---

[1] 박건택에 의하면, 칼빈의 성찬론의 형성과정은 다음과 같다: 1) 『기독교 강요』 초판과 "성만찬 소고"(1541)까지 2) 취리히 협약(Consensus Tigurinus), 3) 『기독교 강요』 최종판. 박건택 편역, "편역자 서문," 『칼빈작품선집 III』(서울: 총신대학교 출판부, 2009), 13. 이와 같은 박건택의 대략적인 시기구분은 본 논문의 직접적인 연구동기가 되었으며, 필자는 이에 근거하여 새로운 관점을 가지고, 칼빈의 성찬론 발전사를 문헌학적으로 엄밀하게 고찰하고자 시도했다.

될 시기별 성찬론의 특징은 다음과 같다.

1. 제1기(신앙의 유익을 위한 성찬): 그리스도의 몸을 영적으로 시식하는 성찬식이 신앙의 유익을 위하여 기여한다고 주장하며, 이전 루터와 츠빙글리의 소모적인 성찬론 논쟁에 대한 신학적 해법을 제시한다.

2. 제2기(화체설에 대한 공동대응과 성령론적 전망의 기본적 확립): 개혁교회 진영의 일치를 위하여 츠빙글리의 후계자 불링거와의 성찬론 합의문서 작성에 주력한다. 본 합의신조에서 그는 루터교회와의 화해와 일치를 염두하여 루터의 공재설 비판을 최대한 자제하고, 화체설 비판에 집중하며, 동시에 성령론적 전망 속에서 신앙의 유익을 위한 성찬 개념을 제시한다.

3. 제3기(그리스도의 몸의 실제적인 영적 임재로서의 성찬): 제1, 2기의 성찬론을 종합, 그리스도 몸의 실제적인 영적 임재의 강조를 통한 통합적 성찬론2을 최종적으로 확립한다. 이와 관련하여 루터의 그리스도의 몸의 편재설을 거부했던 츠빙글리의 입장을 전적으로 수용하지만, 이외의 부분은 공감하지 않는다.

최종적으로 본 연구는 칼빈의 실천적–목회적 관심이 개신교회 진영의 일치와 교회공동체의 신앙적 강화를 위한 통합적 성찬론 구상을 가능하게 했던 핵심적인 신학적 단서로서, 그의 성찬론 발전사를 관통하고 있음을 논증하고자 한다.

---

2 이와 관련하여 이양호는 칼빈의 통합적 성찬론의 내용을 다음과 같이 규정한다. "칼빈은 그리스도의 몸은 하늘에 있다고 보았다. 이 점에서 칼빈은 츠빙글리를 지지하고 루터를 반대했다. 그러나 칼빈은 하늘에 있는 그리스도의 몸과 우리를 성령이 연합시켜 그리스도의 몸의 힘을 받게 한다고 보았다. 그래서 칼빈은 우리는 그리스도의 몸의 실체로부터 생명을 얻는다고 했다. 이 점에서 칼빈은 루터의 주장을 수용하고자 노력했다." 이양호, 『칼빈 생애와 사상』, 개정증보판 (서울: 한국신학연구소, 2005), 270.

II. 제1기: 신앙의 유익을 위한 성찬
 :『기독교 강요』초판(1536)과『제네바교리문답』(1542)

　　그는 『기독교 강요』초판(1536)에서 로마-가톨릭교회의 화체설 (Transsubstantionslehre), 루터의 공재설(Konsubstantionslehre) 그리고 츠 빙글리의 상징설(symbolisches Abendmahlsverständnis) 사이의 무익한 교 리적 논쟁에 대하여 경고하며, 신앙적 관점을 가지고 성찬을 이해할 것을 제안한다.3 이는 그의 실천적-목회적 관심이 반영된 성찬 개념 으로서, 그의 제1차 제네바 목회 시기 및 1541년 제네바 복귀 직후 착수했던 사역과 깊은 관련이 있다. 다시 말하면, 베른교회의 성찬식 획일화 압력에 반발, 독자적인 제네바 개혁교회의 성찬식을 시행했던 사건이 1538년 칼빈이 스트라스부르로 추방되었던 결정적 계기였으 며, 1541년 제네바 복귀 이후 우선적으로 착수했던 목회사역 또한 성 찬식 참여 여부를 결정하기 위한 신앙고백 검증 절차의 강화였다는 사실은 그의 성찬론 형성 과정을 해명할 수 있는 중요한 역사적 단서 가 될 수 있음을 함의한다. 후자의 경우, 1542년『기독교 강요』초판 을 체계적으로 요약, 작성, 배포했던 제네바 교회의 교리문답이 중요 한 텍스트로 활용되었다.

---

3 "Quod si quis morosulus ex ipsis Christi verbis nobis etiamnum controversiam faciat, quod dixerit: hoc esse corpus suum, hunc esse suum sanguine, hic velim paulisper mecum reputet, de sacramento nunc haberi sermonem cuius omnia ad fidem referenda sunt"(그러나 한 괴팍한 사람이 그리스도께서 이것이 자신의 몸이며 피라고 말씀하셨기 때문에, 이에 관하여 논쟁을 하고자 한다면, 나는 성례에 관하여 언급하고자 할 때, 이 모든 것이 신앙으로부터 기인한다고 말하고자 한 다.) Johannes Calvin, *CHRISTIANAE RELIGIONIS INSTITUTIO* (1536), Ioannis Calvini Opera Selecta I, 143. (원문출처: Ioannis Calvini Opera Selecta, 5 Bde. Hg. v. P. Barth, W. Niesel [und D.Scheuner]. München 1926-52).

칼빈은 『기독교 강요』 초판(1536)에서 로마-가톨릭교회의 화체설 뿐만 아니라 루터의 공재설과 츠빙글리의 성찬론의 한계를 지적하며, 그리스도의 몸의 임재 방식이 아니라 제공 방식에 관한 논의로 전환되어야 한다고 강하게 주장한다.[4] 이는 다음과 같이 요약될 수 있다: 신앙의 강화를 위하여 기여하는 영적인 음식으로서의 성찬,[5] 구원의 약속의 봉인(sigillum)으로서의 성찬,[6] 성찬의 시식을 통한 그리스도의 영적 소유.[7] 세 번째 규정은 그리스도의 육체적 임재를 주장한 루터의

---

4 "Alii prodigiosam transsubstantiationem excogitarunt; alii panem, ipsum esse corpus; alii, sub pane esse; alii, signum tantum et figuram corporis proponi... Sed qui sentient, non animadvertunt, primo loco quaerendum fuisse, quomodo Christi corpus, ut pro nobis traditum est, nostrum fieret, quomodo sanguis, ut pro nobis effuses est, noster fieret"(한 무리는 화체설, 즉 "빵 그 자체가 몸이라"라고 말했으며, 다른 무리들은 "빵 아래 있다" 주장했다. 또다른 무리는 "오직 그리스도의 몸의 상징과 형태로 제시된다"고 주장했다….그러나 이와 같이 생각하는 사람들이 우선적으로 그리스도의 몸이 우리의 것이 되는가, 혹은 어떻게 그리스도의 흘린 피가 우리의 것이 되는가라는 질문에는 응답하지 않는다), Ibid., 139.

5 "corpus Christi vitae nostrae spiritualis cibum ac protectionem esse", Ibid., 138.

6 "Non ergo praecipuae sunt sacramenti partes, corpus Christi simpliciter nobis exhibere, sed magis, promissionem illam, qua carnem suam vere cibum esse testatur"(따라서 성례전의 핵심적 역할은 그리스도의 몸을 우리에게 제시하시는 것만이 아니라, 자신의 육체를 참된 빵으로서, 또한 자신의 피를 참된 음료로서 증거하시는 약속을 봉인(인치시고), 확증하는 것이다.) Ibid., 138. 칼빈이 주장했던 '봉인'(Sigillum)은 멜랑히톤(Melanchton)의 영향을 받은 것이다. 멜랑히톤은 "신학총론"(*Loci communes 1521*)에서 다음과 같이 말한다. "Quae alii sacramenta, nos signa appellamus aut, si ita libet, signa sacramentalia. Nam sacramentum ipsum Christum Paulus vocat. Quodsi signi nomen displicet, sigillum appelles, quo propius vis sacramentorum signetur"(우리는 다른 사람들이 성례전이라고 부르는 것들을 표지, 당신들이 흡족해 한다면, 성례전적 표지라고 부르고자 한다. 왜냐하면 사도바울은 그리스도를 성례전이라고 부르기 때문이다. 그러나 표지라는 명칭을 좋아하지 않는다면, 이를 봉인(도장)이라고 부를 수 있다. 이 표현은 성례전의 능력을 분명하게 표현하고 있기 때문이다), Philipp Melanchthon, *Loci communes 1521*, Lateinisch-Deutsch übersetzt von Horst-Georg Pöhlmann, 2. Auflage (Gütersloh: Mohn, 1997), 328.

공재설을 영적인 음식의 시식을 위한 성찬론으로 재해석한 것으로서 이는 그가 그리스도의 몸의 현존의 가능성을 끝까지 견지하고 있음을 의미한다. 물론 츠빙글리의 성찬론 또한 신앙적 유익의 관점에서 다음과 같이 재해석된다. 그가 츠빙글리를 언급하지 않는다고 하더라도, 다음의 문장은 그가 츠빙글리의 상징설을 염두한 것임을 충분히 추측할 수 있다.

> 따라서 성례는 그리스도를 생명의 빵으로 만드는 것이 아니라, 그분께서 우리가 지속적으로 시식하는 빵이 되셨다는 기억을 상기시킴으로써, 그 빵의 맛과 향기를 제공하고자 합니다.[8]

위 문장은 츠빙글리가 주장했던 그리스도의 몸의 상징화로서의 성찬 및 이로 인한 그리스도 구원사건의 기억효과를 기본적으로 존중하면서도, 동시에 성찬을 그리스도의 몸의 현존과 분리시키지 않고자 하는 신학적 의도를 내포하고 있다. 여기서 성찬식을 통한 그리스도의 구원사역의 기억 및 회상은 루터, 츠빙글리, 칼빈 모두에게 있어서 공통적으로 중요했던 사안이었으며, 동시에 각자 독특한 방식으로 전개되었다는 사실을 간과하지 말아야 한다. 정리

---

7 "Cogitemus primum, spiritual quiddam esse sacramentum, quo Dominus non ventres nostros, sed animas pascere voluit, ... Denique ipsum spiritualiter obtinere... sic enim in vitam ipsum obtinebimus"(우선적으로 주님께서 우리의 배가 아니라 영혼을 먹이시고자 했던 영적인 것이 성례임을 생각하자… 최종적으로 우리는 그리스도를 영적으로 소유하게 된다… 그분 자신을 생명으로 소유하게 된다), Johannes Calvin, *CHRISTIANAE RELIGIONIS INSTITUTIO* (1536), 139-140.

8 "Sacramentum ergo non panem vitae Christum esse facit, sed quatenus in memoriam nobis revocat panem esse factum, quo assidue vescamur, eius panis gustum et saporem nobis praebet", Ibid., 138.

하자면, 다음과 같다.

1. 루터: 그리스도의 몸의 실제적 임재 및 시식을 통한 그리스도 구원
   사건의 기억
2. 츠빙글리: 그리스도의 몸이 상징화된 성찬식 참여를 통한 그리스
   도 구원사건의 기억
3. 칼빈: 그리스도의 몸의 실제적인 영적 임재 및 시식을 통한 그리스
   도 구원사건의 기억

그에 의하면, 그리스도의 몸의 현존을 확신하게 되는 신학적 원리
는 "신앙의 유비", 즉 영적 유비의 원칙으로서, 이는 성찬을 통하여 그
리스도의 몸이 우리에게 미치는 실제적인 영적 영향력을 파악하는 인
식 과정을 의미한다.9 이 원칙을 성찬에 적용한다면, 우리는 신앙의
눈을 통하여 그리스도의 몸의 실체 자체가 아니라 그리스도께서 자신
의 몸 가운데 우리에게 베풀어주신 그의 모든 은총을 목격하게 된
다.10 따라서 그리스도의 몸의 현존의 가능성을 포기하지 않으면서

---

9 "scripturae interpretationem ad fidei analogiam exigere iubet Paulus"(바울은
  성경의 해석을 신앙의 유비에 따라서 할 것을 명령한다), Ibid., 143. ; "Cum vinum
  in symbolum sanguinis, cogitandum, quos corpora usu vinum afferat, ut
  eosdem spiritualiter nobis Christi sanguine afferi reputemus... secundum
  eiusmodi analogiam, optime illis convenire"(그리스도의 피의 상징으로서의 포도
  주가 영적으로 우리에게 영향을 미친다는 사실을 인식해야 한다….이를 유비의 원칙에
  따라 매우 적합하게 생각하게 될 것이다), Ibid., 138.

10 "Quo scilicet significamus, non substantiam ipsam corporis, seu verum et
  natural Christi corpus illic dari; sed omnia, quae in suo corpore nobis
  beneficia Christus praestitit"(이를 통하여 몸의 실체 자체 혹은 참되고 자연적인
  그리스도의 몸이 아니라, 그리스도께서 자신의 몸 가운데 우리에게 베풀어 주신 은총
  이 제공된다), Ibid., 142-143.

도, 실제적 몸의 임재가 아니라 그 안에서 우리에게 선사되는 은총을 주목함으로써, 영적인 음식인 성찬이 내포하고 있는 '봉인'(Sigillum)의 신앙적 의미, 즉 하나님의 구원의 약속이 보증되었다는 사실을 전면적으로 부각시키는 것이다. 본 개념은 하나님의 은총이 일종의 문서상 공증의 역할을 하는 도장처럼, 우리에게 확실하게 제공될 것이라는 약속의 표시를 의미하는 것으로서, 결과적으로 이를 통하여 성찬식은 하나님의 구원사역을 비유하는 유비적 사건으로 이해될 수 있다. 그에 의하면 그리스도의 몸의 현존은 실제적인 몸의 시식이 아니라, 우리가 참된 구원을 갈망할 수 있도록, 영원한 생명 및 육체의 불멸에 대한 확신을 강화시키기 때문이다.[11] 이와는 달리 그리스도의 몸의 현존을 문자적으로 주장하며, 빵과 포도주를 직접적 경배하는 행위는 후자는 하나님이 아니라 피조물을 숭배하는 것으로서[12] 간주된다. 따라서 성찬식에 선사되는 하나님의 은총을 수령하기 위하여, 성찬식은 중요한 목회적 실천 과제로서 부상될 수밖에 없다. 그가 성찬식의 빈번한 시행 및 성찬식에 참여하기 전 신앙고백을 통한 철저한 사전검증 절차의 중요성을 강조하고 있다는 점은 바로 이 사실을

---

11 "Ea est corporis praesentia, quam sacramenti ratio postulat. Quam tanta virtute, tantaque efficacia hic eminere dicimus, ut non modo indubitatam vitae aeternae fiduciam animis nostris afferat, sed de carnis etiam nostrae immortalitate securos nos reddat"(성례가 요구하는 것은 그리스도의 몸의 현존이다. 여기서 말하는 현존은 위대한 능력과 효과를 지니고 있기 때문에, 우리의 영혼이 영원한 생명 및 육체의 불멸성에 대해 의심하지 않도록 해 준다), Ibid., 143.

12 "Quare qui sacramenti adorationem excogitarunt, eam a se ipsis somniarunt, citra scripturam... Ac dum suae sibi libidinis arbitrio Deum fabricate sunt, dereliquerent Deum viventum; siquidem eius dona pro datore ipso coluerunt"(성례전 경배를 고안한 사람들은 성경말씀으로부터 분리되어 있다….그들은 자신들의 욕망에 따라 하나님 이미지를 조작하면서, 급기야 살아계신 하나님을 버렸다), Ibid., 144.

증명한다. 심지어 일 년에 한 번씩 성찬식을 시행해야 한다고 주장하는 사람들의 견해를 사탄의 고안물(diaboli inventum)이라고 혹평하기까지 했다.13 왜냐하면, 성찬식의 빈번한 시행은 성찬식이 지향해야만 하는 목적, 즉 그리스도인의 신앙의 강화와 형제적 사랑 안에서의 일치를 위하여 기여하기 때문이다.14

1541년 제네바로의 복귀 이후, 1542-43년 제네바개혁교회의 신앙적 각성을 위하여 작성, 출판된『제네바교리문답』은 영적인 음식으로서의 성찬이 신앙의 유익을 위하여 기여한다고 명시했던『기독교 강요』초판 성찬론의 핵심 주제를 "성찬을 통한 그리스도의 사귐"(communicatio per solam coenam)이라고 다시금 축약하여 제시한다. 그에 의하면, 오직 복음만이 그리스도와의 완전한 사귐을 가능하게 하지만, 그럼에도 불구하고 우리 영혼의 시식을 위하여 하늘로부터 내려온 살아계신 빵은 이를 위하여 중요한 역할을 수행한다.15 성찬을 통하여

---

13 Ibid., 149.

14 "At quemadmodum sacrum hunc panem coenae Domini, spiritualem esse cibum videmus, suavem ac delicatum iis... quibus ad mutuam inter se caritatem exhortatio est"(우리는 이 거룩한 주님의 빵이 영적인 음식으로서… 상호 간의 사랑을 실현하도록 권유받는 사람들에게는 맛있다는 사실을 알고 있다), Ibid., 146.

15 이와 관련하여『제네바교리문답』제345항과 346항은 다음과 같이 선언한다.
  345. *Num quid hanc communionem per solam coenam obtinemus? Imo vero. Nam et per evangelium, teste Paulo, nobis communicatur Christus. Et merito hoc Paulus docet: cum illic audiamus, nos carnem esse de carne eius, et ossa ex ossibus: ipsum esse panem vivum, qui e coelo ad nurtiendas animas nostras, descendit: nos unum esse cum ipso, sicuti cum patre unum est: et similia*(우리는 오직 성찬을 통하여 그리스도와 교제합니까? 그렇지는 않습니다. 바울은 복음을 통한 그리스도와의 사귐에 관하여 알려주고 있습니다. 또한 그에 의하면, 복음 안에서 우리는 다음과 같은 사실을 경청합니다. 우리는 그리스도부터 발생된 육신과 뼈로서, 그는 우리의 영혼을 먹이시기 위하여 하늘로부터 내려오신 살아 계신 빵이라는 것입니다. 아울러 우리는 그리스도께서 하나님 아버지와 하나가 되신 것처럼 그와 결합할 것

영적인 차원에서 부분적으로 소유하게 되는 유일한 희생제물로서의
그리스도는 하나님과 인간의 화해를 확신시키며, 동시에 인간의 연약
한 신앙을 강화시키기 때문이다. 결과적으로 올바른 신앙을 소유한
그리스도인은 성찬의 실제적 효력에 참여하게 되어, 그리스도와 한
몸이 되는 과정을 체험하게 된다. 그는『제네바교리문답』제353항에
서 다음과 같이 언급한다.

> 질문: 우리는 방금 언급한 은총의 표지만을 성찬식에서 획득하는 것
> 입니까? 아니면 여기서 성례전의 실체가 스스로 우리에게 제
> 시되는 것입니까?
>
> 대답: 예수 그리스도께서 진리 그 자체이시기 때문에, 그가 우리에게
> 하신 약속은 성취되며, 모사된 형상과 더불어 성례전의 실체가
> 주어질 것이라는 사실에 대하여 의심하지 않습니다. 아울러 저
> 는 그가 말씀과 표지를 통하여 증거하시는 것처럼, 우리가 그리
> 스도와 한 몸이 되어 성장하기 위하여, 우리로 하여금 성례전의
> 실제적 효력에 참여하게 하신다는 것을 의심하지 않습니다."[16]

이며, 점차적으로 유사해질 것이라는 사실입니다).

346. *Quid amplius ex sacramento consequimur, aut quid praeterea utilitatis nobis
conferi?* Hoc scilicet, quod illa, de qua dixi, communicatio nobis confirmatur
et augetur. Tametsi enim tum in naptismi, tum in evangeliuo nobis exhibetur
Christus: eum tamen non recipimus totum, sed ex parte tantum(우리는 성찬을
통하여 진술한 사항 이상으로 획득하는 것이 무엇입니까? 즉 성찬의 부수적인 유익은
무엇입니까? 제가 이미 언급한 그리스도와의 사귐이 우리 안에서 강화되고 성장된다
는 사실입니다. 우리는 세례와 복음 안에서 그리스도를 소유했습니다. 그러나 우리는
그리스도를 부분적으로 소유했을 따름입니다), Calvin, Johannes, *Catechismus
Ecclesiae Genevensis*, Ioannis Calvini Opera Selecta II, 138-139. (원문출처:
Ioannis Calvini Opera Selecta, 5 Bde. Hg. v. P. Barth, W. Niesel [und D.
Scheuner]. München 1926-52).

16 "Solamne eorum, quae dixisti, beneficiorum significationem habemus in

이와 같은 그의 실천적-목회적 관심은 과거 1세대 종교개혁자 루터와 츠빙글리의 해묵은 성찬론 논쟁에 대한 비판적 인식과 무관하지 않다.[17] 따라서 그에게 있어서 『제네바교리문답』의 작성 및 출판은 과거 루터와 츠빙글리의 소모적인 성찬론 논쟁에 대한 대안을 실제적으로 제안한 것과 다름이 없다. 왜냐하면 이는 『기독교 강요』 초판에서 이미 제시된 자신의 성찬론을 실제적으로 목회사역에 적용한 것이기 때문이다. 우선적으로 그는 본 교리문답서를 통하여 이전 해묵은 성찬론 논쟁에 대한 자신만의 고유한 신학적 해법을 제네바 개혁교회에 보급시킨 후, 츠빙글리의 후계자 불링거가 목회하고 있던 취리히 개혁교회와의 성찬론 합의를 위하여 불링거를 설득하기 시작한다. 칼빈과 불링거는 상호존중의 관계를 유지하면서 신학적 대화를 지속, 1549년 최종적으로 취리히합의신조에 공동으로 합의, 서명했다.

---

coena, an illic re ipsa nobis exhibentur? Cum Dominus noster Christus ipsa sit veritas, minime dubium est, quin promissiones, quas dat illic nobis, simul etiam impleat: et figuris suam addat veritatem. Quamobrem non dubito, quin sicuti verbis ac signis testatur, ita etiam suae nos substantiae participes faciat, quo in unam cum eo vitam coalescamus." Ibid., 140.

17 그는 1541년에 출판된 "성찬에 대한 소논문"에서 다음과 같이 루터와 츠빙글리의 성찬론 논쟁에 대한 자신의 회의적 견해를 표명하고 있다. "L'une partie et l'autre a failly en n'ayant point la patience de alentre ecsouter, àfin de suivre la verité sans affection, où elle seroit trouvée"(양편이 공동으로 범한 과오는 진리를 인식하기 위하여 상호간의 입장을 인내심을 가지고 경청하지 못했던 것입니다.) Johannes Calvin, *Petit traicté de la saincte cene de nostre Seigneur Jesus Christ*, Ioannis Calvini opera quae supersunt omnia V, 460. (원문출처: Ioannis Calvini opera quae supersunt omnia, hg. von G. Baum; E. Cunitz; E. Reuss, 59 Bde., Nachdr. der Ausgabe Braunschweig 1863-1900, New York, 1964).

III. 제2기: 화체설에 대한 공동대응과 성령론적 전망의 기본적 확립:『취리히합의신조』(Consensus Tigurinus, 1549)

총 26개항으로 구성된 본 합의신조는 루터의 공재설에 대한 비판은 생략된 채, 화체설만을 집중적으로 비판하면서[18] 신앙의 유익을 위한 성찬 개념을 성령론적 전망 속에서 전개하고 있다. 이는 루터교회와의 성찬론 합의를 위한 일종의 신학적 포석으로 해석될 수 있다. 개혁교회 2세대 지도자였던 칼빈과 불링거가 루터와 동일하게 성례전 자체의 효력을 신뢰하는 화체설의 미신적 신앙을 비판하고 있다는 사실은 부분적으로 상이한 성찬론이 결코 개신교회 진영의 분열을 야기하는 원인이 될 수 없음을 우회적으로 선언하는 것과 다름이 없기 때문이다. 이와 관련하여 본 합의신조는 로마-가톨릭교회가 화체설의 핵심 내용, 즉 빵과 포도주의 실체가 그리스도의 몸으로 변용되는 과정을 해명을 하기 위하여 필수적으로 사용했던 '실체'(Substantia) 개념 대신 하나님의 은총이 성례전에 봉인되었다고 표현하며,[19] 오직 성령의 능력을 통하여 성례전의 효력이 발생한다고 주장한다.[20] 여기

---

18 제21항부터 제26항까지 로마-가톨릭교회의 화체설만을 집중적으로 비판하고 있다. Johannes Calvin, *CONSENSIO MULTA IN RE SACRAMENTARIA MINISTORUM TIGURINAE ECCLESIAE ET D. IOANNIS CALVINI MINISTRI GENEVESIS ECCLESIAE*, Ioannis Calvini opera quae supersunt omnia VII, 741-744. (원문 출처: Ioannis Calvini opera quae supersunt omnia, hg. von G. Baum; E. Cunitz; E. Reuss, 59 Bde., Nachdr. der Ausgabe Braunschweig 1863-1900, New York, 1964).

19 제7항: per ea nobis suam gratiam testator Deus, repraesentet atque obsignet(하나님께서는 성례전을 통하여 우리에게 그의 은총을 현재화시키며 봉인하신다), Ibid., 737.

20 이와 관련하여『취리히합의신조』제14항, 제15항은 다음과 같이 선언한다. 제14항: Constituimus ergo unum esse Christum, qui vere intus baptizat, qui

서 발생하는 성례전의 효력은 신앙을 강화시키는 성령의 능력21으로
서, 성례전 그 자체가 원인을 제공하지 않는다.22 정리하자면, 성례전

---

nos in coena facit sui participles, qui denique implet quod figurant
sacramenta: et uti quidem his adminiculis, ut totus effectus penes eius.
Spiritum resideat(따라서 우리는 다음과 같이 확증한다. 인간의 내면적 차원에서 참
된 세례를 베푸시는 분은 오직 그리스도이시다. 그는 우리로 하여금 성례전이 표현하
고자 하는 바를 그의 말씀을 통하여 이해하게 하시며, 이를 통하여 성찬에 참여하게
하신다. 그는 우리를 위하여 성례전을 도구로서 사용하실 뿐이다. 오직 전체적 효력을
발생시키는 능력은 성령 안에서 존재한다), Ibid., 739.

제15항: Quomodo sacramenta conferment. Sic interdum Sacramenta
vocantur sigilla, dicuntur fidem alere, confirmare, promovere, et tamen
solus spiritus proprie est sigillum, et idem fidei inchoator est et perfector.
Nam haec omnia Sacramentorum attributa inferiore loco subsidunt, ut ne
minima quidem salutis nostrae portio ab unico authore ad creaturas vel
elementa transferatur(어떠한 방식으로 성례전은 강하게 역사하는가? 성례전이 봉
인으로서 표현된다면, 이는 성례전이 신앙을 성장시키고, 강화, 촉진하는 것이 아니라,
오직 성령만이 신앙의 발기인이며 완성자라는 사실을 의미한다. 성례전은 신앙에 비
하여 부차적인 의미를 지닌다. 유일한 원인이신 하나님께서는 구원의 근거를 피조물
혹은 성례전적 요소에 전가시키시지 않기 때문이다), Ibid., 740.

21 "Quod vere sacramenta figurant Dominus vere praestat. Gratiarum action.
Quum autem vera sint, quae nobis Dominus dedit gratiae suae testimonia et
sigilla, vere procul dubio praestat ipse intus, suo spiritu, quod oculis et aliis
sensibus igurant acramenta: hoc est, ut potiamur Christo, tanquam bonorum
omnium fonte, tum ut beneficio mortis ius reconciliemur Deo, spiritu
renovemur in vitae sanctitatem, iustitiam denique ac salutem consequamur:
simulque ro beneficiis his olim in cruce exhibitis, et quae quotide fide
percipimus, iam agamus gratias"(주께서 우리에게 선사하신 그의 은총과 봉인은
참되기 때문에, 그는 확실하게 성령을 통하여, 성례전이 우리의 눈과 감각에 형상화시
키고자 하는 것을 보증하신다. -이를 통하여- 우리는 모든 선의 근원으로서의 그리스
도를 소유하며, 그의 은총을 통하여 하나님과 화해한다. 또한 우리는 그의 영 안에서
거룩한 삶을 위하여 갱신되며, 최종적으로 의와 구원을 획득한다. 동시에 우리는 십자
가에서 증명된 그의 은총에 감사하며, 이를 신앙을 통하여 인식한다), Ibid., 738.

22 제12항: Sacramenta per se nihil efficient. Soli Deo omnis action salutis
tribuenda. Praeterea, si quod boni nobis per sacramenta confertur, id non
fit prorpia eorum virtute, etiamsi promissionem, qua insigniuntur, com-
prehendas. Deus enim solus est, qui spiritu suo agit: et quod sacramentorum
ministerio utitur, in eo neque vim illis suam infundit, nec spiritus sui
efficaciae quicquam derigat: sed pro ruditatis nostrae captu, ea tanquam

안에서 작용하는 성령의 능력은 표지와 무관하지만, 그럼에도 불구하고 표지는 성령의 능력을 통하여 하나님의 은총의 봉인으로서의 기능을 수행한다. 칼빈의 입장에서 바라볼 때, 본 합의신조는 칼빈에게 있어서 멜랑히톤의 영향을 받아 '봉인'(Sigillum) 개념에 사용하며 전개했던 1536년『기독교 강요』초판의 성찬론으로 회귀하는 것으로 이해되었을 수도 있다.[23] 이미 논증한 것처럼『기독교 강요』초판(1536년)의 성찬론이 표지와 실체의 명백한 분리를 거부했음을 고려하여 볼 때, 본 합의신조가 표명하는 표지와 실체의 명백한 분리는 칼빈이 불링거의 입장을 존중, 츠빙글리의 성찬론의 중요한 특징을 수용했음을 함의할 것이다.

이 시기 불링거의 저작, *De Sacramentis*(Absoluta de Christi Domini et Catholicae Ecclesiae Sacramentis tractatio, 1545)에서 표현된 성찬론은 다음과 같이 요약될 수 있다: 성령의 내적 증거를 통하여 신앙을 강화시키는 성찬의 표지와 실체는 동일시될 수 없지만, 그럼에도 불구하고 표지는 하나님의 진실한 구원의 약속을 지시한다.[24] 이와 같은 그의 표

---

adminicula sic adhibet, ut tota agenda facultas maneat apud ipsum solum(성례전은 그 자체만으로 효력을 발생시키지 않는다. 오직 하나님께서 구원하신다. 성례전을 통하여 선한 것이 우리에게 주어진다면, 하나님의 약속이 전제되어 있다고 하더라도, 이는 고유한 성례전의 능력을 통하여 발생한 것이 아니다. 오직 하나님께서 그의 영을 통하여 이를 수행하신다. 하나님께서는 그의 사역 속에서 성례전을 사용하실 때, 그는 인간에게 능력을 부여하지 않으시며, 자신만이 그의 영의 효력을 보존하신다. 오히려 그는 인간의 표현능력의 결핍으로 인하여 성례전을 도구처럼 사용하시는 것이다. 즉 효력을 발생시키는 전체적 능력은 오직 하나님께 존재한다), Ibid., 739.

23 Peter Opitz, *Leben und Werk Johannes Calvins* (Göttingen : Vandenhoeck & Ruprecht, 2009), 117.

24 Emidio Campi und Ruedi Reich (Hrsg.) *Consensus Tigurinus. Die Einigung zwischen Bullinger und Calvin über das Abendmahl. Werden - Wertung - Bedeutung* (Zürich : TVZ Theologischer Verlag, 2009), 14.

지와 실체의 관계이해는 본 합의신조 10항에서 그대로 표명된다.

> 성례전 안에서 주어진 약속을 주목해야 합니다. 즉 단순한 성례전적
> 표지가 아니라 성례전과 결합된 약속을 주목해야 하는 것입니다. 이
> 안에서 신앙은 우리에게 주어진 약속을 고려하면서, 우리는 성례전
> 의 능력과 효력에 관하여 언급할 수 있다. 물, 빵, 포도주는 그리스도
> 의 임재를 수반하지 않으며, 이를 통하여 우리는 영적인 은사를 소유
> 하지 않습니다. 오히려 그의 약속을 주목해야 합니다. 이는 우리를 그
> 리스도를 향한 참된 신앙의 길(recta fidei via)로 인도하며, 신앙을
> 통하여 우리는 그리스도 안에 참여하게 됩니다.[25]

이와 관련하여 츠빙글리의 후기 성찬론의 변화에 대한 대략적 고
찰은 불링거의 성찬론 이해를 위하여 결정적으로 기여할 수 있다. 왜
냐하면 츠빙글리의 상징설을 전적으로 수용했던 불링거에게 있어서
는 말년 츠빙글리의 변화된 성찬론이 성령론적 전망 속에서 칼빈과
더불어 성찬을 이해할 수 있게 했던 직접적 계기가 되었을 것이라고
추측해 볼 수 있기 때문이다. 츠빙글리는 말년에 이르러 루터와의 성
찬론 논쟁 시 강하게 부각시켰던 자신의 상징설을 부분적으로 변화,
발전시켰다(Fidei ratio 1530, Fidei expositio 1531): 신앙의 묵상을 통하여

---

25 "Promissio maxime est in sacramentis spectanda. Neque enim ad signa nuda,
   sed potius ad promossionem, quae illic annexa est, respicere convenit.
   Quatenus ergo in promossione illic oblata proficit nostra fides, eatenus ista
   vis et efficacia, quam dicimus, se exserit. Ita material aquae, panis aut vini,
   Christum nequaquam nobis affert, nec spiritualium eius donorum compotes
   nos facit, sed promissio magis spectanda est: cuius partes sunt, nos recta
   fidei via ad Christum ducere: quae fides nos Christi participles facit", Ibid.,
   738.

(fidei contemplatione) 영적으로 현존하시는 그리스도의 몸으로서의 성찬.[26] 신앙의 묵상 속에서 영적으로 현존하시는 그리스도의 몸을 주장하는 그의 후기 성찬론은 그리스도의 현존에 대한 전적인 거부로서 인식되었던 초기 상징설에 대한 오해를 불식시킬 수 있다. 이는 결코 과거의 상징설을 포기한 것이 아니며, 오히려 그리스도의 몸의 상징 속에 영적으로 현존하시는 그리스도, 즉 그리스도의 현존을 현실화시키는 성령의 사역을 강조한 것이라고 볼 수 있다. 또한 그는 우리가 그리스도의 실제적 몸을 영적으로 봉헌한다고 표현하고 있지만(Nos offerimus verum Christi corpus spiritualiter),[27] 그러면서도 성찬을 영적인 차원에서 '시식'(edere)한다고 표현하지 않는다. 왜냐하면 그에게 있어서 신앙(credere) 그 자체가 시식(edere)이기 때문이다. 아마 그는 그리스도의 몸의 실제적 시식을 주장하는 화체설과 공재설을 거부했기 때문에, '시식'이라는 표현을 선호하지 않았을 것이다. 물론 루터와 츠빙글리는 공통적으로 로마-가톨릭교회의 화체설처럼 직접적인 표지의 실체화는 거부한다.

이와 같은 츠빙글리 성찬론의 점진적 변화는 불링거가 칼빈이 주

---

26 "quod in sacra eucharistiae (hoc est: gratiarum actionis) coena verum Christi corpus adsit fidei contemplatione"(감사의 행위인 성찬 속에 참된 그리스도의 몸은 신앙의 묵상을 통하여 현존한다), Huldrych Zwingli, *Fidei ratio* (1530), Huldreich Zwinglis Sämtliche Werke, VI/II, 806: "sit verum corpus non tamen reale aut naturale, sed suo modo spiritual, qui modus nobis ignotus est"(참된 그리스도의 몸이 실제적적으로, 혹은 자연적으로 현존하는 것이 아니라, 우리에게 알려지지 않은 채, 영적인 방식으로 현존한다), Huldrych Zwingli, *Fidei expositio* (1531), Huldreich Zwinglis Sämtliche Werke, Z VI/V, 78. (원문출처: Huldreich Zwinglis Sämtliche Werke, hrsg. Von Emil Egli, Georg Finsler, Walter Köhler, Oskar Farner, Fritz Blanke, Leonhard von Muralt, Edwin Künzli, Rudolf Pfister, Joachim Staedtke, Fritz Büsser, Markus Jennz. Bde. 1-14, Berlin/ Leipzig/Zürich 1905-1991, Corpus Reformatorum, 88-101).

27 Ibid., 78.

장했던 성찬론의 내용 중, 그리스도의 몸의 실제적 영적 시식만을 제외하고, 이외의 다른 사항들을 수용할 수 있었던 중요한 신학적 근거를 해명할 수 있을 것이다. 칼빈 또한 영혼의 양식으로서의 그리스도의 몸의 실제적인 영적 시식이 매우 중요한 사안이었음에도 불구하고, 불링거의 입장을 고려, 이 부분을 과감하게 삭제하고, 신앙의 유익을 위한 성찬 개념만을 성령론적 전망 속에서 강하게 부각시킨다. 그러나 그의 핵심적인 성찬론 테제, 그리스도의 몸의 실제적 영적 시식은 1559년『기독교 강요』최종판에서 분명하게 명시되었다.

그러나 개혁교회와 루터교회의 포괄적 화해를 염두했던 취리히합의신조의 체결은 예상과는 달리, 결정적인 교회분열의 계기로 작용했다. 함부르크 루터교회 신학자 요아킴 베스트팔(Joachim Westphal)은 본 합의신조가 루터의 성찬론과 대립되는 것으로 판단, 그를 정죄했기 때문이다. 아마도 루터의 대적자였던 츠빙글리의 후계자 불링거와의 성찬론 합의 자체에 대한 기본적인 의심이 본 합의신조에 대한 오해를 유도했을 것이다. 물론 본 합의신조에 명시된 화체설 비판을 루터의 그리스도의 몸의 편재설 비판이라고 오판했을 수도 있다. 반면에 성찬을 하나님의 은총과 구원의 약속의 봉인으로 이해했던 멜랑히톤주의자들(Philippisten)은 본 합의신조의 신학적 의도에 대해 충분히 공감했다. 이와 관련하여 루터교회는 루터의 편재설(Übiquitätslehre)을 정통과 이단을 판단하는 기준으로 제시함에 따라, 칼빈은 최종적으로 츠빙글리주의자로서 간주되었다.[28] 이에 대항하여 칼빈은 1557년『시편주석』서문에서 베스트팔과 같이 자신을 비판하는 순수 루터주의 신학자들(Gnesiolutheraner)을 "교회 내부에 잔존하는 대적자"라고

---

28 Peter Opitz, *Leben und Werk Johannes Calvins*, 119.

간주하고, 그리스도의 몸의 직접적 시식을 주장하는 그들의 견해를 "다듬어지지 않은 매우 거친 신학적 표현"이라고 폄하하며 자신의 입장을 적극적으로 변호했다.[29]

IV. 제3기: 그리스도의 몸의 실제적인 영적 임재로서의 성찬:『기독교 강요』최종판(1559)

1559년『기독교 강요』최종판에 이르러 칼빈은 그리스도 몸의 실제적인 영적 임재로서의 성찬을 주장한다. 이와 같은 성찬 개념을 주장하기 위하여, 그는 중점적으로 루터가 주장했던 그리스도의 몸의 편재설을 성령론적 전망 속에서 새롭게 해석한다. 보다 정확한 이해를 위하여 1536년『기독교 강요』초판과 1559년 최종판의 성찬론의 차이점을 다음과 같이 두 가지 사항으로 분명하게 정리, 제시해 보고자 한다.

1. 1536년『기독교 강요』초판에서는 하나님 우편에 좌정하고 계

---

29 "Loquor adhuc de testinis Ecclesiae hostibus, qui Evangelium Christi magnifice iactantes, quia crassum de carnali Christi manducatione eorum commentum non amplector, plusquam hostile impetus in me feruntur"(저는 교회 내부에 존재하는 저의 대적자들에 대해 생각합니다. 그들은 그리스도의 복음을 영광스럽게 하면서도, 저를 격렬하게 공격합니다. 왜냐하면 저는 그들이 주장하는 그리스도의 육신의 시식이라는 매우 거친 표현방식에 공감하지 않기 때문입니다), Johannes Calvin, *IO. CALVINI IN LIBRUM PSALMORUM COMMENTARIUS*, Ioannis Calvini opera quae supersunt omnia XXXI, 33. (원문출처: Ioannis Calvini opera quae supersunt omnia, hg. von G. Baum; E. Cunitz; E. Reuss, 59 Bde., Nachdr. der Ausgabe Braunschweig 1863-1900, New York, 1964).

신 그리스도의 몸과 분리된 영을 강조하면서 루터의 공재설의 근본적인 이론적 토대가 되는 그리스도의 몸의 편재설을 비판한다. 그럼에도 불구하고 신앙의 유비의 원칙에 근거하여 루터의 공재설을 긍정적으로 인식하고자 시도한다. 즉 루터가 주장했던 그리스도의 실제적 몸의 임재를 그리스도의 몸의 실제적 시식을 강조하기 위한 것으로서 이해한 후, 이를 영적인 차원에서 새롭게 해석한 것이라고 판단된다.

2. 최종판에서는 루터의 그리스도의 몸의 편재설을 성령론적 전망 속에서 새롭게 해석하며, 그리스도의 몸의 영적 편재를 강조한다. 그에 의하면, 성령의 역사를 통하여[30] 천상에 좌정하신 그리스도의 몸은 성찬식에 임재하며, 우리는 그의 몸에 참여한다.

전체적으로 양자를 비교해 볼 때, 루터의 그리스도의 몸의 편재설을 조심스럽게 비판하면서도 그의 공재설의 기본적인 신학적 의도를 존중했던 『기독교 강요』 초판의 성찬론과는 달리, 최종판 성찬론은 그리스도의 몸의 편재설에 대한 강도높은 비판을 시도하며, 이를 성령론적 전망 속에서 재해석한다. 『기독교 강요』 초판보다 더 강도 높은 루터의 그리스도의 몸의 편재설에 대한 그의 비판적 진술 중 일부를 소개하면, 다음과 같다.

---

30 "Quod ergo mens nostra non comprehendit, concipiat fides, Spiritum vere unire quae locis disiuncta sunt"(따라서 우리의이성은 공간적으로 서로 분리되어 있는 것을 성령께서 참으로 결합하신다는 것을 파악할 수 없지만, 신앙적으로는 이해한다), Johannes Calvin, *INSTITUTIO CHRISTINAE RELIGIONIS* (1559), Ioannis Calvini Opera Selecta V, 351. (원문출처: Ioannis Calvini Opera Selecta, 5 Bde. Hg. v. P. Barth, W. Niesel [und D.Scheuner]. München 1926-52).

그리스도의 양성의 구별을 폐기하고, 위격의 단일성만을 역설하는 그리스도의 몸의 편재설은 하나님을 피조물로, 피조물을 하나님으로 만들었습니다.[31]

위 문장에 의하면, 신성과 인성의 교류를 통한 무조건적 결합이 가능하다고 주장하는 그리스도의 몸의 편재설은 창조주와 피조물의 상호관계의 왜곡을 야기한다. 비록 그리스도론 영역 내에서 무조건적인 양성의 결합을 주장한다고 하더라도, 공간적인 제한조건이 제시되지 않은 채 신성과 인성의 결합을 강조한다면, 이는 피조물의 신격화를 초래할 수 있는 위험성을 지니고 있기 때문이다. 이 문제를 극복하기 위하여 전통적 의미의 '속성의 교류'에 대한 다음과 같은 새로운 해석을 제시한다.

거룩한 교부들은 오래 전에 속성의 교류란 말을 만들어 유익하게 사용했습니다. 영광의 주님께서 십자가에 못 박혔다고 한 바울의 진술은 그리스도의 신성이 수난을 당했다는 뜻이 아니라, 수난을 당한 그리스도께서 하나님이시며, 영광의 주라는 사실을 의미합니다… 신성은 비록 만물에 충만했지만, 그리스도는 인성을 취하여 육체 안에서 거주하셨다는 것입니다.[32]

---

31 "Quod discrimine inter naturas sublato, personae unitatem urgens, ex Deo hominem faceret, et ex homine Deum." Ibid., 388.

32 "Eiusdem est stuporis spernere idiomatum κοινωνίαν, quae non frustra olim a sanctis Patribus inventa est. Certe quum Dominus gloriae crucifixus dicitur, non intelligit in sua divinitate quicquam fuisse passum: sed quia Christus, qui abiectus et contemptus in carne patiebatur, idem Deus erat ex Dominus gloriae….sed quia tametsi omnia impleret, in ipsa tamen Christi humanitate corporaliter, id est naturaliter habitabat." Ibid., 388-389.

위 문장은 그리스도의 신성은 이 세계 안에 편재하지만, 그럼에도 불구하고 제한적 공간 내에서만 그리스도의 신성과 인성이 결합될 수 있음을 함의한다.[33] 즉 승천 이후 천상에서만이 그분의 신성과 인성은 결합된 채 존재하시기 때문에, 성찬식 현장 속에서 그리스도의 신성과 인성의 결합은 불가능한 것이다. 이와 같은 논리적 구조를 주목하지 않고, 속성의 교류를 통한 그리스도의신성과 인성의 무조건적 결합만을 문자적으로 강조한다면, 결과적으로 그리스도의 신성과 결합된 인성의 실제적 임재라는 비합리적 성찬해석으로 귀결될 수밖에 없다. 왜냐하면 이는 그리스도의 신성과 인성의 인격적 일치를 천명했던 431년 에베소 공의회의 결의사항을 그리스도 몸의 편재설에 무리하게 적용시키는 것이기 때문이다.

뿐만 아니라 그에 의하면 루터의 공재설 또한 로마-가톨릭교회의 화체설처럼 빵을 그리스도의 몸이라고 간주하고 이의 실제적 시식을 강조하고 있기 때문에, 완곡한 표현을 구사하고 있음에도 불구하고 궁극적으로 양자는 의미상 동일할 수 있다.[34] 화체설의 경우, 빵과 포도주로 변용된 그리스도의 몸을, 공재설의 경우, 빵과 포도주의 그리

---

33 "Quanvis totus Christus ubique sit, non tamen totum quod in eo est, ubique esse"(그리스도께서는 전체적으로 어느 곳에서든지 계시지만, 그리스도 안에 있는 전체는 어디에나 존재하지 않는다), Ibid., 389

34 "Quantum ad eos spectat qui panem in coena relinquunt, et affirmant esse Christi corpus multa illis est inter es varietas. Qui modesties loquuntur, quanquam praecise urgent literam, Hoc est corpus meum, postea tamen deflectunt a rigore: ac tantumdem valere dicunt atque corpus Christi esse cum pane, in pane et sub pane"(성찬에 빵을 남겨둔 채, 이를 그리스도의 몸이라고 주장하는 사람들의 생각은 다르다. 그들 중에서 온건한 사람들은 "이것이 내 몸이니라"는 말씀을 문자 그대로 고수하지만, 후에 그 엄격한 태도를 버리고 이 말씀은 그리스도의 몸이 빵과 함께, 안에 그리고 밑에 있다는 것과 동일하다고 주장한다), Ibid., 367-368.

스도로의 직접적 변용을 강하게 주장하지는 않지만, 이와 유사하게 빵과 포도주와 함께 그리고 아래, 안에, 존재하시는 그리스도의 몸의 실제적 임재를 주장하고 있기 때문이다. 하지만 빵과 포도주가 하나님께서 창조하신 그대로 존재해야 한다면,[35] 그리스도의 몸의 임재는 화체설, 혹은 공재설과는 다른 방식으로 실현되어야 한다. 그는 공재설과 자신이 주장한 성찬론의 핵심적 차이점을 다음과 같이 설명하고 있다.

> 그들은 빵 밑에 계시는 그리스도를 먹지 않는다면, 성찬에 참여한 것이 아니라고 주장합니다. 그러나 우리는 성령의 무한한 능력을 통하여 그리스도의 살과 피에 참여하게 되는 것이라는 사실을 믿어야 합니다. 그렇지 않는다면, 우리는 성령을 모욕한 죄를 범하게 되는 것입니다.[36]

여기서 빵과 포도주 그대로 존재해야 한다는 견해는 루터, 츠빙글리, 칼빈뿐 아니라 모든 종교개혁자들이 동의하는 사항으로서, 그들은 공통적으로 화체설이 주장하는 빵과 포도주의 직접적인 그리스도의 변용을 결코 인정하지 않았음을 주목할 필요가 있다. 왜냐하면, 종교개혁시기 성찬론 논쟁은 화체설과는 달리 빵과 포도주라는 성찬의 구성요소와 그리스도의 몸의 임재방식의 상호관계에 관한 교리적 논

---

35 "Carnem igitur carnem esse oportet: spiritum, spiritum: unumquodque qua a Deo lege et conditione creatum est"(육신은 육신으로서, 영은 영으로서 존재해야 한다. 만물은 하나님께서 창조하신 상태와 조건대로 존재해야 한다), Ibid., 376.

36 "quae nulla ab ipsis agnoscitur nisi Christi carnem sub pane delutiant. Atqui Spiritui sancto non levis fit iniuria, nisi credimus fieri incomprehensibili eius virtute ut cum carne et sanguine Christi communicemus", Ibid., 391.

쟁이었기 때문이다. 루터의 경우, 빵과 포도주 주위에 직접적으로 임재하신 그리스도의 몸을, 츠빙글리는 그리스도의 몸의 실제적 임재의 불가능성을 주장했기 때문에, 상호간 이견의 폭을 좁힐 수 없었다. 반면에 칼빈은 '구원의 약속의 봉인으로서의 성찬' 개념(1536년『기독교 강요』초판)뿐만 아니라 '성령의 사역을 통하여 구원의 약속의 실현되는 성찬' 개념(1559년『기독교 강요』최종판)[37]을 주장하면서, 그리스도의 몸의 실제적인 임재의 가능성을 성령론적 전망 속에서 현실화시키고 있다. 왜냐하면 그리스도의 승천 이후 전개된 성령의 사역이 그리스도의 몸의 실제적인 영적 임재의 근거가 되기 때문이다. 이와 관련하여 그는 로마서 8장 9절에 근거, 오직 성령만이 우리로 하여금 그리스도를 완전히 소유하며, 그분을 섬길 수 있게 한다고 주장한다.[38] 이와 같은 칼빈의 최종적 입장, '성령의 사역을 통한 그리스도의 몸의 실제적 임재'는 1536년『기독교 강요』초판에서 주장했던 '그리스도의 몸의 영적 시식'의 개념을 성령론적 전망 속에서 완성하는 것으로

---

37 "Iam sacram illam carnis et sanguis sui communicationem, qua vitam suam in nos transfundit Christus, non secus acsi ossa et medullas penetraret, in Coena etiam testatur et obsignat: et quidem non obiecto iani aut vacuo signo, sed efficaciam Spiritus sui illic proferens, qua impleat quod promittit"(우리가 그리스도의 살과 피에 참여할 때, 그리스도께서 마치 그의 생명을 우리의 뼈와 골수에 침투시키는 것처럼 우리에게 그의 생명을 부어 주신다는 것을 성찬에서도 증거하시고 봉인하신다. 성찬에서 그는 무익하고 허무한 표징을 제시하시는 것이 아니라, 그의 약속을 성령이 효과적으로 실현하신다는 것을 보여 주신다), Ibid., 351.

38 "Paulus enim ad Rom. Cap. Octavo, Christum no aliter in nobis quam per Spiritum suum habitare disserit…..ab uno Spiritu effici docet, ut totum Christum possideamus et habeamus in nobis manentem"(바울은 로마서 8장에서 그리스도께서 오직 그의 영을 통해서만 우리 안에 거하신다고 말한다…. 오직 성령만이 우리가 그리스도를 완전히 소유하며, 우리 안에 모시게 하신다고 가르친다), Ibid., 367.

서, 이는 '그리스도의 몸이 인간 영혼의 유일한 양식'(unicus animae nos-
trae cibus)39이며, 오직 그분만을 통하여 참된 생명을 획득할 수 있다는
신학적 신념을 성령론적으로 해석한 것이다. 다음과 같은 역설적 표현
은 그의 성찬론의 핵심 주제를 최대한 적절하게 표현한 것일 수 있다.

> 우리는 그리스도께서 그의 육신과 피의 본질로 우리의 영혼을 살리시
> 고자 외형적인 상징과 영을 통하여 우리에게 내려오신다고 언급합니
> 다.40

따라서 츠빙글리처럼 성찬을 단순한 그리스도의 몸의 상징화로서
간주한다면, 이는 매우 인간적인 견해라고 단정할 수밖에 없다. 왜냐
하면 그리스도는 모든 성례전의 질료이며 실체(Christum Sacramentorum
omnium materiam, vel substantiam esse)41이기 때문이다. 그러나 플라스거
(Plasger)에 의하면, 츠빙글리의 성찬론을 인간적인 견해라고 폄하하기
에는 곤란하다. 42 왜냐하면 하나님께서 인간에게 역사하시는 말씀과
결합된 신적인 표지로서 이해했던 루터와는 달리 츠빙글리에게 있어
서 성찬은 성령의 역사가 수반된 인간적인 표지일 뿐이기 때문이다.43

---

39 Ibid., 342

40 "Dicimus Christum tam externo symbolum quam Spiritu suo ad nos
descendere, ut vere substantia carnis suae et sanguinis sui animas nostras
vivificet", Ibid., 375.

41 Ibid., 273.

42 플라스거(G. Plasger)에 의하면, 칼빈은 츠빙글리의 상징설이 내포하고 있는 인간의
행위로서의 성찬 개념을 거부하고, 성찬을 하나님의 행위로 규정함으로써, 그의 성찬
론의 한계를 극복하고자 노력했다. 물론 츠빙글리의 상징설을 인간적인 견해라고 폄
하하는 것을 올바르지 않다. Georg Plasger, *Johannes Calvins Theologie - Eine
Einführung* (Göttingen: Vandenhoeck & Ruprecht, 2008), 117.

43 Eberhard Grötzinger, *Luther und Zwingli. Die Kritik an der mittelalterlichen Lehre*

그렇다면 칼빈은 루터를 통하여 신적인 표지로서의 성찬 개념을, 츠빙글리를 통하여 성령의 역사가 수반된 성찬 개념을 선택적으로 수용한 후, 양자를 결합했다고 추측해 볼 수도 있을 것이다.

V. 글을 정리하며

1536년『기독교 강요』초판의 성찬론은 1세대 개혁자 루터와 츠빙글리와는 다른 관점, 즉 그리스도의 몸의 임재 방식이 아니라 신앙적 유익을 위한 제공 방식에 관한 논증으로 전환, 전개된다. 이는 칼빈의 성찬론에 대한 신학적 관심이 단순히 이론적이지 않으며, 오히려 목회적-실천적이라는 사실을 함의한다. 따라서 이미 언급한 것처럼, 칼빈의 성찬론을 단순히 교리적인 측면에만 집중하여 이해하는 것은 바람직하지 못하다. 영적인 음식, 구원의 약속의 봉인, 그리스도와의 사귐으로 표현되는 성찬 개념은 철저한 목회적 실천과 밀접한 관련성을 가지고 있기 때문이다. 실제로 칼빈은 성찬식 참석 이전, 그리스도를 전적으로 신뢰하고 있는가를 중요한 검증절차로서 제시했다. 인간은 성찬식 참여의 적법성을 오직 그리스도를 통하여 획득할 수 있기 때문이다.

1542-43년 출판된『제네바교리문답』서가 그리스도와의 사귐을 위한 성찬을 중점적으로 강조하고 있다는 사실은『기독교 강요』초판 성찬론의 목회적-실천적 관심이 지속적으로 계승되고 있음을 증명한

von der Messe - als Wurzel des Abendmahlsstreites (Gütersloh: Gütersloher Verl.-Haus Mohn, 1980), 121, 63f.

다. 1559년 최종판 성찬론까지 이 관점은 절대로 포기되지 않는다. 부연하자면, 그가 루터가 주장했던 그리스도의 몸의 실제적 임재를 성령론적 전망 속에서 재해석하고 있다는 사실은 그리스도의 몸의 편재설만을 제외한 채, 루터가 제시했던 성찬론의 핵심주제인 구원의 약속으로서의 성찬과 그리스도의 몸의 실제적 시식을 통한 은총의 수령, 즉 성찬에 대한 구원론적 해석을 기본적으로 수용하고 있음을 의미한다. 또한 칼빈은 루터의 그리스도의 몸의 편재설을 비판했던 츠빙글리의 입장을 중심적으로 수용한 채, 그가 주장했던 성찬의 상징화는 전적으로 거부한다. 따라서 전체적으로 고찰하여 볼 때, 칼빈의 성찬론은 루터의 그리스도의 몸의 편재설에 대한 합리적 비판 및 성령론적 전망 속에서의 재해석을 통하여 형성되었다고 판단된다.

이와 같은 그의 성찬론에 대한 목회적-실천적 관심은 이미 논증했던 것처럼, 분열된 개신교회 진영의 일치를 위한 통합적 성찬론의 구상 및 실제적 합의 과정과 결코 무관하지 않다. 여기서 종교개혁시기 개신교회 진영 내부에서 성찬론이 교회분열을 야기했던 핵심적인 논쟁적 사안이었기 때문에, 이에 관한 신학적 합의는 이미 개신교회 진영의 분열을 치유할 수 있었던 중요한 사건이었음을 기본적으로 전제할 필요가 있다. 본 논문이 이미 논증했던『기독교 강요』초판(1536),『제네바교리문답』(1542),『기독교 강요』최종판(1559) 그리고『취리히합의신조』(1549)의 내용은 이 사실을 충분히 증명한다. 여기서『취리히합의신조』를 더욱 더 유심히 주목할 필요가 있다. 왜냐하면 목회적 실천의 일환으로서 시도된 종교개혁시기 교회일치운동이었던 취리히합의신조 체결이 개혁교회와 루터교회와의 포괄적인 교회정치적-교리적 화해를 추구했음에도 불구하고, 개신교회 분열의 결정적인 계기가 되었으며, 동시에 동시에 칼빈주의가 성찬론과 관련하여 츠빙글리주의를 수용하면서,[44] 제네바 개혁교회(칼빈주의)와 취리히개혁교회(츠빙글리주의)의 일치를 위하여 기여했기 때문이다.

---

44 Peter Opitz, *Leben und Werk Johannes Calvins*, 106. 『취리히합의신조』는 칼빈이 츠빙글리의 초기 성찬론, 즉 상징설을 비판적으로 인식함에도 불구하고, 그리스도의 몸의 영적인 시식을 거부한 채, 그의 몸의 영적인 현존을 주장했던 그의 후기 성찬론을 불링거와의 합의를 통하여 수용했음을 의미한다. 물론 화체설에 대한 비판적 공동대응을 위하여 불링거와 본 합의신조를 착상, 선언했다는 사실 그 자체가 그의 츠빙글리 성찬론에 대한 존중이며 수용이라고 평가될 수 있다. 뿐만 아니라 그가 루터의 신학적 인식구조를 차용하여 전개했던 1536년 『기독교 강요』 초판의 목차와는 달리, 츠빙글리주의를 대표적으로 상징하는 '하나님 인식과 인간의 인식'이라는 핵심 주제를 1559년 『기독교 강요』 최종판 서두에 도입했다는 사실 또한 『취리히합의신조』처럼 칼빈의 츠빙글리주의 수용을 해명할 수 있는 중요한 신학적 단서가 될 것이다. 조용석, "16세기 개혁교회 프로테스탄트주의와 현대 교파간 대화에 대한 에큐메니칼적 해석,"「신학논단」 62 (2010), 248.

제5부

16세기 유럽 프로테스탄트 종교개혁과 오이쿠메네(Ökumene)

제 14 장

16세기 개혁교회 프로테스탄트주의 및
현대 교파간 대화에 대한 에큐메니칼적 해석

I. 글을 시작하며

이 글은 루터의 종교개혁 운동의 영향을 받아 16세기 개혁교회 프로테스탄트주의가 형성되었다고 간주하며, 1세대 개혁자 루터와 츠빙글리의 신학이 비판적-창조적으로 결합된 칼빈주의가 개신교회의 일치를 지향했음을 주장하고자 한다. 이와 관련하여 루터의 입장을 계승한 칼빈과 츠빙글리의 교회일치 패러다임을 소개하고, 칼빈주의에 입각하여 현대 교파간 대화에 참여하는 개신교회의 교회론적-신학적 전제를 제시하고자 한다. 따라서 세부적이며 전문적인 신학적 논증방식이 아니라, 지금까지 일반적으로 소개된 루터와 칼빈의 종교개혁 운동과 관련하여 츠빙글리의 종교개혁 운동 및 그의 신학사상을 컨텍스트와 관련하여 집중적으로 간략하게 소개하며, 세 명의 종교개

혁자의 상호 관계를 전체적으로 조망하며 해석하는 방식을 사용하고
자 한다.

II. 프로테스탄트 종교개혁 운동에 관한 포괄적 질문

종교개혁 운동에 대한 신학적 의미를 파악하기 위하여 로마-가톨
릭교회의 종교적 이념과 결합된 서구 중세사회의 세계상에 관한 이해
가 전제되어야 한다. 이에 의거하여 다음과 같이 규정하고 싶다.

종교개혁 운동은 로마-가톨릭교회의 기독교 국가개념, Corpus
Christianum(각 민족국가의 왕권이 로마-가톨릭교회의 수장인 교
황권에게 종속된 중세사회의 정치, 종교 이념)의 해체를 간접적으로
가속화시킨 사건으로서, 이는 컨텍스트-텍스트의 상호작용 속에서
복음의 진리가 컨텍스트를 역동적으로 관통하고 있음을 증언한다.

종교개혁 운동의 정치적 파장은 다양한 형태로 드러난다. 독일의
경우, 루터는 신성로마제국의 황제와 분할된 지역의 통치자였던 제후
들의 정치적 후원을 통하여 종교개혁을 관철한다. 반면에 스위스의
경우, 각 자치도시 안에 확립된 시민 권력을 통하여 종교개혁은 관철
된다. 영국의 경우, 국왕의 정치적 영향력 아래 독특한 형태의 종교개
혁 운동, 즉 국왕이 영국 개신교회(성공회)의 수장을 겸임하는 중앙집
권적 형태로 발전되었다. 종교개혁 사상을 수용한 제후 혹은 독립된
시민 권력의 정치적 지배를 받았던 독일과 스위스와는 달리 영국처럼

중앙집권적 통치체제를 유지했던 프랑스의 경우, 프랑스 제국의 정치적 통일과 안정을 위하여 로마-가톨릭교회의 정치적 이념을 고수하면서, 프랑스 내에서의 종교개혁 운동은 좌초된다. 이후 루터의 신학적 영향을 강하게 받은 프랑스의 성서인문주의자 칼빈에 의하여 프랑스의 종교개혁 운동은 스위스 제네바에서 관철된다. 스위스는 각 시민자치 도시들이 연방의 형태로 상호결합된 일종의 계약적 결사체 형태의 연방국가로서, 프랑스와는 달리 봉건적인 정치적 환경이 부재했기 때문에 칼빈의 종교개혁 운동이 가능했던 것이라고 판단된다.

아울러 종교개혁 운동은 중세 시기 봉건주의로부터 근대의 자본주의 체제로 이해하는 과도기에 위치하지만, 당시 개혁자들이 16세기를 자본주의로의 이행기로 간주하고, 이의 실현을 위하여 역사적 사명을 감당했다고 볼 수는 없다.[1] 오히려 그들은 고대 교회의 신학적 전통으로의 복귀를 선언했을 뿐이다. 아울러 신성로마제국의 황제와 분할된 지역의 통치를 담당하며, 황제와 상호협력적 관계를 구축했던 제후와의 관계를 중요시한다. 시민 자치 권력에 대한 정치적 영향력을 행사하면서 스위스 취리히의 종교개혁을 주도했던 츠빙글리 또한 유럽지역 종교개혁의 관철을 위하여 프랑스 및 영국 국왕과 신성로마제국의 황제 및 제후의 역할을 매우 중요하다고 판단, 그들과의 정치적 협력관계를 모색한다. 칼빈 및 불링거 또한 그들의 선배 개혁자들과 동일하게 판단, 각 정치지도자와의 관계를 중요시한다.

루터의 경우, 면죄부 판매를 통한 죄의 용서를 선언했던 교황을 비판하면서, 오직 죄의 용서는 그리스도의 은총만을 통하여 가능하다고

---

1 Luise Schorn-Schütte, *Die Reformation, Vorgeschichte-Verlauf-Wirkung* (München: Beck, 1996), 106.

설파하며 교황의 지배로부터 해방되기를 원했던 황제 및 제후들의 정치적 후원 아래 로마-가톨릭교회와 대립한다. 반면, 츠빙글리는 프랑스, 오스트리아, 로마교황청의 용병 모집에 지원, 이후 전투에 참가하여 경제적 풍요를 향유했던 당시 스위스인들의 타락한 도덕적 삶의 자세 및 이로 인한 사회적 양극화를 비판하며, 스위스 연방의 철저한 사회개혁을 시도한다. 그는 스위스인들에게 용병으로서의 전투 참가를 종용하는 프랑스와 오스트리아 왕국이 로마-가톨릭교회의 종교적 이념을 숭상하고 있으며, 또한 로마-가톨릭교회가 이를 방조, 더 나아가 교황의 권위에 의지하여 전쟁이 미화되고 있다는 사실을 직시하고, 그리스도의 복음은 전쟁과 대립되는 평화를 지향하는 것임을 강조했다. 따라서 정치적인 측면에서 바라볼 때, 그의 반가톨릭적 정서는 루터를 초월한다.

루터는 한 인간의 개인적인 신앙적 실존과 관련하여 교황권을 비판하는 반면, 츠빙글리는 스위스 연방의 사회구조적인 측면과 관련하여 로마-가톨릭교회와의 철저한 단절을 시도한다. 루터의 종교개혁 운동이 기독교 교리의 개혁을 지향했다면, 츠빙글리의 종교개혁 운동은 기독교인의 생활의 개혁을 주창했다는 점에서 양자의 차이점은 진술될 수 있을 것이다. 이후 2세대 개혁자 칼빈의 신학적 모토는 루터의 츠빙글리의 신학의 유산을 비판적으로 계승한 교회공동체의 건설과 이를 통한 2세대 종교개혁 운동의 완성이었다는 점을 감안한다면, 그의 도덕적으로 엄격한 종교개혁 운동의 방식을 충분히 이해할 수 있다. 루터와 츠빙글리의 예정론이 주장하지 않았던 철저한 이중예정론의 전개[2] 및 교회청의 설립, 성찬을 교회치리와 관련하여 엄격하게

---

2 어거스틴의 신학적 영향 아래, 루터는 "노예의지에 대하여"(De servo arbitrio, 1525),

시행했던 사실은 이를 증명한다. 아울러 불링거는 그의 선배 개혁자 츠빙글리가 취리히 의회의 지도부에 참여하면서, 취리히의 종교개혁 및 외교정책을 암묵적으로 진두지휘했던 것과는 달리, 의회원으로서의 자격을 포기한 채, 오직 목회사역을 통하여 츠빙글리의 예언자적 정신을 계승한다.

국가와 교회를 분리시키며, 이를 율법과 복음의 관계로서 이해했던 루터의 두 왕국론은 그의 종교개혁 운동을 정치적으로 후원했던 신성로마제국과 제후들과의 관계에 관한 고려 없이 이해될 수 없다. 반면에 하나님의 절대주권 아래 교회와 국가를 통합적으로 이해하며, 이에 근거하여 율법을 복음의 구성요소로서 간주한 스위스의 개혁자들의 신학적 입장[3] 또한 스위스 연방이 지닌 독특한 정치적 구조를 고려하여 이해해야 할 것이다. 양자의 상이한 입장에 근거하여 교의학과 윤리학의 상호관계가 결정된다. 루터교회의 전통 속에서 교의학은 윤리학과 분리되어 전개되지만, 개혁교회의 신학적 전통 속에서 교의학은 이미 윤리학적 단초를 함의하고 있다.

스코틀랜드 종교개혁의 경우, 유럽 대륙의 종교개혁 운동 속에서 발발한 난해한 신학적 논쟁이 아니라, 교회의 운영체계와 관련된 논

츠빙글리는 "섭리에 대하여"(De provodentia, 1530), 칼빈은 "하나님의 영원한 예정에 대하여"(De aeterna Dei praedestinatione, 1552)에서 자신만의 독특한 예정론을 전개한다. 1세대 종교개혁자 루터와 츠빙글리는 세계창조 이전에 인간의 구원을 예정하신 하나님의 근본적인 의지를 강조하는 반면, 2세대 종교개혁자 칼빈은 선택과 유기의 분리를 강조하는 철저한 이중예정론을 전개한다.

3 칼빈과 불링거는 츠빙글리의 율법이해를 수용한다. 츠빙글리에 의하면, 율법은 복음과 등가적 관계를 지닌다. "Aber warlich, so ist es an im selbs nüt anderst dann ein euangelium, das ist: ein gůt gwüsse botschaft von got, damit er uns bricht sins willens"(율법은 또다른 복음으로서, 이를 통하여 하나님께서는 그의 뜻을 알려주신다) *Auslegen und Gründe der Schlußreden*, Z II, 160.

쟁을 중심으로 전개되었다. 스코트랜드 교회는 칼빈주의의 실천적 측면, 즉 장로직(Presbyterium) 중심의 교회정치 체제를 강조하며, 잉글랜드 성공회의 감독직(Episcopatum)과 대립되는 칼빈주의의 교회정치적 특징을 부각시킨다. 여기서 루터의 종교개혁을 완성하기 위한 의미를 지니고 명명된 스위스의 개혁(reformiert, reformed) 교회는 스코트랜드 종교개혁을 통하여 장로교회로서 재변형의 과정을 통과한다. 유럽 대륙의 개혁교회가 칼빈주의의 이론적 측면을 부각시켰다면, 스코트랜드의 종교개혁 운동은 장로직을 중심으로 엄격한 교회 치리를 시행했던 칼빈의 종교개혁 운동의 실천적 측면을 부각시켰다고 볼 수 있을 것이다. 추측하건대, 종교개혁 사상을 수용했음에도 불구하고 로마-가톨릭교회의 직제를 부분적으로 수용하며 왕실 종교개혁 운동의 한계를 노출한 잉글랜드 성공회를 우회적으로 비판하고자 했다고 볼 수 있다.

III. 16세기 개혁교회 프로테스탄트주의로의 발전

16세기 종교개혁 운동은 칭의론의 재발견을 통한 고대 교회의 신학적 전통으로의 소급을 시도하며, 당시 로마-가톨릭교회와 결합된 봉건적인 정치체제의 해체를 위하여 간접적으로 기여 했다. 로마-가톨릭 중심주의의 해체는 교황권에 대한 거부를 통하여 시작되며, 이는 루터의 칭의론적 통찰이 중요한 동기를 제공하였다. 이후 루터의 핵심적인 신학사상인 칭의론은 유럽 전 지역을 포괄하는 종교개혁 운동의 중요한 논쟁적 주제가 된다. 루터와 대립하며 스위스, 독일 고지대 지역의 종교개혁을 주도했던 츠빙글리 또한 루터의 칭의론에 대한 이해가 그의 종교개혁 사상의 토대가 된다. 하나님의 전적인 은총을 통한 루터의 칭의론에도 불구하고, 성찬론 및 교회제도에 있어서 로마-가톨릭교회의 흔적이 잔존한다고 간주했던 츠빙글리 및 칼빈은 하나님-인간의 전적인 대립에 기초하여, 인간의 말씀이 아닌 하나님의 말씀을 통하여 개신 교회가 개혁되어야(reformiert, reformed)한다고 주장했다. 따라서 츠빙글리와 칼빈의 신학적 사유의 범위 안에서 루터교회와 대립하며 종교개혁 운동을 관철했던 교회를 개혁교회라고 명명하게 되었던 것이다. 이는 다음과 같은 두 가지 형태로 전개된다.

1. 츠빙글리주의

츠빙글리주의는 취리히 개혁자 울리히 츠빙글리의 종교개혁 운동의 형태와 그의 신학사상을 지칭한다. 츠빙글리주의의 중요한 특징으로는 다음과 같다. 1) 스콜라주의적-인문주의에 근거 한 종교개혁 사상, 2) 하나님과 피조물의 명백한 대립의 강조, 3) 하나님 중심적 신학, 4) 율법의 복음의 일부로 인식, 사회를 교회의 확장된 영역으로 간주하는 예언자적 신정 정치의 구현, 5) 섭리론-예정론적 전망에 대한 강조.

1519년 츠빙글리는 루터의 탑 체험과는 달리 당시 흑사병에 전염되면서, 투병 과정을 통하여 하나님 섭리에 관한 강한 확신을 부여받는다. 루터가 탑 체험을 통하여 오직 하나님의 은총과 신앙을 통한 칭의 사건을 체험했다면, 츠빙글리는 흑사병 체험을 통하여 하나님과 인간의 전적인 차이를 인식하며, 이에 기반하며 종교개혁 사상을 전개하기 시작한다. 루터가 개인의 신앙적 실존의 영역에서의 하나님의 은총을 체험했다면, 츠빙글리는 스위스 용병군대의 종군사제로서의 전쟁 체험으로 인하여 에라스무스의 평화주의를 (흑사병 체험으로 인하여) 하나님의 섭리와 관련된 신학적 화두를 스위스 연방 전체를 위하여 확대, 적용한다. 그가 종교개혁적 전향 이후에도 참전한 이유는 로마-가톨릭교회의 통치 아래 존재하는 스위스 칸톤의 정치적 영향력으로부터 개신교회 진영의 칸톤을 수호하기 위한 것으로서, 이는 그의 '평화'에 대한 현실주의적 이해를 암시한다.[4]

그에 의하면 하나님의 섭리의 구속사적 귀결인 예수 그리스도의 화해의 사역을 통하여 인류 공동체가 구원되었기 때문에, 그리스도의 화해의 사역은 개인을 초월한 공동체를 위하여 존재한다. 이와 같은 그리스도의 구원사역은 로마-가톨릭교회의 교황의 권위와 교부의 구두적 전승에 의하여 실현되는 것이 아니라, 오직 성서 안에 증언된 하나님 말씀에 대한 순종을 통하여 구현된다. 성서가 증언하는 하나님의 말씀과 기독교의 교리의 진위 여부를 결정하는 로마-가톨릭교회의 권위는 "하나님과 인간의 전적인 차이"에 근거하여 해체되어야 한다.

부처 혹은 칼빈과는 달리 츠빙글리에게 있어서 교회 치리는 중요한 의미를 획득하지 못한다. 왜냐하면 그는 취리히 도시공동체를 예수 그리스도의 교회와 동일시했기 때문에, 사회와 분리된 교회의 독자성이 아니라, 교회의 영역을 통합한 사회공동체의 변화를 중요시했던 것이다. 츠빙글리는 "거짓 종교과 참된 종교에 대한 주해"(De vera

---

4 René Hauswirth, *Landgraf Philipp von Hessen und Zwingli. Voraussetzung und Geschichte der politischen Beziehungen zwischen Hessen, Straßburg, Konstanz, Ulrich von Württemberg und reformierten Eidgenossen 1526-1531* (Tübingen und Basel: Osiander, 1968), 76.

et falsa religione commentarius, 1525)의 마지막 문장에서 다음과 같이 자신의 궁극적인 신학적 의도를 강조한다.

여기서 우리가 언급한 내용은 하나님의 영광, 기독교 공화국의 유익 그리고 선한 양심을 위한 것입니다.[5]

이와 관련하여 그에게 있어서 하나님 말씀에 대한 순종 여부를 결정하는 것은 로마-가톨릭교회와의 단절 여부이며, 아울러 로마-가톨릭교회의 종교적 이념과 결합된 용병제도에 대한 입장이다. 이와 같은 츠빙글리 종교개혁의 정치적 이상은 예언자적 신정정치(prophetische Theokratie)라고 정의된다. 이는 황제, 제후의 정치권력과 교회의 영역을 분리시킨 루터의 정치 이념과는 달리 국가와 교회를 동일한 하나님의 말씀의 권위 아래 예언자적 감성을 가지고 종속시킴으로써, 국가를 교회의 영역으로 편입시키고자 했던 시도라고 할 수 있으며, 이는 중세 시기 로마-가톨릭교회의 정치 이념과 형식적으로 유사하다. 중요한 차이점은 로마-가톨릭교회의 국가와 교회의 일치 이념은 교황권에 종속된 황제, 혹은 제후의 정치적 관계로서 표현되는 반면에, 츠빙글리의 정치적 이상은 하나님의 말씀에 순종하는 시민 자치 권력의 신앙적 성숙과 관련되어 있다는 점이다.

---

5 "Nos enim quicquid diximus, in gloriam dei, ad utilitatem reipublicae Christianae conscientiarumque bonum diximus", *De vera et falsa religione commentarius*, Z III, 911.

2. 칼빈주의

루터와 츠빙글리는 동시대를 살았던 개신교회 진영의 개혁자였으며, 자신의 독자적인 신학적-정치적 영역을 구축했던 인물이다. 반면에 칼빈은 츠빙글리의 후계자 불링거와 같이 2세대 개혁자에 속하는 인물로서, 루터와 츠빙글리의 신학적 입장을 공유했던 개혁자였다. 따라서 "칼빈주의"라는 신학적 사조에는 루터와 츠빙글리의 신학적 단초가 함의되어 있다고 간주해야 한다. 칼빈을 독창적인 사상가로서 정의하는 것은 매우 무리가 있다. 아울러 칼빈의 신학을 고찰함에 있어서 그의 주변인물, 선배 개혁자와의 인적 관계를 간과하는 것 또한 매우 위험하다. 그의 신학적-교회정치적 이상은 그의 선배 개혁자의 신학사상을 종합하는 것이었으며, 개신교회 내부의 통일적인 신학적 입장을 정립하며, 교회적 안정을 구축하는 것이었다.

칼빈주의는 다음과 같이 요약, 정리할 수 있다. 1) 하나님의 절대주권과 종말론적 전망에 대한 강조, 2) 르네상스 인문주의와 신학의 공조관계의 파기, 3) 성화와 칭의의 은총에 대한 동시적 강조, 4) 목회적 관심에 근거한 교회 치리의 강조, 5) 루터와 츠빙글리 신학의 창조적 종합, 6) 종교개혁적 전향 이전에 학습한 법률적 논리 전개에 의거한 기독교 중심 교리의 해명.

칼빈주의의 신학적 핵심은 하나님의 절대주권으로서, 이는 츠빙글리의 신학적 유산이다. 그러나 츠빙글리가 하나님 중심적 전망 속에서 유일신을 신봉하는 그리스-로마 철학자. 유대인들의 구원의 가능성을 긍정적으로 타진했던 것과 달리 칼빈은 이를 거부한다. 그에 의하면 유대인, 터키인을 비롯한 이슬람교도, 더 나아가 삼위일체론을 부정했던 이탈리아, 스페인 출신의 인문주의적 기독교도들은 무신론자(impii)로서, 그는 무신론자와 약간의 신학적 오류를 범했던 일부 그리스도인들을 구별하면서, 관용의 범위를 확정했다.6 물론 근대 이전 중세적 세계관 속에서 엄밀한 의미의 무신론자는 존재하지 않는다. 유럽인들의 세계관은 기본적으로 유일신 론적인 종교관 속에서 형성되었기 때문이다. 유대교, 기독교, 이슬람교의 종교적 담론이 지배했던 시대적 상황 속에서 유일신론은 그 당시의 세계관의 근거였기 때문에, 기독교인들에게 있어서 무신론자는 기독교의 전통적인 삼위일체론은 부정하는 유대인과 이슬람교도, 르네상스 인문주의의 영향을 받은 반삼위일체론자들이 무신론자로서 규정되었던 것이다. 이와 같이 칼빈주의는 고대 교회의 신학적 전통과의 연속성, 즉 삼위일체론의 완벽한 계승을 강조하면서, 칭의론과 예정론을 통한 인간의 자기 의로움의 부정을 통하여 개혁교회 프로테스탄트주의의 신학적 근거를 제공했다. 그의 신학적 동기는 츠빙글리와 마찬가지로 루터와의 밀접한 관련성 속에서 정의되어야 한다. 예를 들어 칼빈주의의 핵심적 교리로서 간주되는 예정론의 경우(칼빈의 핵심적인 신학적 화두는 하나님의 절대주권이었으며, 예정론은 이의 일부일 뿐이다), 이는 루터의 칭의론과 분리되어 인간의 노동을 자본주의 화시키기 위한 신학적 장치가 아니라, 예정론에 근거하여 인간의 자기 의로움을 부정하며, 동시에 스스로 의롭게 될 수 없는 인간의 무능함을 강조하기 위한 것으로서 칭의론에 대한 예정론적 해석이다. 따라서 결코 루터의 칭의론과 칼빈의 예정론은 분리될 수 없으며, 오히려 교회론적 차원의 목회적 관

---

6 Peter Opitz, *Leben und Werk Johannes Calvins* (Göttingen:Vandenhoeck & Ruprecht, 2009), 107f.

심이 칭의론적 동기와 결합되어 표현된 것으로서 간주하는 것이 바람직할 것이다.[7]

3. 칼빈주의: 16세기 개신교회 진영의 일치를 위한 프로테스탄트주의

여기서 칼빈의 종교개혁은 독특한 의미를 지닌다. 칼빈은 프랑스 로마-가톨릭교회의 성서 인문주의 운동에 가담하면서 루터의 종교개혁 사상, 특히 칭의론을 접하게 되며, 이를 통하여 칭의론이 추구하는 궁극적인 교회정치적 목표인 "교황권에 대한 거부"를 수용한다. 그러나 이는 프랑스 제국의 종교정책과 상충하는 부분이었기 때문에, 그는 박해를 피해 스위스 지역으로 피신한다. 그의 종교개혁적 전향의 동기는 루터의 칭의론이었으며, 학문적으로는 멜랑히톤의 신학적 영향을 받아 프랑스 개신교인들을 위한 교의학 저서를 구상하게 되었다. 1536년 스위스 바젤에서 출판된 그의 『기독교 강요』 초판이 율법-복음의 순서(루터의 기본적인 신학적 논리)에 입각하여 저술되었다는 사실은 그의 종교개혁 사상이 루터의 영향을 받았음을 증명한다.[8] 이와 같은 그의 신학적 입장으로 인하여 그는 이후 "프랑스인 루터"라고 명명되기도 했다. 이와 같은 칼빈의 루터의 신학적 입장과의 친화성

---

7 빈첼러는 종교개혁자들의 중요한 신학적 관심사를 다음과 같이 정의한다. "루터에게 있어서는 한 인간의 개인적-실존적 신앙, 츠빙글리에 있어서는 사회공동체, 칼빈에게 있어서는 교회가 매우 중요한 신학적인 화두였다", Peter Winzeler, „Losend dem Gotzwort!" Die Bedeutung Gottfried W. Lochers für die Zwingli-Forschung, in: Zwingliana 25, 1998, 63.

8 루터주의자들은 1521년 출판된 멜랑히톤의 『신학총론』(*Loci Communes*)을, 츠빙글리주의자들은 1525년 출판된 『주해』(*Commentarius*)를, 칼빈주의자들은 1536년 출판된 『기독교 강요』(*Institutio*)를 개신교회 최초의 교의학 저서라고 주장한다.

은 독일의 멜랑히톤주의자들이 칼빈주의를 수용할 수 있게 하는 중요한 계기로서 작용하며, 이는 1563년 하이델베르크교리문답의 작성을 통하여 구체화된다.

그러나 칼빈은 1549년 츠빙글리의 후계자 불링거와의 성찬론 합의를 통하여 스위스 개혁자로서 공식적으로 편입된다. "하나님과 인간의 인식"를 서두로 하여 시작되는 그의 『기독교 강요』는 그가 츠빙글리 종교개혁 신학의 모토인 "하나님과 인간의 전적인 대립"에 근거한 "하나님과 인간의 인식"을 수용했음을 암시한다.9 이는 1525년 츠빙글리가 저술한 『주해』(*Commentarius*)에 기술되어 있다. 1549년 『취리히합의신조』를 통하여 이루어진 제네바 개혁교회(칼빈)와 취리히개혁교회(불링거)의 일치를 통하여 칼빈주의는 츠빙글리주의를 흡수한다. 이와 같이 칼빈주의는 독일 지역에서 멜랑히톤을 통하여 루터주의와의 친화성을, 동시에 스위스 지역에서는 불링거를 통하여 츠빙글리주의와의 친화성을 하이델베르크교리문답 및 취리히합의신조를 통하여 교회정치적-신학적으로 증명했다.

루터가 칭의론의 영역에서 하나님의 인간의 전적인 대립을 철저하게 주장했다면, 츠빙글리는 이를 초월하여 하나님의 절대주권을 강조하면서 이와 대립되는 피조물 인간의 죄성을 부각시키며, 자신의 독특한 신학 체계를 형성한다. 이는 섭리론으로 귀결되는 바, 2세대 개혁교회 신학자였던 칼빈과 불링거는 그의 섭리론의 핵심적인 구성

---

9 "Quid ist deus, fortasse supra humanum captum, verum, quod sit, haud supra eum est"(인간의 인식능력 으로는 하나님을 파악할 수 없지만, 그럼에도 불구하고 그의 존재를 파악하는 것은 불가능하지 않다.), *De vera et falsa religione commentarius*, Z III, 640.; "quod a solo deo discendum, quid ipse sit"(인간은 오직 하나님만을 통하여 하나님께서 누구이신지를 배워야 한다), Ibid., 643.

요소인 계약신학을 제네바와 취리히의 교회정치적 상황 속에서 계승, 적용한다. 양자는 하나님의 섭리론적 전망을 견지하면서, 구약, 신약 성서의 통일성을 주장하는 계약신학을 중심적인 테제로 설정했던 것이다. 루터의 칭의론이 구약성서에 대한 폄하와 유대인 박해의 신학적 근거로 이해될 수 있었던 반면에, 칼 빈과 불링거의 계약신학은 하나님의 계약의 연속성에 기초하여 이스라엘 백성에 대한 하나님의 선택이 예수 그리스도 안에서의 새로운 계약의 백성으로서의 교회의 신학적 근거가 된다고 인식한다.[10] 이는 개혁교회의 율법의 제3용법, 즉 율법을 복음의 일부로서 이해하는 개혁교회의 독특한 신학적 전통의 근간이 된다. 이는 결코 루터의 신학적 유산의 거부가 아니라 이의 완성으로서 이해되어야 할 것이다.[11] 뿐만 아니라 성찬론의 영역에서도, 츠빙글리(은총의 표식-상징-으로서의 성찬)와 루터의 성찬론의 강조점(그리스도의 몸과 피의 임재로서의 성찬)이 결합된 칼빈의 성찬 이해(그리스도의 영적 임재로서의 성찬) 또한 츠빙글리주의의 합리적 요소와 루터주의의 신비적 요소를 결합된 성찬에 대한 통전적 이해로서의 간주

---

10 칼빈과 불링거의 공동의 신학적 화두인 계약신학은 스위스 연방의 정치적 특수성을 고려하여 이해할 수 있다. 그들은 아브라함-노아의 계약에 기초하여 설립된 구약시대 이스라엘 12 지파의 정치적 결합의 모델과 로마-가톨릭교회의 종교적-정치적 굴레로부터 해방된 스위스 연방체제와의 유사성, 더 나아가 결정적으로 예수 그리스도의 새로운 교회로서 자신의 존립근거를 확보한 스위스 종교개혁 운동의 신학적-정치적 정당성을 계약신학을 통하여 확보하고자 했다고 볼 수 있다.

11 루터는 결코 성화를 거부한 것이 아니다. 그의 종교개혁 운동의 특성상 로마-가톨릭교회에 대항하여 칭의론을 부각시켰을 뿐이다. 츠빙글리로부터 연유하는 율법의 제3용법의 전통, 즉 성화의 삶에 대한 강조는 칼빈 이후 개신교회의 중요한 특성이 된다. 예를 들면, 경건주의 운동의 선구자이며 현대 복음주의 운동의 신학적 뿌리라고 할 수 있는 필립 스페너의 "경건한 열망"(Pia desideria, 1675)은 루터 교회의 신학적 전통 속에서 간과되었던 성화에 대한 신앙적 가치를 부각시킨다. 이와 병행되었던 영국의 청교도, 감리교 운동, 이후 미국의 대각성운동을 포괄하여, 부흥운동을 표방한 현대 복음주의 운동 또한 성화운동을 중심으로 전개되었음은 부정할 수 없다.

되는 것이 바람직할 것이다.

IV. 개혁교회 프로테스탄트주의의 교회일치 패러다임

이와 같이 16세기 시대적 상황 속에서 형성된 개혁교회 프로테스탄트주의는 로마-가톨릭교회로부터의 분리를 감행했음에도 불구하고, 교회 분열을 조장하기 위한 것이 아니라, 오히려 참된 교회일치의 이상을 구현하기 위하여 감행되었다는 사실을 강조했다. 16세기 개혁자들은 황제와 제후들로부터 종교개혁 운동의 신학적 정당성을 부여받기 위하여 그들의 신학이 결코 새로운 것이 아니라, 고대 교회의 신학적 전통으로부터 연유한 것이라는 사실을 증명하고자 시도했던 사실은 이를 증명한다. 또한 로마-가톨릭교회가 교회를 원성례전으로서 간주하며, 교황을 중심으로 한 가시적 교회 일치를 주장했다면, 개혁자들은 역사 속에서 구현된 가시적 교회의 모습은 신앙을 통하여 고백된 교회상을 지녀야 한다고 주장하며, 이와 아울러 비가시적 차원에서의 교회의 존재 또한 긍정하면서, 이를 통하여 현재의 가시적 교회를 상대화시키고자 했다. 결코 가시적 교회의 표상을 부정한 것이 아니라, 오히려 이를 상대화시킴으로써, 교황의 무오성에 근거하여 거룩한 교회의 가시적 일치의 표상을 견지하는 로마-가톨릭교회를 비판한 것이다.

루터는 신앙을 통하여 고백된 교회의 표상을 말씀의 선포와 성례전의 집행이라고 간주하고, 이를 통하여 교회의 본질인 "성도의 사귐"(communio sanctorum)이 실현된다고 주장한다. 교황권과 7성사의 집행 여부가 아니라, 하나님의 말씀이 선포되고 두 가지의 성례전이 집행되는 곳이면 예수 그리스도의 교회로서의 존재요건이 성립된다는 것이다. 이는 루터교회 진영의 통일을 위하여 멜랑히톤이 작성, 선언된 아우크스부르크 신앙고백(Confessio Augustana, 1530) 제7항에 명시되어 있다.[12] 칼빈 또한 이와 같은 아우크스부르크 신앙고백의 교회론을 수용하며, 두 가지 표상을 통하여 보편적 교회의 존재 여부를 판단할 수 있다고 주장했다. 이와 같은 루터의 입장을 계승한 칼빈[13]은 교회를 다시금 하나님의 예정의 빛에서 고찰함으로써, 가시적 교회의 무흠함을 강조했던 로마-가톨릭교회의 신학적 입장의 극복을 시도한다. 성도의 사귐으로서의 교회는 말씀의 선포와 성례전의 집행을 통하여 보편적 교회의 일부로서 인정을 받지만, 이를 어거스틴의

---

12 "Articulum VII, De ecclesia"(제7항, 교회에 대하여): Item docent, quod una sancta ecclesia perpetuo mansura sit. est autem ecclesia congregatio sancatorum, in qua evangelium recte docetur et recte administrantur sacramenta. Et ad veram unitatem ecclesiae satis est consentire de doctina evangelii et administratione sacramentorum. Nec necesse est ubique esse similes traditiones humanas, seu ritus aut ceremonias ab hominibus instituas. Sicut inquit Paulus Eph.4,5.6: una fides, unum baptisma, unus deus et pater omnium etc(그들은 다음과 같이 가르친다: 하나의 거룩한 교회가 영원히 존재한다. 그리고 교회는 거룩한 이들의 모임이다. 이 안에서 복음을 올바로 가르치고, 올바로 성례전을 집행한다. 그리고 교회의 참된 일치를 위하여, 복음과 성례전의 집행에 관하여 일치가 되는 것으로 충분하다. 모든 교회 안에서 인간에 의하여 도입된 인간적 전통과 전례가 유사해지는 것은 불필요한 것이다. 바울이 에베소서 4:5-6에서 말한 것처럼: 하나의 신앙, 하나의 세례, 모든 이들의 아버지이신 한 분이신 하나님).
13 칼빈은 1536년 『기독교 강요』 초판에서 다음과 같이 주장한다. "Nos contra asserimus: et ecclesiam nulla apparente forma constare posse, nec formam externo illo splendore, quem stulte admirantur, sed longe alia nota contineri, nempe: pura verbi Dei praedicatione et legitima sacramentorum administratione"(우리는 다음과 같이 주장한다. 교회는 가시적 형태 및 외형적 광채 없이 존재할 수 있으며, 이와는 상이한 표지를 소유한다. 이는 말씀의 선포와 성례전의 적법한 시행이다), OS I, 31.

신학적 전통에 의거하여 하나님의 예정의 빛에서 다시금 재규정한다. 그에 의하면, 역사적 지평에서 존재하는 교회 안에 의인과 죄인이 공존한다.

츠빙글리 또한 하나님의 섭리와 예정의 빛에서 교회를 규정하며, 교회의 참된 표지는 공동의 신앙고백이라고 표명한다.[14] 공동의 신앙고백만 존재한다면, 전 세계 모든 곳에 설립된 교회의 예수 그리스도의 교회로서 인정받을 수 있다는 것이다. 그에게 있어서 루터와 칼빈의 두 가지 교회의 인식표지 중 성례전의 집행 항목은 결여되어 있다 (루터와 칼빈 또한 신앙고백을 중요성을 간과하지 않는다). 이는 루터와 칼빈 그리고 츠빙글리의 상이한 성례전 이해에 근거한다. 즉 츠빙글리는 성례전에 대하여 중요한 신앙적 의미를 부여하고 있지 않기 때문이다. 그에게 있어서 성례전은 신앙고백의 표시로서, 이를 통하여 교회공동체 안으로 편입되는 자격을 부여 받는다고 규정된다. 따라서 성례전은 교회 설립에 있어서 중요한 구성요소가 아니라, 이후 교회 구성원으로서의 자격을 인증받기 위한 형식적 절차가 된다. 이후 츠빙글리는 이와 같은 자신의 성례전론의 위험성을 간파하고, 성례전은 하나님과의 계약과 선택의 표시 및 상징으로서 이해하며, 이에 대한 심오한 신학적 의미를 부여하고자 했다.

이와 같이 루터와 칼빈 그리고 츠빙글리는 기독교 영역 내부의 교회일치에 대한 구상 이외에도 츠빙글리는 한 걸음 더 나아가 기독교를 초월한 유일신 신앙의 종교적 뿌리를 공동으로 소유하고 있는 유대교 및 그리스–로마 철학과의 친화성을 적극적으로 해명하며, 상호

---

14 "Credo et universalem sensibilem unam esse, dum veram confessionem istam, de qua iam dictum est, tenet"(나는 믿는다. 참된 신앙이 고백되는 곳에서, 보편적인 가시적 교회는 오직 하나만 존재한다), *Fidei ratio*, Z VI/II, 802.

공존의 필요성을 신학적으로 정당화한다. 이는 그의 섭리론 및 예정론에서 극명하게 표명되며, 하나님 중심적 전망 속에서 전개된다. 즉하나님 중심적인 신학적 전망을 통하여 유일신 종교와 기독교 사이의친화성을 해명하며, 아울러 기독교 영역 내부와 관련하여 공동의 신앙고백을 통한 교회일치에 관한 구상을 피력하고 있는 것이다. 아울러 유일신 신앙의 공동의 뿌리를 지닌 유대교를 예수 그리스도의 교회의 기원이 되는 하나님의 교회라고 해명함으로써, 유대교와 기독교와의 신학적 친화성을 교회론적 전망 속에서 정당화하고 있다.

이와 같은 츠빙글리의 신학적 단초는 1529년 종교개혁 진영의 일치를 위하여 개최되었던 마르부르크 회담을 계기로 표출된다. 물론마르부르크 회담은 루터와 츠빙글리 사이의 성찬론 불일치로 인하여좌초되었다. 츠빙글리는 마르크부르크 회담을 앞두고, 본 회담을 주최했던 헤센의 필립 공작에게 '하나님의 섭리'에 관한 자신의 생각을설교의 형태로 피력했다. 1530년 그의 설교는 필립공작의 요청으로"섭리에 대하여"(Sermonis de providentia dei anamnema)라는 논문으로 출판되었다. 여기서 그는 하나님의 절대주권에 기반한 섭리, 아울러 섭리에 기반한 하나님의 예정을 해명하면서, 하나님께서는 유일신 신앙의 뿌리를 지닌 그리스-로마 철학자들과 유대인들을 세계 창조 이전에 이미 선택하셨다고 설파한다.[15] 이는 츠빙글리의 평화주의의 비전

---

15 츠빙글리의 예정론은 섭리론의 일부로서 전개된다. 스토아 철학으로부터 차용한 섭리(providentia)개념은 성서가 증언하는 하나님의 창조행위를 설명하기 위한 보조 개념이었다. 그는 섭리를 하나님의 창조를 우주적 전망 속에서 전개시키며, 이와 인간의 구원을 위한 하나님의 예정을 결합시킨다. 하나님의 섭리 안에서 전개되는 그의 예정은 타락 전 예정설, 아담의 타락 여부와 관련 없이 인간에 대한 구원의 선택을 이미 결정하셨다는 사실과 상응한다. 타락 전 예정설은 아담의 타락 이후에 하나님께서 인간의 행위를 감안하여 구원의 선택 여부를 결정하신다는 내용인 반면, 타락 전 예정설은 인간의 업적과 무관하게 오직 하나님의 전적인 은총을 통하여 인간을 선택하신다는

에 근거한 기독교인과 이방인 사이의 평화를 지향하는 신학적 진술로서, 로마-가톨릭교회로부터 이탈한 종교개혁진영은 르네상스 인문주의 운동과 유대교의 경전인 구약성서를 적극적으로 수용해야 한다는 사실을 함의한다. 다시 말하면, 이는 그리스-로마 문화 및 유대교에 대한 기독교적 관용의 범위를 확장한 것으로서, 기독교의 영역을 초월하여, 하나님 중심적인 세계관에 근거한 진리의 통일성을 주장한 것이었다고 볼 수 있다.[16] 더 나아가 이는 초기 츠빙글리 사상에서 확

내용이다. 여기서 그의 타락 전 예정설은 루터의 칭의론적 통찰과 상응한다. 소위 그의 섭리론적 예정론은 하나님의 구원의 선택이 그리스도인뿐만 아니라 비그리스도인들도 하나님의 구원의 반열에 편입될 수 있음을 시사한다. 실제적으로 츠빙글리는 그의 예정론에서 유일신 하나님을 믿는 그리스-로마 인문주의 철학자, 유대인, 아울러 유아 세례를 통하여 예수 그리스도를 구세주로 고백하지 못한 채 생을 마감한 어린이들을 하나님께서 세계 창조 이전에 이미 선택하셨다고 선언하기까지 한다. 그러나 이와 같은 신학적 진술만으로 그의 파격적인 구상은 종료되지 않는다. 이는 그리스도 중심적인 종말론적인 견지에서 다시금 논증된다. 마지막 날에 오시는 하나님을 통하여 이들의 구원은 최종적으로 실현된다고 암시한다. 반면에 칼빈은 섭리론을 신론에, 예정론을 그리스도론에 종속시키며 교회론과 연관시킨다. 아울러 그의 예정론은 이중예정론, 즉 하나님께서 타락 이전에 선택될 자와 유기된 자를 예정하셨으며, 인간은 하나님의 예정의 신비를 파악할 수 없다는 신학적 논리를 가지고 전개된다.

16 이와 같은 츠빙글리의 신학적 이상은 20세기 후반부터 제기된 유대교-기독교-이슬람 오이쿠메네를 위한 기본적인 신학적 근거를 제공할 수 있다. 2001년 독일 튀빙엔의 가톨릭 신학자 Kuschel은 "아브라함 논쟁"(Streit um Abraham)이라는 저서를 출판하며, 소위 아브라함 오이쿠메네라는 테제를 제시하며, 격렬한 신학적 논쟁을 촉발시켰다. 그에 의하면, 아브라함과 하나님과의 관계에 기초한 그의 인간성이 유대교, 기독교, 이슬람의 종교적 공통분모를 형성한다. 이와 같은 그의 신학적 기획은 장기간 지속된 유럽과 중동 사이의 분쟁 및 현재 유럽 대륙으로 밀려오는 이슬람 출신 이민자와의 사회적 갈등의 원인을 종교적 차원에서 추적하고 있다. 여기서 그는 한스 큉의 "세계윤리 구상"에서 피력된 세계평화를 모색 하기 위한 종교간 대화의 지평에서, 아브라함의 보편적 인간성을 공통분모로 한 세 종교 간의 평화로운 사귐을 제안하고 있다. Kuschel, Karl-Josef, *Streit um Abraham. Was Juden, Christen und Muslime trennt und was sie eint*, München 2001. 참조하라; 그러나 이와 관련하여 일부 개신교회 신학자들은 그의 도발적인 신학적 테제가 기독교 복음의 진리를 훼손한다고 비판한다. 오히려 그들은 기독교, 유대교, 이슬람이 유대교의 경전인 구약성서의 유일신론을 독자적으로 다양하게 발전시켰다고 간주하며, 아브라함의 보편적인 인간성이 아니라 이 사실에 주목해야 한다고 주장한다. Stefan Stiegler u. Uwe Swarat (Hrsg.). *Der*

연하게 드러나는 사회윤리적 특성이 1530년『섭리에 대하여』(*De Providentia*)를 통하여 진화, 성숙되었다는 사실을 함의한다. 초기 츠빙글리가 평화주의의 이상을 정치신학적, 민족주의적으로 표출하였다면, 후기 츠빙글리는 이를 섭리와 예정이라는 전통적인 교의학 개념을 사용하면서 신학적으로 성숙한 표현을 구사하고 있기 때문이다.

츠빙글리의『참된 종교와 거짓 종교에 관한 주해』(*Commentarius*)에 의하면, 하나님의 말씀을 선포하는 기독교야말로 최고의 종교이지만, 로마-가톨릭교회의 교황이 선포하는 인간의 말은 참된 종교로서의 기독교의 숭고한 가치를 박탈한다. 역설적으로 신적인 기원을 지닌 그리스-로마 철학자들과 유대인들의 유일신 신앙이야말로, 하나님께서 그들을 세계창조 이전에 선택하셨다는 선택의 표시가 된다. 이와 같이 하나님의 절대주권, 혹은 하나님 중심적 전망 속에서 유일신 종교와 기독교 간의 신학적 친화성을 해명했던 그의 신학사상은 루터와 칼빈의 신학이 강조하는 것과 달리 기독교 영역 외부로 확장된 종교개혁 사상의 진수를 보여준다. 그러나 르네상스 인문주의 운동을 통하여 습득한 그리스-로마 문화의 유산과 그리스도교의 통합을 하나님 중심적 전망17 속에서 시도한 그의 신학사상은 루터와 칼빈의 신학적 입장에서 바라볼 때, 충분한 비판의 소지가 존재한다. 그럼에도 불구하고 츠빙글리에게 있어서 주변적인 것(르네상스 인문주의)은 중심적인 것(기독교 복음의 진리)을 훼손하지 않는다. 단지 루터와 칼빈에 비하여 상대적으로 더 큰 영향을 미쳤을 뿐이다. 최종적으로 그는 그리스도 중심적인 종말론적 전망을 포기하지 않는다. 그에게 있

Monotheismus als theologisches und politisches Problem, Leipzig 2006. 참조하라.
17 "quod dei cognitio natura sua Christi cognitionem antecedit"(하나님 인식은 그리스도 인식에 선행한다), *De vera et falsa religione commentarius*, Z III, 675.

어서 하나님 중심주의(Theozentrik)는 그리스도 중심주의(Christozentrik)를 통하여 완성된다.[18]

V. 교파간 대화를 통한 (루터) 칼빈주의 교회일치 패러다임의 현재화

1948년 암스테르담에서 개최된 제1차 세계교회협의회 총회 이후, 세계교회 에큐메니칼 운동은 두 가지 방식으로 진행되어 왔다. "신앙과 직제", "생활과 봉사"의 영역에서, 교의학적이고 윤리적인 신학적 관심을 표명하며, 교회일치운동의 두 가지 영역을 구축하였다. 종교개혁 이후 지속적으로 탄생된 다양한 개신교회 내부의 일치를 지향하며, 이에 근거하여 공동의 신앙적 실천을 모색하기 위하여 시작된 세계교회협의회 에큐메니칼운동은 교파적 절대주의의 유혹을 극복하며, 상호간 교류를 증진하기 위하여 시작된 것이었다. 기본적인 목적은 교파 상호간 신학적 대화를 통하여 다양한 교리적 이해(예: 칭의, 성화, 세례, 교회)가 합의, 수렴된 신학적 합의를 도출하는 것이었으며, 이에 기반하여 교회일치운동의 교리적 근거를 제시하고자 했다. 대표적인 예로 리마예식서는 이 사실을 극명하게 증명한다. 그러나 1991년 이후 캔버라 총회 이후 단순한 수렴과 합의의 논리의 도출보다 다양

---

18 "Porro, quicquid nobis tandem Christus est, liberali dono dei est; nam ipsi meriti non sumus, ut is filium suum pro vita nostra expenderet"(하나님의 값없는 은총을 통하여 그리스도께서는 우리에게 궁극적인 의미가 되신다. 하나님께서 우리를 위하여 그의 아들을 희생시킨 것은 우리의 공로가 아니다), *De vera et falsa religione commentarius*, Z III, 652.

한 교파의 신학적 전통에 대한 상호간 이해를 증진시키는 사귐(Fellow-ship, Gemeinschaft)의 논리가 설득력을 획득하기 시작한다.

이와 같은 세계교회협의회 "신앙과 직제" 운동의 중요한 신학적 동기는 필리오케 논쟁 이후 정교회와 로마-가톨릭교회의 분열, 종교개혁 운동을 통한 로마-가톨릭교회 내부의 분열, 종교개혁 이후 18-19세기 부흥운동을 통한 새로운 개신교파의 형성을 경험하면서, 분열의 원인을 제공했던 신학적 이슈에 대한 냉철한 성찰과 대화를 통하여 교회 분열이 단순히 신학적인 차원이라기보다 교회정치적-문화적 차이에 의거하여 발생했다는 사실을 암묵적으로 증언하기 위한 것이었다. 이 사실을 인식한다면, 다양한 기독교의 교파가 공유하는 공동의 교리를 합의, 선언할 수 있다는 희망을 품게 되었던 것이다.[19]

이 지점에서 1529년 마르부르크 종교회담 이후 가시화된 루터교회와 개혁교회와의 교리적 논쟁을 종식시켰던 1973년 로이엔베르크 합의[20]에 대하여 주목하는 것이 필요하다고 생각한다. 이를 통하여

---

19 이와 관련하여 전통적인 로마-가톨릭교회의 교회일치모델을 제외하고, 개신교회 영역 내부에서는 두 가지의 교회일치의 모델이 존재한다. 첫째는 성공회의 수용방식이다. 교회직제와 관련하여 로마-가톨릭교회의 입장을 긍정하고, 신학과 관련하여 루터교회 및 개혁교회의 입장을 존중하는 방식이다. 둘째는 루터와 칼빈에 의거하여, 지역교회의 상대적 독자성을 인정하면서, 기독교의 핵심적 교리에 대한 긍정을 교회의 보편성 실현을 위한 신학적 전제로 제시하며, 다양성 안에서의 일치를 지향하는 방식이다. 세계교회협의회 "신앙과 직제" 운동은 루터와 칼빈의 교회일치의 이상에 의거하여, 말씀의 선포와 성례전 이 시행되는 곳을 예수 그리스도의 교회라고 인정한 이후, 상호간 합의된 신학적 논리를 도출하기 위하 여 노력한다. 이와 관련하여 1931년부터 2001년까지 정교회, 로마-가톨릭교회를 비롯한 다양한 개신교회 교파가 진행한 교파 간 대화의 내용이 "Dokumente wachsender Übereinstimmung"라는 제목으로 출판되었다. Meyer, Harding (Hrsg.), *Dokumente wachsender Übereinstimmung, sämtliche Berichte und Konsenstexte interkonfessioneller Gespräche auf Weltebene I (1931-1982), II (1982-1990), III (1990-2001)*, Paderborn Bonifas, 1983, 1992, 2003.

20 Marc Lienhard, *Lutherisch-reformierte Kirchengemeinschaft heute* (Frankfurt am

"교회의 사귐"(Kirchengemeinschaft, Church Fellowship)이라는 신학적 개념이 유럽 교회 안에서 공식적으로 정립, 사용되었다. 교회의 사귐은 단순한 강단의 교류를 초월하여, 하나님 말씀과 성례전 안에서의 에큐메니칼주의를 의미하는 것으로서, 기독교의 각 교파의 교리적 다양성을 수렴하여 교리적 합의의 가능성을 도출하는 작업이다. 이는 결코 획일화된 교리의 표본을 산출하는 것이 아니라, 각 교파가 주장하는 특수한 기독교의 교리가 결코 상대 교파의 핵심적 교리와 내용적으로 불일치하지 않으며, 오히려 동일한 의미의 메시지를 다른 방식으로 해명하고 있다는 사실을 증언하고자 한다.

이와 관련하여 전통적인 정교회와 로마-가톨릭교회의 교회일치 모델을 제외하고, 개신교회 영역 내부에서는 두 가지의 교회일치의 모델이 존재한다. 첫째는 성공회의 수용방식이다. 교회 직제와 관련하여 로마-가톨릭교회의 입장을 긍정하고, 신학적 입장과 관련하여 루터교회 및 개혁교회의 교리를 선택적으로 존중하는 방식이다. 둘째는 지역 교회의 상대적 독자성을 인정하면서, 기독교의 중요 교리에 대한 긍정을 교회일치의 신학적 전제로서 제시하며, 다양성 안에서의 일치를 지향하는 방식으로서, 이는 루터의 교회일치 패러다임과 이를 계승한 칼빈의 신학적 입장에 근거하고자 시도되고 있다. 이와 같은 개신교적 교회일치 패러다임을 "화해된 다양성"(Versöhnte Verschiedenheit)[21]이라고 표현하기도 한다.

여기서 우리가 주목해야 할 부분은 16세기 종교개혁과 반종교 개

Main: Verlag Otto Lembeck, 1973); 조용석, 『20세기 유럽개혁 신학의 유산 –로이엔베르크 합의를 중심으로』 (서울, 한들출판사, 2009).

21 Harding Meyer, *Versöhnte Verschiedenheit* (Frankfurt am Main: Otto Lembeck Verlag, 1998).

혁 이후 유럽의 근대화 과정, 식민지 개척 과정과 더불어 수행된 선교 사역으로 인하여 전 세계에 포진된 다양한 기독교 교파들은 자신의 신학적 뿌리에 대하여 유럽 그리스도인들처럼 직감적으로 파악할 수 없다는 점이다. 유럽의 개신교회들은 북미지역 성서해석 논쟁에 관하여 이해하지 못한다. 역으로 북미 개신교인들은 유럽의 개신교회 전통 속에서 발생한 성찬론 논쟁에 관하여 이해하기가 힘들다. 유럽 대륙에서는 교파가 탄생할 수밖에 없었던 신학적 논쟁이 주된 관심사였지만, 유럽의 개신교인들이 신앙의 자유를 찾아 이주한 북미대륙에서는 교파간의 신학적 차이점 보다는 부흥운동을 통하여 촉발되었던 다른 차원의 신학적 논쟁이 더 중요한 의미를 획득했기 때문이다. 뿐만 아니라 북미대륙의 그리스도인들은 유럽뿐만 아니라 아시아, 아프리카 출신의 이주민들로 인하여 새로운 종교적 상황에 봉착한다. 따라서 기독교와 타종교와의 대화와 같은 새로운 신학 프로그램이 설득력을 획득했던 것이다. 이와 관련하여 필자는 컨텍스트와 텍스트의 상호작용 속에서 형성되었던 신학적 개념의 변천 과정에 대한 이해가 필요하다고 생각한다.[22]

---

22 이와 관련하여 다음과 같은 실례를 제시하고자 한다. 종교개혁 시기 "하나님의 은총과 신앙을 통한 칭의"는 당시 봉건적 지배체제와 결합된 로마-가톨릭교회의 종교적 이념의 해체에 간접적으로 기여 했다. 루터의 두 왕국론으로 대변되는 종교개혁 운동의 중요한 정치이론 또한 근대적 민족국가 탄생을 위한 중요한 신학적 근거로서 작용했다. 그러나 이후 율법과 복음, 국가와 교회의 분리에 익숙했던 독일인들에게 있어서 히틀러 통치 시기 고안된 "독일 그리스도인"(Deutsche Christen)의 개념은 신앙의 양심에 근거한 체제 비판의 가능성을 억압했다. 이를 비판하기 위하여 등장했던 바르멘신학선언은 율법과 복음, 사회와 교회는 분리된 것이 아니라, 하나의 하나님의 말씀이신 예수 그리스도 안에서 일치된 것으로서, 복음의 빛에 의거하여 현재 신앙의 양심을 억압하는 정치체제에 대하여 비판적인 시각을 지닐 것을 요구했다. 개혁교회의 신학을 대변하는 핵심적 교리인 "하나님의 절대주권" 또한 이 개념의 문맥적 역동성을 간과하고, 문자 그대로의 의미만을 수용한다면, 이는 변화하는 현대세계와의 단절을 선언하는 교회의 자기고립화의 시도로서 이해될 뿐이다. "하나님의 절대주권"의 개념은 인간

그럼에도 불구하고 중요한 사실은 상이한 교파의 신학 및 교회직제는 다양한 문화적, 역사적 컨텍스트 속에서 고안, 유지되었다는 사실을 주목하는 것이며, 최종적으로 니케아 신조의 "하나의, 거룩하고, 보편적이며 사도적인"(Una Sancta Catholica et Apostolica) 교회상에 상응하는가에 관한 여부를 판단하는 것이다. 더 나아가 각 교파가 주장하는 핵심적 교리는 내용적으로 일치할 수 있음을 부정해서는 안 된다. 로마-가톨릭교회가 성례전 제도를 통하여 구현하고자 했던 본래적인

의 의로움이 인간의 공로가 아니라 하나님의 은총에 의하여 획득된다고 주장하는 루터의 칭의론처럼, 하나님 나라의 종말론적 선취로서의 예수 그리스도의 교회는 인간(교황)에 의하여 통치될 수 없다는 적극적인 신앙의 표현이다. 아울러 독일 지역에서의 칼빈의 사역을 통하여 "하나님의 절대주권"의 개념이 루터 교회의 배타적인 게르만 민족주의에 대항하는 신학적 담론으로서의 역할을 수행했음을 우리는 충분히 추측할 수 있다. 더 나아가 "하나님의 절대주권"의 개념은 개혁교회 및 장로교회의 교회직제와 부합한다. 칼빈에 의하면 하나님의 절대주권과 상응하는 교회 내에서의 예수 그리스도의 통치는 교황직이 아니라 네 가지 직분(목사, 교사, 장로, 집사)의 상호협력을 통하여 수행된다. 이와 같은 그의 상호 협력적 교회직제의 구상은 현대적 의미의 대의민주주의 제도와 부합되는 교회직제로서 평가되고 있으며, 이후 루터의 만인제사장론과 더불어 개신교회의 직제의 중요한 역사적-신학적 근거가 되었다. 아울러 로마와 제네바 사이의 중도적 입장(via media)을 견지하며, 자연법, 이성, 경험에 대하여 상대적으로 긍정적으로 평가했던 잉글랜드 성공회의 교회정치적 태도는 유럽 대륙으로부터 고립되어 있었던 그들의 민족적 정서, 더 나아가 이후 대영제국의 식민지 외교정책을 반영할 수도 있다. 세계성공회가 다른 교파와는 달리 세속화 과정에 관하여 친화적인 자세를 취하는 것조차, 이는 성공회의 신학적 전통에 기인한 것이다. 필리오케(filioque) 논쟁으로 촉발된 정교회와 로마-가톨릭교회의 경우, 성자에 관한 문구 삽입 여부는 교황권에 대한 찬반논쟁으로서 이해될 수도 있다. 성령의 출처에 관한 성자문구 삽입을 통하여, 로마-가톨릭교회는 현재 로마 중심의 가톨릭교회 체제를 성육신하신 예수 그리스도의 몸으로서 이해하면서, 더 나아가 교황을 그리스도의 성육신이라고도 암묵적으로 주장하고 있을 수도 있다. 아울러 로마-카톨릭 교회의 화체설 또한 빵과 포도주가 그리스도로서 변화된다고 주장하는 것처럼, 피조물로서의 인간이 그리스도의 대리자로서의 교황이 될 수 있다는 사실을 함축할 수도 있다. 반면에 빵, 포도주 그리고 그리스도의 실제적인 몸과 피를 기본적으로 구분하는 개신교회의 다양한 성찬론은 한 인간에 의하여 통치되는 로마-가톨릭교회 체제를 거부하며, 하나님과 피조물 인간의 전적인 차이에 근거한, 인간의 통치가 배제된 예수 그리스도의 교회통치를 지향하고 있다고 생각한다.

신학적 의도와 루터교회의 칭의론, 정교회의 온 우주의 거룩한 변용의 개념은 하나님의 구원사역을 고유한 컨텍스트 안에서 표현하고 있을 뿐이다. 그럼에도 불구하고 정당한 신학적 비판은 지속되어야 한다. 뿐만 아니라 성인의 자발적 신앙적 결단과 신앙의 자유를 요구했던 침례교회의 전통 또한 이를 통하여 하나님의 구원사역의 결정적 핵심을 주장한다. 또한 성령의 사역을 집중적으로 부각시키면서, 성령의 사역을 통한 구원의 확신과 고백을 우선적인 목회적-신학적 과제로서 제시한 오순절 교회의 전통조차 결국 루터가 칭의 론을 통하여 강조하고 싶었던 사실을 19-20세기 미국의 시대적 상황 속에서 다른 방식으로 표현하고 있을지도 모른다. 최종적으로 삼위일체론을 통하여 예수 그리스도 안에서 하나님의 인간되심을 다양한 시대적, 문화적 컨텍스트 안에서 표현하는 모든 교파들은 오이쿠메네를 구성하는 신앙의 가족으로서 신학적 정당성을 지니고 편입될 수 있는 것이다. 이와 같은 컨텍스트-텍스트의 상호 작용 속에서 복음의 진리가 컨텍스트를 역동적으로 관통하고 있음을 증명하는 교파간 대화 프로그램은 에큐메니칼 교회사 서술을 가능케 하는 기본적인 신학적 토대 및 통합적 안목을 제공할 수 있다고 생각한다.[23]

---

23 교파간 대화는 교파를 초월하는 전교회가 하나님으로부터 부름을 받았다는 사실을 부각시키며, "하나의 거룩한 보편적 교회의 역사"(una sancta catholica)를 기술하기 위한 기본적인 신학적 통찰을 제공한다고 생각한다. 이형기, 『하나님 나라와 교회』 (서울: 한들출판사, 2005), 399.

VI. 글을 정리하며

지금까지 본 논문은 네 가지 단계로 전개되었다. 1) 종교개혁 운동에 대한 역사적 고찰, 2) 개신교회의 일치를 지향했던 칼빈주의, 3) 종교개혁자들의 교회일치 패러다임, 4) 현대 교파간 대화를 위한 개신교회의 신학적 전제로서의 (루터) 칼빈의 교회일치 패러다임. 컨텍스트를 반영하지만, 그럼에도 불구하고 컨텍스트를 변화시키는 역동적인 복음의 운동에 대한 신앙인으로서의 역사 인식을 동반되지 않는다면, 본 논문의 테제는 비논리적으로 파악될 수밖에 없다. 결론적으로 종교개혁 운동은 중세 시기 교황권에 기반하여 획일적 교회 형태를 강요하는 로마-가톨릭교회가 형성된 이후, 컨텍스트를 반영하는 다양한 형태의 교회가 존재할 수 있음을 현실적으로 증명한 최초의 역사적인 신앙의 사건이라고 정의하고 싶다.

제 1 5 장

칼빈과 교회
— 에큐메니칼 교회론의 정립을 위한 신학적 구상

I. 글을 시작하며

칼빈은 루터와 츠빙글리 이후 등장했던 2세대 종교개혁자로서, 두 명의 선배개혁자들의 신학적-교회정치적 대립의 극복을 통하여 개신교회 진영의 일치를 시도하며, 선배 개혁자들이 시작했던 종교개혁 운동을 완성하고자 노력했다. 그의 제네바 사역 기간 동안 개신교회 진영의 일치를 위한 노력과 컨시스토리(Consistory)를 중심으로 높은 수준의 도덕성을 요구하며 전개된 교회개혁 프로그램은 이탈리아 북부 지역 트리엔트(Trient)에서 개최되었던 로마-가톨릭교회의 트리엔트 공의회(1545-1563)와 무관하지 않다. 아마도 그는 프로테스탄트 종교개혁 운동으로 인하여 위축되었던 로마-가톨릭교회의 위상과 활동 영역을 복원시키고자 노력했던 가톨릭 종교개혁 운동의 여파를 감지

했기 때문에, 이에 효과적으로 대응하기 위하여, 매우 엄격한 신학적
-목회적 원칙을 견지하며 제네바 종교개혁의 과제를 완수하고자 했
을 것이다. 추측하건대, 트리엔트공의회는 칼빈으로 하여금 프로테스
탄트 종교개혁 운동의 위기감과 사명감을 동시에 증폭시켰던 중요한
역사적 사건이었다. 그러나 이로 인하여 그는 무자비한 제네바의 폭
군으로 이미지화되었다.[1] 이와 같은 그의 제네바 사역을 통하여 형성
된 중요한 신학적 관심사가 '교회'라는 사실은 매우 주목할 필요가 있
다. 1536년『기독교 강요』초판에서 교회에 관한 신학적 진술을 한
장에 할애하고 있는 반면, 1559년『기독교 강요』최종판에서는 4권
전체가 그의 교회론으로 전개되고 있다는 사실을 감안하여 본다면,
이 사실을 충분히 방증할 수 있을 것이다. 이와 관련하여 스위스 베른
대학의 저명한 츠빙글리 연구가였던 빈첼러(P. Winzeler)의 주장을 소
개하자면, 그는 루터, 츠빙글리와는 질적으로 상이한 칼빈의 신학적
관심사를 '교회'라고 해석하고 있다. 그에 의하면, 루터의 신학적 관심
사는 실존적 차원에서의 신앙, 츠빙글리의 신학적 관심사는 사회적
차원에서의 복음의 해석, 칼빈의 신학적 관심사는 교회이다.[2]

---

1 "조직을 운용하는 탁월한 기술을 소유한 칼빈은 이를 통하여 도시와 국가 전체의 자유로
  운 시민들을 무소불위의 권력에 기계적으로 순종하는 경직된 인간으로 만들었으며, 그
  들의 주체성을 제거하기까지 했다. 또한 그의 가르침에 절대적 권위를 부여하기 위하여
  사상의 자유를 박탈하기까지 했다. 그는 관청, 재산, 시의회, 교회청, 대학, 법원, 재정,
  도덕, 사제, 학교, 경찰, 감옥, 문서, 대화, 심지어 속삭인 말까지, 도시와 국가의 모든
  권력을 장악했다. 그의 가르침은 곧 법이었던 것이다. 제네바에서 그의 가르침만이 오
  직 유일한 진리로서 통용되었던 바, 그는 제네바의 예언자이며, 영적인 독재자로서, 그
  의 논증은 모든 논쟁을 종결시킬 수 있었던 궁극적인 해답이었다. 그는 투옥, 추방, 화형
  을 통하여 자신의 가르침에 대하여 약간이라도 이의를 제기했던 이들을 교화시켰다."
  Stefan Zweig, *Castellio gegen Calvin oder Ein Gewissen gegen die Gewalt* (Frank-
  furt/M.: FISCHER Taschenbuch, 1954), 8.
2 Peter Winzeler, „Losend dem Gotzwort!" Die Bedeutung Gottfried W. Lochers
  für die Zwingli-Forschung, in: Zwingliana 25, 1998, 63.

이 글은 칼빈의 중요한 신학적 관심사로서 '교회'에 대한 규정과 관련된 신학적 해석이 타교파에 대한 배타적 자세가 아니라, 근본적인 신학적 원칙을 견지하면서 교회일치를 위한 포용적 입장을 피력하고 있다는 사실3을 소개하며, 논증하고자 한다. 특히 그가 지역 교회와 보편 교회의 이상적인 관계 규정과 관련하여, 현대 에큐메니칼운동을 위한 중요한 신학적 지침을 제공하고 있다는 사실에 주목하고 싶다. 부연하자면, 1948년 세계교회협의회 창립 이후, 2014년에 개최된 제10차 세계교회협의회 부산총회까지 '신앙과 직제 위원회'를 통하여 표명되고 있는 '보편적 교회일치'에 대한 프로테스탄트적 이념은 개신교회의 체계적인 신학적인 토대를 최초로 제공했던 칼빈의 교회론의 현대적 계승이라고 표현한다고 하더라도, 이를 논리적 비약이라고 결

---

3 칼빈은 다른 종교개혁자들과는 달리, '교회일치'라는 신학적 주제에 대하여 천착했다. 그가 잉글랜드의 개혁자 크랜머 성공회 주교에게 1552년 쓴 편지는 그의 교회일치를 향한 간절한 염원을 표현하고 있다. "Et Dominus quidem, ut ab initio usque mundi solitus est, sincerae fidei unitatem, ne laeeretur hominum dissidiis, mirabiliter et modo nobis incognito servare poterit... Quos tamen ipse in excubiis locavit, minime torpere vult: quando et eosdem sibi destinavit ministros, quorum opera sanam in ecclesia doctrinam ab omnibus corruptelis purget, ac incolumem ad posteros transmittat... docti et graves viri ex praecipuis ecclesiis coirent, ac singulis fidei capitibus diligenter excusais, de communi omnium sententia certain posteris traderent scripturae doctrinam... Quantum ad me attinet, si quis mei usus fore vii debitur, ne decern quidem maria, si opus sit, ob eam rem traiieere pigeat"(주님께서는 그가 세상을 창조하셨던 것처럼, 분열과 인간적 분쟁 앞에서 올바른 신앙의 일치를 우리를 위하여 알 수 없는 방법으로 보존하실 수 있었습니다. 그러나 그가 선택하신 이들이 가만히 있는 것을 원하지 않으셨습니다. 그는 그가 선택한 이들을 통하여 건강한 교회의 교리를 타락으로부터 정화시키며, 후손들에게 그것이 전달되기를 원하셨습니다. 교양인들이 중요한 교회들로부터 와서 모여 들기를, 그들이 신앙의 각 조항에 대하여 주의깊게 이야기하고 확실한 성서의 가르침을 공동으로 후손들에게 남겨주기를… 개인적으로 저는 교회의 일치가 이루어져야 한다면, 열 개의 바다라고 건너는 것을 마다하지 않겠습니다), Johannes Calvin, *CALVINUS CRANMERO*, Ioannis Calvini opera quae supersunt omnia XIV, 313-314.

코 단정할 수는 없다. 세계교회협의회 제10차 부산총회는 교회의 일치와 관련하여 다음과 같이 합의된 의견을 표명하고 있다. 이는 그가 신학적으로 규정했던 보편 교회와 지역 교회의 이상적 관계와 매우 유사한 의미를 내포하고 있다.

> 공동체의 삶 가운데 드러나는 바람직한 다양성은 주님이 주시는 선물입니다… 문화적, 역사적 요인들이 교회 내의 풍부한 다양성에 이바지합니다. 복음은 특정 시대와 상황에 알맞은 언어와 상징과 이미지를 통해 선포되므로 각 시대와 장소에서 진정성 있는 삶으로 구현될 필요가 있습니다… 그러므로 일치성이 포기되어서는 안 된다. 그리스도를 믿는 신앙은 말씀의 선포와 성만찬의 집례 및 섬김과 증거의 삶을 통해 표현되는 것으로서, 이 공동의 신앙을 통해 각 지역교회는 모든 시대와 장소에 속한 지역 교회들과 공동체 관계 속에 존재하는 것입니다.[4]

이 글은 이와 같이 개신교회의 일치, 더 나아가 로마-가톨릭교회의 개혁을 통한 신앙고백적 일치를 암묵적으로 지향하며 구상된 칼빈

---

4 "Legitimate diversity in the life of communion is a gift from the Lord… Cultural and historical factors contribute to the rich diversity within the Church. The Gospel needs to be proclaimed in languages, symbols and images that are relevant to particular times and contexts so as to be lived authentically in each time and place… At the same time, unity must not be surrendered. Through shared faith in Christ, expressed in the proclamation of the Word, the celebration of the sacraments, and lives of service and witness, each local church is in communion with the local churches of all places and all times." RESOURCE BOOK, *WCC 10th Assembly Busan* (Geneva: World Council of Churches Publications, 2013), 20.

의 교회론에 대한 역사적-신학적 접근을 시도하고자 한다. 다음과 같은 논리적 구조를 통하여 본 연구는 전개될 것이다.

1. 본 연구를 위한 역사적 전제
2. 아우크스부르크 신앙고백 제7항의 수용의 근거한 다양한 교회직제의 포괄적 인정
3. 에큐메니칼 교회론의 섭리론적-예정론적 지평

II. 본 연구를 위한 역사적 전제

칼빈의 1536년-1538년 제네바(Geneva) 사역기간, 1538년-1541년 스트라스부르(Straßburg) 피난민 목회기간이 그의 교회론 형성을 위하여 중요한 기여를 했다고 볼 수 있다. 왜냐하면, 그 기간 동안 지역교회와 보편 교회의 이상적 관계에 대한 신학적 정립과 아울러 마틴 부처(Martin Bucer, 1491-1551) 및 멜랑히톤(Philipp Melanchthon, 1497-1560)과의 에큐메니칼적 만남을 통하여 그의 신학적 지평이 확대되었기 때문이다. 이상 언급한 두 시기 그의 사역을 다음과 같이 간략하게 정리해 보고자 한다.

1. 1536년-1538년 제네바 사역과 추방

칼빈은 법학 공부를 하면서 프랑스 로마-가톨릭교회의 소장과 성서인문주의자 그룹에 속하게 되었다. 1533년 파리대학 학장이었던

콥(Nicolas Cop, 1501-1540)의 연설에 관여했다는 혐의를 받아, 그는 수배를 당하게 되면서, 스위스 바젤(Basel)로 망명하게 되었다. 이후 제네바의 개혁자 파렐(Guillaume Farel, 1489-1565)의 권유를 받아 제네바 종교개혁 운동에 동참하게 되었다. 그는 제네바에서 사역하는 동안 베른(Bern)의회가 시도했던 제네바교회에 대한 통제로부터 벗어나고자, 독자적인 교회 예배예식을 구상, 시행하고자 하면서, 제네바 시의회와 충돌했다. 제네바교회는 종교개혁을 시작한 이래, 베른교회가 사용하는 세계용기를 폐기했을 뿐만 아니라, 성찬식에서 발효된 빵을 사용했다. 또한 성탄절, 부활절, 승천일, 성령강림절을 포함한 모든 교회축일을 폐지하면서, 동시에 결혼식 신부의 장신구 착용을 금지하였다. 이와 같은 칼빈과 파렐의 개혁적 조치는 베른교회와 제네바교회와의 갈등을 야기하는 결정적 계기가 되었다.

1538년 부활절을 앞두고, 제네바 시의회는 베른의회의 요청에 따라 부활절 예배시 성찬식을 베른교회의 방식으로 시행할 것인지, 아니면 제네바 교회의 독자적인 방식으로 시행할 것인가에 대한 파렐과 칼빈의 답변을 요청했다. 이에 대하여 칼빈은 성 피에르(Pierre)교회에서, 파렐은 성 제르베(Gervais)교회에서 말씀을 선포한 후, 앞으로는 성찬식을 시행하지 않겠다고 선언했다. 그들은 결코 베른교회의 예식을 거부 혹은 의회의 지시사항을 어긴 것이 아니라고 주장하면서, 더 나아가 교회일치를 단순히 거부하는 것이 아니라, 역으로 최선의 방식을 통하여 교회일치가 실현되기를 노력했다고 주장했다. 이와 같이 상위기관에 대한 무조건적인 순종을 거부했던 그들은 각 교회 스스로 독립적인 입장을 취할 수 있다고 생각했기 때문에, 제네바 교회에서 하나님과 그의 복음을 비방, 조소함으로써, 성찬의 거룩함을 박탈하는 이들에게 성찬식 참여를 불허했던 것이었다.

1538년 5월 제네바 의회의 분위기는 격화되었다. 소의회 및 대의
회 전체 총회는 최종적으로 파렐과 칼빈이 부활절 성찬식 시행을 거
부했다는 죄목으로 그들을 반역자로 규정하고 그들의 추방을 결정한
다. 4월 23일 의회는 파렐과 칼빈에게 3일 이내에 제네바를 떠날 것을
명령했다. 이와 관련하여 베른의회는 제네바의 교회 관습을 베른과
단일화시킬 것을 요구하였다. 파렐과 칼빈은 그들의 신학적 입장을
변호하고자 베른교회를 방문하였다. 이를 위하여 그들이 작성했던 14
개의 테제를 통하여 제한적이지만 베른의 관습을 수용할 수 있다고
다음과 같이 천명했다:

1) 베른교회의 세례용기, 미발효된 빵의 경우는 다음과 같은 사실을
   전제해야 한다: 성서가 보도하는 성찬의 모범에 의거하여, (빵이
   쪼개지는 것처럼) 베른교회의 관습은 해체될 수 있다.
2) 1년에 4회 시행하는 것으로 규정된 베른교회의 축일의 경우 또한
   다음과 같은 사실을 전제해야 한다: 제네바 시민들은 예배드린 후,
   베른교회가 규정한 축일과 무관하게 노동할 수 있다.

2. 1538년-1541년 스트라스부르(Straßburg) 피난민 목회

1536년 파렐이 제네바의 종교개혁을 위하여 그 곳에 체류할 것을
칼빈에게 부탁했던 것처럼, 1538년 8월, 칼빈이 제네바에서 추방된
지 몇 개월 후에, 마틴 부처는 칼빈에게 스트라스부르의 프랑스 피난
민 교회공동체를 위하여 목회할 것을 권유했으며, 칼빈은 이를 수락,

스트라스부르에 도착했다. 스트라스부르는 다양한 출신배경을 가진 프랑스 피난민들이 피난처로서 선호하는 도시였다. 바로 이곳에서 개혁자들의 다양한 신학적 영향을 받아 칼빈은 자신의 신학적 이해의 지평을 확장하였다. 특히 루터의 신학과 종교개혁 교회의 일치를 지향한 부처의 노력에 관한 칼빈의 신학적 이해는 심화되었다. 이를 통하여 칼빈은 루터교회와 로마-가톨릭교회 안에서 개신교를 변호할 수 있는 탁월한 능력의 소유자로서 인정받게 되었다.

칼빈의 스트라스부르 체류기간 동안 칼빈은 프랑크푸르트(Frankfurt), 하게나우(Hagenau), 보름스(Worms), 레겐스부르크(Regensburg)에서 칼(Karl) 5세가 주도하는 종교회담(Religionsgespräch)에 참여했다. 이를 통하여 다양한 개신교 교파간의 신학적 대화를 가능하게 한 독일의 종교적, 정치적 상황에 대하여 올바로 이해할 수 있었다. 또한 멜랑히톤과 부처가 주도한 신학적 대화의 경험은 그에게 새로운 신학적 지평을 제공했다. 특히 1539년 프랑크푸르트 종교회담에서의 칼빈과 멜랑히톤의 개인적 만남은 그에게 있어서 매우 흡족할만한 종교회담의 결실이었다. 이와 관련된 그의 편지들이 강조하는 것처럼, 멜랑히톤과의 만남 속에서 신학적, 정치적 문제제기에 관하여 토론되었으며, 또한 그의 결혼 계획이 언급되기도 하였다. 로마-가톨릭교회와의 관계보다 다양한 개신교 진영 사이의 상호간 접근 가능성이 종교회담의 중요한 주제로서 부각되었다. 1541년 제네바에 복귀하여 제네바 교회 규정(Ordonnances Ecclésiastiques) 및 교리문답(Catechismus ecclesiae)을 출판하면서, 1536-1538년 동안의 실패의 경험을 거울삼아 제네바 종교개혁 운동이 본격적으로 시작되었다.

III. 아우크스부르크 신앙고백(Confessio Augustana, 1530) 제7항의 수용을 통한 다양한 교회직제의 포괄적 인정

칼빈은 스트라스부르 피난민 목회 기간 동안 당시 신성로마제국이 황제 칼 5세(Karl V, 1550-1558)가 개최했던 종교회담에 참석하면서, 자신의 신학적 지평을 확대했다. 이 기간 동안 루터교회 아우크스부르크 신앙고백에 서명하게 되었으며, 이에 근거하여 자신의 교회론의 윤곽을 완성하게 되었다. 교회가 구비해야 할 기본적인 요건과 관련하여 『기독교 강요』 서문에서 아우크스부르크 신앙고백 제7항[5]을 수용한 자신의 에큐메니칼 교회론의 기본적 원칙을 다음과 같이 제시한다.

> 말씀을 순수하고 선포하고 성례전을 집행한다면, 이런 표지가 있는 곳을 교회로 인정해도 좋다는 충분한 보장이 됩니다. 이 원칙에 의거하여 이 표지를 보존하고 있는 한, 다른 결점이 많더라도 우리는 그 공동체를 배척해서는 안 됩니다.[6]

---

5 "Articulum VII, De ecclesia. Item docent, quod una sancta ecclesia perpetuo mansura sit. est autem ecclesia congregatio sancatorum, in qua evangelium recte docetur et recte administrantur sacramenta. Et ad veram unitatem ecclesiae satis est consentire de doctrina evangelii et administratione sacramentorum. Nec necesse est ubique esse similes traditiones humanas, seu ritus aut ceremonias ab hominibus instituas. Sicut inquit Paulus Eph.4,5.6: una fides, unum baptisma, unus deus et pater omnium etc"(제7항, 교회에 대하여. 그들은 다음과 같이 가르친다: 하나의 거룩한 교회가 영원히 존재한다. 그리고 교회는 거룩한 이들의 모임이다. 이 안에서 복음은 올바로 가르쳐지고, 올바로 성례전은 집행된다. 그리고 교회의 참된 일치를 위하여, 복음과 성례전의 집행에 관하여 일치가 되는 것으로 충분하다. 모든 교회 안에서 인간에 의하여 도입된 인간적 전통과 전례가 유사해지는 것은 불필요한 것이다. 바울이 에베소서 4:5-6에서 말한 것처럼: 하나의 신앙, 하나의 세례, 모든 이들의 아버지이신 한 분이신 하나님).

특히 1536년-1538년 제네바 사역과 추방의 경험은 그의 에큐메니칼 교회론의 구상을 위한 중요한 단초를 제공할 수 있었다. 각 교회가 처한 지역적 특수성을 감안하여, 교회로서 존재하기 위한 기본적인 요건만 충족된다면, 각 지역 교회는 다양한 형태로 보편 교회로서 존재할 수 있다는 사실을 베른교회의 정치적 압박을 인내하며 직시했던 것이다. 아우크스부르크 신앙고백 제7항은 이와 같은 다양한 교회 형태를 가능하게 할 수 있는 근본적인 신학적 원칙을 제시하고 있다. 이 두 가지 요건, 즉 말씀의 선포와 성례전(세례와 성찬)이 시행되고 있다면, 교회 형태 및 교회 직제의 다양성은 충분히 인정될 수 있다. 1538년 베른교회의 강압적 제안을 거부하면서 제네바 의회로부터 추방된 칼빈은 다음과 같이 교회는 해당 지역 교회의 특성을 고려하여 자유롭게 교회 예식을 규정할 수 있다고 주장한다.

> 우리가 교회를 설립할 수 있는 가능성을 더 많이 소유하도록 주님께서 우리에게 허락하신 자유 안에서 참된 교회를 세우고자 노력하지 않으며, 맹목적인 예배예식의 획일화를 추구한다면, 이는 올바르지 않은 것입니다. 우리가 하나님 앞에서 우리의 행위에 대하여 해명해야 할 때, 우리는 예배예식에 대하여 질문 받지 않을 것입니다. 외형적인 교회 형태의 획일화가 아니라 참된 자유의 사용이 주목되어야 한다. 많은 경우 교회 설립을 위하여 기여하는 참된 자유의 사용만이

---

6 "Quod dicimus purum verbi ministerium et purum in celebrandis sacramentis ritum idoneum esse pignus et arrhabonem, ut tuto possimus societatem in qua utrunque extiterti, pro Ecclesia amplexari, usque eo valet ut nubquam abiicienda sit, quandiu in illis perstiterit, etiamsi multis alioqui vitiis scateat." Johannes Calvin, *CHRISTIANAE RELIGIONIS INSTITUTIO* (1559), Ioannis Calvini Opera Selecta V, 15-16.

가치있는 것으로서 평가됩니다.[7]

더 나아가 칼빈은 아우크스부르크 신앙고백 제7항뿐만 아니라, 본 신앙고백이 선언하는 교회에 대한 규정, 즉 "성도들의 모임(congregatio sanctorum)으로서의 교회"를 기본적으로 수용하면서, 이를 그리스도 중심적 전망, 즉 '그리스도와의 사귐(communio cum Christo)의 공간으로서의 교회' 개념으로 변모시킨다. 왜냐하면 그에게 있어서 교회는 단순한 신앙인(성도)의 모임이 아니라, 그리스도와 신앙인(성도), 신앙인(성도)과 신앙인(성도) 사이의 사귐을 실현시키는 공간이기 때문이다. 더 나아가 아우크스부르크 신앙고백은 말씀이 설교되는 곳이 교회라고 정의하는 반면, 칼빈은 이를 기본적으로 전제한 후, 여기서 더 나아가 말씀을 경청하는 곳이 교회라고 정의한다.[8] 말씀을 경청하며, 그리스도와의 사귐이 실현되는 공간으로서의 교회 안에서 신앙인들은 성령의 능력과 은사를 통하여 삶을 영위한다. 그는 다음과 같이 말한다.

---

7 "Indignissimum est enim, ut in quibus libertatem Dominus reliquit, quo maior esset aedificandi facultas, servilem pareterita aedificatione conformitatem quaeramus. Atqui ubi ad summum illud tribunal ventum fuerit, fuerit, ubi reddenda erit olim functionis nostrae ratio, minima erit de caeremoniis quaestio: neque omnino haec in rebus externis conformitas, sed legitimus libertatis usus ad calculum vocabitur: legitimus demum censebitur, qui ad aedifacationem plurimum contulerit", Johannes Calvin, *OMNIBUS CHRISTI EVANGELIUM RELIGIOSE COLENTIBUS (1538)*, Ioannis Calvini Opera Selecta I, 432

8 "Ubi enim cunque Dei verbum syncere praedicari atque audiri, ubi sacramenta ex Christi instituto administrari videmus, illic aliquam esse Dei Ecclesiam nullo modo ambigendum est"(하나님의 말씀을 순수하게 전파하며, 또 듣고 그리스도께서 제정하신 대로 성례를 지킬 때, 그 곳에 하나님의 교회가 있다는 것은 의심의 여지가 없다.), Johannes Calvin, *CHRISTIANAE RELIGIONIS INSTITUTIO* (1559), Ioannis Calvini Opera Selecta V, 13.

모든 선택된 사람들은 그리스도 안에서 연합되었으므로, 한 머리에 의존하며 서로가 한 몸이 되고 한 몸에 달린 지체들같이 서로 단단히 결합된다. 그들이 참으로 하나가 되는 것은 하나의 믿음과 소망과 사랑으로, 동일한 하나님의 영 안에서 함께 살기 때문입니다.[9]

'그리스도와의 사귐의 공간으로서의 교회' 개념은 지역 교회가 담지하고 있는 교회의 보편성을 확증하는 중요한 근거로서 제시될 수 있다. 로마-가톨릭교회의 외형적으로 제도화된 조직적 일치가 아니라, 아우크스부르크 신앙고백 제7항에 의거하여 다양한 교회형태를 포괄적으로 인정하는 내용적 일치를 지향한다. 이와 같은 보편교회에 대한 칼빈의 인식은 지역 교회의 보편성을 확증하는 중요한 근거로서 활용된다. 그는 다음과 같이 말한다.

보편 교회는 나누어져 여러 곳에 산재하지만, 거룩한 교리의 한 진리 안에서 서로 일치하며 같은 종교생활의 유대관계 속에서 연합되었습니다. 이와 같이 보편 교회 아래 개교회가 포함되며… 각 개인이 신앙고백에 의해서 이런 개교회의 일원으로 인정될 때, 비록 그들이 보편 교회를 모를지라도 공적인 재판에 의해서 출교되지 않는 이상, 그들은 보편교회에 소속된 사람들입니다.[10]

---

9 "Quin sie electi Dei omnes in Christo sunt connexi, ut quemadmodum ab uno capite pendent, ita in unum velut corpus coalescant, ea inter se compage cohaerentes qua eiusdem corpora membra", Ibid., 4.

10 "Ecclesiam universalem, quae intervallis locorum dissita et dispersa, in unam tamen divinae doctrinae veritatem consentit, et eius dem religionis vinculo colligata est. Sub hac ita comprehendi singulas Ecclesias... singulos homines, qui pietatis professione inter Ecclesias eiusmodi censentur, etiamsi ab Ecclesia sint revera extranei, ad ipsam tamen quodammodo

더 나아가 칼빈은 긍정적 의미의 교리적 논쟁은 교회일치를 저해하는 장애물로서 등장하지 않는다고 주장한다. 물론 절대적으로 의심되지 않는 불변하는 교리는 존재해야 하지만, 그럼에도 불구하고 단순한 교리적 불일치 혹은 교리적 다양성은 상대적으로 용인될 필요가 있다. 왜냐하면 그는 그리스도가 아니라, 교리의 자구해석에 집착하는 일종의 완결된 폐쇄적인 교리적 체계를 지향하지 않았기 때문이다. 이는 그와 카롤리(Pierre Caroli)와의 논쟁 속에서 확연하게 드러나 있다. 카롤리는 소르본느(Sorbonne)에서 공부하면서, 루터의 종교개혁 운동에 대하여 공감했던 신학자였다. 1534년 벽보사건(Affaire des Placards) 이후 스위스로 망명했던 그는 뉴샤텔(Neuchâtel)에서 목사안수를 받았으며, 1537년 11월 베른의회는 그를 로잔(Lausanne) 지역을 담당하는 첫 번째 목사로서 임명되었다. 그곳에서 카롤리는 목사로서 사역하면서, 과거의 로마-가톨릭 신앙의 관습을 완전히 극복하기 못했다. 왜냐하면 로마-가톨릭교회의 망자를 위한 대도예식을 다시 부활시키고자 했기 때문이다. 그러면서 동시에 카롤리는 칼빈을 아리우스(Arius)적인 이단이라고 매우 격렬하게 비난했다. 왜냐하면 칼빈은 카롤리가 제시했던 삼위일체 하나님에 대한 아타나시우스(Athanasius)의 신앙고백에 대한 서명을 거부했기 때문이다.

당시 카롤리는 아리우스주의를 반대하여 고백된 정통적인 삼위일체론이 서구 기독교의 중요한 신학적 근거로서, 개신교의 입장에서 볼 때, 중요한 신학적 정당성을 가지고 있다고 생각했기 때문에, 제네바에서 사역하는 목사들에게 올바른 신앙의 기준으로서 아타나시우스의 신앙고백에 서명할 것을 요구했다고 추측된다. 그럼에도 불구하

---

pertinere, donec publico iudicio exterminati fuerint", Ibid., 13-14.

고, 칼빈이 본 신앙고백에 서명을 거부했다고 하더라도, 그가 정통적인 삼위일체론을 거부했다고 간주할 수는 없다. 오히려 그는 우리의 구원을 위하여 필수적인 교리로서 간주되는 아타나시우스의 신앙고백이 성서적으로 증언된 하나님 말씀 이상의 의미를 지니지 않는다고 생각했을 것이라고 판단하고 싶다. 이와 같은 칼빈과 카롤리의 아타나시우스 신앙고백 논쟁은 불필요한 교리적 논쟁 너머 올바른 교리의 본질에 대하여 알려주고 있다. 그는 소모적인 교리적 논쟁을 극복해야 하지만, 그럼에도 불구하고 기독교의 가장 중요한 교리를 견지하면서, 동시에 교리적 다양성을 인정하는 긍정적 의미의 교리적 논쟁은 필요하다고 다음과 같이 우회적으로 주장한다.

> 어떤 것은 매우 중요하므로 모든 사람의 종교의 진정한 원칙으로 확신하고 의심하지 말아야 합니다. 즉 한 분의 하나님께서 존재하시며, 그리스도는 하나님이시고, 하나님의 아들이시다. 우리의 구원의 하나님의 자비 안에 존재합니다. 교회 안에 존재하는 다양한 교리는 신앙 안에서의 일치를 저해하지 않습니다.[11]

이는 교리상 본질적인 조항 안에서의 차이점은 존재할 수 있지만, 그리스도가 유일한 신학적 근거로서 제시되지 않은 교리는 수용될 수 없다는 것을 함의한다. 뿐만 아니라 그리스도를 증언하는 참된 증거

---

11 "Non enim unius sunt formae omnia verae doctrinae capita. Sunt quaedam ita necessaria cognitu, ut fixa esse et indubitata omnibus oporteat, cet propria religionis placita; qualia sint, Unum esse Deum: Christum Deum esse, ac Dei Filium; In Dei misericordia salutem nobis consistere, et similia. Sunt alia, quae inter Ecclesias controversa, fidei tamen unitatem non dirimant", Ibid.,16.

는 성서로서, 하나님의 말씀으로서의 성서의 절대적 권위는 전적으로 예언자와 사도의 증언 안에 있을 뿐, 교회의 권위 안에 존재하지 않는 다는 사실을 유념해야 한다. 이와 관련된 구체적 실례로서 1549년 칼 빈과 불링거(Heinrich Bullinger, 1504-1575)가 체결한 취리히합의신조 (Consensus Tigurinus, 1549)가 존재한다. 그는 성찬론과 관련한 제네바 및 취리히 개혁교회의 합의문서인 취리히합의신조를 통하여 루터교 회와의 화해를 염두한 개신교회 진영의 일치를 지향했다. 당시 루터 교회와의 일치를 위하여 상호간 공감대가 개혁교회와 루터교회 상호 간에 존재했기 때문이다. 그러나 칼빈이 불링거와 함께 서명한 취리 히합의신조에 대하여, 멜랑히톤(Philipp Melanchton)이 긍정적 평가를 주저하고, 함부르크(Hamburg)의 신학자 요아킴 베스트팔(Joachim Westphal, 1510-1574)이 정서적으로 과도하게 반응, 반대함으로써, 루터 교회와의 일치를 향한 모든 가능성은 좌초되었다.

IV. 에큐메니칼 교회론의 섭리론적-예정론적 지평

칼빈에게 있어서 '선택된 자들의 모임'으로서 교회는 현실적으로 존재하는 가시적 교회의 영역을 초월한 교회의 비가시적 차원을 의미 한다. 가시적 교회로부터 비가시적 교회를 분리시키기 위한 신학적 진술이 아니라, 오히려 절대화된 로마-가톨릭교회를 비판하기 위한 신학적 용법으로 사용되었다고 이해하는 것이 바람직할 것이다. 칼빈 은 이와 같은 비가시적 교회 개념을 현실교회 비판 너머 교회의 에큐 메니칼적 차원의 확보를 위하여 사용한다. 그에 의하면 교회는 재세례파 그룹이 주장하는 것처럼, 회심한 자들의 공동체만 아니라, 오히려 비가시적 차원 속에서 신앙고백적 대상으로서 존재한다. 즉 이는 교회는 전 인류를 향한 하나님의 구원계획 안에 존재하며, 세계를 창조하시고 그리스도 안에서 인간이 되신 하나님에 의하여 설립된 것으로 이해하는 것을 의미한다. 칼빈의 『기독교 강요』 4권 표제는 이를 분명하게 표현하고 있다. "모든 경건한 자들의 어머니이며 우리와 연합되어 있는 참된 교회"(De vera Ecclesia, cum qua nobis colenda est unitas: quia piorum omnium mater est).[12] 이 표제는 이 세계 안에서 오직 하나의 교회만 존재하며, 더 나아가 모든 경건한 자들의 어머니로서의 교회는 인간적 주도권의 산물이 아니기 때문에, 교회 안에서 인간의 자기 영광이 아니라, 하나님의 절대주권이 부각되어야 한다는 사실을 함의할 수 있다. 이와 관련하여 칼빈은 신앙인(성도)들을 위한 하나님의 비밀스러운 선택은 교회의 근거가 된다고 주장한다.[13] 결과적으로 다음과 같은 논리적 결론이 도출된다: 그리스도 안에서 하나된 교회는 하나님의 선택의 결과이기 때문에, 이에 근거하여 모든 그리스도인들은 예수 그리스도 안에서 하나될 수밖에 없다. 그는 다음과 같이 말한다.

첫째, 교회는 하나님의 선택에 의해서 존립하며, 하나님의 영원한 섭리와 같이 동요되거나 파멸될 수 없습니다. 둘째, 그리스도께서 자기의 지체가 찢기는 것을 허락하시지 않는 것과 같이 신자들이 자기에게서 멀어지는 것도 허락하시지 않을 것입니다.[14]

---

12 Ibid., 1

13 "cuius dundamentum est arcana illius electio", Ibid., 4.

14 "Primum stat cum Dei electione, nec nisi cum aeterna illius providentia variare aut deficere potest. Deinde quodammodo coniuncta est cum

이와 같은 의미로 규정된 교회는 결코 인간적 차원에서 절대화될 수 없기 때문에, 교회는 섭리론적-예정론적 지평 안에서 인간적인 약점을 소유하고 있는 불완전한 제도로서 이해되어야 한다.[15] 반면에 눈으로 볼 수 없는 비가시적 교회 안에는 전 세대에 걸쳐 선택된 자들이 소속되어 있다. 여기서 비가시적 교회 개념을 통하여 절대화된 표상으로 존재하는 로마-가톨릭교회를 비판하며, 다른 한 편 가시적 교회(선택된 자들과 유기된 자들의 공존) 개념을 통하여 급진적 종교개혁자들의 교회론을 비판한다. 동시에 아우크스부르크 신앙고백 제7항에 의거하여, 말씀의 선포와 성례전(세례와 성찬)의 집행이 시행되는 곳이라면, 그리스도의 교회로서의 성립조건이 충족된다고 선언한다. 여기서 그는 비가시적 교회 개념보다 가시적 교회 개념을 선호하며, 이를 통하여 다양한 지역 교회를 보편 교회의 범주 안으로 포함시키고자 적극적으로 시도하고 있다. 그럼에도 불구하고 이와 같이 지역 교회를 보편 교회의 일부로서 규정하는 작업은 인간적 주도권이 아니라, 최종적으로 하나님의 절대주권 및 섭리론적-예정론적 차원으로 소급된다. 왜냐하면 그는 성서의 근본적인 증언으로부터 이탈한 교회가

---

firmitudine Christi: qui non magis atietur a se divelli suos fideles, quam membra sua discerpi ac dilaniari", Ibid., 6.

15 그리스도인의 양육을 위하여 하나님께서 제정하신 보조수단으로서의 성례전은 불완전한 제도로서의 교회를 위한 가장 분명한 증거이다. "우리의 믿음을 일으키고 키우며 목적지까지 전진시키려면, 태만한 우리들에게는 외적인 도움이 필요하기 때문에, 하나님께서는 우리의 이 약점에 대비해서 필요한 보조수단을 첨가하였습니다… 성례를 제정하셔서 성례전에 참여한 우리는 그것이 신앙을 자라게 하며 강화하는데 매우 유익한 보조수단임을 체험합니다." "Quia autem ruditas nostra et segnities (addo etiam ingenii vanitatem) externis subsidiis indigent, quibus fides in nobis et gignatur et augescat, et suos faciat progressus usque ad metam… In primis sacramenta instituit, quae nos experimento sentimus plusquam utilia esse adiumenta ad fovendam et confirmandam fidem", Ibid., 1.

존재한다고 하더라도, 하나님께서 최종적인 판단을 하신다고 생각했기 때문이다.[16] 더 나아가 그는 최종적으로 오직 하나님만이 신앙의 일치를 실현시키시기 때문에, 경건한 신앙인이 스스로 완전하다고 자부하며, 소위 악인이라고 규정된 이들을 추방시킴으로써, 교회를 분열시키는 과오를 범해서는 안 된다고 주장한다.[17] 따라서 인간의 자의적인 판단에 근거하여 예수 그리스도의 몸으로서의 교회는 가시적, 혹은 비가시적으로 나누어질 수 없다. 즉 교회가 신앙인들의 모임으로서의 교회가 예수 그리스도와 하나가 된다면, 비가시적, 가시적 교회는 일치가 되는 것이다. 1536년『기독교 강요』초판에서 칼빈은 다음과 같이 일치된 비가시적 교회와 가시적 교회를 예수 그리스도의 몸의 지체로서 이해하고 있다.

> 우선적으로 우리는 거룩한 보편 교회, 즉 천사들이든, 사람들이들인, 선택된 자들의 총수를 믿습니다(에베소서 1장, 골로새서 1장). 죽은 사람들이든, 살아있는 사람들이든, 그들 중에는 어느 곳에서 그들이 삶을 영위하던지, 온 세상 가운데 어느 곳에 흩어져 있든 교회와 공동체는 하나이며, 우리의 주님 그리스도께서 지도자이며 통치자이신 하나님의 백성도 하나입니다.[18]

---

16 Postremo reputent, in censenda Ecclesia pluris esse divinum quam humanum iudicium"(진정한 교회를 판단하기 위하여, 인간의 판단보다 하나님의 판단이 더욱 중요합니다), Ibid., 21

17 "Nam quia in hacexterna societate, Ecclesiae suae communionem Deus coli voluit: qui odio improborum tesseram eius societatis frangit, viam ingreditur qua proclivis est a sanctorum communione lapsus"(하나님께서는 그의 교회의 교통을 이 눈에 보이는 공동체 안에서 유지하시기를 원하셨으므로 악인들이 밉다고 해서 이 공동체의 표지를 깨뜨리는 사람은 성도의 교통에서 탈락하는 길을 걷게 됩니다), Ibid.,20.

이상 소개한 칼빈의 신학적 진술은 그를 분열주의자라고 폄하할 수 있는 매우 부정적인 세간의 평가와는 질적으로 상이한 것이다. 오히려 그는 로마-가톨릭교회가 제시하고 있는 성직자 중심주의로서 대변되는 교회일치의 원칙을 거부하고, 교회일치를 위한 내적인 통일성을 아우크스부르크 신앙고백 제7항과 섭리론적-예정론적 지평 속에서 심도있게 연구했다. 심지어 그는 로마-가톨릭교회를 교회로서 최소한 긍정하기도 했다.[19] 왜냐하면 로마-가톨릭교회는 아우크스부르크 신앙고백 제7항에 의거하여, 성례전의 집행에 대하여 분명하게 인지하고 있기 때문이었다. 그럼에도 불구하고 칼빈에게 있어서 교황 및 성직자 중심의 교회직제를 절대화시키는 로마-가톨릭교회는 그 자체만으로 피조물의 신격화 혹은 우상숭배를 의미할 수 있었다.

이상 소개한 칼빈의 에큐메니칼적 교회론의 구상은 그가 개신교회가 박해받는 프랑스를 비롯한 유럽 대륙 전체 기독교, 즉 보편교회(Ecclesia Universalis)를 항상 염두하며, 제네바 지역교회에서 사

---

18 "Primum credimus sanctam ecclesiam catholicam, hoc est, Universum electorum numerum, sive angeli sint, sive homines (Eph. 1. Col. 1); ex hominibus, sive mortui, sive adhuc vivant; ex viventibus, quibuscunque in terris agant, aut ubivis gentium dispersi sint: unam esse ecclesiam ac societatem et unum Dei populum cuius Christus, Dominus noster, dux sit et princeps, ac tanquam unius corporis caput", Johannes Calvin, *CHRISTIANAE RELIGIONIS INSTITUTIO* (1536), Ioannis Calvini opera quae supersunt omnia I, 72.

19 "ita nec hodie Papistis adimimus quae superesse ex dissipatione vestigia Ecclesia inter eos Dominus voluit... Baptismum primo illic conservavit... deinde sua providentia effecit ut aliae quoque reliquiae extarent, ne Ecclesia prorsus interiret"(지금도 하나님께서는 파멸을 면하게 하신 교회의 흔적이 교황주의에 존재하고 있다는 사실을 부정하지 않습니다…. 첫째 계약의 증거인 세례를 유지하셨다… 그 다음으로 교회가 완전히 파멸하지 않도록 하나님 자신의 섭리로 교회의 다른 흔적들을 남기셨습니다), Johannes Calvin, *CHRISTIANAE RELIGIONIS INSTITUTIO* (1559), Ioannis Calvini Opera Selecta V, 40-41.

역했으며, 상호간 밀접한 관계를 신학적으로 성서에 근거하여 규정하고자 노력했음을 방증하는 결과물이라고 판단된다. 그의 보편 교회를 향한 신학적 신념 및 신앙적 확신은 매우 확고했다.[20] 이와 같은 신학적 이상을 구현하기 위하여, 그는 사소한 도덕적 흠집으로 인한 교회 분열의 가능성을 미리 차단하면서, 이를 통하여 교회의 참된 근거이신 그리스도로 소급되는 교회의 에큐메니칼 차원을 강조한다. 그는 『기독교 강요』 4권 2장 "거짓 교회와 참된 교회와의 비교"(Comparatio falsae Ecclesiae cum vera) 1절에서 거짓 교회로서의 로마-가톨릭교회에 대한 냉혹한 신학적 비판을 시도하면서, 이는 아우크스부르크 신앙고백 제7항에 근거하여 최대한 '종교적 관용'의 원칙을 견지하며, 탄력적으로 해석되어야 한다고 다음과 같이 강조한다.

> 이 사역(말씀선포과 성례전의 집행)이 건전하고 순결하게 유지되는 곳에는 도덕적 과실이나 병폐가 존재한다고 하더라도 '교회'라는 명칭을 소유하는 것과 관련하여 방해가 되지 않습니다…. 중요한 교리를 훼손시키지 않고 모든 성도들이 인정해야 하는 신조들을 제거하지 않는 과오 그리고 주님의 합법적인 제도로서의 성례전을 폐지하지 않는 과오는 용서해야 합니다… 구원은 그리스도에게만 맡기라고 성도들에게 명령합니다… 이와 같은 핵심적 내용이 제거되면, 교회는 전복됩니다.[21]

---

20 "Ideo catholica dicitur seu universalis: quia non duas aut tres invenire liceat quin discerpatur Christi: quod fieri non potest"(교회를 보편적이라고 부르는 것은, 그리스도가 나누어지지 않는 한 —이것은 있을 수도 없는 일이지만— 교회도 둘이나 셋이 있을 수 없기 때문입니다), Ibid., 4.

21 "Nempe ubicunque integrum extat et illibatum, nullis morum vitiis aut morbis impediri, quominus Ecclesiae nomen sustineat… Porro errores quibus talis

V. 글을 정리하며

종교개혁 운동 이후 칼빈은 로마-가톨릭교회를 분열시킨 원인을
제공한 사람으로서, 즉 교회일치를 방해한 신학자로서 간주되었다.
그러나 이는 로마-가톨릭교회의 시각에서 바라본 역사적 평가일 뿐,
칼빈은 로마-가톨릭교회와는 질적으로 상이한 보편 교회의 이상의
실현을 추구했다. 이는 인간적 제도로서의 유한한 교회가 신적인 절
대화의 위험을 극복하기 위한 새로운 차원의 보편 교회의 이상이었
다. 이와 같은 그의 교회론을 구성하는 중요한 신학적 원칙은 '하나님
의 절대주권'에 근거한 '하나님과 인간의 질적인 차이', 즉 '엑스트라
칼비니스티쿰'(extra calvinisticum)으로서, 이 원칙을 교회론에 적용한
다면, 지상 위에 현존하는 교회는 절대화된 신적인 표상으로 결코 존
재할 수 없다. 따라서 그는 비성서적인 인간적 전통을 신적인 절대화
의 표상으로 변모시킨 로마-가톨릭교회를 비판했던 것이다. 이와 관
련하여 그는 로마-가톨릭교회가 주장하는 비성서적인 인간적 전통에
대항하여 신앙인의 양심은 복음의 말씀의 지배를 받아야 한다고 주장
한다.22 왜냐하면 비성서적인 인간적 전통은 신앙인의 양심을 압박하

debeatur venia, eos esse indicatum est, quibus praecipua religionis doctrina
non laedatur, quibus non opprimantur quae inter fideles omnes convenire
debent religionis capita: in sacramentis vero, qui legitimam autohris
institutionem non aboleant nec labefactent... qua salutem suam in uno
Christo reponere fideles iubentur... Corruat ergo Ecclesia necesse est, ubi
intercidit illa religionis summa", Ibid., 30-31.

22 "Usus obtinuit ut traditiones humanae vocentur quaecunque de cultu Dei
praeter eius verbum profecta sunt ab hominibus edicta... Unicum Regem
agnoscant, suum liberatorem Christum: et una libertatis lege, nempe sacro
Evangelii verbo regantur oportet, si gratiam quam in Christo semel obti-
nuerunt, retinere volunt: nulla servitute teneantur, nullis vinculis astrin-

며 자유를 위축시키는 것이나 다름이 없기 때문이다. 이와 관련하여 미국의 교회사학자 오즈먼(Steven E. Ozment)과 종교사회학자 마틴 (David Martin)의 해석이 매우 흥미롭다. 오즈먼은 초기 종교개혁 운동을 통하여 비로소 유럽 계몽주의 시대가 시작되었다고 주장하며,23 마틴은 칼빈주의가 유럽을 중세 봉건체제로부터 근대 사회로의 전환을 유도했다고 평가한다.24 이는 로마-가톨릭교회의 비성서적인 인간적 전통에 대한 종교개혁자들의 양심의 저항이 결과적으로 비합리적인 미신화된 세계관으로부터 해방으로 귀결되었다는 것을 의미한다. 그러나 이상의 해석은 현대적인 시각에서 칼빈의 로마-가톨릭교회 비판을 해석한 것일 뿐, 그에게는 이와 같은 역사의식이 아니라, 성서가 증언하는 그리스도의 진리와 배치되는 로마-가톨릭교회에 대한 냉혹한 비판이 전면에 등장한다. 『기독교 강요』 4권 10장 표제는 이를 매우 극단화시켜 다음과 같이 표현하고 있다.

교황은 이 권한으로 지지자들과 함께 인간의 영혼과 육체에 대한 가장 야만적인 압박과 도살행위를 자행했습니다.25

---

gantur"(하나님을 경배하는 문제와 관련하여, 성경 말씀과는 별도로 사람들이 발표한 모든 명령을 '인간적 전통들'이라고 부르는 것이 관습이 되었습니다. 우리는 이 전통들에 반대합니다… 양심은 왕이시며 해방자이신 그리스도를 고백하며 하나의 자유의 법, 즉 복음의 말씀의 지배를 받아야만 그리스도 안에서 얻은 은혜를 유지할 수 있습니다. 양심은 어디에도 예속되지 않아야 하며, 어떠한 구속도 받지 말아야 합니다), Ibid., 164-165.

23 Steven E. Ozment, *The Reformation in the Cities. The Appeal of Protestantism to Sixteenth-Century Germany and Switzerland* (New Haven: Yale University Press 1975), 116.

24 David Martin, *A General Theory of Secularization* (Oxford: Harper & Row 1978), 8.

25 "De potestate in legibus ferendis, in qua saevissimam tyrannidem in animis et carnificinam exercuit Papa cum suis", Ibid., 164.

더 나아가 '거룩'에 대한 칼빈의 해석 또한 로마-가톨릭교회뿐만 아니라 재세례파가 주장하는 '거룩'이 완전하게 실현된 절대화된 교회로서의 표상을 거부하고 있다. 왜냐하면 절대화될 수 없는 교회는 선택된 자들만의 고립된 신앙공동체로서 존재하지 않기 때문이다. 눈으로 목격할 수 있는 교회 안에는 소위 선택된 자들과 유기된 자들이 공존할 뿐이다.

> 따라서 교회는 완전히 거룩하지 않습니다. 교회는 매일 전진하면서도 아직 완전하지 못하다는 의미에서 거룩할 뿐입니다. 즉 매일 진보하지만, 아직은 거룩이라는 목표에 도달하지 못했다는 것입니다…. 그러나 그들은 거룩과 완전한 순결을 열심히 갈망하기 때문에, 자비하신 하나님께서는 그들이 아직 완전히 순결을 실현하지 못했다고 인정하십니다.[26]

최종적으로 본질적 의미의 교회일치를 지향하며 착상되었던 그의 교회론은 그의 사역과 관련된 다음과 같은 역사적 컨텍스트를 고려하여 이해되어야 한다: 1) 프랑스 내에서 로마-가톨릭교회 소장파 성서 인문주의자로서의 칼빈, 2) 제네바 사역 기간(1536년 -1538년) 동안 베른교회의 압박에 저항하며 독자적인 제네바교회의 독자성을 강조했던 칼빈, 3) 스트라스부르 프랑스 피난민 교회

---

26 "Unde sequitur, nondum peractam esse eius sanctitatem. Sie ergo sancta est Ecclesia ut quotodie proficiat, nondum perfecta sit: quotidie procedat, nondum pervenerit ad sanctitatis metam... sed quia toto studio ad sanctimoniam et solidam puritatem adspirant, mundities illis quam nondum plene consequuti sunt, Dei benignitate tribuitur", Ibid., 21.

목회 기간(1538년-1541년) 동안 제국종교회담에 참여하면서, 신학적 지평을 확장했던 칼빈.

추측해 보건대, 칼빈은 제네바 사역 기간 동안 로마-가톨릭교회뿐만 아니라, 츠빙글리의 종교개혁이 성공했던 베른교회의 통제 또한 거부하며, 지역 교회의 특수성이 보편 교회의 특성을 상실하지 않고 있다는 사실을 증명하고자 주력했다. 이를 통하여 국가교회 체제 안에서 활동했던 종교개혁자들 중에서 칼빈은 루터와 츠빙글리와는 달리, 비국가교회(교파 교회)의 신학과 매우 친화적일 수 있는 중요한 역사적-신학적 근거를 제공할 수 있었다. 부연하자면, 교황 및 성직자 중심으로 통일된 교회 직제를 통하여 보편 교회를 수립하고자 했던 로마-가톨릭교회와는 달리, 아우크스부르크 신앙고백 제7항에 의거하여, 지역 교회를 보편 교회로서 인정하고자 시도했던 칼빈의 교회론은 국가 교회 체제로부터 이탈한 수많은 영미권 교파 교회들에게 중요한 에큐메니칼적 이상을 제공할 수 있었다. 더 나아가 이미 서론에서 언급했던 것처럼 그를 통하여 형성된 보편 교회를 향한 프로테스탄트적 이념이 현대 에큐메니칼운동을 통하여 계승되고 있다고 평가하더라도 이는 결코 무리는 아닌 듯하다.

여기서 간과하지 말아야 할 중요한 사실은 칼빈에게 있어서 이와 같이 교회일치를 위한 신학적-목회적 시도는 성서가 증언하는 참된 진리를 추구하기 위한 여정으로 이해되었다는 점이다. 그는 근본적인 신학적-목회적 원칙이 부재한 교회일치가 아니라, 근본적인 성서의 진리에 근거한 그리스도 중심적인 신앙고백적 일치를 추구했다.[27] 이

---

27 칼빈은 1548년 불링거에게 다음과 같이 편지를 썼다. "Verum utcunque maior Christi communicatio mihi in sacramentis constet, quam verbis tuis exprimas, non tamen propterea desinemus eundem habere Christum et in ipso

와 관련하여 칼빈이 1540년 취리히의 개혁자 하인리히 불링거(Heinrich Bulllinger)에게 1540년 보낸 편지 중 매우 인상 깊은 한 구절을 소개하며 이 글을 마치고자 한다.

하나됨을 위한 (일치의) 결합은 순수한 하나님의 진리를 추구하는 것 외에 다른 것이 아닙니다.[28]

---

unum esse"(성례전 안에서 그리스도의 내적인 사귐을 가지고 있어서 다음과 같이 굳게 확신한다. 우리는 동일한 그리스도를 소유하고 있으며, 그분 안에서 하나가 되길 원한다고. 아마도 우리에게 완전한 일치는 단 한 번 주어진 것입니다), Johannes Calvin, *CALVINUS BULLINGERO*, Ioannis Calvini opera quae supersunt omnia XII, 666.

28 "deindenon aliud quaerere concordiae vinculum, quam puram Dei veritatem", Johannes Calvin, *CALVINUS BULLINGERO*, Ioannis Calvini opera quae supersunt omnia XI, 29.

참 고 문 헌

1부_ 16세기 유럽 프로테스탄트 종교개혁에 대한 포괄적 질문

1차 문헌

루터전집
Luther, Martin: Werke. Kritische Gesamtausgabe [Weimarer Ausgabe], Weimar 1883ff. 약어:
 WA.), *Tractatus de libertate christiana* (1520), WA 7, 42-73.
칼빈선집
Ioannis Calvini Opera Selecta. 5 Bde. Hg. v. P. Barth, W. Niesel [und D.Scheuner]. München
 1926-52, 약어(OS), *INSTITUTIO CHRISTINAE RELIGIONIS* (1559), OS III, IV,
 V.
츠빙글리 전집
Huldreich Zwinglis Sämtliche Werke, hrsg. Von Emil Egli, Georg Finsler, Walter Köhler, Oskar
 Farner, Fritz Blanke, Leonhard von Muralt, Edwin Künzli, Rudolf Pfister, Joachim
 Staedtke, Fritz Büsser, Markus Jennz. Bde. 1-14, Berlin/Leipzig/Zürich 1905-1991
 (Corpus Reformatorum, 88-101). [약자: Z], Fidei ratio (1530), Z VI/II
1648년 베스트팔렌 조약(Westfälscher Friede) 라틴어 원문
 http://www.pax-westphalica.de/ipmipo/index.html (접속일자: 2012.4.10)

2차 문헌

조용석, "16세기 개혁교회 프로테스탄트주의 및 현대 교파간 대화에 대한 에큐메니칼적
 해석", <신학논단> 제62집(2010).
_____, "츠빙글리와 칼빈의 실천적 삼단논법 연구.-칼빈의 실천적 삼단논법에 대한 영향
 사적 고찰", <한국교회사학회지> 제30집 (2011).
Angermeier, Heinz, *Die Reichsreform. 1410 - 1555. Die Staatsproblematik in
 Deutschland zwischen Mittelalter und Gegenwart.* München: Beck, 1984
Barth, Karl, *Die Theologie Zwinglis. Vorlesung Göttingen Wintersemester 1922/23,*
 hrsg. von Matthias Freudenberg, in: Karl Barth, Gesamtausgabe, Abt. II, Zürich 2004.
Benz Ernst, *Beschreibung des Christentums: eine historische Phänomenologie,* 이성덕
 옮김, 『기독교 역사와의 대화』, 서울: 한들출판사, 2007.
Bouwsma, William J., *John Calvin: A Sixteenth Century Portrait,* 이양호, 박종숙 옮김,

『칼빈』, 서울: 도서출판 나단, 1991.

Dickmann, Fritz, *Der Westfälische Frieden*. Münster, 7. Auflage. Münster: Aschendorff Verlag, 1998.

Freudenberg, Matthias, *Karl Barth und die reformierte Theologie. Die Auseinandersetzung mit Calvin, Zwingli und den reformierten Bekenntnisschriften während seiner Göttinger Lehrtätigkeit*, Neukirchen-Vluyn: Nerkirchener Verlag, 1997.

Gresch, Eberhard, *Die Hugenotten. Geschichte, Glaube und Wirkung*, Leipzig: Evangelische Verlaganstalt, 2005.

Holze, Heinrich, *Die abendländische Kirche im hohen Mittelalter (12./13. Jahrhundert)*. Kirchengeschichte in Einzeldarstellungen Band I/12, Leipzig, Evangelische Verlagsanstalt, 2003.

Krieger, Karl-Friedrich : *König, Reich und Reichsreform im Spätmittelalter*. 2. durchgesehene Auflage, München: Oldenbourg, 2005.

Langer, Herbert, *Das Tagebuch Europas. Sechzehnhundertachtundvierzig, Der Westfälische Friede*, Berlin: Brandenburgisches Verlagshaus, 1994.

Le Goff, Jacques. *La Civiliasation de l'Occedent médiéval*, 유희수 옮김, 『서양중세문명』, 서울: 문학과 지성사, 1992

Locher, Gottfried Wilhelm, *Huldrych Zwingli in neuer Sicht. Zehn Beiträge zur Theologie der Zürcher Reformation*, Zürich: Zwingli Verlag, 1969.

Moeller, Bernd, *Geschichte des Christentums in Grundzügen*, Göttingen: Vandenhoeck & Ruprecht, 1987.

Oberman, Heiko Augustinus, *Die Reformation. Von Wittenberg nach Genf*, Göttingen: Vandenhoeck & Ruprecht, 1987.

_____. *Werden und Wertung der Reformation. Vom Wegestreit zum Glaubenskampf*, Tübingen: J.C.B. Mohr, 1977.

_____. *Zwei Reformationen: Luther und Calvin. Alte und Neue Welt*, Berlin: Siedler Verlag, 2003.

Opitz, Peter, *Leben und Werk Johannes Calvins*, Göttingen: Vandenhoeck&Ruprecht, 2009.

Schorn-Schütte, Luise, *Die Reformation. Vorgeschichte-Verlauf-Wirkung*, München: Beck, 1996.

Tillich, Paul, *Vorlesungen über die Geschichte christlichen Denkens. Teil 1: Urchristentum bis Nachreformation*, Gruyter, Walter de GmbH, 1990.

Zur Mühlen, Karl Heinz, *Reformatorische Vernunftkritik und neuzeitliches Denken: Dargestellt am Werk M. Luthers und Fr. Gogartens*, Tübingen: Mohr Siebeck, 1980.

1차 문헌

Friedrich Engels, *Der deutsche Bauernkrieg*, Zweiter Abdruck, Leipzig: Volksstaat, 1870.

Luther, Martin. *De captivitate babylonica ecclesiae* (1520), Lateinisch-Deutsche Studienusgabe, Band 3, Leipzig: Evangelische Verlagsanstalt, 2009.

_____. *Formula missae et communionis* (1523), Lateinisch-Deutsche Studienusgabe, Band 3, Leipzig: Evangelische Verlagsanstalt, 2009.

_____. *Predigt am 17. Sonntag nach Trinitatis, bei der Einweihung der Schlosskirche zu Torgau gehalten, 5. Oktober 1545*, Weimarer Ausgabe 49, Stuttgart: Metzler Verlag, 1914.

_____. *Deudsche Messe und ordnung Gottis dienst* (1526), Weimarer Ausgabe 19, Stuttgart: Metzler Verlag, 1908.

_____. *Sermon von dem hochwürdigen Sakrament des heiligen wahren Leichnams Christi und von den Bruderschaften*, Weimarer Ausgabe 2, Stuttgart: Metzler Verlag, 1884.

_____. *Von weltlicher Obrigkeit, wie weit man ihr Gehorsam schuldig sei* (1523), Kritische Gesamtausgabe (Weimarer Ausgabe) Band 11, Weimar: Hermann Böhlaus Nachfolger, 1900.

_____. *Tischreden aus verschiedenen Jahren, Sammlungen Aurifabers 6*, Kritische Ausgabe (Weimarer Ausgabe) Nr. 7029, Weimar: Hermann Böhlaus Nachfolger, 1921.

_____. *Briefe 1542-1544*, Kritische Ausgabe (Weimarer Ausgabe), Briefwechsel 10, Weimar: Hermann Böhlaus Nachfolger, 1947.

_____. *Die Zirkulardisputation über Matth 19, 21* (1539), Kritische Ausgabe (Weimarer Ausgabe) 39, Weimar: Hermann Böhlaus Nachfolger, 1932.

_____. *Unterricht der Visitatoren an die Pfarrherren im Kurfürstentum Sachsen* (1528), Martin Luther Schriften V, Frankfurt am Main: Insel Verlag, 1982.

epd (Evangelischer Pressedienst, 개신교회 출판사역) 문서

epd Dokumentation, 28/1970.

epd Dokumentation 34/1971.

epd Dokumentation 30/1972.

epd Dokumentation 25/1973.

epd Dokumentation 12/1977.

epd Dokumentation 5/1978.

epd Dokumentation 37/1979.

2차 문헌

김상근,『세상에서 가장 위험한 현자 마키아벨리』, 파주, 21세기 북스, 2013.

김선영, "신성로마제국 선제후령 작센의 프리드리히 현공에게 마르틴 루터의 의미",「한국기독교신학논총」98 (2015.10), 59-90.

백용기, "마틴 루터 신학에 나타난 저항권의 문제",「신학사상」97 (1997).

손규태,『마르틴 루터의 신학사상와 윤리』, 서울: 대한기독교서회, 2004.

정병식, "마틴 루터에 대한 윤리적 비판 재고찰: 농민전쟁을 중심으로",「성경과 신학」62 (2012).

조용석, "독일민주공화국(동독) 수립 이후 루터 이미지의 변천과정 연구",『교회사학』제12권 (2013).

Abush, Alexander, *Der Irrweg der Nation. Ein Beitrag zum Verständnis deutscher Geschichte*, Berlin: Aufbau-Verl., 1946 (letzte Auflage 1960).

Adler, Elisabeth, *Pro-Existenz - Verkündigung und Fürbitte in der DDR*, Berlin: Vogt Verlag, 1961.

Angermeier, Heinz, *Reichsreform und Reformation*, München: Stifung Historisches Kolleg, 1983.

Barth, Karl, *Grundfragen der christlichen Sozialethik*, Gütersloh:C. Bertelsmann, 1921.: Das neue Werk 4, 1922,

_____. "Ein Brief nach Frankreich", in: *Schweizer Stimme 1938-1945*, Zollikon-Zürich: Evangelischer Verlag, 1945.

_____. *Christengemeinde und Burgergemeinde*, Zurich: Evangelischer Verlag, 1948.

_____. *Die evangelische Kirche in Deutschland nach dem Zusammenbruch des Dritten Reiches*, Stuttgart: Franz Mittelbach Verlag, 1946.

Brendler,Gerhard / Schilfert, Gerhard, *Revolutionen in der Epoche des Manufakturkapitalismus*, in: Studien zur Revolutionsgeschichte. Revolutionen der Neuzeit 1500 - 1917. hrsg. von Manfred Kossok, Berlin: Akademie-Verlag, 1982.

Baumgarten, Hermann, *Karl V. und die deutsche Reformation*, Paderborn: Salzwasser Verlag, 2011. (Reprint des Originals von 1889),

Bosbach, Franz, *Monarchia Universalis. Ein politischer Leitbegriff der frühen Neuzeit*, Göttingen: Vandenhoeck Ruprecht, 1997) 64.

Brandi, Karl, *Deutsche Geschichte im Zeitalter der Reformation und Gegenreformation*, München: Verlag F. Bruckmann 1969.

Bräuer, Siegfried, *Matin Luther in marxistischer Sicht, von 1945 bis zum Beginn der 80er*

Jahre, Berlin: Evangelische Verlagsanstalt, 1983.

Christoph Albrecht. *Einführung in die Liturgik*, Göttingen: Vandenhoeck & Ruprecht, 1995.

Dokumente zur *Causa Lutheri (1517 –1521) 2. Teil: Vom Augsburger Reichstag 1518 bis zum Wormser Edikt 1521*, hrsg. u. kommentiert von P. Fabisch und E. Iserloh, Münster: Aschendorffische Verlagsbuchhandlung, 1991.

Engels, Friedrich, *Der deutsche Bauernkrieg*, Zweiter Abdruck, Leipzig: Volksstaat, 1870.

Engelberg, Ernst, *Politik und Geschichtsschreibung - Die historische Stellung und Aufgabe der geschichteswissenschaft in der DDR*, in: ZfG 6 (1958), H.3, S. 468-495.

Falcke, Heino, "Kirche im Sozialismus", Kirchen in der Diktatur. Drittes Reich und SED-Staat. Fünfzehn Beiträge Göttingen: Vandenhoeck und Ruprecht, 1993.

Fischer, Martin, *Wegemarken. Beiträge zum Kampf um unseren Weg*, Berlin: Lettner Verlag, 1959.

Forschepoth, Josef, *Reformation und Bauernkrieg im Geschichtbild der DDR*, 1. Auflage, Berlin: Duncker und Humblot, 1976.

Franz, Peter(Hg.), *Hinter der Mauer und doch frei*, Schkeuditz: GNN-Verlag, 1997.

Gäbler, Ulrich, *Huldrych Zwingli. Eine Einführung in sein Leben und sein Werk*, München: C.H. Beck Verlag, 1983.

Gritsch, Eric W., *Thomas Müntzer: A Tragedy of Errors*, Minneapolis, Fortress Press, 1989.

Gänssler, Hans-Joachim, *Evangelium und weltliches Schwert. Hintergrund, Entstehungsgeschichte und Anlass von Luthers Scheidung Zweier Reiche oder Regimente*, Wiesbaden: Verlag Phillip von Zabern in Wissenschaftliche Buchgesellschaft. 1983.

Gauck, Joachim, *Winter im Sommer - Frühling im Herbst: Erinnerungen*, München: Siedler Verlag, 2009.

Hamel, Johannes, *Christ in der DDR*, Berlin: Vogt Verlag, 1957.

Handreichung der Evangelischen Kirche der Union, *Das Evangelium und das christliche Leben in der Deutschen Demokratischen Republik*, Wittern/Ruhr, Als Manuskript gedruckt, 1959.

Handreichung der Vereinigten Evangelisch-Lutherischen Kirche Deutschlands, Hg. vom Lutherischen Kirchenamt, Berlin 1961.

Haun Horst, *Die Diskussion über Reformation und Bauernkrieg in der DDR Geschichtswissenschaft 1952-1954*, in: ZfG 30 (1982), H.1, S. 452f.

Heckel, Johannes, *Im Irrgarten der Zwei-Reiche-Lehre. Zwei Abhandlungen zum Reichs- und Kirchenbegriff Martin Luthers*, München: Kaiser Verlag, 1957.

Herrnstadt, Rudolf, *Die Entdeckung der Klassen, Die Geschichte des Begriffs Klasse von den Anfängen bis zum Vorabend der Pariser Julirevolution 1830*, Berlin: Das europäische Buch, 1965.

Honecker, Erich, *"Luther: Mitbeweger unserer Geschichte," Interview mit dem DDR-Staatsratsvorsitzenden Erich Honecker mit Lutherische Monatshefte 22 (1983)*, H. 10, abgedruckt in ND, 6.10.1983.

Hoyer, Siegfried, *Die deutsche frühbürgerliche Revolution 1517-1525/26*, in: Revolutionen der Neuzeit. 1500-1917, hrsg. von Manfred Kossok (Berlin: Akademie-Verlag, 1982, 20.

Kandler, Karl-Hermann, *Die Kirchen und das Ende des Sozialismus. Betrachtungen eines Betroffenen*, Asendorf: MUT-Verlag, 1991.

Karle, Isolde. "Eucharistie oder Abendmahl? Zur sakramentalen Prasenz Jesu Christi." In *Gegenwart des lebendigen Christus: Festschrift für Michael Welker*, edited by Gunter Thomas and Andreas Schule, 299-318. Leipzig: Evangelische Verlagsanstalt. 2007.

Kasche, Knut, *Wandel des Lutherbildes in der DDR - eine Suche nach Motiven*, München: GRIN Verlag, 2006.

Kastner, Ruth, (Hg.), *Quellen zur Reformation 1517-1555*, Darmstadt: Wissenschaftliche Buchgesellschaft, 1994

Kirchliches Jahrbuch für die Evangelische Kirche in Deutschland 1963, Gütersloh: Gütersloher Verlagshaus, 1963.

Kirchliches Jahrbuch für die Evangelische Kirche in Deutschland 1968, Gütersloh: Gütersloher Verlagshaus, 1968.

Konferenz, Arnoldshainer (Hg.), *Was gilt in der Kirche? Die Verantwortung für Verkündung und verbindliche Lehre in der Evangelischen Kirche*, Neukirchen: Neukirchener Verlag 1985.

Kohler, Alfred, (Hg.), *Quellen zur Geschichte Karls V.*, Darmstadt: WBG, 1990.

König, Hans-Joachim, *Monarchia mundi und Res publica Christiana: die Bedeutung des mittelalterlichen Imperium Romanum für die politische Ideenwelt Kaiser Karls V. und seiner Zeit*, Hamburg: Lüdke, 1969.

Laube, Adolf, *Bemerkungen zum Zusammenhang von Frühkapitalismus und frühbür-gerlicher Revolution*, in: Der deutsche Bauernkrieg 1524/25. Geschichte-Traditionen-Lehren, hrsg. von Gerhard Brendler und Adolf Laube, Berlin : Akademie-Verlag, 1977.

Laube, Adolf, *Der geschlichtliche Platz des deutschen Bauernkrieges*, in: Einheit 30 (1975), H. 1, 12-18

Lösche, Dietrich, *Probleme der frühbürgerlichen Revolution in Deutschland*, in: Jahrbuch für Geschichte, Berlin 1967, Bd.2.

Lösche, Dietrich, *Probleme der frühbürgerlichen Revolution in Deutschland*, in:

Reformation oder frühbürgerliche Revolution, hrsg. von Rainer Wohlfeil, München: Nymphenburger Verlagshandlung, 1972.

Lohse, Bernhard, *Martin Luther. Einführung in sein Leben und sein Werk*, Berlin: Evangelischer Verlag, 1983.

Lortz, Joseph, *Die Reformation in Deutschland*, Freiburg: Herder, 1962

Ludolphy, Ingetraut, *Friedrich der Weise, Kurfürst von Sachsen 1463-1525*, Göttingen : Vandenhoeck & Ruprecht, 1984.

Lutz, Heinrich, "Karl V. Biographische Probleme", in: *Biographie und Geschichtswissenschaft. Aufsätze zur Theorie und Praxis biographischer Arbeit*, Wien : Böhlau Verlag, 1979,

_____. "Kaiser, Reich und Christenheit. Zur Weltgeschichtlichen Würdigung des Augsburger Reichstages 1530", in: *Historische Zeitschrift 230*, München: De Gruyter, 1980.

Martin - Luther - Komitee der DDR, Martin Luther und unsere Zeit, Konstituierung des Martin - Luther - Komitees der DDR am 13. Juni 1980 in Berlin, Berlin, Weimar, 1980.

Marx Engels, ausgewählte Werke, Electronische Ressource, Berlin, 2004.

Mau, Rudolf, *Der Protestantismus im Osten Deutschlands (1945-1990)*, Leipzig: Evangelische Verlaganstalt, 2005.

Meusel, Alfred, *Thomas Müntzer und seine Zeit*, Berlin: Aufbau-Verl., 1952.

Neubert, Ehrhart, *Geschichte der Opposition in der DDR 1949–1989*, Berlin: Christoph Links Verlag, 1997.

_____. *Eine protestantische Revolution*, Osnabrück: KONTEXTverlag, 1990,

Niebuhr, Reinhold, *The nature and destiny of man II*, New York: Charles Scribner's Sons, 1943.

Quellen zur Geschichte Karls V., Hrsg. v. A. Kohler (Ausgewählte Quellen zur deutschen Geschichte der Neuzeit. Freiherr-vom-Stein-Gedächtnisausgabe, Bd. 15) Darmstadt: Wissenschaftliche Buchgesellschaft 1990,

Pollack, Detlef, "Kirchliche Eigenständigkeit in Staat und Gesellschaft der DDR", Evangelische Kirche im geteilten Deutschland (1945-1989/1990), Claudia Lepp / Kurt Nowak (Hg.), Göttingen: Vandenhoeck und Ruprecht, 2001.

Rabe, Horst, *Deutsche Geschichte 1500-1600. Das Jahrhundert der Glaubensspaltung*, München: C.H. Beck, 1991.

Resing, Volker, *Angela Merkel. Die Protestantin*, Leipzig: St. Benno-Verlag, 2009.

Reiffenberg, G., (Hg.), Lettres sur la vie interieur de l'empereur Charles-Quint, ecrites par Guillaume van Male (Brüssel : Delevigne et Callewaert, 1843), Nr. 44. vom 5.5.1551.

Röder, Hans-Jürgen, "Kirche im Sozialismus", Die evangelischen Kirchen in der DDR, Reinhard Henkys (Hg.), München: Chr. Kaiser, 1982.

Rogge, Joachim, Luther in Worms: 1521-1971. Ein Quellenbuch, Witten: Luther-Verlag, 1971.

Roy, Martin, *Luther in der DDR, Zum Wandel des Lutherbildes in der DDR Geschichtsschreibung*, Bochum: Verlag Dr. Dieter Winkler, 2000.

Rudolph, Rolf, *Die nationale Verantwortung der Historiker in der DDR*, in: ZfG 10 (1962), H.2, 253-285.

Schilfert, Gerhard, *Zur Problematik von Staat Bürgertum und Nation in Deutschland in der Peridode des Übergangs vom Feudalismus zum Kapitalismus*, in: ZfG 11 (1963), H.3, 515-534.

Schönherr, Albrecht, "Erinnerung und Vermächtnis", Horizont und Mitte, Leipzig: Evangelische Verlagsanstalt, 1979.

Schilling, Heinz, "Veni, vidi, Deus vixit - Karl V. zwischen Religionskrieg und Religionsfrieden", in: *Archiv für Reformationsgeschichte 89*, Göttingen: De Gruyter, 1998.

Smirin, Moisej Mendeljewitsch, *Die Volksreformation des Thomas Müntzer und der Große Bauernkrieg*, Berlin: Dietz Verlag Berlin, 1952.

_____. *Wirtschaftlicher Aufschwung und revolutionäre Bewegung in Deutschland im Zeitalter der Reformation*, in: Sowjetwissenschaft. Gesellschaftswissenschaftliche Beiträge , Berlin: Verlag Volk und Welt, 1958.

Steinmetz, Max, *Der geschichtliche Platz des deutschen Bauernkrieges*, in: Der deutsche Bauernkrieg 1524/25. Geschichte-Traditionen-Lehren, hrsg. von Gerhard Brendler und Adolf Laube, Berlin: Akademie-Verlag, 1977.

_____. *Weltwirkung der Reformation, in: Weltwirkung der Reformation. Internationales Symposium anläaßlich der 450-Jahr-Feier der Reformation in Wittenberg vom 24. bis 26. Oktober 1967*, Bd 2. Referate und Diskussionen, hrsg. von Max Steinmetz und Gerhard Brendler, Berlin: Deutscher Verlag der Wissenschaften, 1969.

_____. *Die frühbürgerliche Revolution in Deutschland (1476-1535). Thesen zur Vorbereitung der wissenschaftlichen Konferenz in Wernigerode vom 20. bis 24. Januar 1960*, in: Zeitschrift für Geschichtswissenschaft 8, Berlin: Metropol Verlag, 1960.

Stolpe, Manfred, "Kirche, Staat und Welt. Kirche im Sozialismus", Sonderheft zum Hamburger Kirchentag, Juni, 1981, Gütersloh: Gütersloher Verlagshaus, 1981.

Strübind, Andrea, *Eifriger als Zwingli. Die frühe Täuferbewegung in der Schweiz*, Berlin: Duncker & Humblot 2003.

Schmidt-Lauber, Hans-Christoph, "Die Eucharistie," *Handbuch der Liturgik. Liturgiewissenschaft In Theologie und Praxis der Kirche*, edited by Hans-Christoph, Schmidt-Lauber and Karl-Heinrich Bieritz, 209-247. Göttingen: Vandenhoeck & Ruprecht, 2003.

Schorn-Schütte, Luise, *KARL V. Kaiser zwischen Mittelalter und Neuzeit*, München: C.H.

Beck, 2000.

Seibt, Ferdinand, *Karl V.: Der Kaiser und die Reformation*, Berlin: btb Verlag, 1990.

Steinmetz, Max, *Die frühbürgerliche Revolution in Deutschland*, Berlin: Akademie-Verlag, 1961.

_____. *Die historische Bedeutung der Reformation und die Frage nach dem Beginn der Neuzeit in der deutschen Geschichte*, in: ZfG 15 (1967), H.4, 663-670.

_____. *Die frühbürgerliche Revolution in Deutschland, Thesen*, in: Deutsche Historiker-Gesellschaft, Die frühbürgerliche Revolution in Deutschland, Berlin 1961.

Thesen über Martin Luther, in: Zeitschrift für Geschichtswissenschaft 29, 1981.

Tödt, Heinz Eduard, "Die Bedeutung von Luthers Reiche-und Regimentenlehre für Theologie und Ethik," in: Hasselmann, Nels (Hg.), *Gottes Wirken in seiner Welt. Zur Diskussion und die Zwei-Reiche-Lehre, Bd. 2*, Hamburg: Lutherisches Verlaghaus, 1980.

Uwe Schirmer, "Die ernestinischen Kurfürsten bis zum Verlust der Kurwürde (1485-1547)", in: Kroll, Lothar (Hg.), *Die Herrscher Sachsens, Markgrafen, Kurfürsten, Könige 1089-1918*, München: C. H. Beck 2004.

Vogler, Günter, Marx, *Engels und die Konzeption einer frühbügerlichen Revolution, in Deutschland*, in: Reformation oder frühbürgerliche Revolution, hrsg. von Rainer Wohlfeil ,München: Nymphenburger Verlagshandlung, 1972.

Vogtherr, Thomas, *"Reformer" oder "frühbürgerlicher Revolutionär?" Martin Luther im Geschichtsbild der DDR*, in: GWU 39 (1988), H.10, 594-613.

Welker, Michael, *Was geht vor beim Abendmahl?*, Gütersloh: Gütersloher Verlag, 2004.

Wendebourg, Dorothea, "Den falschen Weg Roms zu Ende gegangen?." *ZThK* 99, (2002): 400-440.

Wohlfeil, Rainer, *Das wissenschaftliche Lutherbild der Gegenwart in der Bundesrepublik Deutschland und in der Deutschen Demokratischen Republik*, Hannover: Niedersächsische Landeszentrale für Politische Bildung, 1982.

Wolf, Ernst, *Sozialethik. Theologische Grundlagen*, 2 Aufl. hg. v. Theodor Strohm, Göttingen: Vandenhoeck & Ruprecht, 1982.

Zschäbitz, Gerhard, *Martin Luther, Größe und Grenze*, Berlin: Deutscher Verlag der Wissenschaften, 1967.

3부_ 츠빙글리 종교개혁에 대한 역사적-신학적 탐구

1차 문헌

루터전집

(Luther, Martin: Werke. Kritische Gesamtausgabe [Weimarer Ausgabe], Weimar 1883ff. 약어: WA) *Wartburgpostille* (1522), WA 10/I.

츠빙글리전집

Huldreich Zwinglis Sämtliche Werke, hrsg. Von Emil Egli, Georg Finsler, Walter Köhler, Oskar Farner, Fritz Blanke, Leonhard von Muralt, Edwin Künzli, Rudolf Pfister, Joachim Staedtke, Fritz Büsser, Markus Jennz. Bde. 1-14, Berlin/Leipzig/Zürich 1905-1991 [Corpus Reformatorum, 88-101]. (약어: Z)

Gebetslied in der Pest (1519), Z I. 62-69.

Zwingli an Oswald Myconius, Zürich, 31. Dezember 1519, Z VII, 243-246.

Zwingli an Oswald Myconius, Zürich, 24. Juli 1520, Z VII, 341-345.

Von Klarheit und Geweißheit des Wortes Gottes (1522), Z I, 328-384.

Auslegen und Gründe der Schlußreden (1523), Z II, 1-457.

Zwingli an Thomas Wittenbach (1523), Z VIII, 84-89.

Ad Matthaeum Alberum de coena dominica epistola (1524), Z III, 322-354.

De vera et falsa religione commentarius (1525), Z III. S. 590-912.

De peccato originali declaratio ad Urbanum Rhegium (1526), Z V, 359-396.

Eine klare Unterrichtung vom Nachtmahl Christi (1526), Z IV, 773-862.

Sermonis de providentia dei anamnema (1530), Z VI/III, 1-230.

Bereimung des 69. Psalms, Z VI/5, 387-394.

Sermonis de providentia dei anamnema (1530), Z VI/III. S. 1-230.

Fidei ratio (1530), Z VI/II. S. 753-817.

Fidei expositio (1531), Z VI/V. S. 1-163.

칼빈선집

Ioannis Calvini Opera Selecta. 5 Bde. Hg. v. P. Barth, W. Niesel [und D.Scheuner]. München 1926-52. (약어: OS)

OS III, IV, V

Institutio Christianae Religionis (1559, 약어 Inst.)

2차 문헌

박경수, 『교회의 신학자 칼뱅』, 서울: 대한기독교서회, 2009.

_____, 『교회사 클래스』, 서울: 대한기독교서회, 2010.

_____, "칼빈은 자본주의의 창시자인가? : 베버 논지에 대한 재평가, "「칼빈연구」8집 (2011).

베버, 막스/박성수 옮김, 『프로테스탄티즘의 윤리와 자본주의 정신』, 서울: 문예출판사, 1995.

이양호, 『칼빈 생애와 사상』, 천안: 한국신학연구소, 1997.

_____, 『루터의 생애와 사상』, 서울: 대한기독교서회, 2002.

조용석, "16세기 개혁교회 프로테스탄트주의 및 현대 교파간 대화에 대한 에큐메니칼적 해석", 「신학논단」62집, 연세대학교 신과대학, 연합신학대학원 (2010).

Althaus, Paul. *Die Theologie Martin Luthers*, Gütersloh: , 1962.

Barth, Karl. *Die Theologie Zwinglis. Vorlesung Göttingen Wintersemester* 1922/23. hrsg. Von Matthias Freudenberg, in: Karl Barth, Gesamtausgabe, Abt. II, Zürich: Theologischer Verlag, 2004.

Baur, August, *Zwinglis Theologie. Ihr Werden und ihr System II*, Halle, 1889; Nachdruck: Hildesheim/Zürich/New York 1983.

Busch, Eberhard. *Gotteserkenntnis und Menschlichkeit. Einsichten in die Theologie Johannes Calvins*, Zürich: Theologischer Verlag Zürich, 2005, 150.

Courvoisier, Jaques, *Zwingli als reformierter Theologe*, Neukirchen-Vluyn: Neukirchener Verlag, 1966.

Farner, Alfred, *Die Lehre von Kirche und Staat bei Zwingli*, Tübingen: Paul Siebeck, 1930.

Freudenberg, Matthias. *Karl Barth und die reformierte Theologie. Die Auseinandersetzung mit Calvin, Zwingli und den reformierten Bekenntnisschriften während seiner Göttinger Lehrtätigkeit* (Neukirchener Theologische Dissertationen und Habilitationen, Bd. 8), Neukirchen-Vluyn: Nerkirchener Verlag, 1997.

Gäbler, Ulrich. *Huldrych Zwingli. Eine Einführung in sein Leben und sein Werk*. München: Verlag C H Beck, 1983.

Hoburg, Ralf, *Seligkeit und Heilsgewißheit. Hermeneutik und Schriftauslegung bei Huldrych Zwingli bis 1522*. Stuttgart: Calwer Verlag, 1994.

Kaufmann, Thomas, *Reformatoren*, Göttingen: Vandenhoeck & Ruprecht, 1998.

Köhler, Walter, *Die Geisteswelt Ulrich Zwinglis. Christentum und Antike*. Gotha: Perthes Verlag, 1920.

Locher, Gottfried Wilhelm. "Die Theologie Zwinglis-Bucers-Calvins," *Zwingli und Europa, Referate und Protokolle des Internationalen Kongresses aus Anlaß des 500. Geburtstags von Huldrych Zwingli*, hrsg. von Peter Blickle, Andreas Lindt und Alfred Schindler, Zürich: Vandenhoeck & Ruprecht, 1984, 91-106.

_____. *Die Zwinglische Reformation in Rahmen der europäischen Kirchengeschichte*. Göttingen/Zürich: Vandenhoeck & Ruprecht, 1979.

_____. *Huldrych Zwingli in neuer Sicht. Zehn Beiträge zur Theologie der Zürcher Reformation*. Zürich: Zwingli-Verlag, 1969.

Locher, Gottfried Locher, *Die Prädestinationslehre Huldrych Zwinglis, in: Huldrych Zwingli in neuer Sicht. Zehn Beiträge zur Theologie der Zürcher Reformation*, Zürich: Zwingli Verlag, 1969, 105-125.

_____. *Die Theologie Huldrych Zwinglis im Lichte seiner Christologie, 1. Teil: Die Gotteslehre* (Studien zur Dogmengeschichte und systematischen Theologie Bd. I), Zürich 1952.

_____. *Grundzüge der Theologie Zwinglis*, in: Huldrych Zwingli in neuer Sicht. Zehn Beiträge zur Theologie der Zürcher Reformation, Zürich 1969, S.173-270.

Lohse, Bernhard. *Martin Luther. Eine Einführung in sein Leben und sein Werk*. München: C H Beck, 1981.

Meyer, Walter Ernst, *Huldrych Zwinglis Eschatologie: reformatorische Wende, Theologie und Geschichtsbild des Zürcher Reformators im Lichte seines eschatologischen Ansatzes*, Zürich: Theologischer Verlag Zürich, 1987.

Moeller, Bernd, *Geschichte des Christentums in Grundzügen*, Göttingen: Vandenhoeck & Ruprecht, 1979.

Neuser, Wilhelm, "Dogma und Bekenntnis in der Reformation. Von Zwingli und Calvin bis zur Synode von Westminster. Abschnitt.1. Zwingli und Zwinglianismus", *HDThG²*, Göttingen: Vandenhoeck & Ruprecht 1998/1999.

Neuser, Wilhelm H., "Dogma und Bekenntnis in der Reformation. Von Zwingli und Calvin bis zur Synode von Westminster. Abschnitt 1. Zwingli und Zwinglianismus", in: *HDThG²* (1998/1999), Göttingen: Vandenhoeck & Ruprecht, 1998/1999, 167-238.

Niesel, Wilhelm, *Die Theologie Calvins*, 2. Aufl. München: Chr. Kaiser Verlag, 1957.

_____. *Die reformatorische Wende bei Zwingli*, Neukirchen-Vluyn: Neukirchener Verlag, 1982.

Plasger, Georg. "Calvins lebensbejahende Eschatologie," in: Matthias Freudenberg / J. Marius J. Lange van Ravenswaay (Hg.), *Calvin und seine Wirkungen*. Vorträge der 7. Emder Tagung zur Geschichte des reformierten Protestantismus, (Neukirchen, Neukirchener Verlag, 2009), 81-96

Rich, Arthur, *Die Anfänge der Theologie Huldrych Zwinglis*, Diss. Theol. Zürich, Zwingli Verlag, 1949.

Scholl, Hans. *Verantwortlich und frei. Studien zu Zwingli und Calvin, zum Pfarrerbild und zur Israeltheologie der Reformation*, Zürich: Theologischer Verlag Zürich, 2006.

Schmid, Heinrich, *Zwinglis Lehre von der göttlichen und menschlichen Gerechtigkeit*, Zürich: Zwingli Verlag, 1959.

Scholl, Hans. *Verantwortlich und frei. Studien zu Zwingli und Calvin, zum Pfarrerbild und zur Israeltheologie der Reformation*, Zürich: Theologischer Verlag Zürich, 2006.

Schweizer Julius. *Reformierte Abendmahlsgestaltung in der Schau Zwinglis*, Basel, Reinhardt, 1954.

Stephens, Peter, *Zwingli. Einführung in sein Denken*, Zürich: Theologischer Verlag Zürich, 1997.

Troeltsch, Ernst, *Die Soziallehren der christlichen Kirchen und Gruppen*, Ges. Schriften, Bd. 1, Tübingen 1912, 706.709 1995.

Weber, Max, "Die protestantische Ethik und der Geist des Kapitalismus" (1904/1906), in: *Die protestantische Ethik* Bd. 1, hg. v. Johannes Winckelmann, Hamburg: Siebenstern-Taschenbuch-Verlag, 1973, 27-278.

_____. *Gesammelte Aufsätze zur Religionssoziologie* I, Tübingen: Mohr Siebeck, 1986.

Zeindler, Matthias. *Erwählung: Gottes Weg in der Welt*, Zürich : Theol. Verl., 2009.

Walther, Andreas, *Zwinglis Pestlied. Ein Beitrag zur Dogmengeschichte der Reformationszeit*, in: Neue Kirchliche Zeitschrift 12, 1901.

4부_ 칼빈의 종교개혁에 대한 역사적-신학적 탐구

1차 문헌

Calvin, Johannes, *CONSENSIO MULTA IN RE SACRAMENTARIA MINISTORUM TIGURINAE ECCLESIAE ET D. IOANNIS CALVINI MINISTRI GENEVESIS ECCLESIAE*, Ioannis Calvini opera quae supersunt omnia VII, 733-744

_____. *Petit traicté de la saincte cene de nostre Seigneur Jesus Christ*, Ioannis Calvini opera quae supersunt omnia V, 428-460.

_____. *IO. CALVINI IN LIBRUM PSALMORUM COMMENTARIUS*, Ioannis Calvini opera quae supersunt omnia XXXI. (원문출처: Ioannis Calvini opera quae supersunt omnia, hg. von G. Baum; E. Cunitz; E. Reuss, 59 Bde., Nachdr. der Ausgabe Braunschweig 1863-1900, New York, 1964. 약어: CO)

Calvin, Johannes, *Catechismus Ecclesiae Genevensis*, Ioannis Calvini Opera Selecta II, 59-151.

_____. *CHRISTIANAE RELIGIONIS INSTITUTIO (1536)*, Ioannis Calvini Opera Selecta I, 11-283.

_____. *INSTITUTIO CHRISTINAE RELIGIONIS* (1559), Ioannis Calvini Opera Selecta III, IV, V. (원문출처: Ioannis Calvini Opera Selecta, 5 Bde. Hg. v. P. Barth, W. Niesel [und D.Scheuner]. München 1926-52)

Melanchthon, Philipp, *Loci communes 1521*. Lateinisch-Deutsch übersetzt von Horst-Georg Pöhlmann. 2. Auflage, Gütersloh: Mohn, 1993.

Zwingli, Huldrych, *Fidei ratio* (1530), Huldreich Zwinglis Sämtliche Werke, VI/II, 753-817.

_____. *Fidei expositio* (1531), Huldreich Zwinglis Sämtliche Werke, VI/V, 1-163. (원문출처: Huldreich Zwinglis Sämtliche Werke, hrsg. Von Emil Egli, Georg Finsler, Walter Köhler, Oskar Farner, Fritz Blanke, Leonhard von Muralt, Edwin Künzli, Rudolf Pfister, Joachim Staedtke, Fritz Büsser, Markus Jennz. Bde. 1-14, Berlin/Leipzig/Zürich 1905-1991, Corpus Reformatorum, 88-101).

2차 문헌

박건택 편역. "편역자 서문." 『칼뱅작품선집 III』. 서울: 총신대학교 출판부, 2009: 6-22.

이양호 『칼빈 생애와 사상』. 개정증보판. 서울: 한국신학연구소, 2005.

조용석, "16세기 개혁교회 프로테스탄트주의 및 현대 교파간 대화에 대한 에큐메니칼적 해석", 「신학논단」 62집, 연세대학교 신과대학, 연합신학대학원 (2010).

Barton, F. Whitfield. *Calvin and the Duchess*, Louisville: Westminster John Knox Press, 1989.

Beckmann, Joachim, *Vom Sakrament bei Calvin. Die Sakramentslehre Calvins in ihren Beziehungen zu Augustin*, Tübingen : Mohr, 1926.

Bohatec, Josef. *Budé und Calvin*, Graz: Böhlau, 1950.

Bonnet, Jules(Hg.). Lettres de Jean Calvin recueillies pour la première fois et publiées d'après les manuscrits originaux. Lettres françaises. Bd. 2, 1854

Campi, Emidio und Reich, Ruedi, Hrsg. *Consensus Tigurinus. Die Einigung zwischen Bullinger und Calvin über das Abendmahl. Werden - Wertung - Bedeutung.* Zürich : TVZ Theologischer Verlag, 2009.

Cottret, Bernard, *Calvin. Eine Biographie*. Stuttgart: Quell-Verlag, 1998.

Diestelmann, Jürgen, *Usus und Actio, Das Heilige Abendmahl bei Luther und Melanchthon*. Berlin: Pro-Business-Verl., 2007.

Domrose, Sonja. *Frauen der Reformationszeit*, Göttingen: Vandenhoeck & Ruprecht, 2011.

Doumergue, Èmile. *Jean Calvin. Les hommes et les choses de son temps*, Bd. 2, Lausanne: G. Bridel & cie, 1899.

Grass, Hans, *Die Abendmahlslehre bei Luther und Calvin. Eine kritische Untersuchung*. Gütersloh: Bertelsmann, 1954.

Gresh, Eberhard. *Die Hugenotten: Geschichte, Theologie und Wirkung*, Leipzig: Evangelische Verlagsanstalt, 2005.

Grötzinger, Eberhard, *Luther und Zwingli. Die Kritik an der mittelalterlichen Lehre von der Messe - als Wurzel des Abendmahlsstreites*. Gütersloh: Gütersloher Verl.-Haus

Mohn, 1980.

Jenny, Markus, *Die Einheit des Abendmahlsgottesdienstes bei den elsässischen und schweizerischen Reformatoren*. Zürich: Zwingli-Verlag, 1968.

Jourda, Pierre. *Marguerite d'Angoulême, duchesse d'Alençon, reine de Navarre (1492-1549). Etude biographique et littéraire*, Paris: Librairie ancienne Honoré Champion, 1930.

Hundeshagen, Karl Bernhard. *Calvinismus und staatsbürgerliche Freiheit. Hubert Languet: Wider die Tyranen* (Zürich: Evangelischer Verlag AG. Zollikon, 1946.

Köhler, Walther E., *Zwingli und Luther. ihr Streit über das Abendmahl und seinen politischen und religiösen Beziehungen*. Gütersloh: C. Bertelsmann Verlag, 1953.

Marguerite de Navarre, *Le miroir de l`ame pecheresse. Edition critique et commentaire suivis de la traduction faite par la princesse Elisabeth, future reine d`Angleterre: The Glasse of the Synnefull Soule*. Annales Academiae Scientiarum Fennicae. Par Renja Salminen, Helsinki: suomalaninen Tiedeakatermia, 1979.

_____. *Das Heptameron*, München: Deutscher Taschenbuch Verlag, 1999.

Léonard. Émile G. *Le Protestant français*, 2. Aufl. Paris: Editions P.U.F., 1955.

Niesel, Wilhelm, *Calvins Lehre vom Abendmahl*. 2. Auflage. München: Kaiser, 1935.

Oberman, Heiko Augustinus, *Die Reformation. Von Wittenberg nach Genf*. Göttingen: Vandenhoeck & Ruprecht, 1987.

_____. Subita Conversio. The Conversion of John Calvin, in: Das reformierte Erbe. Festschrift für Gottfried W. Locher, hg. von H. A. Obermann; E. Saxer, A. Schindler; H. Stucki, Teil 2, Zürich 1993, 279-295.

Opitz, Peter, *Leben und Werk Johannes Calvins*. Göttingen: Vandenhoeck & Ruprecht, 2009.

Peters, Albrecht, *Realpräsenz. Luthers Zeugnis von Christi Gegenwart im Abendmahl*. Berlin: Luth. Verl.-Haus, 1960.

Plasger, Georg, *Johannes Calvins Theologie −Eine Einführung*. Göttingen: Vandenhoeck & Ruprecht, 2008.

Roelker, Nancy Lyman, *Queen of Navarre: Jeanne d'Albret, 1528-1572*, Cambridge MA: Harvard University, 1968.

Rogge, Joachim, *Virtus und Res. Um die Abendmahlswirklichkeit bei Calvin*. Stuttgart: Calwer Verlag, 1965.

Selderhuis, Herman J., Hrsg. *Calvin Handbuch*. Tübingen: Mohr Siebeck, 2008.

Scholl, Hans, *Verantwortlich und frei. Studien zu Zwingli und Calvin, zum Pfarrerbild und zur Israeltheologie der Reformation*, Zürich: Theologischer Verlag, 2006.

Wendel, François, *Calvin, Ursprung und Entwicklung seiner Theologie*, Neukirchen: Neukirchener Verlag: 1968.

Wendebourg, Dorothea, *Essen zum Gedächtnis. Der Gedächtnisbefehl in den Abendmahlstheologien der Reformation.* Tübingen: Mohr Siebeck, 2009.

5부_ 16세기 유럽 프로테스탄트 종교개혁과 오이쿠메네(Ökumene)

1차 문헌

Calvin, Johannes, *CHRISTIANAE RELIGIONIS INSTITUTIO (1536),* Ioannis Calvini opera quae supersunt omnia I.

Calvin, Johannes, *CALVINUS BULLINGERO,* Ioannis Calvini opera quae supersunt omnia XII, 665-667

_____. *CALVINUS BULLINGERO,* Ioannis Calvini opera quae supersunt omnia XI, 27-30.

_____. *CALVINUS CRANMERO,* Ioannis Calvini opera quae supersunt omnia XIV, 312-314. (원문출처: Ioannis Calvini opera quae supersunt omnia, hg. von G. Baum; E. Cunitz; E. Reuss, 59 Bde., Nachdr. der Ausgabe Braunschweig 1863-1900, New York, 1964.)

_____. *OMNIBUS CHRISTI EVANGELIUM RELIGIOSE COLENTIBUS (1538),* Ioannis Calvini Opera Selecta I, 426-432.

_____. *INSTITUTIO CHRISTINAE RELIGIONIS* (1559), Ioannis Calvini Opera Selecta III, IV, V. (원문출처: Ioannis Calvini Opera Selecta, 5 Bde. Hg. v. P. Barth, W. Niesel [und D.Scheuner]. München 1926-52)

2차 문헌

박경수, <교회의 신학자 칼뱅>, 서울: 대한기독교서회, 2009.

베른하르트 로제 지음/정병식 역, <마틴 루터의 신학>, 서울: 한국신학연구소, 2002.

민경배, <교회와 민족>, 서울: 대한기독교출판사, 1981.

미하엘 바인리히/조용석 역, <칼빈탄생 500주년 기념. 요한네스 칼빈과 교회일치>, 서울: 한들출판사, 2009.

이양호, <칼빈의 생애와 사상>, 서울: 한국신학연구소, 1997.

_____, <루터의 생애와 사상>, 서울: 대한기독교서회, 2002.

이형기, <하나님 나라와 교회>, 서울: 한들출판사, 2005.

W. P. 스티븐스/박경수 역, <츠빙글리의 생애와 사상>, 서울: 대한기독교서회, 2007.

정승훈, <종교개혁과 21세기>, 서울: 대한기독교서회, 2001.

조용석 지음 및 엮음, <20세기 유럽개혁신학의 유산 -로이엔베르크 합의를 중심으로->,

서울, 한들 출판사, 2008.

Barth, Karl, *Die Theologie Zwinglis. Vorlesung Göttingen Wintersemester 1922/23*, hrsg. Von Matthias Freudenberg, in: Karl Barth, Gesamtausgabe, Abt. II, Zürich 2004.

Ganoczy, Alexandre, *Ecclesia Ministrans. Dienende Kirche und kirchlicher Dienst bei Calvin*, Freiburg/Basel/Wien: Herder 1968.

Hauswirth, René, *Landgraf Philipp von Hessen und Zwingli. Voraussetzung und Geschichte der politischen Beziehungen zwischen Hessen, Straßburg, Konstanz, Ulrich von Württemberg und reformierten Eidgenossen 1526-1531*, Tübingen und Basel: Osiander, 1968.

Kolfhaus, Wilhelm, *Christusgemeinschaft bei Johannes Calvin*, Neukirchen: Neukirchener Verlag, 1939.

_____. *Vom christlichen Leben nach Johannes Calvin*, Neukirchen: Neukirchener Verlag, 1949.

Kuschel, Karl-Josef, *Streit um Abraham. Was Juden, Christen und Muslime trennt und was sie eint*, München 2001.

Meyer, Harding (Hrsg.), *Dokumente wachsender Übereinstimmung, sämtliche Berichte und Konsenstexte interkonfessioneller Gespräche auf Weltebene I(1931-1982), II(1982-1990), III(1990-2001)*, Paderborn: Bonifas, 1983, 1992, 2003.

Locher, Gottfried W., *Calvin. Anwalt der Ökumene*. Zollikon: Evangelischer Verlag AG, 1960.

McGrath, Alister E., *Johann Calvin. Eine Biographie*, übers. von Gabriele Burkhardt, Zürich: Benzinger Verlag, 1991.

Martin, David, *A General Theory of Secularization*, Oxford: Harper & Row, 1978.

Neuser, Wilhelm, Dogma und Bekenntnis in der Reformation. Von Zwingli und Calvin bis zur Synode von Westminster. Abschnitt 1. Zwingli und Zwinglianismus, in: *HDThG²* (1998/1999),

Niesel, Wilhelm, *Die Theologie Calvins*, München: Chr. Kaiser Verlag, 1938.

Scholl, Hans, *Verantwortlich und frei. Studien zu Zwingli und Calvin, zum Pfarrerbild und zur Israeltheologie der Reformation*, Zürich 2006.

Schorn-Schütte, Luise, *Die Reformation, Vorgeschichte-Verlauf-Wirkung*, München: Beck, 1996.

Stiegler, Stefan u. Swarat, Uwe (Hrsg.). *Der Monotheismus als theologisches und politisches Problem*, Leipzig 2006.

Lienhard, Marc, *Lutherisch-reformierte Kirchengemeinschaft heute*, Frankfurt am Main: Verlag Otto Lembeck, 1973.

Moeller, Bernd, *Geschichte des Christentums in Grundzügen*, Göttingen: Vandenhoeck & Ruprecht. 1979.

Oberman, Heiko A., *Die Reformation von Wittenberg nach Genf*, Göttingen: Vandenhoeck & Ruprecht, 1986.

Opitz, Peter, *Leben und Werk Johannes Calvins*, Göttingen:Vandenhoeck & Ruprecht, 2009.

_____. *Calvins theologische Hermeneutik*, Neukirchen-Vluyn: Neukirchener Verlag, 2005.

Ozment, Steven E., *The Reformation in the Cities. The Appeal of Protestantism to Sixteenth-Century Germany and Switzerland*, New Haven: Yale University Press, 1975.

RESOURCE BOOK, *WCC 10th Assembly Busan*, Geneva: World Council of Churches Publications, 2013.

Wendel, François, *Calvin. Ursprung und Entwicklung seiner Theologie*, übers. von Dr. Walter Kickel, Neukirchen-Vluyn: Neukirchener Verlag, 1968.

Wernle, Paul, Calvin. *Der Evangelische Glaube nach den Hauptschriften der Reformatoren Bd. III.*, Tübingen: J. C. B. Mohr 1919.

Winzeler, Peter, „Losend dem Gotzwort!" Die Bedeutung Gottfried W. Lochers für die Zwingli-Forschung, in: *Zwingliana* 25, 1998.

Zweig, Stefan, *Castellio gegen Calvin oder Ein Gewissen gegen die Gewalt*, Frankfurt/M.: FISCHER Taschenbuch, 1954.

논 문 출 처 목 록

제1장 ┃ 16세기 유럽 프로테스탄트 종교개혁 ─ 중세 제국 이념의 종언과 근대적 사유의 시작을 위한 신학적 토대   조용석, 「인문학연구」 46 (2012, 12), 계명대학교 인문과학연구소

제2장 ┃ 루터소송사건(Causa Lutheri)과 프로테스탄트 종교개혁 ─ 카를 5세(Karl V)의 종교정책연구(1521-1530)   조용석, 「장신논단」 49/1(2017), 장로회신학대학교 기독교사상과 문화연구원

제3장 ┃ 루터와 예배 ─ 말씀의 예배로의 전환과 성찬제정사의 종교개혁적 수용   조용석, 「신학논단」 80 (2015), 연세대학교 신과대학, 연합신학대학원

제4장 ┃ 루터와 영방(領邦)교회 ─ 저항이론으로서의 두 왕국론   조용석, 「대학과 선교」 29 (2015), 한국대학선교학회

제5장 ┃ 독일민주공화국(동독) 수립 이후 루터 이미지의 변천 과정   조용석, 「교회사학」 12 (2013), 한국기독교회사학회

제6장 ┃ 동독 역사학계의 "초기시민혁명으로서의 종교개혁과 농민전쟁" 테제 연구   조용석, 「신학논단」 84 (2016), 연세대학교 신과대학, 연합신학대학원

제7장 ┃ 독일민주공화국(동독) 개신교회의 "Kirche im Sozialismus" 연구 ─ 동독 사회주의 체제와의 비판적 협력관계 구축   조용석, 「신학과 사회」 27 (2013), 21세기 기독교사회문화아카데미

제8장 ┃ 츠빙글리의 역병가(Pestlied) 연구   조용석, 「장신논단」 46/2(2014), 장로회신학대학교 기독교사상과 문화연구원

제9장 ┃ 성찬의 상징화와 말씀의 예배로의 전환 ─ 츠빙글리 성찬론 연구   조용석, 「신학과 목회」 38 (2012), 영남신학대학교

제10장 ┃ 츠빙글리와 교회: 사회적 영역으로의 통합   조용석, 「신학사상」 156 (2012), 한국신학연구소

찾 아 보 기

인명